出纳高效工作手册

凤凰高新教育 ◎编著

内 容 提 要

本书系统、全面地介绍了出纳工作的核心知识,是指导和帮助出纳人员学习理论知识、掌握实操技能的实用工具书。

全书共分为三大篇章,第1篇为"快速入门"(第1~2章),主要介绍出纳的基础知识,包括出纳的基本概念、出纳工作职责、出纳人员应当树立的基本意识和必须具备的基本职业素质等内容,以及从业人员必备的"基本功"(基础专业技能);第2篇为"专业知识"(第3~9章),以"专业"和"实操"为出发点,结合丰富的实例,全面、详细地介绍出纳的核心知识,传授日常工作中的实际操作方法和技能,主要包括会计凭证管理、账簿管理、现金收支实务、银行相关业务等内容,同时,为帮助出纳人员拓展专业知识与技能,还介绍了工商和税务、职工薪酬核算等日常工作的实用知识;第3篇为"综合实战"(第10章),列举实例,以企业成立初期至日常运营为主线,将前面篇章介绍的相关知识充分融入其中,综合讲解出纳人员在企业经营活动过程中的实际工作内容和操作技能。

本书既适合自己创业或初入职场从事出纳工作的人员阅读和学习,又可作为已经从事出纳工作的人员提高专业水平、拓展知识面、积累和丰富实战经验的参考用书,还可作为广大职业院校相关专业的教材参考用书。

图书在版编目(CIP)数据

出纳高效工作手册 / 凤凰高新教育编著. —— 北京:北京大学出版社,2020.6
ISBN 978-7-301-31312-1

Ⅰ.①出… Ⅱ.①凤… Ⅲ.①出纳 – 手册 Ⅳ.①F233-62

中国版本图书馆CIP数据核字(2020)第054637号

书　　　名	出纳高效工作手册 CHUNA GAOXIAO GONGZUO SHOUCE	
著作责任者	凤凰高新教育　编著	
责 任 编 辑	吴晓月　刘沈君	
标 准 书 号	ISBN 978-7-301-31312-1	
出 版 发 行	北京大学出版社	
地　　　址	北京市海淀区成府路205号　100871	
网　　　址	http://www.pup.cn　　新浪微博:@北京大学出版社	
电 子 信 箱	pup7@pup.cn	
电　　　话	邮购部 010-62752015　发行部 010-62750672　编辑部 010-62570390	
印 刷 者	天津中印联印务有限公司	
经 销 者	新华书店	
	787毫米×1092毫米　16开本　29印张　482千字 2020年6月第1版　2020年6月第1次印刷	
印　　　数	1–4000册	
定　　　价	79.00元	

未经许可,不得以任何方式复制或抄袭本书之部分或全部内容。
版权所有,侵权必究
举报电话:010-62752024　电子信箱:fd@pup.pku.edu.cn
图书如有印装质量问题,请与出版部联系。电话:010-62756370

前 言

为什么写这本书？

出纳是一项综合性较强的财务基础工作，同时也是每个单位中不可或缺的一个重要岗位。但是，这项工作在行外人眼中就是数钱、算钱、管钱，工作内容虽然烦琐，却没什么技术含量，简单到人人都能做。所以不少中小型企业只重视出纳从业人员的道德品质，却忽视了其专业技能水平的高低，甚至许多从业人员自己对出纳工作的认知也存在局限性，认为只要品德优良，工作细心，无须专门学习也能轻松胜任这一工作。然而，当真正着手于实际工作时，才体会到如果没有系统、全面地学习专业知识和技能，工作中就没有章法可循，也没有专业技法可用，会轻易被纷繁复杂的各项事务扰乱思路，阻碍工作进度，从而时常陷入"生命不息，加班不止"的无奈之中。所以，从业人员想要成为一名专业、优秀的出纳，并力图提高自身工作效率，就必须高度重视出纳专业知识的学习和专业技能的训练，逐步练就"化繁为简"的本领，才能真正做到"早做完，不加班"。

因此，为了帮助广大从业人员系统、全面地学习出纳专业知识，掌握专业技能，并切实地帮助出纳人员提高工作效率，从而实现"早做完，不加班"的目标，笔者编写了这本《出纳高效工作手册》。

本书讲了哪些内容？

本书内容共分3篇10章，具体内容安排如下。

★ 基础知识——帮助职场新手快速入门

本书第1篇"快速入门"，首先从基础理论和基本技能两个方面介绍从事出纳工作必须具备的理论知识和必学必练的"基本功"。主要包括出纳的具体工作内容、岗位职责、安全常识等，以及出纳书写技能、现金清点和整理技术等内容，用来帮助职场新手快速、全面地了解出纳工作的基本框架知识和技能。

★ 专业技能——深入学习核心知识和技能

本书第 2 篇"专业知识"，引领从业人员在练好"基本功"后，进阶修炼"内功"，深入学习财会专业知识，全面掌握出纳工作的核心知识和技能。主要包括会计凭证及账簿的管理、现金管理及现金收支业务、银行账户管理等实操技能。同时，本篇还为从业人员介绍了与出纳工作密切相关的拓展知识与技能，包括工商与税收知识、职工薪酬核算等内容。

★ 综合实战——结合实例进行实操训练

本书第 3 篇"综合实战"，展现出纳日常工作场景，将前面篇章介绍的专业知识技能进行串联，模拟职场情景，结合工作实际，充分融入相关案例，带领从业人员进行实操训练并使其能够快速上手进行工作。

本书特色

和以往同类书籍不同，本书具有以下显著的特点和鲜明的亮点。

★ 图文并茂，直观形象

本书将出纳日常工作中常常"亲密接触"的各式票据、凭证、账簿及各工作环节的操作流程通过图文结合的方式进行讲解，让从业人员能够更直观、更轻松地掌握专业知识和技能。

★ 专家支招，分享经验

本书在每一章节后设置"专家支招"专栏，对本章节内容进行补充，全书共安排了23个"专家支招"的内容，主要针对实际工作中的常见问题，分享一些处理方法及宝贵经验，避免职场新手走弯路。

★ 高效工作之道，提升效率

本书最大的亮点就是在第1篇和第2篇的每一章节末都设立了"高效工作之道"专栏。全书共安排了23个"高效工作之道"的内容，紧密结合每章主题，针对出纳工作细节上的难点和痛点，用详尽的文字描述和完整的步骤图解，向读者介绍提高工作效率的实用技能和方法，切实地帮助从业人员解决工作中的诸多难题，保证高效率、高质量地完成工作目标。

温馨提示：

书中的"高效工作之道"相关教学视频，可以用微信扫描右侧的二维码观看学习。

适合的读者

本书内容通俗易懂，非常适合以下各类读者阅读和学习：
- ◆无财务基础的自主创业人士
- ◆初入职场的出纳新手
- ◆要求自我提升的在职出纳人员
- ◆企业经管人员
- ◆社会培训机构的参培人员

希望广大读者通过学习本书讲解的知识和技能，能够成长为一名知识全面、技能精湛的专业出纳人员。

除书之外，您还能得到什么？

- ◆赠送500个Word、Excel、PPT办公模板。
- ◆赠送《五分钟教你学会番茄工作法》视频教程。教会读者在职场之中如何高效地工作。
- ◆赠送《10招精通超级时间整理术》视频教程。时间是人类最宝贵的财富，无论是在职场上还是在生活中，都要学会时间整理。专家传授10招时间整理术，教读者如何有效整理时间、如何高效利用时间。

◆赠送《微信高手技巧随身查》《QQ高手技巧随身查》《手机办公10招就够》3套电子书，教读者移动办公诀窍。

◆赠送一本《高效人士效率倍增手册》，教读者掌握一些高效处理工作事务的方法与技巧。

丰富的学习套餐，不仅能够让读者学习到专业知识，还能使读者掌握职场中重要的时间管理技巧，进而养成高效工作习惯，提升读者的职场竞争力，真正做到"早做完，不加班"！

温馨提示：

以上资源，扫描下方任一二维码关注微信公众账号，输入代码nM3982，即可获取下载地址及密码。

学习中若有什么问题，可以发送E-mail到读者信箱：2751801073@qq.com。也可加入读者交流QQ群：566454698（职场精英）。

本书由凤凰高新教育策划，田媛老师编写。田媛，现就职于国内某大型商贸公司，担任财务总监一职，先后从事会计报表审计、税务筹划、管理咨询等工作，实战经验非常丰富。曾从事会计教学工作5年，同时从事税收会计培训工作，发表财会方面论文多篇，编著并出版了多本有关财会主题的图书。

最后，感谢胡子平老师的策划与精心指导，在本书的创作过程中，他给予了笔者极大的鼓舞和创作指导，使笔者能够竭尽所能地为读者呈现最好、最全、最新的内容，但仍难免有疏漏和不妥之处，敬请广大读者不吝指正。

目录

第1篇　快速入门

第1章　初识出纳：出纳入门基础知识..........002

1.1 **出纳与会计**..........003
 1.1.1 认识出纳..........003
 1.1.2 了解会计..........005
 1.1.3 出纳与会计的区别与联系..........006

1.2 **出纳的岗位职责**..........007
 1.2.1 出纳的工作原则..........007
 1.2.2 出纳的工作职能..........008
 1.2.3 出纳的基本素质..........009

1.3 **出纳具体做什么工作**..........011
 1.3.1 出纳的日常工作..........011
 1.3.2 出纳的工作制度..........016

1.4 **保密意识和安全常识**..........017
 1.4.1 资金信息保密意识..........017
 1.4.2 人身财产安全常识..........018
 1.4.3 充分的凭据意识..........019

★ **专家经验支招**
 01 出纳人员如何做好工作交接..........019
 02 如何做好公款与私款管理..........023

★ **高效工作之道**
 01 制作流程图，让工作有序可循..........025
 02 为机密文件加上"双保险"..........029

第2章　出纳的"基本功"：出纳必备专业技能..........033

2.1 **书写技能**..........034
 2.1.1 文字书写规范..........034
 2.1.2 小写数字与金额书写规范..........035
 2.1.3 大写数字与金额书写规范..........036

2.2 **现金清点技能**..........039
 2.2.1 点钞流程与方法技巧..........039
 2.2.2 点钞机的应用..........044

2.3 **现金整理技术**..........045
 2.3.1 缠绕式扎把..........045
 2.3.2 扭结式扎把..........046

2.4 **鉴别人民币真伪**..........047
 2.4.1 认识人民币"全貌"..........047
 2.4.2 人民币鉴伪方法..........048

2.5 **印章管理**..........050

2.5.1 企业必备印章 051
2.5.2 出纳如何管理印章 054
2.6 保险柜使用与管理 055
★ 专家经验支招
01 如何处理假币和残币 056
02 盖章也是技术活 058
★ 高效工作之道
01 制作空白电子收据，
简化手工输入 060
02 大写金额同步"书写" 065
03 收据号码自动编排 067

第 2 篇 专业知识

第 3 章 凭证是账务依据：管好会计凭证 072

3.1 原始凭证 073
  3.1.1 原始凭证的内容与
      分类 073
  3.1.2 原始凭证的填制与
      审核 075
  3.1.3 原始凭证的保管与
      分割 077
3.2 记账凭证 079
  3.2.1 认识会计科目 079
  3.2.2 记账凭证的分类与内容 ......
     081

3.2.3 记账凭证的填制方法与
    要求 084
★ 专家经验支招
01 原始凭证粘贴 090
02 发票真伪辨别 091
★ 高效工作之道
01 制作电子台账，
    管理原始凭证 096
02 制作电子记账凭证
    快速填制 103

第 4 章 做好出纳日记账：账簿登记和管理 114

4.1 会计账簿基本知识 115
  4.1.1 会计账簿的基本构成 115
  4.1.2 会计账簿的作用 116
  4.1.3 会计账簿的分类 117
4.2 会计账簿登记方法 120
  4.2.1 日记账登记 120
  4.2.2 其他账簿登记 122

4.3 按规保管会计档案资料 125
  4.3.1 归档资料与保管方式 ...126
  4.3.2 会计档案保管期限 127
  4.3.3 会计档案销毁程序 128
4.4 学习会计电算化 128
  4.4.1 安装准备很重要 129
  4.4.2 创建账套和基础设置 132

4.4.3 账务处理 141
★ 专家经验支招
01 "第三方收付"的账务
处理 161
02 账簿登记错误更正 162
★ 高效工作之道
01 Excel 自动生成日记账 164
02 高效运用财务软件 173

第 5 章 抓好核心业务（一）：现金管理和收支业务 176

5.1 现金管理 177
    5.1.1 什么是现金 177
    5.1.2 资金管理模式 177
    5.1.3 现金使用范围 179
    5.1.4 "八不准"原则 180
    5.1.5 现金管理制度 183
5.2 现金收支业务管理 189
    5.2.1 现金收支原则 189
    5.2.2 现金收入业务 190
    5.2.3 现金支出业务 192

5.2.4 现金提取与送存 195
★ 专家经验支招
01 现金借款注意事项 198
02 现金盘亏、盘盈的处理 199
03 现金周转期计算 200
★ 高效工作之道
01 Excel 智能识别已报销的电
子发票，杜绝重复报销 201
02 运用 Excel 制作资金综合
管理台账 208

第 6 章 抓好核心业务（二）：银行账户管理 217

6.1 银行账户概述 218
    6.1.1 银行账户种类 218
    6.1.2 账户管理模式简介 219
6.2 银行账户开立 220
    6.2.1 银行账户开立资格 221
    6.2.2 银行账户开立流程 221
6.3 银行账户变动 227
    6.3.1 银行账户变更 228
    6.3.2 银行账户撤销与合并 ..228
    6.3.3 银行账户迁移 228
6.4 银行询证函 229

6.4.1 询证函分类 229
6.4.2 通用格式和基本内容 230
★ 专家经验支招
01 银行存款余额调节表 232
02 错账查找方法 234
★ 高效工作之道
01 新办企业如何高效办理
银行开户 237
02 快速核对银行存款余额和
明细 238

第 7 章 抓好核心业务（三）：银行结算业务 240

7.1 银行结算概述 241

7.1.1 银行结算方式 241

7.1.2 银行结算起点 242
7.1.3 银行单据与结算凭证 242
7.1.4 银行结算收费及账务
      处理 244
7.2 银行票据结算 244
  7.2.1 票据行为 245
  7.2.2 票据填写要求 245
  7.2.3 银行汇票 246
  7.2.4 商业汇票 250
  7.2.5 银行本票 259
  7.2.6 支票 261
7.3 银行委托结算 266
  7.3.1 汇兑 266
  7.3.2 委托收款 267
  7.3.3 托收承付 269
7.4 信用结算 270
  7.4.1 信用卡 270
  7.4.2 信用证 272

★ 专家经验支招
  01 支票遗失的处理 273
  02 如何预防网络诈骗 274

★ 高效工作之道
  01 网上银行的"高效"
     功能 275
  02 如何快速开通网银 276
  03 常见网银业务操作 277
  04 运用 Excel 翻新银行
     存款收支明细表 284

第 8 章 拓展业务技能之一：工商税务指南 291

8.1 工商税务指南 292
  8.1.1 公司登记流程 292
  8.1.2 公司分立、合并、注销 .....
       298
  8.1.3 企业信用信息公示 304
8.2 纳税实务指南 313
  8.2.1 税收基础 313
  8.2.2 常涉税种简介与税金
        计算 316

★ 专家经验支招
  01 增值税发票"备注"
     信息 350
  02 谨防所得税"预缴"
     误区 352
  03 如何做好税收筹划 353

★ 高效工作之道
  01 高效输入信用代码 355
  02 制作印花税计算表 358
  03 制作所得税预缴税额
     计算表 362

第 9 章 拓展业务技能之二：职工薪酬核算 366

9.1 职工薪酬内容 367
  9.1.1 职工工资、奖金、
        津贴和补贴 367
  9.1.2 职工福利费 368
  9.1.3 五险一金 368
  9.1.4 其他薪酬内容 380

9.2 职工薪酬核算 382
9.2.1 应付工资核算 382
9.2.2 五险一金核算 384
9.2.3 个人所得税核算 388
9.2.4 实发工资核算 395

★ 专家经验支招
01 新办企业如何办理社会保险登记 395
02 个人所得税捐赠扣除 396
03 个人所得税免税范围 397

★ 高效工作之道
01 计算工龄工资 400
02 计算社会保险费 401
03 计算个人所得税 404

第3篇 综合实战

第10章 综合实战：出纳技能实操训练 414

10.1 筹备期间的资金支出 415
10.1.1 收到投资款 416
10.1.2 到银行提取现金 417
10.1.3 报销公司开办费 417

10.2 运营期间的资金支出和收入 419
10.2.1 采购开支业务 419
10.2.2 日常费用开支业务 424
10.2.3 资金收入业务 431

10.3 期末账务处理 433
10.3.1 对账 434
10.3.2 结账 437
10.3.3 报表出具 442

10.4 期初账务处理 447
10.4.1 分摊费用 447
10.4.2 计提固定资产折旧 447
10.4.3 纳税账务处理 449

★ 专家经验支招
01 税控盘及技术维护费全额抵减增值税的账务处理 449
02 年末未计提税金的账务处理 450

主要参考文献 452

第1篇 快速入门

出纳工作是一项综合性较强的财务基础工作，同时也是每个企业中不可或缺的重要岗位。对于一名初涉出纳工作的新手来说，这项工作内容是比较烦琐、复杂的，似乎很难找到提升工作效率的方法和途径，不过只要通过本书学好财务专业基础知识，再通过进一步全面、系统地学习，并勤于动手练习各项具体工作技能，掌握实操技能和高效工作的方法，就能将这些看似繁杂的工作化繁为简，进而以简驭繁，轻松高效地完成工作。

本篇着重介绍出纳基础知识、出纳工作的具体内容、工作中的注意事项、从事出纳工作必须具备的基本技能等，帮助出纳新手快速入门，掌握出纳工作相关的一系列基础知识。

第1章
初识出纳：出纳入门基础知识

所谓"外行看热闹"，在普通人眼里，出纳的工作就是管钱。的确，出纳的主要工作内容和职责就是管理企业资金，但是企业资金不仅包括钱，还包括票据、有价证券等。因此，出纳工作绝不仅仅是管钱，还包含了由此衍生的大量具体的细节性工作，要管理好企业资金，就必须把每一项细节工作做到位。

本章首先引领读者从"内行"视角看门道——认识出纳，学习和了解出纳工作岗位的相关基础知识。主要包括出纳与会计的区别和联系、出纳的岗位职责、出纳的具体工作内容及工作制度，以及基本安全常识等。

1.1 出纳与会计

众所周知,任何企业在财务管理活动中都必须遵循一条"铁律":钱账分管,出纳负责管钱,会计负责管账。因此,任何一家企业,无论规模大小,都必须至少设置两个财务岗位:出纳岗位和会计岗位。这两个职务是不相容的,绝对不能由同一人担任,但是二者在工作中又必须相互配合、相互监督,这样才能共同管理好企业的资金与账务。本节分别介绍出纳与会计的含义,以及二者的区别和联系。

1.1.1 认识出纳

所谓出纳,顾名思义,"出"是指支出、付出;而"纳"是指收入。出纳的主要工作是管理资金,负责资金的收入与支出。而资金不仅仅是指货币,还包括各种票据,如发票、支票、承兑汇票、有价证券等。因此,具体来讲,出纳工作就是管理货币及与货币相关的所有票据、有价证券的进和出的一项工作。

1. 出纳人员

出纳人员是从事出纳工作的人员,包括广义和狭义两个方面的定义。广义的出纳人员不仅是指企业财务部门的专职出纳工作者,还包括其他业务部门的收款员、收银员。

事实上,收款员、收银员的工作内容、方法、要求及对其的基本素质要求,与财务部门的专职出纳工作者有很多相同之处。例如,收款员、收银员同样是与资金打交道,他们的主要工作内容也是办理货币资金和各种票据的收入,因此要求他们也必须具备过硬的出纳专业知识、良好的财经法纪意识与职业道德素养。

不同的是,收款员、收银员活跃在日常经济活动的第一线,货币资金和各种票据的收入(主要是货币资金的收入)通常是由他们收取后上交给财务部门的专职出纳人员。他们的工作内容与流程主要是收入→保管→核对→转交,他们一般不参与核算,也就无须设置专门的核算账户。

狭义的出纳则仅指企业财务部门的出纳工作人员。本书主要介绍与讲解狭义的出纳人员的工作内容。

2. 出纳工作类型

每个企业的规模大小、所处行业、主营业务等都存在一定的差别,这就决定了出纳的具体工作也有一定的差异。常见的出纳工作大致可归纳为以下三大类。

（1）全能型。

工作内容一般包括对企业所有货币资金、票据、有价证券的管理，涉及所有业务处理和与其他各部门的沟通。此类型的出纳工作主要存在于规模较小的企业中，具体出纳工作通常是由老板亲自负责或者由其指派的比较信任的人员负责。

（2）专业型。

工作内容主要是在企业中承担部分出纳工作。例如，在某一个子公司负责收款，在某一个子公司负责付款，或在某一个利润中心负责收款、付款工作。此类型主要是在业务发生频率相对较高的大型集团公司、跨国集团公司中出现。

（3）层级型。

主要存在于涉及很多分公司、分点、分店、办事处等的企业，如连锁店、餐饮店、酒店等。

3. 出纳工作特点

出纳作为企业财务管理的重要组成部分，具有一般财务工作的本质属性，但它同时又是一个专门的岗位，有专门的技术。因此，出纳工作具有自己专门的工作特点及要求。只有对这些特点及要求进行深入了解，才能进一步认识与理解出纳工作的性质和意义，为做好具体的出纳工作奠定良好的思想基础。出纳工作的特点主要包括社会性、专业性、烦琐性、政策性及时间性。

（1）社会性。

出纳工作和企业的经济运转紧密相连，当企业发生经济业务活动时，出纳就必须参与其中，承担资金的保管、收取和支付的职责。同时，出纳人员由于业务需要，经常会与银行、税务等部门打交道，需要学习相关的财经法规、政策。因此，出纳工作具有广泛的社会性。

（2）专业性。

出纳与会计同属于财务岗位，其工作内容与会计相比虽然较为简单，但是同样需要掌握专门的操作技术，遵守工作规章制度。例如，如何快速点钞、识别钞票真伪，保险柜的使用与管理，资金的收取与支付的流程，银行日记账与现金日记账的记账方法，等等。因此，出纳人员必须接受专业的职业教育培训，并在工作实践中不断地积累经验，掌握工作要领与技巧，同时还要主动学习并能熟练运用各种现代化办公工具，在保障工作质量的前提下，有意识地提高工作效率，力争高效率、高质量地完成工作任务，只有这样才能成为一名真正合格的出纳。

（3）烦琐性。

企业资金流动性越强，出纳的工作就越烦琐。出纳人员需要频繁地收取与支付资金、登记现金和银行日记账、往返于企业与银行之间、办理网上银行业务、打印银行回单、领购各种票据等，并且每日必须结出现金日记账余额、清点并核对库存现金，每月末结出银行存款日记账余额、打印银行对账单、核对账户余额等，以保证企业经营活动的顺利进行。

（4）政策性。

出纳工作也是一项政策性很强的工作，日常工作中的每一项业务都必须依照相关规定进行处理。出纳必须遵循的法律、法规主要包括：《现金管理暂行条例》《现金管理暂行条例实施细则》《中国人民银行支付结算办法》《中华人民共和国会计法》《会计基础工作规范》等，这些法律、法规对出纳工作提出了具体规定和要求。出纳人员必须要熟悉这些法律、法规，并将其正确运用到日常的经济业务中，真正做到知法懂法、依法守法。

（5）时间性。

出纳工作具有很强的时间性，如职工工资发放、费用报销、核对银行账务及现金收支等，都有严格的、规律性的时间要求。

1.1.2 了解会计

前面介绍过出纳是企业财务管理的重要组成部分，具有一般财务工作的本质属性，也是财务管理的一个重要环节，因此，要做好出纳工作，也应当对会计工作加以了解和学习。本小节将介绍会计的基本概念、基本职能，会计工作的特点等内容。

1. 基本概念

会计是以会计凭证为依据，以货币为主要计量单位，以提高经济效益为主要目标，运用专门方法对企业、机关、事业单位和其他组织的经济活动进行全面、综合、连续、系统地核算和监督，提供会计信息，并逐步开展预测、决策、控制和分析工作的一种经济管理活动。会计是经济管理活动的重要组成部分。

2. 基本职能

会计的基本职能包括会计核算和会计监督两个方面。

（1）会计核算职能是指主要采用货币计量形式，通过确认、计量、记录和报告的方式，从数量上连续、系统和完整地反映本单位的经济活动情况，为加强经济管理和提高经济效益提供真实、可靠的会计信息的职能。

（2）会计监督职能是指对本单位的经济活动和相关会计核算的真实性、合理性及合法性进行审查的职能。对真实性审查，主要是检查各项会计核算是否是根据实际发生的经济业务进行的；对合理性审查，是检查各项财务收支是否符合客观经济规律及经营管理方面的要求，是否能够保证各项财务收支符合特定的财务收支计划，实现预算目标；对合法性审查，是指检查各项经济业务是否符合国家有关法律、法规，是否遵守财经纪律，是否执行国家各项方针、政策。

3．会计工作的特点

会计工作的特点主要体现在会计核算阶段，会计核算有如下3个基本特点。

（1）以货币为主要计量单位。会计核算以货币量度为主、以实物量度及劳动量度为辅，从数量上综合核算各单位的经济活动状况。

（2）以真实、合法的会计凭证为核算依据。

（3）会计核算和监督具有连续性、系统性、全面性和综合性。

1.1.3 出纳与会计的区别与联系

出纳与会计的区别主要在于分工不同，出纳管钱，会计管账。二者既有区别又有联系，是分工与协作的关系。

（1）分工不同且互不相容。

会计负责企业经济业务的核算，为企业经济管理和经营决策提供全面的核算资料，主要管理除现金日记账、银行存款日记账之外的所有账簿，如总账、明细分类账等；出纳则负责货币资金、票据及有价证券等的收付、保管、核算工作，并登记现金日记账和银行存款日记账。出纳和会计的工作内容互不相容，出纳人员不得兼做会计岗位的账务登记工作。同样，会计人员也不得兼做出纳岗位的资金管理工作。

（2）互相依赖又互相牵制。

出纳与会计之间，有着很强的依赖性。二者的核算依据相同，都是以原始凭证和记账凭证为基本核算依据，这些凭证必须遵照规范的流程，在出纳与会计之间按照一定的先后顺序进行传递。例如，原始凭证通常由出纳整理、登记、审核，再传递给会计，由会计依据原始凭证编制记账凭证。同时，在核算过程中，出纳和会计需要互相利用对方的核算资料，完成各自的核算工作。例如，出纳负责登记的现金日记账和银行存款日记账的余额，需要定期与会计总分类账中的货币资金余额进行核对。因此，出纳和会计必须密切配合，共同完成财务工作，二者缺一不可。同时，二者之间又互相牵制。出纳管钱，会计管账，"钱账分管"既能够防止财务工作中的舞弊行为，又可以有效避免工作中可能出现的纰漏和差错，充分保证资金的安全，如此才能保障企业的正常运转。

1.2　出纳的岗位职责

前面介绍了出纳和会计的基本内容、二者的区别和联系，那么，出纳岗位又有什么职责呢？《中华人民共和国会计法》《会计基础工作规范》等相关财经类法律、法规中制定的相应的岗位职责和权限，对出纳岗位提出了相应的工作要求和原则。

1.2.1　出纳的工作原则

出纳工作的基本原则主要是内部牵制原则，也可以说是本章反复提到的"钱账分管"原则。

1. 什么是钱账分管

《中华人民共和国会计法》第三十七条规定："会计机构内部应当建立稽核制度。出纳人员不得兼任稽核、会计档案保管和收入、支出、费用、债权债务账目的登记工作。"这项规定讲的就是钱账分管。从规定中可以明确，钱账分管的实质就是凡涉及款项和财物收付、结算及登记的任何一项工作，必须由两人或两人以上分工办理，起到相互监督、相互制约的作用。

2. 不相容职务分离的重要性

《内部会计控制规范》中提出了不相容职务分离，即出纳和会计是两个不相容职务，分离的主要目的是加强财务部相关岗位的相互制约、相互监督及相互核对，提高会计核算质量，避免可能的工作失误并防止舞弊行为。

出纳人员专门从事货币资金收付经济业务。根据复式记账原则，每发生一笔货币资金收付经济业务，必然引起收入、费用或债权债务等账簿记录的变化，即每发生一笔货币资金收付经济业务都要登记收入、费用或债权债务等有关账簿，如果这些账簿登记工作都是由出纳人员一人负责，就会给贪污舞弊行为以可乘之

机。因此，在企业财务管理过程中，分离不相容的职务非常重要。

3．不相容职务分离的内容

不相容职务分离的具体内容应包括以下几个方面。

（1）货币资金的收付及保管应由被授权的专职出纳人员负责，其他人员不得接触。

（2）出纳人员不能同时负责总分类账的登记工作。

（3）出纳人员不能同时负责非货币资金账户的记账工作。

（4）出纳人员应与货币资金审批人员分离，实施严格的审批制度。

（5）货币资金的收付和控制货币资金收支的专用印章不得由一个人兼管。

（6）出纳人员应与货币资金的稽核人员、会计档案保管人员分离。

（7）负责货币资金收付的人员应与负责现金清查、盘点的人员和负责与银行对账的人员相分离。

1.2.2 出纳的工作职能

出纳工作是财务工作的一个重要组成部分，总体来讲，其职能可概括为收付、反映、监督、管理4个方面。

1．收付职能

收付职能是出纳最基本的职能。出纳的主要工作就是管理企业资金，企业日常经营活动中涉及的货款收付、往来款收付、有价证券、金融、银行存款等业务，都必须由出纳人员经手办理。收付职能因此成为出纳人员最基本的职能。

2．反映职能

出纳负责管理企业资金。在日常经营活动中，每发生一笔款项收支，出纳就能获得第一手经济信息，而财务管理其他环节所需数据（主要是现金和银行存款）都是由出纳人员从各项业务中提取出来，编制成现金日记账、银行存款日记账，以及其他票据、有价证券等明细分类账，对本企业发生的经济业务引起的货币资金及有价证券的变动情况进行详细的记录与核算，为财务部门和管理层提供经济管理与投资决策所需的完整、精确的财务信息。因此，反映职能是出纳工作的主要职能之一。

3．监督职能

出纳在管理企业资金的同时，必须要对各种经济业务，特别是货币资金收付业务的真实性、合理性、合法性进行严格的监督,以保证企业经济业务的良性循环,确保企业正常经营运转。

4. 管理职能

出纳还有一个重要的职能,即管理职能。要求出纳人员必须对货币资金、有价证券、各种票据及相关物品进行妥善保管和有效管理,以保证后续的财务工作乃至整个企业的经营流程顺利运行。

 提示

在实际工作中出纳到底应该听谁的?总经理,会计,会计主管?一般情况下,财务人员按照公司制度流程做好自己的本职工作即可。如果总经理安排的付款不符合制度和流程,如总经理安排向某个个人账户支付一笔款(原则上不允许),可先私下请示会计主管或经理,会计主管或经理会和总经理沟通如何处理。管理者应该与会计相互配合把账务处理得合理、合法。

1.2.3 出纳的基本素质

虽然在行外人眼中,出纳工作貌似简单,就是管钱,但是对于行内人来说,要真正做好出纳工作,达到专业水平,绝非易事,首先要求出纳必须具备以下几种基本素质。

1. 全面精通政策法规

财政部颁布了很多财务方面的政策法规和制度,要求从业人员严格遵守并执行。主要的法规制度如表1-1所示。

表1-1 财务相关法规制度

1.《中华人民共和国会计法》	5.《中华人民共和国税收征收管理法》
2.《会计基础工作规范》	6.《票据管理实施办法》
3.《现金管理暂行条例》	7.《内部会计控制规范》
4.《中国人民银行支付结算办法》	

此外,还包括企业内部在不违背财政法律法规的大前提下,根据自身经营特点制定的内部财务制度,如"费用报销制度""付款审批制度""工程拨付款管理办法"等。

从事财务工作必须熟悉相关政策法规及公司财务管理制度和审批流程。同时，相关政策法规也会不断地被修订和完善。因此，公司在实际工作中遇到不合理的情况时也应当及时优化和更新财务管理制度和审批流程。要做好这些工作，财务人员就必须不断地学习、更新知识，掌握实时法规动态与新的制度流程，提高自己的政策掌握水平，才能尽可能地避免在工作中出现失误。

2. 熟练精湛的业务技能

出纳是一项专业性、操作性很强的工作，这就要求从业人员既要具备系统的专业理论知识，又必须熟悉并掌握各项实际操作技能。作为一名出纳人员，至少应该熟练掌握的实操技能主要包括填制凭证、装订凭证、登记账簿、填写银行票据（如承兑汇票、支票等）、快速点钞、验钞，以及使用网银办理银行业务、基本涉税事务等。

> **提示**
>
> 出纳新手在填写银行汇票、本票、支票等票据时，如果由于经验不足而填写错误，银行将不予受理或退回要求重填，就会影响工作效率。因此，建议出纳新手平时应在草稿纸上多加演练，达到一定熟练程度后再在票据上实际填写。

3. 严谨细致的工作作风

出纳是直接与金钱打交道的工作，要求从业人员必须具备良好的道德品质和职业道德，在实际工作中更要保持严谨细致的工作作风，一定要做到坚持原则，坚守底线。财会人员的职业道德主要包括爱岗敬业、熟悉法规、依法办事、客观公正、做好服务、保守秘密 6 个方面。

> **提示**
>
> 严禁公款私用。作为出纳人员，切不可有挪用公款到股市投资的念头；不可将公款借给他人；不可将银行账户借给他人使用，以此牟取私利；等等。总之，请谨记：绝不可借工作便利，以任何理由私自动用公款一分一毫，触碰法律红线。

1.3 出纳具体做什么工作

出纳具体做什么工作呢？主要是收钱、付钱、办理银行业务、管理资金账户等。实际工作中出纳必须遵循规范的工作流程，并遵守相应的管理制度和法律法规。

1.3.1 出纳的日常工作

出纳最日常的工作就是现金收付、银行收付、工资发放、票据管理、印章管理等，下面分别介绍每项工作相应的流程。

1．现金收付

（1）现金收款。

现金管理的具体规定将在本书第 5 章现金管理中进行讲解。现金收款的基本流程如图 1-1 所示。

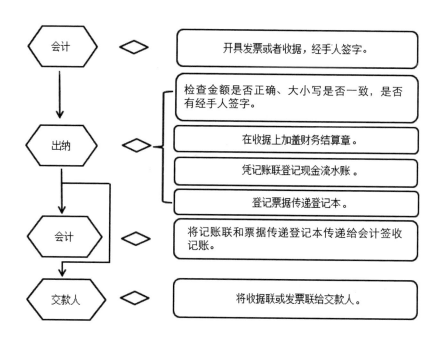

图 1-1　现金收款流程

> **提示**
>
> 原则上,必须实际收到现金才能开具收据,并加盖"现金收讫"字样印章。在收到银行存款或下账时需要开具收据的,必须核实收据上是否已写有"转账"字样,如果有才可以加盖"转账"图章和财务结算章,并登记票据传递登记本后再传递给会计岗位。

（2）现金付款。

一般分为费用报销和工资发放。这里重点讲解费用报销（工资发放将于第3点讲解），费用报销流程如图1-2所示。

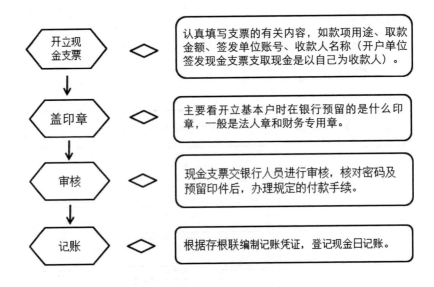

图1-2　费用报销流程

> **提示**
>
> 该费用报销流程同时适用于银行付款流程。只是现金付款流程是将现金直接付给报销人,并督促其签字确认,同时应当在费用报销单上加盖"现金付讫"字样印章。如果通过银行转款给报销人,则应在费用报销单上加盖"银行转账"字样印章。

（3）提取现金。

这里主要讲解企业从银行账户内提取现金的操作流程,如图1-3所示。

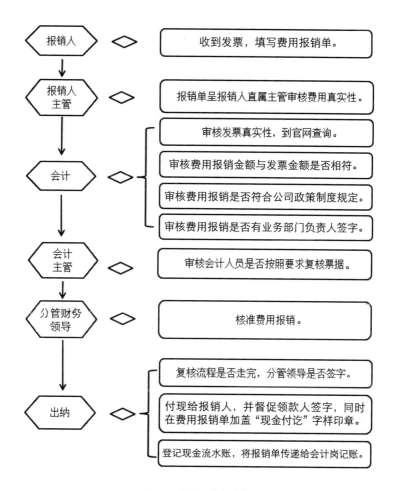

图 1-3 提取现金流程

> **提示**
>
> 提取现金时建议预先多准备几份现金支票,同时携带法人章和财务专用章,避免因填写错误或银行方面提出新的要求而来回往返,耽误时间。提取现金时应当面清点现金数量与金额,清点无误后才能离开柜台。清点现金过程中还应当注意以下几个细节:
>
> ① 清点现金应逐捆、逐把、逐张进行;
>
> ② 在清点时如发现残钞、假钞或出现有其他任何问题的钞票应立即要求银行工作人员调换;
>
> ③ 注意保密,确保资金安全。

2. 银行收付

（1）银行收款：主要有两种情况，即银行转账收款和汇票、支票收款。银行转账收款流程如图1-4所示。

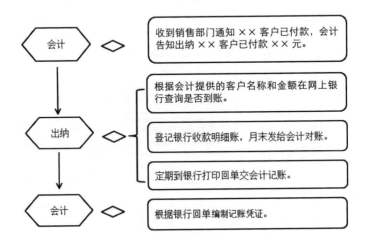

图1-4　银行转账收款流程

银行汇票、支票收款流程如图1-5所示。

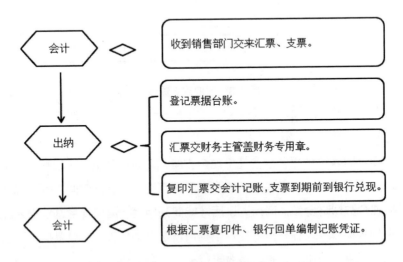

图1-5　汇票、支票收款流程

提示

此处的会计根据公司岗位设置与分工不同,有可能是销售会计、应收会计、应付会计或总账会计。支票有可能是现金支票或转账支票,日常工作中应根据实际收到支票的类别分别进行处理。

(2)银行付款流程如图 1-6 所示。

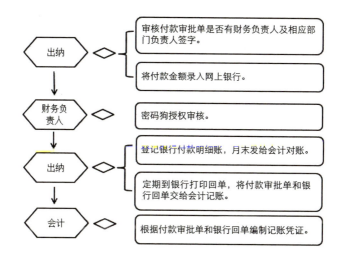

图 1-6　银行付款流程

3. 工资发放

在传统模式中,员工工资都是以现金形式放发。随着科学技术的进步,为确保资金安全、数额保密性,以及操作方便快捷,大部分企业已经改为通过银行发放工资。通过银行发放工资的流程如图 1-7 所示。

网上银行的具体操作方法详见第 7 章高效工作之道的第 3 点"常见网银业务操作"。

4. 票据和印章管理

企业的各类印章及各种重要空白票据由出纳负责保管。空白票据主要包括汇票、支票、发票、收据等。出纳保管的印章一般包括企业公章、合同专用章、财务专用章、发票专票章、法人名章等。

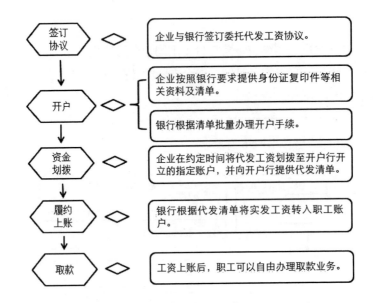

图 1-7 通过银行发放工资流程

1.3.2 出纳的工作制度

建立出纳工作制度的目的是规范公司现金及银行存款支付流程管理，保障资金安全。实际工作中需要根据企业自身的经营模式和管理理念来制定一套适合的制度，重点是不得偏离出纳工作的制度依据和法律依据。

1. 出纳日常工作制度

（1）关于货币资金核算，主要有以下制度。

- ◆ 办理现金收付，审核审批有据。
- ◆ 保管库存现金，保管有价证券。
- ◆ 办理银行结算，规范使用票据。
- ◆ 保管有关印章，登记注销支票。
- ◆ 认真登记日记账，保证日清月结。
- ◆ 复核收入凭证，办理销售结算。

（2）关于往来核算，主要有以下制度。

- ◆ 办理往来结算，建立清算制度。
- ◆ 核算其他往来款项，防止坏账损失。

（3）关于工资核算，主要有以下制度。
- 执行工资计划，监督工资使用。
- 审核工资单据，发放工资奖金。

2. 出纳工作的法律依据

作为一名出纳人员，要遵守法律法规和行政规章制度。出纳人员应当掌握的法律法规及相关文件主要包括以下 11 个：

- 《中华人民共和国会计法》
- 《中华人民共和国票据法》
- 《中华人民共和国商业银行法》
- 《中国人民银行支付结算办法》
- 《人民币银行结算账户管理办法》
- 《会计基础工作规范》
- 《现金管理暂行条例》
- 《现金管理暂行条例实施细则》
- 《中华人民共和国税收征收管理法》
- 《中华人民共和国人民币管理条例》
- 《企业会计准则》

1.4 保密意识和安全常识

企业管理以财务管理为中心，财务管理以资金管理为重点。资金犹如企业的血液，是企业持续经营的保障。出纳人员掌管企业的资金，如同掌握着企业的经济命脉。资金安全对于企业而言至关重要，所以，担任出纳职务的工作人员必须要树立良好的保密意识和安全意识，同时必须具备基本安全常识。

1.4.1 资金信息保密意识

企业资金信息属于商业秘密，掌握秘密的出纳和会计不得对外泄露。《会计基础工作规范》中对从业人员就曾明确提出要求："会计人员应当保守本单位的商业秘密。除法律规定和单位领导人同意外，不能私自向外界提供或者泄露单位的会计信息。"

那么具体如何才能做到对资金信息保密？主要应该注意以下两个方面。

（1）资金动向和余额。

主要是指资金的流入和流出，资金来自哪里、流向何处，以及现金余额和银行存款余额等。企业的资金动向和余额对于任何一家企业而言，都属于高度商业机密，竞争对手仅通过这两方面资料就能够分析挖掘出企业经营动向乃至企业近期的资金规划等信息。因此，资金动向和余额一旦被泄密，企业资金计划就极有可能会被扰乱，甚至波及整个企业的运营秩序。所以，相关人员尤其是出纳和会计人员必须加强保密意识，时刻提醒自己严守机密，不得向任何无关人员透露。

（2）职工薪酬。

主要包括员工工资及福利费用，这类信息虽然算不上商业秘密，但其机密性也不容轻视。因为工资和福利费用信息既涉及个人隐私，同时又关系到企业团队的稳定，这也是如今绝大多数企业实行工资保密制度的原因所在。因此，出纳人员也要注意不得将这些信息透露给无关人员。

1.4.2 人身财产安全常识

出纳经常经手大量现金，对于不法分子来说，是很好的作案对象。一旦发生这类事件，不仅会危及企业的财产安全，还有可能威胁到出纳人员的人身安全。因此出纳人员在平时工作中就要有意识地学习安全常识，强化安全意识。下面提示几点安全常识。

（1）养成良好的防护习惯。例如，保管的库存现金、网银密码狗等财物，使用完毕后立即放置于保险柜中并上锁；网银密码定期更换；涉及资金信息的机密文件不随意摆放，妥善保管；电子文档添加文件密码。

（2）留意周围的人和事，保持足够的警惕之心，防患于未然。

（3）如今，通过网络骗取资金的手段层出不穷，令人防不胜防。因此，出纳人员要谨记：支出资金之前一定要汇报、请示，由相关人员亲自确认无误并完整执行财务制度规定的流程后再进行支付，否则后果可能不堪设想。例如，不法分子盗取某企业高层领导的QQ号码，并假冒领导，通过QQ指示出纳人员付款至××账户。此时出纳人员如果稍有疏忽，支付款项，那么将会给企业造成难以挽回的损失，而出纳自己也要承担相应的责任。

（4）秉持"生命安全高于一切"的原则，如果遭遇案件，首先一定要保证自己的人身安全，再根据现场情况，随机应变，尽力保护企业的财产安全。

（5）及时普及安全常识，加强其他相关人员的安全意识，共同创造和谐、安全的大环境。

1.4.3 充分的凭据意识

凭据主要是指支付资金所需的凭证、依据、证据等。出纳人员必须要树立充分的凭据意识，坚持"无凭证绝不支付"的原则，在支付任何费用尤其是支付报销费用前，务必要求相关人员提供凭据（如报销单及附件发票），更要特别注意核查是否已履行审批手续，再次审核凭据是否真实、合法，是否能够充分证明该笔经济业务的真实性，把好资金流出的最后一道关口，从而保证资金的支出安全、合法。以日常经营活动中发生最为频繁的现金费用报销行为为例，出纳人员在向报销人实际支付现金前应当注意审核以下几点。

（1）报销单所附发票是否合法。例如，发票是否真实、合法或者是否在有效期内。

（2）费用是否合规。例如，按规定差旅住宿费每天不得超过200元，而报销人却申请报销300元/天。

（3）费用与发票是否匹配。例如，本应报销到北京出差的差旅费，报销人提供的却是上海地区的发票。

（4）报销单上是否有相应的主管人员审批签字。例如，是否有部门直属主管、财务主管或财务制度规定的相关人员的签字等。

专家经验支招

01 出纳人员如何做好工作交接

工作交接是指工作人员在接受工作调动、调岗、晋升或辞职、离职时，由离任人员将有关工作和相关资料交代给接任人员的工作过程。工作交接是企业日常管理过程的一个重要环节，任何岗位的员工发生需要工作交接的情形，都应做好工作交接。"滴水可见太阳"，工作交接是否清楚、完善，也能够充分体现出员工个人的专业知识水平与职业道德修养。作为一名出纳人员,掌管着企业资金,掌握着企业最核心的重要机密信息,在交接工作时,就更应遵循交接规范流程,将工作内容及保管的所有财物、资料清楚、明白、完整地交给接替人员,这样也便于明确双方责任关系,有效地规避日后可能发生的各种不必要的麻烦和纠纷。

对于财务工作的交接,国家财政部相当重视,专门针对这项工作做出了规定,如《会计基础工作规范》第二十五条:"会计人员工作调动或者因故离职,必须将本人所经管的会计工作全部移交给接替人员。没有办清交接手续的,不得调动或者离职。"

那么,如何做好具体的工作交接?基本流程是怎样的?离任人员与接替人员应各自注意哪些细节问题呢?下面进行介绍。

(1)交接前做好准备工作。

本项工作主要由离任人员完成,具体包括以下内容。

①确定好交接日期,并将手头暂未完成的工作在交接日期前全部完成。例如,未登记完成的日记账、未填制的凭证应全部完成,并尽量打印装订成册。

②清点财物,核对账务。财物包括库存现金、银行存款、有价证券、各类印章、网银加密狗、相关票据、办公用品等其他所有需要移交的财物。同时核对现金日记账、银行存款日记账及其他账簿,做到账实相符。

③整理文件、资料(包括电子文档)。将各种文件、资料分门别类地进行整理,确保存放整齐。

④制作移交清单。分类将所有需要移交的财物、文件、凭证、账簿等列入移交清册,并详尽列明相关信息。例如,库存现金的面额、数量、金额,银行存款的余额,文件及账簿的名称、份数、每份的页数,电脑密码、电子文档密码、财务软件登录密码、网银密码,等等。这里制作了一份库存现金移交清单及费用报销单移交清单样表,供读者参考,如表1-2与表1-3所示。

表1-2 ××市××有限公司库存现金移交清单

移交日期:2019年1月18日　　　　　　　　　　　　　　　　币种:人民币

序号	面额	数量		金额	备注	移交人签字	接交人签字	监交人签字
		纸币(张)	硬币(个)					
1	100元	50	—	¥5,000.00				

续表

序号	面额	数量 纸币（张）	数量 硬币（个）	金额	备注	移交人签字	接交人签字	监交人签字
2	50元	30	—	￥1,500.00				
3	20元	38	—	￥760.00				
4	10元	25	—	￥250.00				
5	5元	15	—	￥75.00				
6	1元	35	23	￥58.00				
7	0.5元	5	22	￥13.50				
合计		198	45	￥7,656.50	—	—	—	—

表1-3 ××市××有限公司费用报销单移交清单

序号	报销单编号	附件份数	费用项目	报销金额	报销人	是否已审批	是否已支付	备注	移交人签字	接交人签字	监交人签字
1	201901001	3	差旅费	￥2,500.00	张×	是	是				
2	201901002	2	交通费	￥150.00	李×	是	是				
3	201901003	1	物流费	￥3,262.60	赵×	是	是				
4	201901004	2	办公费	￥80.50	张×	是	是				
5	201901005	10	停车费	￥50.00	李×	是	是				
6	201901006	2	汽车油费	￥400.00	王×	是	是				
…	……	…	…	…	…	…	…				
60	201901060	5	餐费	￥800.00	刘×	是	是				
合计		166	—	￥35,028.00	—	—	—	—	—	—	—

⑤其他相关事项的说明。

（2）正式交接工作。

应当由离任人员和接替人员共同完成，同时应配备一名监交人员（通常由部门主管或单位负责人担任），协助并监督整个交接过程。下面提示几个交接时应注意的细节问题。

①库存现金应当由离任人员、接替人员、监交人员3人各清点一次，再由三方核对一致，并核实与现金日记账上的余额是否相符。如果账实不符或存在"白条抵库"的情况，应在移交清单中备注清楚，并要求移交人员在规定期限内负责

查清处理。

②有价证券的数量应与会计账簿记录一致,有价证券面额与发行价不一致时,应按照会计账簿余额进行交接。

③银行存款账户余额要与银行对账单核对相符,如有未达账项,应编制银行存款余额调节表调节使其相符;各种财产物资和债权债务的明细账户余额,要与总账有关账户的余额核对相符;对重要实物要实地盘点,对余额较大的往来账户要与往来单位、个人进行核对。

④凭证、账簿、文件、资料和其他资料必须完整无缺,不得遗漏。如有短缺,必须查清原因,并在移交清单中加以说明,由移交人负责处理。

⑤其他财物或资料是否完好、真实。例如,计算机、印章、网银加密狗等是否能正常使用,文件密码、网银密码是否正确等。

⑥交接工作应当井然有序地进行,交接完毕一项事项后,移交人、接交人、监交人应立即在移交清单上签字确认,接交人将已接手的相关财物妥善存放后,再进行下一事项的交接。

(3)交接完成后的工作有如下3项。

①所有移交清单一般填制一式三份,并分别集中装订成册,由交接双方各执一份,企业留存一份。

②接交人员接手的所有账簿应继续使用,不得擅自另立账簿,以保证记录前后衔接,内容完整。

③由移交人编制工作移交说明文档,注明交接日期、交接地点,列明已交接事项、未尽事宜,并由移交人、接交人、监交人签字确认,同样一式三份,交接双方各执一份,企业留存一份。这里编写了一份工作交接说明文档样例,以供读者参考。

▶ ××市××有限公司工作交接说明 ◀

本人(张××)原担任××市××有限公司出纳员,现因工作调动,将出纳工作移交给李××,交接过程由财务部门经理刘××全程监督。具体内容如下。

一、交接时间:2019年1月18日星期五

二、交接地点:××市××区××街××号××栋××楼××室

××市××有限公司财务部办公室

三、参与交接人员

（一）移交人：张××

（二）接交人：李××

（三）监交人：刘××

四、交接内容及事项

（一）库存现金：移交人民币纸币共198张，硬币共45个，合计金额￥7656.50（大写：人民币柒仟陆佰伍拾陆圆伍角）。填制"库存现金移交清单"一式三份，每份1页，移交人、接交人、监交人均已签字确认。

（二）费用报销单：移交费用报销单共60份（编号201901001~201901060），附件共166份。合计报销金额￥35028.00（大写：人民币叁万伍仟零贰拾捌圆整），已全部经有关领导审批并已支付给报销人。填制"费用报销单移交清单"一式三份，每份2页，移交人、接交人、监交人均已签字确认。

……

五、未尽事宜

……

六、本说明书文档一式三份（每份共×页），交接双方各执一份，第三份交由监交人刘××负责转交公司相关部门存档。

××市××有限公司财务部

移交人（签字）：

接交人（签字）：

监交人（签字）：

02　如何做好公款与私款管理

这里所讲的"公款"是指企业资金，"私款"是指股东或员工个人的资金。公款往来和私款往来原本是互不相交的两条线，然而在实际经营活动中，大多数中小企业的财务管理极不规范，公款私存与私款公存等公私混淆的现象普遍存在，严重扰乱了正常的社会经济秩序，带来了很多不良的后果。那么，出纳人员在工作中应该如何将公款与私款清楚地划分开，做好企业公款的管理工作呢？主要应注意以下两点。

（1）收取应收账款、支付应付账款应通过企业银行账户（以下简称对公账户）。

对于企业从事主营业务经营活动发生的应收账款和应付账款,要尽量规避现金收取和支付,更不能通过个人账户转账。最规范和稳妥的做法是直接通过双方的对公账户进行收取和支付。例如,A公司向B公司支付款项,应由A公司从银行账户直接转账到B公司的银行账户,不得将款项转账到B公司相关人员(如股东、销售经理等)的个人账户上。

如果金额较小,现金收取或支付确实更为便捷,那么出纳人员必须要注意:

① 收到款项时,必须详细注明交款日期、交款人、付款单位等信息,并向付款单位开具金额相符的现金收据;

② 支付款项时,如果将现金交由本企业员工代为支付,应通过借款的方式进行操作,即要求该员工以个人名义填制借款条,待其向收款单位实际支付款项,并交回收款单位向本企业开具的金额相符的现金收据后,再冲销借款条。

(2)公款转账到个人账户必须履行手续。

在实际工作中,不乏企业高层、股东要求将公款转账到其个人账户,此时无论何种用途、金额大小,都首先要填写借款条或以公司名义与个人签订正式的借款协议,约定还款时间。同时,出纳人员要注意定期提醒借款人及时归还,如果是用于公司经营支出,则要求其提供合法票据,按照报销流程履行费用报销手续,以冲销借款。

高效工作之道

以上是对出纳相关基础知识的介绍,相信读者通过阅读,已经对出纳工作形成了一个基本的认知框架。但是出纳的具体工作内容是比较繁杂的,那么在实际工作中应该怎样才能做好出纳工作呢?这就需要出纳人员有意识、主动地去找寻和学习提升工作效率的方法和技能。本节将向读者介绍和讲解一些提高工作效率的实用技能和方法,希望能切实地帮助出纳人员解决工作中的难题,高效率、高质量地完成工作目标。

01 制作流程图，让工作有序可循

"一家企业就像一个家庭"，在企业日常经营活动中，每天都会不可避免地发生类似"开门七件事"式的各种费用支出，大量的费用报销也会接踵而来。其实报销工作本身并不复杂，但是由于大多数企业中的其他部门人员对报销流程并不熟悉，操作上也不规范，常常出现报销单填写错误、附件粘贴不规范、审批签字不齐全等情况。这些不仅会在无形之中给出纳人员增加工作量，也会给报销工作带来一定程度的阻碍，使报销程序无法顺利进行，从而影响工作效率。针对这类情况，出纳人员可运用 Word 中的 SmartArt 图形工具快速制作一份费用报销流程图，张贴于公告栏中，要求各部门人员学习并熟悉，按照既定的规范流程有序地履行报销手续，以便高效完成费用报销工作。

下面参照比较通用的报销流程（报销人填写报销单、粘贴附件→部门直属领导审核签字→财务部门经理或主管审核签字→总经理审批签字→出纳向报销人支付报销费用）讲解运用 Word 快速制作流程图的方法和步骤。

步骤① 新建一份 Word 文档，命名为"费用报销流程图"→单击【插入】选项卡【插图】组中的【SmartArt】按钮，如图 1-8 所示。

图 1-8　单击【SmartArt】按钮

步骤② 系统弹出【选择 SmartArt 图形】对话框。❶选择对话框左侧列表框中的【流程】选项；❷选择图形候选框中的【垂直 V 形列表】选项；❸单击【确定】按钮，如图 1-9 所示。

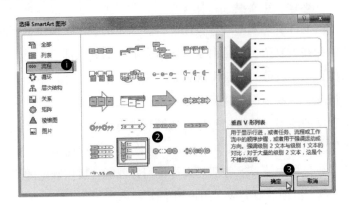

图 1-9　选择 SmartArt 图形

步骤 ③ 此时系统将自动生成一份默认样式的流程图，为方便后续操作，可关闭【导航窗格】。默认流程图样式如图 1-10 所示。

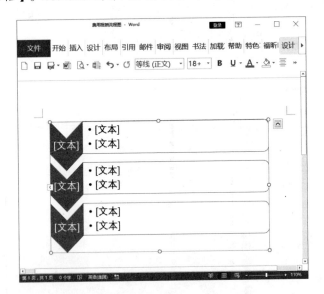

图 1-10　【垂直 V 形列表】默认样式

步骤 ④ 自动生成的默认 V 形图为 3 个，而流程步骤数为 5 个，接着再添加 2 个 V 形图即可。右击其中一个 V 形图，在弹出的快捷菜单中选择【添加形状】→【在后面添加形状】选项，重复操作两次即可，如图 1-11 所示。

第1章 初识出纳：出纳入门基础知识

图1-11 【添加形状】快捷菜单

步骤 5 快速调整SmartArt图形的整体颜色。❶单击其中一个V形图，按【Ctrl+A】组合键，选中所有图形；❷单击【设计】选项卡【SmartArt样式】组中的【更改颜色】按钮；❸在弹出的下拉列表中选择【透明渐变范围-个性色3】样式，如图1-12所示。

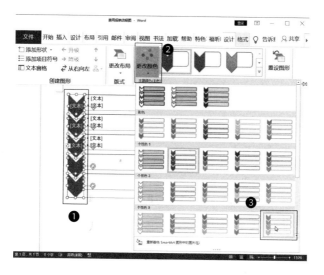

图1-12 更改图形颜色

步骤 6 更改文本颜色。单击【自定义快捷工具栏】中的【字体颜色】按钮，在调色板中选择黑色,如图1-13所示。

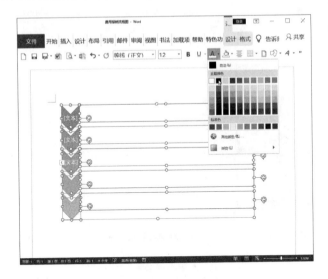

图1-13 更改文本颜色

步骤⑦ 依次在5个V形图中输入费用报销流程的5个步骤→在每个V形图旁的文本框中添加每个步骤的详细说明文字→添加流程图标题。效果如图1-14所示。

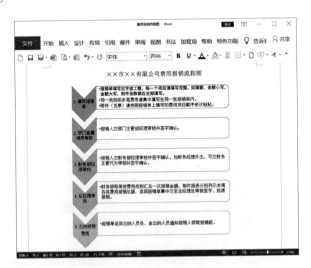

图1-14 费用报销流程图

> **提示**
>
> 单击选中流程图后,按住鼠标左键不放,拖动边框,即可调整流程图大小。如果内容较多,流程图较大,可将纸张方向调整为横向(单击【布局】选项卡中【纸张方向】选项中的【横向】按钮即可)。

02 为机密文件加上"双保险"

资金信息是企业的高度商业机密,不可向无关人员透露。因此,出纳人员要格外注意对工作中使用的计算机及存放在其中的相关文件做好防护保密措施。同时设置计算机登录密码和文件密码,为机密文件加上"双保险",可充分保护机密文件。下面以 Windows 7 系统为例分别讲解操作方法与步骤。

(1)计算机登录密码设置。

设置计算机系统登录密码,如同给家里大门上锁一般,是防止他人进入计算机系统的第一道防线。下面介绍计算机登录密码的设置方法。

步骤① 单击系统桌面左下角的【开始】菜单按钮,在弹出的菜单中单击【用户账户】按钮,如图 1-15 所示。

图 1-15 【用户账户】按钮

步骤② 系统弹出【用户账户】对话框→单击【为您的账户创建密码】按钮,如图 1-16 所示。

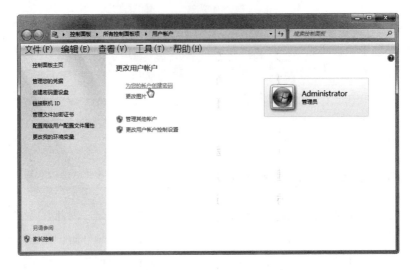

图 1-16 【用户账户】对话框

步骤3 系统弹出【创建密码】对话框，在密码设置文本框中两次输入相同密码→单击【创建密码】按钮即可，如图 1-17 所示。

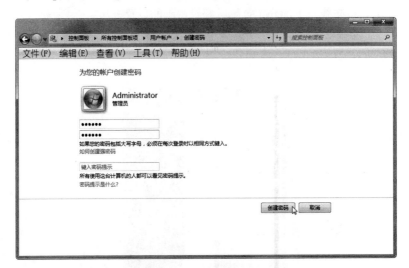

图 1-17 创建密码

提示

① 密码可设置为数字、大小写英文字母或数字 + 字母，但是不能设置为文字。如有必要，还可设置"密码提示"（可设置为文字）。

② 密码设置成功后，注销账户或重启计算机后需要在"欢迎登录"界面输入登录密码才能进入系统桌面。

③ 如果出纳人员工作中需要暂时离开座位，不必注销账户或重启计算机，直接按【Windows+L】组合键快速启动屏幕保护程序，系统会立即跳转至"欢迎登录"界面，同样需要输入登录密码才能进入系统桌面。

（2）文件密码设置。

财务人员应该直接对重要的机密文件设置密码，这样即使他人进入计算机系统，也无法查看文件。密码设置方法同样简单快捷，Microsoft Office 各组件如 Word、Excel、PowerPoint 等文件密码设置方法相同，下面以 Excel 文件为例，介绍操作步骤。

步骤 1 打开"素材文件\第 1 章\库存现金交接清单.xlsx"文件。单击窗口左上角的【文件】菜单→选择列表框中的【信息】选项→选择主窗口中【保护工作簿】选项菜单中的【用密码进行加密 (E)】选项，如图 1-18 所示。

图 1-18　保护工作簿

步骤② 系统弹出【加密文档】对话框。❶在密码文本框里输入数字、字母或数字＋字母形式的密码，如"123456"→单击【确定】按钮，如图1-19所示；❷系统弹出【确认密码】对话框，再次输入相同密码→单击【确定】按钮→保存并关闭文件，如图1-20所示。

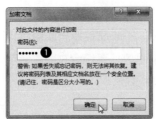

图1-19 【加密文档】对话框　　图1-20 【确认密码】对话框

步骤③ 测试效果。重新打开文件即弹出【密码】对话框，正确输入密码并单击【确定】按钮才能真正打开文件，如图1-21所示。

图1-21 【密码】对话框

> **提示**
>
> 如果需要加密的文件较多，逐一加密比较麻烦，建议下载具有加密文件夹功能的第三方软件，可直接对文件夹进行加密，将所有机密文件存放在加密后的文件夹里即可。

第2章 出纳的"基本功":出纳必备专业技能

出纳的日常工作就是与金钱"亲密接触",因此,优良的道德品质是从业人员必不可少的前提条件。但是专业技能也同等重要,出纳人员应当加强专业技能的学习,并勤于练习,才能提高工作效率,真正做到"早做完,不加班"。同时,成长为一名高水平的专业出纳也有助于提高企业的管理层次和整体形象。因此,专业技能和优良品德都是胜任出纳工作不可或缺的基本条件,二者缺一不可。

本章将为读者介绍出纳必备的基本专业技能和实用技巧,包括书写技能、现金清点技能、现金整理技术、鉴别人民币真伪、印章和保险柜的使用与管理注意事项等,帮助读者练好"基本功",为进一步学习出纳专业知识和技能打好基础。

2.1 书写技能

如今,财务人员的大部分手工操作已经由计算机代劳,但是在很多日常工作场景中仍然要求财务人员手工书写,如书写现金、银行票据等。不过,出纳工作书写时却不能像其他非财务人员一样"任性",必须要遵循一定的规则。"不以规矩,不能成方圆",要成为一名专业出纳人员,首先应从学习如何规范书写开始。本节将介绍出纳书写文字、小写数字与金额和大写数字与金额的规范要求。

2.1.1 文字书写规范

事实上,文字书写规范的要求不仅适用于出纳人员,也是书写数字及其他从事重要文字书写工作的人员应当遵循的通用规则。出纳人员应该遵循的书写规范一般有以下几点要求。

(1)使用钢笔、签字笔书写,不得使用铅笔和圆珠笔(用复写纸复写除外)。可使用蓝、黑、蓝黑墨水或碳素墨水,红色墨水通常只在修正和冲销、结账划线时使用。

(2)工作中使用的账簿,以及各种表单、票据通常为表格形式或留有下画线,书写文字时要注意紧靠表格左竖线或下画线前面的第一个文字或符号,不得在其间留有空白,避免给舞弊行为以可乘之机。

> **例 2-1**
>
> 出纳人员收到现金10000元,在开具收据填写金额时本应紧贴人民币符号"¥"书写,如应书写为"¥10000.00",但是却写成了"¥ 10000.00",这样很容易被别有用心之人在符号和数字之间任意添加一个数字,那么账面金额与实收金额就会出现巨大差异。

(3)文字不能顶格书写,不能过大或过小,一般占据空格的1/2或2/3较为合适。

(4)使用正楷字体书写,保证文字清晰可见,纸面清爽整洁。书写时要专心致志,避免书写错误。如果偶尔写错,确实需要修正,也不得随意涂改,应当使用红笔以直线划掉,再在原文字上方空白处填写正确文字。

2.1.2 小写数字与金额书写规范

这里所讲的"小写数字"是指全世界通用的阿拉伯数字。在财会领域中,数字有着特殊的作用,它不仅仅是对文字记录的补充说明,更是会计信息的最主要和最重要的组成部分,直接影响会计资料的准确性和完整性。因此,对于小写数字与金额的书写,除要遵照前面文字书写规范的一般要求之外,还应当遵循其字形、大小、位置、格式等各个方面的规则和标准。下面分别介绍小写数字和金额的书写规范。

1. 小写数字

对于小写数字的书写主要有以下规范性要求。

(1)数字应从左向右书写,保持间距均衡,排列整齐有序。

(2)每个数字各自成形,不能连笔书写。

(3)数字自身大小匀称,一组数字中各数字的大小也要均匀。

(4)数字整体自上而下、从右上方向左下方倾斜45°至60°左右,不能颠倒倾斜方向或者不倾斜。

(5)数字之间上下垂直对齐,除"7"和"9"之外,其他数字都要紧靠底线书写。

对于笔顺相近、形体相似、容易混淆的数字,书写时更要特别注意区分,避免被恶意篡改。主要注意以下几点。

(1)数字"0"形状为椭圆形,注意与英文字母"O"的区分。

(2)数字"1"注意长度要符合规则,不能写得过短,避免被改为"4"或"7"。数字的倾斜度也必须符合要求,否则容易被改为"6"或"9"。

(3)数字"2"的底部拐折部分应绕圈书写,避免与英文字母"Z"混淆或被改为"3"。

(4)数字"4"的顶部开口,竖划部分应短于数字"1"。

(5)数字"6"可以比其他数字略大,起笔时应比其他数字高出1/4,以防止被改为"8"。

(6)数字"7"和"9"的下端伸出底线外1/4,避免被改为"8"。

(7)数字"0""6""8""9"的圆圈部分注意一定要封口,不能留有缺口。

(8)数字"0、8""3、8""6、8"的写法应有明显不同,以免前者被改为"8"。

(9)除数字"4""5"外,其他数字均应一笔写成,不能自行添加笔画。

小写数字的会计规范写法如图2-1所示。

图 2-1　小写数字规范书写示例

2. 小写金额

以上是对各个小写数字的书写规范要求,那么当多个数字组合成为一个小写金额时,在书写时,则应遵循以下 3 个规则。

(1)三位一节。

三位一节是指金额中的数字应当以每三位为一个节点,用千分位符号","分隔开。例如,"123,456.78"。不过这项规则在日常工作中并不常用,一般在书写特别重要的文件时使用。

(2)尾数到分。

尾数到分是指金额按标准是以元为整数单位,而在书写时,一律应写至分位,因此,会计中所有数字无论是否为整数都保留至两位小数。对于没有角、分的金额,填写数字"0"补位即可。例如,"168.6"的规范写法是"168.60","168"的规范写法是"168.00"。

(3)首尾添加。

首尾添加是指在小写金额的前面添加货币符号,即"¥""$"等,同时在其后面添加"元"字。这样可有效防止他人在数字前后添加数字。例如,人民币金额"168.68"应书写为"¥168.68 元"。

> **提示**
>
> 由于金额数字统一保留至两位小数,所以在金额后面添加数字其实意义不大,因此日常工作中,通常只在数字前面添加货币符号,数字后面也可以不加"元"字。

2.1.3　大写数字与金额书写规范

在实际工作中,无论是日常填写报销单,还是书写重要凭证、文件,除要规范书写小写金额外，还应当添加大写中文数字，这样可以有效防止他人篡改数据。下面介绍中文大写数字和大写金额的规范书写方法。

1. 大写数字

大写数字是指以汉字代表数字，是我国独有的记数形式。在阿拉伯数字传入我国之前，人们都是采用大写数字进行记数和记账。大写数字最早的写法为"零、一、二、三、四、五、六、七、八、九、十"等，但是这种书写形式仍然容易被人篡改，如"一"加一竖即可被修改为"十"。明朝时对此加以改进，颁布法令明文规定用于记账的数字必须修改为"壹、贰、叁、肆、伍、陆、柒、捌、玖、拾、佰、仟"等更为复杂的汉字。这种书写形式加大了涂改数字的难度，从而能够有效防止数字被他人篡改，因而一直被沿用至今。现将阿拉伯小写数字与标准的中文大写数字一一对应，以便读者对照书写，如表2-1所示。

表2-1 小写数字与大写数字对应表

小写数字	0	1	2	3	4	5	6	7	8	9
大写数字	零	壹	贰	叁	肆	伍	陆	柒	捌	玖

2. 大写金额

书写大写金额时，要按照标准格式，并遵循特定的规则。下面介绍大写金额的标准格式和书写规则。

（1）标准格式。

大写金额主要由以下几个部分组成。

① 币种：大写金额前要添加币种名称，如"人民币"。

② 大写数字：零、壹、贰、叁、肆、伍、陆、柒、捌、玖。

③ 数位：拾、佰、仟、万、亿、元、角、分。

④ "整"或"正"：大写金额后面加文字"整"或"正"，写至元位或角位（分位为"0"）即止，分位后面不加"整"字。

大写金额的标准格式：币种+大写数字+穿插数位+文字"整"或"正"（写至元位或角位）。

例2-2

小写金额￥16815.00元，应写为"人民币壹万陆仟捌佰壹拾伍元整"；小写金额￥16815.30元，应写为"人民币壹万陆仟捌佰壹拾伍元叁角整"；小写金额￥16815.36元，应写为"人民币壹万陆仟捌佰壹拾伍元叁角陆分"。

（2）书写规则。

大写金额书写时除上述加"整"字的规则之外，在其他细节方面还要遵循以下几项规范。

① 如果文件或票据上预留填写大写金额的空白处前面没有印制"人民币"字样，书写时应当在大写金额前自行添加"人民币"字样。"人民币"字样和金额首位数字之前不得留有空格，也不得在"人民币"后面添加冒号，如"人民币："，数字之间更不能留有空格，数字的读写顺序要一致。

② 金额数字中间只有一个"0"且不在元位上，或有几个连续的"0"，都只写一个"零"，如￥10000.10元，应写为"人民币壹万元零壹角整"；￥1001.00元，应写为"人民币壹仟零壹元整"。如果数字中间只有一个"0"且在元位上，或分位为"0"的则不写"零"字，如￥1230.50元，应写为"人民币壹仟贰佰叁拾元伍角整"。大写金额的写"整"和写"零"的规则如表2-2所示。

表2-2　大写金额写"整"和写"零"规则

规则	小写数字规则	大写金额规则	示例	
			小写金额	大写金额
写"整"规则	角位≥0，分位=0	金额末尾填写"整"字	￥168.00	人民币壹佰陆拾捌元整
			￥168.60	人民币壹佰陆拾捌元陆角整
	角位≥0，分位＞0	不写"整"字	￥168.08	人民币壹佰陆拾捌元零捌分
			￥168.28	人民币壹佰陆拾捌元贰角捌分
写"零"规则	中间只有一个"0"，且不在元位上	只写一个"零"字	￥1208.00	人民币壹仟贰佰零捌元整
	中间连续是"0"的个数≥2		￥100608.00	人民币壹拾万零陆佰零捌元整
	中间只有一个"0"，且在元位上	不写"零"字	￥1880.50	人民币壹仟捌佰捌拾元伍角整
	分位=0		￥1208.60	人民币壹仟贰佰零捌元陆角整

③ 金额为十几、十几万时，注意大写文字前必须添加数字"壹"字，因为"拾"字代表位数，而不是代表数字。例如，￥10.00元，应写为"人民币壹拾元整"，而不能写为"人民币拾元整"；￥180000.00元，应写为"人民币壹拾捌万元整"，而不能写为"人民币拾捌万元整"。

④ 大写数字必须按照标准的文字书写，不能擅自乱用简化字，更不能写成错别字。例如，"零"不能用"0"代替，数位"角"不可写为"毛"。

（3）修正方法。

书写大写金额的文字比较复杂，略有难度，因此出纳人员要勤加练习，在实际书写时，务必做到大小写金额一致，文字正确，书写熟练、流利，保证工作顺利完成。如果大写数字及金额不慎写错或漏字，注意不能涂改，也不能用"划线更正法"在错字上方修正。规范的处理方法：在账簿中书写的，应将整行划掉另起一行重新书写；填写票据的，则应将原票据作废后重新填写一张。下面列举大写金额书写的常见错误并解析原因，以便出纳人员随时提醒自己和检查对错，如表2-3所示。

表2-3 大写金额书写常见错误分析

小写金额	大写金额		错误原因
	正确写法	常见错误写法	
￥2200.00	人民币贰仟贰佰元整	人民币：贰仟贰佰元整	"人民币"后面多写了一个冒号
￥1150.50	人民币壹仟壹佰伍拾元伍角	人民币壹仟壹佰伍拾元零伍角	"伍拾元"后面多写了一个"零"字
￥1001.50	人民币壹仟零壹元伍角	人民币壹仟壹元伍角	"壹元"前面漏写了一个"零"字
￥120000.00	人民币壹拾贰万元	人民币拾贰万元整	"拾元"前面漏写了一个"壹"字

2.2 现金清点技能

出纳人员几乎每天都会经手大量现金，其主要工作便是管理现金。现金的介质包括钞票与硬币（实务中以钞票为主），那么如何"快、准、稳"地点钞呢？一是要求出纳人员必须练就最基本的专业手工点钞技术，二是可以运用点钞机。本节分别介绍手工点钞方法和点钞机的应用方法。

2.2.1 点钞流程与方法技巧

出纳人员点钞也要遵照一定的流程，按照操作步骤，逐步进行，尽量避免在点钞过程中可能出现的混乱。点钞过程中运用一定的方法与技巧进行快速清点，有助于高效完成点钞工作。

1. 点钞基本流程

点钞基本流程主要包括以下几个步骤：做好准备工作、进行票币分类、挑拣票币、清点票币数量、计算金额。同时，在进行每一步骤时还应注意一些细节上的问题，具体步骤及注意事项如图 2-2 所示。

一、做好准备工作
◆桌面整理干净，不得摆放其他物件。如果有其他现金，应先将其妥善放置，以免清点时混淆。

二、进行票币分类
◆按现金介质分类：将钞票与硬币分开码齐。 ◆按现金面额分类：介质分类后再分别按照面额分类。

三、挑拣票币
将有问题的票币挑选出来，分情况处理： ◆断裂的纸币可用白纸条黏合，注意不得使用透明胶粘贴，更不能使用回形针、大头针、订书钉等工具进行处理； ◆破损严重的票币应予以退还，不便退还的应做好书面记录，并由交款人签字确认，再交银行按规定处理； ◆伪钞、假币、停止流通的票币应立即退还或作废处理。

四、清点票币数量
◆按照票币面额由大到小逐一清点，分别记录数量； ◆采用另一种点钞方法再次清点，两次清点数量一致表明数量无误，否则应重新清点。

五、计算金额
◆分别将面额与数量相乘得出金额，并做好记录，核对无误后将票币妥善存放； ◆向交款人开具收款收据。

图 2-2　点钞基本流程图

2. 点钞方法与技巧

虽然现在点钞机已经被广泛应用，但是它也存在很多缺点，如携带不便、易损耗、旧式机型无法识别新版钞票等。而手工点钞没有这些局限，所以点钞技术至今仍然是出纳人员及与钱直接接触的其他岗位工作人员必须练就的基本功。点钞的方法有很多，手法也各有不同。想必大家对电视剧《人民的名义》中的点钞场景印象很深，银行工作人员的各种"花式"点钞手法不仅快捷、高效，而且能让人获得艺术般的享受。但是无论点钞手法有多少种，归结起来不外乎以下四种：单指单张点钞法、单指多张点钞法、多指多张点钞法、扇面式多张点钞法。下面分别介绍这4种点钞方法。

（1）单指单张点钞法。

单指单张点钞法是指用一个手指一次点一张。这种方法是最基本和最常用的一种点钞方法，使用范围非常广泛，频率较高，适用于收款、付款和整点各种新旧、大小钞票。这种点钞方法的优点是由于手持票面部分较小，能看到票面的四分之三，容易识别假钞票及残破票，缺点是点一张记一次数，比较耗时费力。

具体操作方法如下。

1）持票。

左手横执钞票，下面朝向身体，左手拇指按住钞票正面左端约1/4处，食指与中指在钞票背面与拇指同时捏住钞票，无名指与小指自然弯曲并伸向票前左下方，与中指夹紧钞票，食指伸直，拇指向上移动，按住钞票侧面，将钞票压成瓦形，左手将钞票从桌面上擦过，拇指顺势将钞票向上翻成微开的扇形，同时，右手拇指、食指作点钞准备。

2）清点。

左手持钞并形成瓦形后，右手食指托住钞票背面右上角，用拇指尖逐张向下捻动钞票右上角，捻动幅度要小，不要抬得过高。注意捻的力度要轻，食指在钞票背面的右端配合拇指捻动，左手拇指按捏钞票不要过紧，要配合右手起自然助推的作用。右手的无名指将捻起的钞票向怀里弹，要注意轻点、快弹。

3）记数。

与清点同时进行。在点数速度快的情况下，往往由于记数迟缓而影响点钞的效率，因此建议记数采用分组记数法。每10张为1组，第1组记为1，第2组记为2，如1、2、3、4、5、6、7、8、9、1（相当于10），1、2、3、4、5、6、7、8、9、2（相当于20），以此类推，数到1、2、3、4、5、6、7、8、9、10（相当于100张）。采用这种记数法记数既简单又快捷，省力又好记。但记数时要默记，不要念出声，做到脑、眼、手密切配合，既快又准。

（2）单指多张点钞法。

点钞时，一指同时点两张或两张以上的方法叫单指多张点钞法。它适用于收款、付款和各种券别的整点工作。点钞时记数简单、省力，效率高。其缺点在于，在一指捻几张时,由于不能看到中间几张的全部票面,所以不易发现假钞和残破钞票。这种点钞法除记数和清点外,其他均与单指单张点钞法相同。

1)持票。

持票方法与单指单张点钞法相同,在此不再赘述。

2)清点。

清点时,右手食指放在钞票背面右上角,拇指肚放在正面右上角,拇指尖超出票面,用拇指肚先捻钞。单指双张点钞法,拇指肚先捻第一张,拇指尖捻第二张。单指多张点钞法,拇指用力要均衡,捻的幅度不要太大,食指、中指在票后面配合捻动,拇指捻张,无名指向怀里弹。在右手拇指向下捻动的同时,左手拇指稍抬,使票面拱起,从侧边分层错开,便于看清张数,左手拇指向下拨钞票,右手拇指抬起让钞票下落,左手拇指在拨钞的同时下按其余钞票,左右两手拇指一起一落协调动作,如此循环,直至点完。

3)记数。

可与单指单张点钞法同样采用分组记数法,不同之处在于,单指多张点钞法是以一次清点的张数为一组。例如,每次点 2 张,那么每 2 张记为一组,点到 50 组就是 100 张;每次点 4 张,每 4 张记为一组,点到 25 组即 100 张,以此类推。

(3)多指多张点钞法。

多指多张点钞法是指点钞时用小指、无名指、中指、食指依次捻下一张钞票,一次清点四张钞票的方法,也叫四指四张点钞法。这种点钞法适用于收款、付款和整点工作,这种点钞方法不仅省力、省脑,而且效率更高,还能够逐张识别假钞票和挑、剔残破钞票。

1)持票。

用左手持钞,中指在前,食指、无名指、小指在后,将钞票夹紧,四指同时弯曲将钞票轻压成瓦形,拇指在钞票的右上角外部,将钞票推开成为小扇面,然后手腕向里转,使钞票的右里角抬起,右手五指准备清点。

2)清点。

右手腕抬起,大拇指贴在钞票的右里角,其余四指同时弯曲并拢,从小指开始每指捻动一张钞票,依次下滑四个手指,每一次下滑动作捻下四张钞票,循环操作,直至点完。

3)记数。

采用分组记数法。每次点 4 张为一组,记满 25 组为 100 张。

（4）扇面式多张点钞法。

扇面式多张点钞法是指把钞票捻成扇面状进行清点的方法。这种点钞方法最大的优势是速度非常快，是手工点钞方法中效率最高的一种。但是这种方法也有一定的局限性，仅适用于清点崭新票币，不适合清点新、旧、破混合的钞票。

1）持钞。

将钞票竖拿，左手拇指在票前下部中间票面约 1/4 处。食指、中指在票后同大拇指一起捏住钞票，无名指和小指弯向手心。右手拇指在左手拇指的上端，用虎口从右侧卡住钞票成瓦形，食指、中指、无名指、小指均横在钞票背面，做好开扇准备。

2）开扇。

开扇是扇面点钞的一个重要环节，扇面要开得均匀，为点数打好基础，做好准备。具体方法和步骤如下：

① 以左手为轴，右手食指将钞票向胸前左下方压弯，然后再猛向右方闪动；

② 右手大拇指在票前向左上方推动钞票，食指、中指在票后面用力向右捻动；

③ 左手指在钞票原位置向逆时针方向画弧捻动，食指、中指在票后面用力向左上方捻动；

④ 右手手指逐步向下移动，至右下角时即可将钞票推成扇面形。如有不均匀地方，可双手持钞抖动，使其均匀。

> **提示**
>
> 打开扇面时，左右手一定要协调配合，不要将钞票捏得过紧，如果点钞时采取一按十张的方法，扇面应开得小一些，便于清点。

3）点数。

左手持扇面，右手中指、无名指、小指托住钞票背面，拇指在钞票右上角 1cm 处，一次按下 5 张或 10 张；按下后用食指压住，拇指继续向前按第二次，以此类推。同时左手应随右手点数速度向内转动扇面，以迎合右手按动，直到点完 100 张为止。

4）记数。

同样采用分组记数法。一次按 5 张为一组，记至 20 组为 100 张；一次按 10 张为一组，记至 10 组为 100 张。

5）合扇。

清点完毕合扇时，将左手向右倒，右手托住钞票右侧向左合拢，左右手指向中间一起用力，使钞票竖立在桌面上，两手松拢轻蹾，把钞票蹾齐，准备扎把。

2.2.2 点钞机的应用

点钞机是一种自动清点钞票数目的机电设备。一般应至少具备两个功能：计数功能和验钞功能。在验钞功能方面，点钞机必须具备"磁性检伪、紫光检伪、数码综合检伪"三重检测标准，才能更加精准地辨别钞票的真伪。点钞机最初只在银行等大型金融机构应用，随着技术不断成熟，成本不断降低，如今普通点钞机已经被广泛运用于企业，成为企业财务部门不可缺少的日常办公用品。普通点钞机机型如图 2-3 所示。

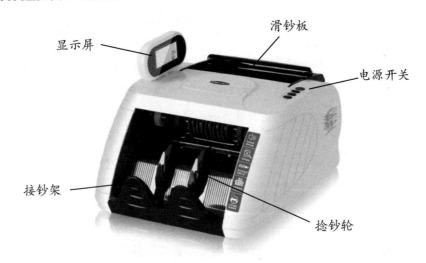

图 2-3 普通点钞机

使用点钞机时需要注意以下几点。

（1）使用点钞机的前提，首先就是要把电源开关打开，然后将一叠纸币捻成一定斜度，平整地放在滑钞板上，机器即可自动点钞计数。待滑钞板上的钞票全部输送完毕后机器停止计数，此时显示屏上显示的数字即为该叠钞票的数量。随后取出接钞架上的钞票，码齐放好。每次清点钞票，显示屏上显示的数值会自动清零后重新计数。

（2）点钞时将钞票按不同面额分类整理，分别清点。注意清除钞票上的污损物，再将钞票散开成小斜坡状，成捆钞票应先拍松再散开，垂直放入滑钞板。

（3）如果放钞不正确，将会产生真钞误报或机器提示出现点钞不准，此时应把接钞器上的纸币重新整理好，放到滑钞板上，按复位键再重新清点。正确放钞会让点钞机的鉴别能力更强，计数更准确。

（4）使用普通点钞机时，应避免可能对电网产生强干扰的电器，如手机、电焊机等，避免强光直射和强磁场干扰，以免造成鉴伪失灵。捻钞轮、对转轮和阻力橡皮不能沾染油脂，否则会造成打滑，导致计数不准。

（5）断电停机后等待不少于5秒再开机，否则可能会导致机器工作不正常。每周应该彻底清扫一次计数对管及各传感器上的灰尘，只需将上盖向上欣起，用毛刷清除灰尘即可。注意清扫前应关闭电源。

（6）出现进钞不顺畅或计数不准时，可通过调节进钞台螺钉来调整阻力橡胶片与捻钞轮之间的间隙来解决，然后用手拿一张纸币放入捻钞与阻力橡胶片之间感到有拉力即可。这里需要注意的是，顺时针方向是收紧，逆时间方向是放松。

2.3 现金整理技术

出纳人员点钞完毕后，还要做的一项重要工作是整理现金，即将纸钞扎把，整齐码放。纸钞一般分面额，每100张扎成一把。而硬币的整理比较简单，分面额每100枚用纸卷成一筒即可。

纸钞的扎把方法通常有两种：缠绕式和扭结式。下面分别介绍这两种方法的操作方法和步骤。

2.3.1 缠绕式扎把

银行临柜收款通常采用此种方法，需要使用的扎把工具为牛皮纸腰条，具体操作方法与步骤如图2-4所示。

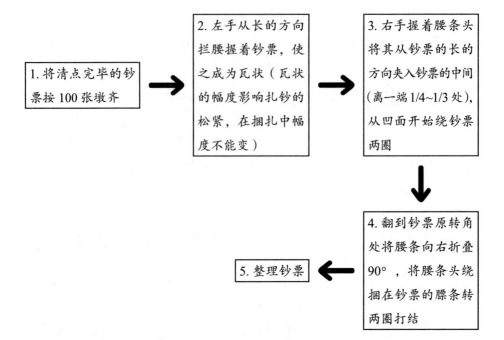

图 2-4 缠绕式扎把步骤

2.3.2 扭结式扎把

扭结式扎把通常在考核、比赛时采用,需要使用的扎把工具是棉纸腰条。具体操作方法与步骤如图 2-5 所示。

 提示

这两种纸钞扎把方式通常在大型企业、银行等专业金融机构中使用。日常工作中,中小型企业的出纳人员通常使用橡皮筋捆扎纸钞,既实用又方便。

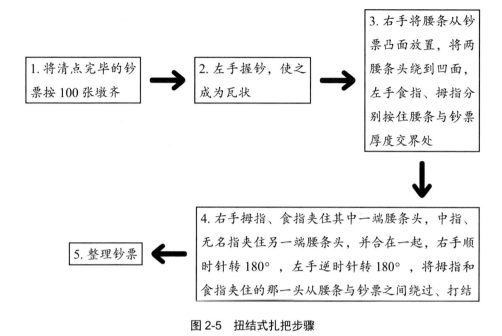

图 2-5 扭结式扎把步骤

2.4 鉴别人民币真伪

凡是与利益有关的事物都可能会被造假,更何况是与人们生存和生活息息相关的钱币。假币是仿照真币制作的钱币,它伴随着货币的产生而出现,是古往今来不法之徒牟取非法利益的工具,所以假币从古至今屡禁不绝。相信很多人在生活和工作中都曾收到过假币,遭受过无端的经济损失。而出纳的日常工作就是与钱币打交道,收到假币的机会自然更多,所以学习钱币知识,掌握鉴别钱币真伪的方法,把好企业现金流通的关口,避免给企业和自己造成损失,既是出纳人员的必修之课,又是出纳岗位的工作职责。本节介绍我国当前流通的人民币的防伪知识,以及鉴别人民币真伪的具体方法。

2.4.1 认识人民币"全貌"

我国当前主力流通使用的钱币是第五套人民币,面额从大到小分别为 100 元、50 元、20 元、10 元、5 元、1 元、5 角、1 角。其中面额 5 角和 1 角的主要介质为硬币,1 元面额既有纸币也有硬币。其他面额的介质均为纸币,本小节主要介绍人民币纸币。

在各种纸币面额中，100元人民币主要流通的是最新版本即2015年版，50元、20元、10元、5元仍为2005年版，1元面额仍为1999年版。最易被造假的就是纸币，尤其是面额较大的100元和50元。而其他面额的纸币也存在少量假币，只是由于面额不大，即使收到假币，也不会造成太大的损失，所以往往容易被忽略。但是作为一名专业出纳人员，对于企业每一分、每一毫的资金都应当重视。因此在掌握鉴别真伪的方法之前，首先要认识所有面额纸币的"全貌"。下面介绍各种面额的人民币纸币的版本及规格，如表2-4所示。

表2-4　第五套人民币规格

面额	版本	规格	
		长	宽
100元	2015版	156mm	77mm
50元	2005版	151mm	70mm
20元	2005版	146mm	70mm
10元	2005版	141mm	70mm
1元	1999版	130mm	63mm

2.4.2　人民币鉴伪方法

假币是指伪造、变造的货币。不法分子通常仿照真币图案、形状、色彩，采用机制、彩色打印、扫描或手工描绘、手工刻印等各种手段伪造假币。如今假币伪造技术越来越高，手段五花八门，往往令人防不胜防。不过，无论假币伪造得如何逼真，永远也不会成为真币，只要出纳人员准确掌握人民币的鉴伪知识并准确运用鉴别人民币真伪的具体方法，在实际工作中擦亮眼睛，多看，多练，就能提高防范能力，将收到假币的可能性降低为零。

人民币面额种类较多，但是鉴伪方法基本相同，因此本小节以最易被伪造的100元面额人民币纸币（2015年版）为示例介绍人民币纸币的鉴伪知识和方法，其他面额纸币参照识别即可。

出纳人员鉴别2015年版100元面额纸币主要方法是六看、二摸、一听。

1. 六看

六看是指用眼睛仔细看真币上有六处明显区别于假币的地方。

（1）看三处水印：真币正面左侧空白处隐含三处水印。

① 空白中间位置隐含毛泽东头像。

② 空白部分左下方有阴阳互补的红色数字"100"。即数字的一部分为油墨印刷，另一部分为水印；纸币背面同一位置数字100的油墨与水印恰好与正面数字图案互补。

③ 空白部分右下方隐含数字"100"。

当平视真币时，水印隐约可见，迎着光线即可看见三处图案清晰，线条分明的水印。而假币的水印图案则非常模糊。

（2）看两处光变颜色：真币正面有两处随着持币方向变化而变的颜色。

① 票面中间的数字"100"为光变数字。

② 票面中间毛泽东头像右边为镂空金属线。

手持纸币上下轻轻摆动，即可看见光变数字"100"的颜色由金色渐变为墨绿色，镂空金属线的颜色由紫红色变为金色，且色泽明亮。假币则无此光变效果。

（3）看一处隐形安全线。

真币票面上光变数字"100"的两个"0"之间隐藏着一条安全线，透光可见清晰线条，其长度与纸币宽度一致，均为77mm。假币则无此隐形安全线。

2．二摸

二摸是指用手指摸质感和凹凸，感受真币的纸质质感和票面上的几处凹凸部分。

（1）摸质感。

印制真币的纸张是用特殊材质制成，不易被仿制。其纸质坚韧挺括，平整耐折，不易撕裂。摸在手里，能感觉到纸张厚薄均匀，非常有质感。而印制假币的纸张通常是厚薄不均的，稍折即皱，而且容易撕裂。

（2）摸凹凸感。

2015年版100元真币有几处用手摸时能明显感觉到凹凸感，而且线条流畅。假币即便有凹凸感也不明显。这几处凹凸部位分别如下。

- ◆ 正面毛泽东头像。
- ◆ 正面右下角盲文。
- ◆ 正面右上角数字"100"。
- ◆ 正面左上方文字"中国人民银行"。
- ◆ 正面左上角国徽图案。

◆ 背面人民大会堂图案。

3. 一听

听纸币的声音也是鉴别钞票真伪的一个好办法。真币所用纸张造价高、质量好，声音听起来和其他纸张有着明显的区别。让纸币"发声"的方式主要有"甩""拉""弹"三种，具体方法如下。

（1）甩：手持钞票在空中轻轻甩动。

（2）拉：双手捏住钞票的左右两端一松一紧的拉动。

（3）弹：手指轻弹纸币表面。

无论采用哪种方式，真币都会发出清脆响亮的声音，而假币的声音则与之存在明显差别。实际工作中，可用随身携带的真币与收到的钞票作声音对比，即可鉴别出真假。

此外，其他面额纸币的鉴伪方法大致相同。略微不同之处主要包括以下4方面。

（1）金属线位置不同。50元、20元、10元的金属线位于正面中间代表面额数字的"0"处，1元则无金属线。

（2）光变数字位置、颜色不同。50元的光变数字在正面右下角，20元、10元、5元、1元无光变数字。

（3）正面左侧空白处水印图案不同（50元同样是毛泽东头像）。20元水印图案为荷花、10元水印图案为月季花、5元水印图案为水仙花、1元水印图案为兰花。

（4）其他面额纸币正面毛泽东头像右旁均有凹凸手感线。

2.5 印章管理

企业印章是企业身份和权力的象征，是企业在日常经营管理活动中行使职权的重要凭证和工具。只有加盖了企业印章的文件、票据等，才具有法律效力，受到法律保护。当然企业也要同时为文件、票据的内容承担相应的法律责任。企业印章如果被他人盗用、冒用或乱用，很可能给企业带来不必要的麻烦和纠纷，以及难以承担的责任，甚至可能影响公司的正常运转。因此，妥善管理印章对任何一家企业而言都是至关重要的。本节将介绍印章的相关知识，包括企业必备印章、出纳分管的相关印章，以及如何管理印章等内容。

2.5.1 企业必备印章

实务中,开办一家企业必须刻制的印章有四个:企业公章、企业财务专用章、企业发票专用章、企业法定代表人名章。四个印章样式不一,各具效力和用途,下面分别介绍。

1. 公章

企业公章是企业处理内部和外部事务的印鉴。尤其是对外的正式信函、文件、报告等,只要加盖了公章就代表着公司行为,同时产生法律效力和法律责任。公章是企业印章中效力最高的印章,国家也对企业公章给予高度重视,对于不同类型企业公章的样式、尺寸、刻制流程等都做出了严格规定。这里介绍有限责任公司的公章样式及规格。

根据相关规定,有限责任公司的公章形状一律为圆形,不得刻制成其他形状。其直径为4cm,圆边宽为0.12cm,圆中央印制五角星,圆边内从左向右环绕五角星印制企业的完整名称。税号(或社会统一信用代码)、印章编号可选择刻制。字体必须采用简化宋体字。企业公章图样如图2-6所示。

图2-6　企业公章图样(印章底部号码为印章编号)

2. 财务专用章

财务专用章又称为财务印鉴章,主要用于单位或集团内部的现金、银行收付业务(内部借款、往来结算);单位对外的现金、银行收付业务(预留银行印鉴、支票、汇票、业务委托书等);其他外部业务(如工商部门、银行部门备案等用途),等等。

财务专用章的形状及尺寸通常有以下3种。

◆　正方形22×22mm或25×25mm。

- 圆形 38×38mm。
- 椭圆形 45×30mm。

财务专用章必须包括公司全称和"财务专用章"字样，税号（或社会统一信用代码）、印章编号可选择刻制。公司名称的字体采用简化宋体字。企业财务专用章正方形图样如图 2-7 所示。

图 2-7　财务专用章图样

3. 发票专用章

发票专用章是使用发票的单位和个人按税务机关规定刻制的印章，专门用于在领购或开具发票时加盖。国家对于发票及发票专用章的使用监管比公章、财务专用章更加严格，除统一规定其形状、总体尺寸外，还对发票专用章中每一部分内容的尺寸、字体、距离都做出了具体规定。

（1）形状一律为横式椭圆形，尺寸为长 40mm，高 30mm，椭圆边宽度为 1mm。

（2）印章中央必须刻制 18 位税号（或社会统一信用代码），字体为 Arial，字体尺寸为高 3.7mm，宽 1.3mm，18 位数字（含英文字母）的总体宽度为 26mm。

（3）税号上方环排企业名称的文字为仿宋体，文字高 4.2mm，整体宽度根据公司名称字数多少而不同。文字环排的角度为 210°～260°，文字与边线内侧的距离为 0.5mm。

（4）税号下横排"发票专用章"文字为仿宋体，字高 4.6mm，字宽 3mm，印章中心线至"发票专用章"字样顶端的距离为 4.2mm。

（5）"发票专用章"文字的下横排的编号可选择印制。字体为 Arial，尺寸为字高 2.2mm，字宽 1.7mm，印章中心线至下横编号顶端的距离为 10mm。

企业发票专用章图样如图 2-8 所示。

图 2-8　企业发票专用章图样

4. 法定代表人名章

法定代表人名章就是刻有企业法定代表人姓名的印章。它也属于企业印章，在企业经营管理活动中，与企业公章或企业财务专用章一同使用，一般不会单独使用。例如，工商备案、银行开户、签订合同时等。

法定代表人名章的形状一律为正方形，常用尺寸为 20mm×20mm，标准字体为隶书。但是国家对字体没有硬性规定，也可以刻制为其他字体。名字下排一般需要印制印章编号。法定代表人名章通用图样如图 2-9 所示。

图 2-9　法定代表人名章

以上四种印章中，公章、财务专用章、发票专用章刻制必须经过当地公安局备案。企业法定代表人名章虽然没有强制要求备案，但是为了规避风险，建议企业主动向当地公安局申请备案。

除上述印章外，企业也可根据业务需求，自行定制各类业务用章，如签订合同使用的合同专用章，货品出库使用的"送货专用章"，验收入库、收付款使用的"现金（银行）收讫""现金（银行）付讫"，等等。

2.5.2 出纳如何管理印章

在上述四种重要印章中，公章、法定代表人名章一般由法定代表人亲自保管，也可以指定其他人员，如财务人员管理，而财务专用章、发票专用章则由财务部门负责管理。那么出纳人员如果被指定担任这项工作，应当怎样管理如此重要的印章呢？下面提供几点管理方法和注意事项。

（1）重要印章必须存放在保险柜里，随取随放，并随时上锁，不得随意放置在办公桌上或抽屉里。

（2）印章不得转交他人，不得私自委托他人代管。如因事离开岗位需移交他人，可由部门负责人指定专人代为保管，但是必须办理移交手续，并填写印章移交登记表。

（3）为保证资金的绝对安全，财务专用章、法定代表人名章等银行预留印章应当由两人以上分别保管，相互监督使用，做到一人无法签发支票、汇票，一人无法提取现金。

（4）使用印章必须严格遵循印章使用审批程序，按照印章的使用范围，经审批后才可用章，并同时登记。财务专用章、发票专用章、法定代表人名章由财务部门按岗位职责权限保管、使用。其中法定代表人名章若非本人保管，用章之前应由法定代表人本人签字或被授权管理人签字后方可使用。

（5）严禁员工私自将公司印章带离公司使用。若因工作需要，确实需要将印章带出使用，须填写携带印章外出申请表，并由分管领导审批并签字确认后方可带出。印章外出期间，借用人只可将印章用于申请事由，并对印章的使用后果承担一切责任。

（6）印章管理人员不得在当事人或委托人所持空白格式化文件、票据上加盖印章。用章文件、票据等必须已经填写完毕，字迹清晰，内容正确。

（7）出纳人员保管印章还应当注意以下事项。

① 印章保管须有记录，注明印章名称、颁发部门、枚数、收到日期、启用日期、领取人、保管人、批准人、图样等信息。

② 如因工作变动，不再保管印章，应及时上缴，并与新印章管理员办妥交接印章手续，以免贻误工作。

③ 非印章保管人使用印章盖章，印章保管人与使用人均需承担相应的责任。

④ 印章应及时维护，确保图样清晰、端正。

⑤ 重要印章保管如发现异常现象或不慎遗失，管理员应及时向上级报告，同时向有关部门备案并配合查处。

2.6 保险柜使用与管理

为了保证财产安全，企业通常都会配备专用保险柜，专门用于存放库存现金、有价证券、各种票据、发票、印章及其他重要财物。

保险柜通常分为机械保险柜和电子保险柜。其中，电子保险柜因其使用方便，可定期更换密码，安全性更高，目前应用更为广泛。电子保险柜外形如图2-10所示。

图 2-10　电子保险柜外形

保险柜一般由财务负责人授权，由出纳人员负责日常管理、使用。下面介绍保险柜使用和管理过程中的注意事项。

（1）保险柜通常配备两把钥匙，一把由财务负责人保管，以备特殊情况时开启使用；另一把由出纳保管，负责日常工作中开启使用。出纳人员不得将保险柜钥匙交由他人代为保管。

（2）一般情况下财务负责人不得任意开启由出纳人员保管使用的保险柜。如果财务负责人需要对出纳工作进行检查，如核对库存现金限额、核对实际库存现金数额，或者因其他特殊情况需要开启保险柜时，应当按照规定程序开启保险柜。

（3）保险柜内存放的现金日记账、银行存款日记账、其他有价证券、银行票据、发票等应按种类造册登记建立台账。

（4）保险柜内财物应分类摆放整齐，保持柜体及财物整洁、卫生。

（5）出纳人员及其他任何人不得将自己的私人物品放入保险柜。

（6）出纳人员对于自己使用的保险柜密码应牢记于心，不宜书面记载，更不得向他人透露。为了提高安全性，应定期更换密码。如果出现工作岗位调动，新

接手的出纳人员应及时修改保险柜密码。

（7）每次开关保险柜时，注意回避其他人员，提防开柜密码和柜内财务被他人窥探。

（8）保险柜的报警功能应24小时开启。注意定期更换报警器电池，以免失灵。

（9）保险柜应固定放置在财务部门出纳人员的办公场地中靠墙角的位置，一般不宜放置于靠近门口、窗口的位置。

（10）如果保险柜出现故障，应联系公安机关指定的维修点上门维修，以防泄密和失盗。

（11）如果发现保险柜被盗，切勿慌张，应注意保护现场，并禁止其他无关人员进入其内。不要触碰现场任何物品。财务人员应立即报告上级并报警，同时应积极配合侦查。

 专家经验支招

01 如何处理假币和残币

本章第4节介绍了人民币的相关知识和鉴别人民币真伪的方法，出纳人员只有平时勤于练习，在日常工作中真正遇到假币时才能迅速做出判断。那么，如果发现假币或因一时大意收到假币后应该如何应对和处理呢？如果收到残币又该怎样解决？下面将分别作介绍。

（1）如何处理假币。

普通企业的出纳人员在办理业务时如果发现假币，在拒收的同时应及时向公安机关报告，以免假币持有人再次使用，危害他人。如果因工作疏忽不慎收到假币，一般情况下，只能自行承担损失。还要切记持有、使用假币是违法行为，不可为了转嫁损失而心存侥幸再次使用假币，应当及时上缴中国人民银行、公安机关或办理人民币存取款业务的金融机构。

金融机构的出纳人员或业务人员办理业务时如果发现假币，应当遵循以下规范操作程序予以收缴。

① 由该金融机构两名以上工作人员当面予以收缴。

② 工作人员当面在人民币假币纸币上加盖"假币"字样戳记。如果是假外币或假硬币,应当面使用统一格式的专用袋加封,并在封口处加盖"假币"字样戳记,同时在专用袋上注明币种、券别、面额、数量、冠字号码、收缴人、复核人名章等内容。

③ 收缴假币的金融机构应向持有人出具中国人民银行统一印制的"假币收缴凭证",并告知持有人如对被收缴的货币真伪有异议,有权向中国人民银行当地分支机构或中国人民银行授权的当地鉴定机构申请鉴定。但收缴的假币,不得再交还给持有人。

金融机构在收缴假币过程中有下列情形之一的,应当立即报告当地公安机关,并积极配合提供相关线索。

① 一次性发现假人民币20张(枚)及以上、假外币10张及以上的。
② 属于利用新型造假手段制造假币情形的。
③ 有制造及贩卖假币线索的。
④ 持有人不配合金融机构收缴行为的。

 提示

根据相关规定,公安机关和中国人民银行有权直接没收假币,办理货币存取款和外币兑换业务的金融机构有权收缴假币,但应当遵循规范程序。除此之外,其他任何单位和个人无权没收和收缴假币。

(2)如何处理残币。

残币是指有残缺或污迹的货币纸钞。出纳人员在收付现金时,遇到残币在所难免。虽然残币是真实的,持有残币也是合法的,但是其他单位或个人一般不愿意再接受残币,因此,收到残币从某种意义上来说也可以算作是一种损失。作为出纳人员,应该了解一个基本常识:残币可以到银行兑换,这种损失是能够挽回的。银行将根据纸币残缺、污损程度不同,按其面额,依照一定的额度标准,将残币兑换为完好无损的人民币。具体兑换标准如下。

1)全额兑换。

- 能够辨别面额,票面残缺面积不超过1/5。
- 图案、文字能够按原样连接。
- 票面虽然污损、水湿、油浸、变焦、变色,但仍能辨其真伪。

2）半额兑换。

- 能够辨别面额、票面残缺面积在 1/5 ～ 1/2。
- 图案、文字能够按原样连接。

3）不予兑换。

- 无法辨别面额。
- 能够辨别面额，但票面残缺面积在 1/2 以上。
- 票面严重污损、水湿、油浸、变焦、变色，已无法辨别真伪。
- 故意挖补、涂改、剪贴、拼凑及揭去一面的。

出纳人员对于符合全额或半额兑换标准的残币应当做好保护工作，并及时兑换，以免造成更严重的残损，导致损失无法挽回。对于不予兑换的残币，由中国人民银行打洞作废，禁止再次流通。

对于公众持有的特殊残币、污损人民币（如因火灾、蛀虫、鼠咬、霉烂等特殊原因，造成外观、质地、防伪特征受损、纸张碳化、变形、图案不清晰，不宜再继续流通的人民币），金融机构应告知持有人到指定的网点办理兑换。

02　盖章也是技术活

说到盖章，很多人都会觉得不屑一提，因为盖章太过简单，找好位置，轻轻一摁即可完成，毫无技术含量，人人都会。但是作为一名专业出纳人员，却不可轻视这项工作。事实上，在某些工作场景中，对盖章的要求非常严格，如果稍有瑕疵，都会影响工作效率。例如，合同上盖章不够清晰，对方企业不认可，就必须重新印制合同，加盖公章；增值税发票对于盖章的要求更为严格，如果一次盖章不清晰，不得在旁边再次加盖，必须将发票作废后重新开具再重新盖章。因此，规范盖章也是出纳人员乃至所有财会从业人员必须掌握的"基本功"。下面介绍盖章的基本规范和注意事项。

（1）由于印章具有弹性，因此盖章前通常应在被盖章文件、票据等下面用胶垫、鼠标垫或较厚的笔记本作铺垫。

（2）盖章时首先要注意掌握力度，不可过重或过轻，以保证印章内容清晰、线条流畅。

（3）对于各种制式合同、各类票据（尤其是发票、银行票据）等，务必要将印章盖在指定位置。

(4)未指定盖章位置的文件,重要印章一般盖在本企业名称上面。

(5)对于页数较多的重要文件,通常应加盖"骑缝章"。

(6)对于企业内部各部门的普通印章,如"现金收讫"等,也应当固定一处盖章位置,不可随意更换。

(7)盖章时注意印章内容文字排列的方向,不可颠倒方向。

(8)对于要求在数字、金额上盖章的,要特别注意摁压印章时的力度应当稍轻,否则有可能会因油墨较重而遮挡住数字、金额。

(9)如果盖下印章后油墨较多,要注意晾干油墨,否则容易导致印章内容模糊不清。

上述内容中提到了"骑缝章",一般重要文件、合同等都需要加盖骑缝章。它的作用是可有效防止增减文件页码、挖补或造假,保证文件的完整性。下面介绍骑缝章的盖章技巧以及注意事项。

① 盖章时注意要将印章压住边缝。

② 印章要均匀盖压在两页可折叠纸的中缝之上,一半留作存根,另一半持作凭证。验证时,两半相对,公章应完整合一。

③ 盖下的印章要骑住所有缝。即盖完骑缝章后合同的每一页均有红印,并且第一页和最后一页同时盖有文字,而不仅仅是个红圈(仅有红圈也容易造假)。无论是中间还是前后,都不应存在漏页的情况。

④ 合同展开后能够将骑缝章还原成完整的原章,才是合格的骑缝章,才能真正发挥骑缝章的作用。

骑缝章盖印示例如图2-11所示。

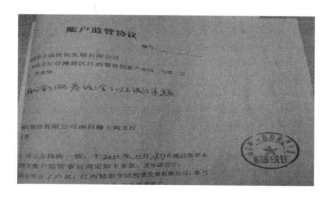

图2-11 "骑缝章"示例

提示

法律上并未强制规定合同必须加盖骑缝章，只要内容合法，没有骑缝章的合同也是具有法律效力的。但是骑缝章能够有效防范风险，防止对方否定、篡改合同内容，避免引起不必要的纠纷。因此对于重要文件特别是合同，建议多加盖一个骑缝章。

 高效工作之道

日常工作中，出纳人员时常收到各类款项，随即就应为交款单位或个人开具收款收据。目前大多数企业通常购买或定制预先印刷的空白收据，开具时由出纳人员填写。虽然这项工作非常简单，但是频繁的手工填写，不仅效率较低，而且在汇总金额和书写大写金额时极易出错，重新开具则更影响工作效率。其实，可以运用Excel自行制作电子收据，同时还可通过其中的函数设置公式自动汇总金额、自动列示大写金额，而出纳人员只需在其中输入少量内容（如日期、交款单位名称、摘要内容、收款项目金额），即可迅速开具完成一份收据。因此本章"高效工作之道"主要讲解如何充分运用Excel中的功能、函数制作"智能化"电子收据，以帮助读者提升工作效率。

01 制作空白电子收据，简化手工输入

首先运用Excel绘制电子表格，设置基础格式，将其变换为空白"收据"样式，并运用不同功能对其中部分项目进行设置，以简化部分手工输入工作，包括日期、收据编号、小写金额、交款方式。下面讲解简化手工输入的具体方法与步骤。

（1）自定义单元格格式，简化输入日期、收据编号、小写金额。

步骤① 新建一份Excel工作簿，命名为"电子收据"，绘制基础表格，设置好收据的基本样式，如图2-12所示。

图 2-12　收据基本样式

步骤 2 右击 D4 单元格→在弹出的快捷菜单选择【设置单元格格式】选项，或按【Ctrl+1】组合键即可打开【设置单元格格式】对话框，如图 2-13 所示。

图 2-13　选择菜单选项

步骤③ 在弹出的【设置单元格格式】对话框的【数字】选项卡左侧列表框内选择【自定义】选项→在【类型(T):】文本框中输入""收款日期:"yyyy"年"m"月"d"日""（注意文本字符必须添加双引号，并且在英文输入法下添加，否则设置无效）→单击【确定】按钮即可，如图2-14所示。

图2-14 "自定义"单元格格式

步骤④ 以同样的方法和步骤设置I4单元格、I6单元格格式，在【设置单元格格式】对话框【数字】选项卡的【自定义】选项中的【类型(T):】文本框里分别输入以下内容。

- I4单元格："No:000000"（设定编号位数为6位，不足6位添"0"补位）
- I6单元格："¥0.00"元""

步骤⑤ 测试自定义单元格格式效果。

- 在D4单元格输入任意日期，如"1-18"，即自动显示"收款日期:2019年1月18日"。
- 在I4单元格输入任意编号，如"156"，即自动显示"No：000156"。
- 在I6单元格输入任意金额，如"1250.8"，即自动显示"¥1250.80元"，效果如图2-15所示。

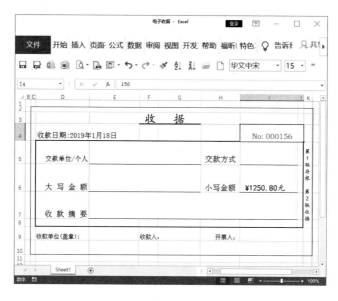

图 2-15　自定义单元格格式效果

（2）【数据验证】简化输入"交款方式"。

交款方式一般为两种：现金和银行转账，通过【数据验证】功能设置下拉菜单，填写"交款方式"时就不必手工输入文字，直接在菜单中快速选取即可。

步骤① 选中 I5 单元格→在【数据】选项卡下的【数据工具】组中单击【数据验证】按钮，在展开的列表中选择【数据验证(V)…】选项，如图 2-16 所示。

图 2-16　【数据验证】功能

步骤2 弹出【数据验证】对话框,选择【设置】选项卡→在【验证条件】的【允许】下拉列表中选择【序列】选项,如图2-17所示。

步骤3 在【来源(S):】文本框中输入"现金,银行转账"(如果还有其他交款方式,可在后面继续添加,用英文符号","间隔即可)→单击【确定】按钮,如图2-18所示。

图2-17 设置允许条件　　　　图2-18 设置"交款方式"下拉菜单

步骤4 此时I5单元格右下角会出现小方框,单击小方框中的倒三角按钮,出现下拉列表,即可选取交款方式,如图2-19所示。

图2-19 "交款方式"下拉列表

> **提示**
>
> 收据中的"收款人""开票人"项目同样可运用"数据验证"制作姓名下拉菜单，制作方法与设置"交款方式"相同。

02 大写金额同步"书写"

大写金额虽然比较简单，但由于中文大写金额的每个文字笔画较多，手工书写既费力又容易出错，所以书写大写金额对于出纳员人而言，也是影响工作效率的一个"难题"。而 Excel 中强大的函数功能能轻松地解决这个难题，只需运用函数嵌套设置一个公式即可根据小写金额同步自动生成规范的大写金额。

步骤① 选中 E6 单元格，设置以下公式：=IF(I6="","",IF(INT(I6)=0,"",TEXT(TRUNC(I6)," 人民币 [DBNum2]G/ 通用格式 ")&" 元 ")&IF(TRUNC(I6*10)-TRUNC(I6*10,-1)=0,IF(TRUNC(I6*100)-TRUNC(I6*100,-1)<>0," 零 ",""),TEXT(TRUNC(I6*10)-TRUNC(I6*10,-1),"[DBNum2]G/ 通用格式 ")&" 角 ")&IF(TRUNC(I6*100)-TRUNC(I6*100,-1)=0,"",TEXT(TRUNC(I6*100)-TRUNC(I6*100,-1),"[DBNum2]G/ 通用格式 ")&" 分 ")&IF(TRUNC(I6*10)-TRUNC(I6*10,-1)=0," 整 ",""))，如图 2-20 所示。

公式含义

上面这个公式比较复杂，是几个函数技巧的综合运用，这里解释一下几个函数与公式的含义。

（1）INT 函数：将数值向下舍入直接取整为最接近的整数，语法是"INT(number)"。无论"I6"的值是"1250.80"还是"1250.30"，运用 INT 函数取整后的值均为"1250"。

（2）TRUNC 函数：按指定的精度截尾取整，包含 2 个参数，语法是"TRUNC(number, number_digits)"，其中"number_digits"即代表取整的精度，如果不设置这个参数，则默认为"0"，表示直接取整。

公式中"TRUNC(B9*100,-1)"的含义是将"I6"的值乘以 100 之后得到的数值，再向左移一个数字取整数（负数即表示向左移动）。例如，"I6"的值为"1250.80"，则公式中"TRUNC(I6*100)-TRUNC(I6*100,-1)"计算过程与结果是125080-125080=0，其实这一部分公式主要是针对金额中含有"分"时的情形而设置，假设"I6 的值为"1250.85"，那么计算过程与结果则为125085-125080=5，以此类推，即可理解公式中"TRUNC(I6*10)-TRUNC(I6*10,-1)"部分是为"角"位而设置。

（3）TEXT 函数：将数值转化为指定的文本。公式的含义是将计算得出的数字转化为中文大写数字，并在其后加上"元""角""分"，如果计算结果是整数，则在大写金额末尾添加"整"字。

（4）IF 函数：条件函数，可根据指定的条件来判断其"真"（TRUE）或"假"（FALSE），并根据逻辑计算的真假值，返回指定的内容。IF 函数可多层嵌套。例如，公式中 "IF(I6="","",IF(INT (I6)=0,"","，"部分的含义是如果"I6"的值为空值，则"E6"返回空值，如果取整"I6"中数值后的值为 0，则"E6"返回空值，以此类推。

（5）公式中"人民币[DBNum2]G/ 通用格式"部分表示将小写金额设置为中文大写数字格式并在金额前面添加"人民币"字符。

图 2-20　设置公式自动生成大写金额

第 2 章 出纳的"基本功"：出纳必备专业技能

步骤 2 测试效果：分别在 I6 单元格中输入整数和含有"分"位的金额，测试公式的准确性，如图 2-21 和图 2-22 所示。

图 2-21 整数大写金额

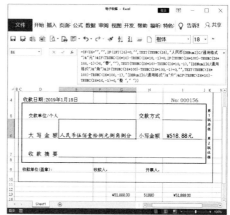

图 2-22 包含"分"位的大写金额

03 收据号码自动编排

第一份空白收据制作完成后，即可将其复制粘贴至下面区域，生成第二份收据继续使用，方便快捷。但此时还存在一个小问题：每份收据都需要手工修改收据编码。相信财会人员都清楚关于编码的基本常识：任何票据的编码都必须要保证统一性、顺序性、连续性及唯一性，如果每次增加新的收据时，手工输入编码，极易出现号码重复、断号等错误。对于这一问题，运用 IF 函数嵌套 COUNTIF 函数设置一个简单公式即能实现按规则、按序列自动编码，可有效避免编码错误，并确保编码的准确性。

步骤 1 复制粘贴第一份收据至下方区域。单击行标"2"，即选中第 2 行整行→按住鼠标左键不放向下拖动至第 10 行，即选中了第一份收据占用的所有行次【2:10】→按【Ctrl+C】组合键复制→单击行标"12"→按【Ctrl+V】组合键粘贴即可。

注意，这是一个选择区域操作上的小技巧：选中第一份收据占用的所有行次"2:10"，整体复制粘贴至下方行次后才能保持第一份收据的行高尺寸，维持其原貌。如果仅选中收据所在区域【C2:L10】，那么复制粘贴后，第二份收据的行高会"缩水"，破坏收据的整体样式。以下是选择行次和选择区域进行复制粘贴后的效果图，如图 2-23 及图 2-24 所示，可见差别很明显。

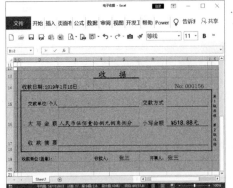

图 2-23　选中行次复制粘贴的效果

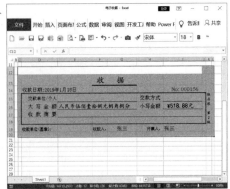

图 2-24　选中区域复制粘贴的效果

步骤 ②　设置公式自动编码。I14 单元格公式为"=IF(E13="","",I$4+COUNTIF(E$3:E3,$E$3))"→再次向下复制粘贴第三份收据，可看到收据编码自动递增，即变为"158"。效果如图 2-25 和图 2-26 所示。

图 2-25　自动编码公式

图 2-26　自动编码公式

公式含义

这个公式嵌套了条件函数 IF 和条件统计函数 COUNTIF，下面是关于公式含义的解释。

（1）如果 E13 单元格为空，则 I14 单元格也为空。意思是如果 E13 单元格内没有内容，表明此处没有"收据"，那么自然不会存在编码。

（2）如果 E13 单元格不为空，表明此处有一份"收据"，则将 I14 单元格的值"156"加上"COUNTIF"函数统计得出的 E$3:E3 区域中 E3 单元格的值的个数。公式中"COUNTIF(E$3:E3,$E$3)"统计得到的个数为 1，加上 156 后即得到数字"157"，即为第二份收据的编码，以此类推。

（3）公式"COUNTIF(E$3:E3,$E$3)"中添加符号"$"的作用是锁定列号和行号，固定公式区域范围或单元格。例如，"E$3"锁定第 3 行但不锁定列号，"$E$3"则锁定 E 列第 3 行，即锁定 E3 单元格。之后继续复制粘贴收据，其中被锁定的区域和单元格不会因收据所有区域发生变化而改变，因此这个公式计算得到的结果始终为"1"。

步骤 3 最后取消工作表网格线，即可呈现清爽、整洁的"收据"界面。单击【视图】选项卡【显示】组→取消选中【网格线】复选框即可，如图 2-27 所示。

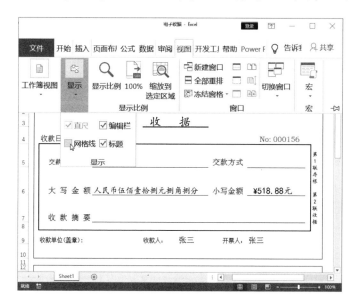

图 2-27　取消网格线

> **提示**
>
> 电子收据开具完成后，使用两联压感纸在针式打印机中打印出纸质收据。第 1 联存根联作为企业留存，由出纳人员妥善保管，及时传递；第 2 联收据联作为收款凭证，加盖企业财务专用章或公章之后交付给交款单位或个人。

通过学习第1篇快速入门，相信读者对出纳工作已经形成了一个基本的认知框架，同时对第2章传授的出纳必备"基本功"也已经驾轻就熟。那么，接着就应当在这些基础之上，进阶修炼"内功"，深入学习本篇讲解的出纳专业知识。只有全面掌握出纳工作的核心知识和技能，才能不断提高业务水平，成为一名真正的专业出纳。

本篇将为读者介绍涉及出纳工作的核心专业知识和技能，主要包括以下内容：会计凭证管理、账簿（现金和银行存款日记账）管理、现金管理及现金收支实务、银行存款账户管理、工资核算与发放实务，以及部分财会拓展知识，如公司注册流程、申报纳税实务等。

第 2 篇

专业知识

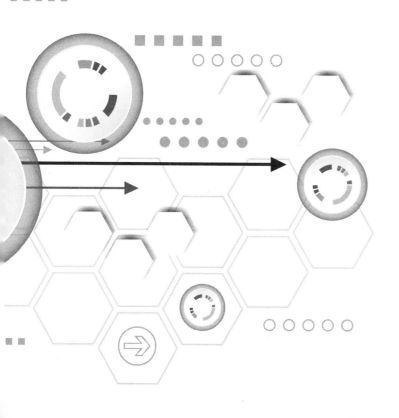

第 3 章

凭证是账务依据：管好会计凭证

会计凭证是记录日常经济业务发生与完成状况的书面证明，按其用途与编制程序不同，主要分为原始凭证与记账凭证。其中，原始凭证是编制记账凭证的依据，记账凭证则是登记会计账簿必不可缺的凭据。因此，规范管理会计凭证是做好财会工作的第一步，也极其重要。本章将介绍原始凭证和记账凭证的特点和用途，讲解填制凭证的具体方法，分享规范管理思路，为顺利开展后续工作奠定一个良好的基础。

3.1 原始凭证

原始凭证也称为单据,是由业务经办人填制或取得的,用以记录经济业务具体内容的原始单据,是会计核算工作的原始依据及编制记账凭证的主要凭证。同时,原始凭证能够明确有关经济责任,规避不必要的经济纠纷,是具有一定法律效力的重要凭证。

3.1.1 原始凭证的内容与分类

如前所述,原始凭证的主要用途就是作为填制记账凭证的依据,其涵盖范围非常广泛,类别多种多样。虽然按不同的标准可分为不同的类别,但是对内容的要求相对统一。下面分别介绍原始凭证的分类与内容。

1. 原始凭证的分类

原始凭证的分类标准主要包括来源、格式、填制程序与内容。各标准具体分类如表 3-1 所示。

表 3-1 原始凭证分类

分类标准	原始凭证类别	说明	列举
按来源分类	外来原始凭证	与外单位发生经济往来事项时取得的凭证	飞机票、火车票、汽车票、银行收付款通知单、采购时从供应商处取得的发货清单等
	自制原始凭证	根据在生产经营过程中内部管理需要,由本单位内部人员填制的凭证	收料单、领料单、开工单、成本计算单、出库单、验收入库单等
按格式分类	通用凭证	由国家相关部门统一印制、格式统一的凭证	各种发票、银行收付款通知单等
	专用凭证	由单位内部自行印制、仅在本单位内部使用的凭证	收料单、领料单、开工单、成本计算单、出库单、验收入库单、制造费用分配单、折旧计算分摊表等

续表

分类标准	原始凭证类别	说明	列举
按填制程序与内容分类	一次性凭证	仅反映一项经济业务或同时记录若干项同类性质经济业务，填制手续是一次完成的原始凭证	领料单、收料单、职工借款单、发货单、入库单、制造费用分配表等
	累计凭证	通常是一月内连续发生的同类经济业务，填制手续是随着经济业务事项的发生而分次进行的原始凭证	限额领料单等
	汇总凭证	通常是一定时期内反映相同经济业务的多张原始凭证，汇总编制而成的自制原始凭证，以集中反映该项经济业务所有发生情况，分析比较经济业务数据	工资汇总表、现金收支汇总表、收发料凭证汇总表等

2. 原始凭证的内容

虽然原始凭证涵盖范围广泛，种类多样，但是无论何种原始凭证，要作为记账凭证，内容上必须至少包括以下 7 个要素。

（1）原始凭证的名称。

（2）填制原始凭证的日期和编号。

（3）接受原始凭证单位或个人的名称。

（4）经济业务内容（如货品数量、单价、金额等）。

（5）经济业务内容补充描述。

（6）填制单位和经办人员的签章。

（7）必要的凭证附件。

自制汇总原始凭证示例如图 3-1 所示。

\multicolumn{9}{c}{A公司工资汇总表}
汇总期间：×××年1月~3月								单位：人民币元
序号	姓名	基本薪资	岗位津贴	加班费	应发工资	社保	公积金	个人所得税	实发工资
1	张三	12,000	1,500	1,500	15,000	1,320	600	77.40	13,002.60
2	李四	10,500	1,500	1,500	13,500	1,155	525	39.60	11,780.40
3	王五	11,400	1,200	900	13,500	1,254	570	35.28	11,640.72
...	...	...	...	...	...	...	...	...	...
	...	...	...	...	...	...	...	...	...
合计		101,700	12,600	11,700	126,000	11,187	5,085	456.84	109,271.16
单位负责人：张×			财务负责人：王×			人事部门：李×		制表人：刘×	

图 3-1 自制汇总原始凭证

通用原始凭证——空白增值税专用发票，如图 3-2 所示。

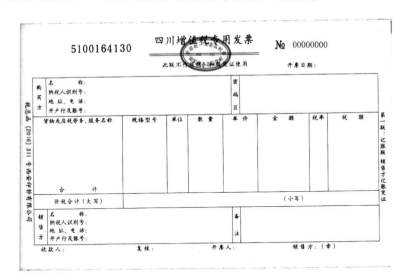

图 3-2　通用原始凭证——空白增值税专用发票票样

　提示

① 此处自制原始凭证和通用原始凭证仅列举个别样例，未一一列举。

② 图 3-2 列举的通用凭证为增值税专用发票第一联，总联次为三联。普通发票的联次为两联。

3.1.2　原始凭证的填制与审核

原始凭证是记录、证明经济业务发生的凭据，为了正确地反映和监督各项经济业务，确保会计资料真实、正确和合法，在填制原始凭证时应当按照要求规范填写，在审核环节应当细致、认真地审查核定。

1. 原始凭证的填制

为了保证原始凭证能够正确、及时、清晰地反映交易或事项的真实情况，并且能顺利通过后续审核，填制原始凭证必须符合下列基本要求。

（1）内容真实、填列完整。

① 业务经办人员必须实事求是地填写经济业务相关信息，原始凭证填制的日

期、业务内容等必须与实际情况完全相符，以确保凭证内容真实可靠。

② 原始凭证中所列项目必须逐项填列，使其齐全，不得遗漏和省略。涉及名称的项目要填写完整，不能简化；补充描述业务内容应简明扼要；各环节经办人员签字应齐备。

③ 一式两联及以上联次的原始凭证（如收据、发票等），应一次填写完成，保证每一联次所有内容完全一致，严禁填制"阴阳"票据。

（2）及时填制，按序传递。

原始凭证在经济业务发生后应及时填制，并遵照规定的流程按时传递，以便后续的审核和记账工作顺利进行。

（3）手续完备，签章合规。

① 自制原始凭证必须有经办人及单位领导人或者其他指定人员的签字或盖章。

② 对外开具的原始凭证必须加盖本单位印章。发票统一加盖发票专用章，其他原始凭证通常加盖财务专用章或公章。

③ 从外部取得的原始凭证，同样必须盖有填制单位的财务专用章、公章或发票专用章。

④ 从个人取得的原始凭证，必须有填制人员的签名或盖章。

（4）书写规范，编号连续。

① 按照规范要求填制原始凭证，数字清晰，文字工整。

② 无论何种凭证，都要连续编号，以便于后期管理、检索。如果在填写过程中出现错误，应划叉并写"作废"二字或加盖"作废"戳记，妥善保管，不得撕毁。

（5）不得涂改、刮擦、挖补。

原始凭证上如果出现文字性错误，应当由出具单位重新开具或划"×"更正，更正处应当加盖出具单位的印章。如果数字及金额出错，则必须由出具单位重新开具，不得在原始凭证上更正。

2. 原始凭证的审核

实务中，原始凭证通常由相关经办人员直接填制，而之后对原始凭证进行审核才是财会人员的工作重点。出纳人员对原始凭证进行审核时应关注的要点就是之前介绍的各项填制要求，要逐一审核原始凭证的内容和填制手续是否符合规范，重点审查原始凭证反映的经济业务内容是否真实、合理，是否符合国家政策及相关法规。

出纳人员在审核过程中若发现填制内容不符合实际情况，手续不完备或书写不规范的原始凭证，应退回经办单位或部门，要求其重新填写或补齐。

对于从外部取得的发票类原始凭证，更应当严格、认真地审核。应当重点关注和审查的内容如下。

（1）正规合法的发票，其名称处都印制有本地区国家税务总局监制的"全国统一发票监制章"（参看图3-2）。

（2）加盖开票单位发票专用章的发票才视为有效发票。

（3）开票单位名称、税号（或统一社会信用代码）是否与其发票专用章内容一致。

（4）发票上开具受票单位名称和税号（或统一社会信用代码）是否与本单位名称和税号一致。

（5）开票人是否签名或盖章。

（6）发票的大、小写金额是否一致。

（7）发票不允许涂改更正，如有错误，必须退回重新开具。

3.1.3 原始凭证的保管与分割

原始凭证的保管也应当遵循一定的规范。原始凭证原则上应当作为记账凭证的附件粘贴其后，并且与记账凭证一同装订成册，存档保管。同时，为了便于查阅，也可以复制一份单独存档保管。例如，每月将一份工资表附于每月记账凭证后面，同时复制一份另行存放，集齐全年工资表后装订成册。另外，如果一份原始凭证上同时记录两个及以上的单位或部门共同承担同一笔费用的经济业务，如多个单位支付的电费，此时就必须对其进行分割。本小节主要介绍如何保管原始凭证，以及如何分割原始凭证。

1．原始凭证的保管

原始凭证作为记账凭证必不可少的附件，在保管时有哪些规范要求呢？下面进行详细介绍。

（1）及时传递，不得积压。在记账凭证装订成册之前，原始凭证通常使用回形针或大头针固定在记账凭证后面，在这段时间内，凡使用记账凭证的财会人员都有责任妥善保管原始凭证和记账凭证。使用完毕后要及时传递，不得积压，并且要严防在传递过程中散失。

（2）各种经济合同和涉外文件，以及性质相同、数量很多或各种随时需要查阅的原始凭证等，如收、发料单，工资明细表等，都可以单独装订保管，但要注意在封面上注明记账凭证种类、日期、编号，同时也应在记账凭证上注明"附件另订"和原始凭证的名称及编号。

（3）原始凭证原则上不得外借，其他单位如确因特殊原因需要使用原始凭证时，须经本单位会计机构负责人、会计主管人员批准。

凭证外借需填写"会计档案调阅表"，详细填写调阅凭证的名称、调阅日期、调阅人姓名和工作部门、调阅理由、归还日期、调阅批准人等。调阅人员原则上不得将凭证携带外出。

需复制原始凭证的，要说明所复制的凭证名称、张数，经本单位领导同意后在本单位财会人员监督下进行，并应登记与签字。

（4）从外单位取得的原始凭证如有遗失、毁损，应当取得原开出单位盖有公章的证明，并注明原凭证的号码、金额和内容等，由经办单位会计机构负责人、会计主管人员和单位领导人批准后，才能代作原始凭证。

（5）根据中华人民共和国财政部、中华人民共和国财政部国家档案局令第79号对《会计档案管理办法》的修订，自2016年1月1日起施行，原始凭证的保管期限为30年。保管期满后如需销毁，应当遵照相关规定与流程与相应的会计档案资料一同销毁。

（6）保管期已届满但未结清债权债务的原始凭证不得销毁。

2. 原始凭证分割单

原始凭证分割单是指一张原始凭证所列支出，需要由两个或两个以上单位共同负担，应由保存该原始凭证的单位，开具给其他应负担支出的单位原始凭证分割单，即保存该原始凭证的单位自制原始凭证。

原始凭证分割单上应至少具备原始凭证的基本内容（凭证名称、填制凭证日期、填制凭证单位名称、填制人、经办人签章、接受凭证单位名称、经济业务内容、数量、单价、金额），标明费用分摊详情，并在分割单上加盖本单位公章。其内容与格式也可以按初始的"原始凭证"复制，但必须列明原有的原始凭证的初始金额与数量，以及对方应承担的部分，并加盖开具分割单单位的公章。表3-2是电费分割单空白样表，出纳人员可参考制作。

表3-2　××市××有限公司外购电力费用分割单

填表日期：2019年6月18日　　　　电费所属期：2019年5月1日—2019年5月31日
编号：000618

项目	单位名称	统一社会信用代码	用电户号	用电量（千瓦时）	电费单价	电费金额	备注
总表单位信息							
分表单位用电分割情况	单位名称	统一社会信用代码	电表表号	用电量（千瓦时）	电费单价	电费金额	
	单位1						
	单位2						
	单位3						
	合计						

总表单位申明：
我单位已确认上述电量与电费金额非我单位耗用，为单位1、单位2、单位3所耗用，我单位将按规定自行调减相关费用。如有虚假，我单位愿意承担相关法律责任。

　　　　　　　　　　　　　　　　　　　　　　总表单位：（签名及盖章）
　　　　　　　　　　　　　　　　　　　　　　2019年6月18日

3.2　记账凭证

记账凭证是根据审核无误的原始凭证填制的，是作为记账、登记会计账簿的凭据。在记账凭证中记录经济业务内容时，必须将各类经济业务归集到相应的会计科目中，同时编制会计分录。因此，熟悉并掌握会计科目及会计分录编制方法是填制记账凭证的基础和前提。本节将介绍出纳工作中涉及的常用会计科目，以及记账凭证的分类，讲解常见经济业务的会计凭证的编制方法及财务处理流程。

3.2.1　认识会计科目

会计科目是为了记录日常经营活动中发生的各类经济业务并对其进行全面、系统、分类核算和实施有效监督而设置的类目。会计科目按照会计要素的具体内容分为五大类：资产类、负债类、共同类、权益类、损益类、成本类。每一类别中包含数个同类一级科目，企业可按照自身行业性质选择不同会计准则或会计制度下的规范和固定的一级科目进行会计处理。其中，一级科目编号及科目名称由国家财政部门统一规定，二级及二级以下的会计科目允许企业在不违背会计准则和会计核算要求的前提下,根据实际核算需求自行设置。表3-3是财政部颁布的新会计准则下的会计科目表。

表3-3 新会计准则—会计科目表

序号	科目编号	科目名称	序号	科目编号	科目名称	序号	科目编号	科目名称	序号	科目编号	科目名称
		一、资产类			一、资产类(续)			二、负债类(续)			六、损益类(续)
1	1001	库存现金	44	1511	长期股权投资	86	2241	其他应付款	124	6001	主营业务收入
2	1002	银行存款	45	1512	长期股权投资减值准备	87	2251	应付保单红利	125	6011	利息收入
3	1003	存放中央银行款项	46	1521	投资性房地产	88	2261	应付分保账款	126	6021	手续费及佣金收入
4	1011	存放同业	47	1531	长期应收款	89	2311	代理买卖证券款	127	6031	保费收入
5	1012	其他货币资金	48	1532	未实现融资收益	90	2312	代理承销证券款	128	6041	租赁收入
6	1021	结算备付金	49	1541	存出资本保证金	91	2313	代理兑付证券款	129	6051	其他业务收入
7	1031	存出保证金	50	1601	固定资产	92	2314	代理业务负债	130	6061	汇兑损益
8	1101	交易性金融资产	51	1602	累计折旧	93	2401	递延收益	131	6101	公允价值变动损益
9	1111	买入返售金融资产	52	1603	固定资产减值准备	94	2501	长期借款	132	6111	投资收益
10	1121	应收票据	53	1604	在建工程	95	2502	应付债券	133	6201	摊回保险责任准备金
11	1122	应收账款	54	1605	工程物资	96	2601	未到期责任准备金	134	6202	摊回赔付支出
12	1123	预付账款	55	1606	固定资产清理	97	2602	保险责任准备金	135	6203	摊回分保费用
13	1131	应收股利	56	1611	未担保余值	98	2611	保户储金	136	6301	营业外收入
14	1132	应收利息	57	1621	生产性生物资产	99	2621	独立账户负债	137	6401	主营业务成本
15	1201	应收代位追偿款	58	1622	生产性生物资产累计折旧	100	2701	长期应付款	138	6402	其他业务成本
16	1211	应收分保账款	59	1623	公益性生物资产	101	2702	未确认融资费用	139	6403	营业税金及附加
17	1212	应收分保合同准备金	60	1631	油气资产	102	2711	专项应付款	140	6411	利息支出
18	1221	其他应收款	61	1632	累计折耗	103	2801	预计负债	141	6421	手续费及佣金支出
19	1231	坏账准备	62	1701	无形资产	104	2901	递延所得税负债	142	6501	提取未到期责任准备金
20	1301	贴现资产	63	1702	累计摊销			三、共同类	143	6502	提取保险责任准备金
21	1302	拆出资金	64	1703	无形资产减值准备	105	3001	清算资金往来	144	6511	赔付支出
22	1303	贷款	65	1711	商誉	106	3002	货币兑换	145	6521	保单红利支出
23	1304	贷款损失准备	66	1801	长期待摊费用	107	3101	衍生工具	146	6531	退保金
24	1311	代理兑付证券	67	1811	递延所得税资产	108	3201	套期工具	147	6541	分出保费
25	1321	代理业务资产	68	1821	独立账户资产	109	3202	被套期项目	148	6542	分保费用
26	1401	材料采购	69	1901	待处理财产损溢			四、权益类	149	6601	销售费用
27	1402	在途物资			二、负债类	110	4001	实收资本	150	6602	管理费用
28	1403	原材料	70	2001	短期借款	111	4002	资本公积	151	6603	财务费用
29	1404	材料成本差异	71	2002	存入保证金	112	4101	盈余公积	152	6604	勘探费用
30	1405	库存商品	72	2003	拆入资金	113	4102	一般风险准备	153	6701	资产减值损失
31	1406	发出商品	73	2004	向中央银行借款	114	4103	本年利润	154	6711	营业外支出
32	1407	商品进销差价	74	2011	吸收存款	115	4104	利润分配	155	6801	所得税费用
33	1408	委托加工物资	75	2012	同业存放	116	4201	库存股	156	6901	以前年度损益调整
34	1411	周转材料	76	2021	贴现负债			五、成本类	155	6801	所得税费用
35	1421	消耗性生物资产	77	2101	交易性金融负债	117	5001	生产成本	156	6901	以前年度损益调整
36	1431	贵金属	78	2111	卖出回购金融资产款	118	5101	制造费用	—		
37	1441	抵债资产	79	2201	应付票据	119	5201	劳务成本	—		
38	1451	损余物资	80	2202	应付账款	120	5301	研发支出	—		
39	1461	融资租赁资产	81	2203	预收账款	121	5401	工程施工	—		
40	1471	存货跌价准备	82	2211	应付职工薪酬	122	5402	工程结算	—		
41	1501	持有至到期投资	83	2221	应交税费	123	5403	机械作业	—		
42	1502	持有至到期投资减值准备	84	2231	应付利息	—			—		
43	1503	可供出售金融资产	85	2232	应付股利	—			—		

表3-3中列示的一级会计科目多达上百个,涵盖了绝大部分行业的日常经济业务。事实上,落实到每一个企业,实际涉及的会计科目总数通常为几十个。出

纳人员主要管理企业资金，记录资金的增减变动情况，因此，编制会计分录时必用的资产类会计科目为两个：库存现金与银行存款。而与之相应的对方科目则应根据实际经济业务的性质来确定。（关于会计分录具体编制方法，将在3.2.3小节中结合记账凭证的填制方法进行讲解）。

3.2.2 记账凭证的分类与内容

记账凭证是会计人员根据审核无误的原始凭证按照经济业务事项的内容加以归类，并据此确定会计分录后所填制的会计凭证，是登记总分类账和明细分类账的主要依据。记账凭证种类较多，内容和格式也有所不同，下面介绍记账凭证的分类和内容。

1. 记账凭证的分类

记账凭证按照不同的分类标准，可划分为不同类别，发挥着不同的作用。记账凭证的具体分类情况如下。

（1）按其适用的经济业务，分为专用记账凭证和通用记账凭证。

1）专用记账凭证：专门记录某一类经济业务的记账凭证。专用记账凭证按其记录的经济业务与现金和银行存款收付的直接关系，分为收款凭证、付款凭证和转账凭证3种。

① 收款凭证：专门用于记录库存现金和银行存款收款业务的会计凭证。根据现金和银行存款收款业务的原始凭证填制，是登记现金日记账、银行存款日记账，以及有关明细账和总账的依据。收款凭证基本样式如图3-3所示。

图3-3 收款凭证样式

② 付款凭证：专门用于记录库存现金和银行存款付款业务的会计凭证。根据现金和银行存款付款业务的原始凭证填制，是登记现金日记账、银行存款日记账，以及有关明细账和总账的依据。付款凭证和收款凭证的样式基本一致，略微不同之处在于付款凭证左上角填列"银行存款"或"库存现金"科目的方向改为"贷方科目"。

③ 转账凭证：记录除库存现金和银行存款之外的其他经济业务的会计凭证。根据其他经济业务的原始凭证填制，是登记总分类账及有关明细分类账的依据。转账凭证基本样式如图 3-4 所示。

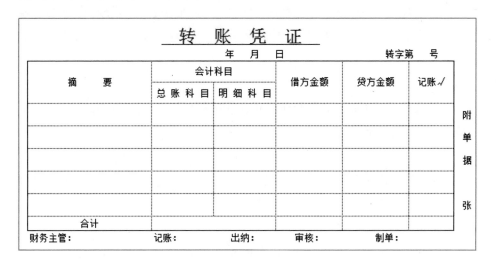

图 3-4 转账凭证样式

> **提示**
> 注意这里所讲的"转账"凭证，并非平常所说的银行存款转账，虽然二者均称为"转账"，但有着本质区别。

专用记账凭证一般适用于业务量大，记账凭证较多的大中型企业。

2）通用记账凭证：适用于所有经济业务，是格式比例统一的记账凭证。为了简化记账工作流程，不区分收、付、转经济业务，而是将所有经济业务的原始凭证填制在统一格式的记账凭证中。

通用记账凭证一般适用于业务量较少的中小型企业，基本样式如图 3-5 所示。

第3章 凭证是账务依据：管好会计凭证

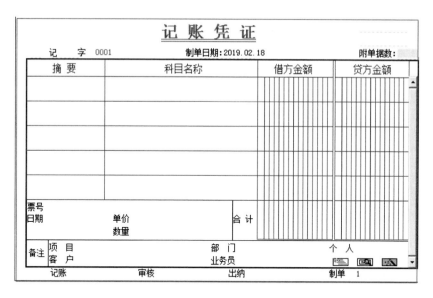

图 3-5 记账凭证样式

（2）记账凭证按其会计科目是否单一，分为复式记账凭证和单式记账凭证。

1）复式记账凭证：多科目凭证，通俗理解就是一借多贷或多借一贷，即将每一笔经济业务事项所涉及的全部会计科目及其发生额集中填列在同一张记账凭证上。

2）单式记账凭证：单科目凭证，通俗理解就是一借一贷，即每一张记账凭证只填列经济业务事项所涉及的一个会计科目及其金额的记账凭证。

（3）记账凭证按其是否经过汇总，可以分为汇总记账凭证和非汇总记账凭证。

1）汇总记账凭证：是根据同类记账凭证定期汇总而重新编制的记账凭证，目的是简化登记总分类账的流程。汇总记账凭证根据汇总方法的不同，可细分为分类汇总和全部汇总。

① 分类汇总凭证：是根据一定时期内的记账凭证按其种类分别汇总填制。如收款汇总凭证、付款汇总凭证、转账汇总凭证等。

② 全部汇总凭证：是根据一定时期内的记账凭证全部汇总填制的凭证。

2）非汇总记账凭证：是没有经过汇总的记账凭证，前面介绍的收款凭证、付款凭证和转账凭证、通用记账凭证、单式记账凭证都是非汇总记账凭证。

2. 记账凭证的内容

记账凭证虽然种类繁多，内容、格式也不统一，但都是按照复式记账要求，对审核无误的原始凭证，运用会计科目编制会计分录的，因此，记账凭证必须至少包含以下 9 项基本内容：

① 记账凭证名称；

② 填制记账凭证的日期；

③ 记账凭证编号；

④ 经济业务事项的内容摘要；

⑤ 经济业务事项所涉及的会计科目及其借贷方向；

⑥ 经济业务事项的金额；

⑦ 记账标记；

⑧ 所附原始凭证张数；

⑨ 会计主管、记账、审核、出纳、制单等有关人员的签章。

3.2.3 记账凭证的填制方法与要求

填制记账凭证是财会人员每天必做的工作之一，所记录的数据和借贷方向是后续登记账簿、编制报表的源数据，如果稍有差池，就会影响后期工作的顺利进行。而填制记账凭证，首先要掌握记账方法，然后再学习记账凭证填制的方法与要求，填制记账凭证是做好会计工作的重要前提。

1. 借贷记账法

借贷记账法是指以会计恒等式"资产＝负债＋所有者权益"作为记账原理，以借、贷作为记账符号，用以反映经济业务增减变化的一种复式记账方法。

借贷记账法下，所有会计科目账户的结构都是左方为借方，右方为贷方，但借方、贷方反映经济业务的增减则是不固定的。不同性质类别的会计科目，借贷双方所记录的内容也有所不同。同时，同一大类中的会计科目、借方和贷方反映增减的方向也略有差异。下面以表 3-3 中列示的六大类科目为依据，列表介绍各大类会计科目账户借方、贷方反映增减的情况，以便对比记忆，如表 3-4 所示。

表 3-4 会计科目借贷方向反映增减情况

科目账户性质		简要列举及说明	借方	贷方
资产类	资产类	库存现金、银行存款、应收账款、应收票据等	增加	减少
	备抵类	累计折旧、坏账准备、资产减值准备等	减少	增加
负债类	-	所有科目	减少	增加
权益类	-	所有科目	减少	增加
成本类	-	所有科目	增加	减少
损益类	收入类	用于记录收入、收益的科目，如主营业务收入、其他业务收入、投资收益、公允价值变动损益等	减少	增加
	费用类	用于记录损失、费用支出的科目，如公允价值变动损益、主营业务成本、税金及附加、营业费用、管理费、财务费、所得税费用等	增加	减少
共同类	-	既有资产性质，又有负债性质的具有共性的特殊科目，从其期末余额所在的方向，来界定其性质。余额在借方表现为资产，反之，则表现为负债		

注：损益类科目中"公允价值变动损益"科目同时反映损失和收益，借方反映损失增加、收益减少，贷方反映收益增加、损失减少。它既可划分为收入类损益科目，又可划分为费用类损益科目

2. 记账凭证填制方法

填制记账凭证的过程也是编制会计分录的过程。会计分录根据"借贷记账法"进行编制，即以会计等式作为记账原理，以借、贷作为记账符号，反映经济业务增减变化。会计分录的正确与否，直接影响后续会计核算的准确性。因此出纳人员在编制会计分录时必须遵循一项基本原则"有借必有贷，借贷必相等"，其含义是任何一项经济业务，在一条会计分录中必然存在借方科目和贷方科目，并且双方金额必须相等。

记账凭证包含多种类别，其填制方法也不尽相同，下面分别介绍收款凭证、付款凭证、转账凭证、通用记账凭证、汇总记账凭证的填制方法。

（1）收款凭证填制方法。

凡是涉及增加库存现金和银行存款的经济业务，都必须填制收款凭证。在收款凭证左上角的"借方科目"栏中应填列"库存现金"或"银行存款"；右上方填凭证编号"现收×号或银收×号"；摘要栏内写明经济业务内容的概要；"贷

方科目"填写库存现金和银行存款相对应的会计科目名称;金额栏内如实填写实际收到金额。同一科目收款业务可填列在一张收款凭证上。

（2）付款凭证填制方法。

凡是涉及减少库存现金和银行存款的经济业务，都必须填制付款凭证。付款凭证左上方的"贷方科目"应填写库存现金或银行存款；右上方填写凭证编号"现付×号或银付×号"；摘要栏内填写经济业务内容的概要；"借方科目"填写库存现金和银行存款相对应的会计科目名称；金额栏内填写实际收到金额。同一科目付款业务可以填列在一张付款凭证上。

例 3-1

甲公司于 2019 年 5 月 18 日发生以下收付款业务：

① 收到 A 公司现金支付的货款 8000 元；
② 从银行存款账户向 B 公司支付货款 12000 元；
③ 从银行提取备用金 10000 元。

会计科目借贷方向分析如下：

① 收到现金支付货款，表明库存现金增加，资产增加在借方，同时 A 公司的应收账款减少，资产减少在贷方；
② 银行存款支付货款，表明银行存款减少，资产减少在贷方，同时 B 公司的应付账款减少，负债减少在借方；
③ 从银行提取备用金，表明银行存款减少，同时库存现金增加，资产减少和增加分别在贷方和借方。

根据以上分析，出纳人员应填制收款凭证和付款凭证，如图 3-6 和图 3-7 所示。

收款凭证

借方科目：库存现金　　　　2019 年 5 月 18 日　　　　现收字第 1 号

摘　要	贷　方　科　目		金　额	记账 √
	总账科目	明细科目		
收到 A 公司货款	应收账款	A 公司	8,000.00	
提取备用金	银行存款	中国××银行××支行	10,000.00	
合　　　计			18,000.00	

附单据 2 张

财务主管：张×× 　　审核：李×× 　　出纳：王××

图 3-6　收款凭证样式

第 3 章 凭证是账务依据：管好会计凭证

付款凭证

贷方科目：银行存款　　2019 年 5 月 18 日　　银付字第 1 号

摘　要	借　方　科　目		金　额	记账 √
	总账科目	明细科目		
支付 B 公司货款	应付账款	B 公司	12,000.00	
提取备用金	库存现金	中国××银行××支行	10,000.00	
合　　计			22,000.00	
财务主管：张××	审核：李××	出纳：王××	记账：王××	

附单据 2 张

图 3-7　付款凭证样式

这里值得注意的是，以上收款凭证（图 3-6）和付款凭证（图 3-7）中列示的提取备用金 10000 元，记录的是同一笔经济业务。即从银行存款账户提取备用金，需要同时填制收、付款凭证，记录库存现金增加和银行存款减少。

（3）转账凭证填制方法。

对于不涉及增加或减少库存现金和银行存款的经济业务，则必须填制转账凭证，转账凭证没有固定的账户对应关系，因此，在填写过程中要分别填列借方科目和贷方科目。

例 3-2

甲公司于 2019 年 5 月 18 日向 C 公司销售一批货品，价税合计金额为 28000 元，已开具增值税专用发票，货款暂未收到。××公司为增值税一般纳税人，适用增值税率 13%。要求根据该笔经济业务填制转账凭证，如图 3-8 所示。

转账凭证

2019 年 5 月 18 日　　转字 第 1 号

摘　要	会计科目		借方金额	贷方金额	记账 √
	总账科目	明细科目			
销售-C 公司	应收账款	C 公司	28,000.00		
确认收入	主营业务收入	销售收入		24,778.76	
销项税额	应交税费	应交增值税（销项税额）		3,221.24	
合计			28,000.00	28,000.00	
财务主管：张××		会计：李××		记账：李××	

附单据 3 张

图 3-8　转账凭证样式

> **提示**
>
> 出纳人员通常负责填制记录资金变动的收款凭证和付款凭证，转账凭证一般由会计人员填制。

（4）通用记账凭证填制方法。

通用记账凭证简称为"记账凭证"，即通用于收款、付款和转账等各种类型的经济业务，其格式和填制方法与转账凭证基本一致，此处不再赘述。

（5）汇总记账凭证填制方法。

如果业务量较大，记账凭证较多，为了减少登记总账的工作量，可以先填制汇总记账凭证，接着再根据汇总记账凭证登记总账。填制方法如下。

① 填写汇总记账凭证日期、编号、会计科目，注意编号顺序应与记账凭证一致。

② 将需要汇总的记账凭证，按照相同的会计科目进行归类。

③ 将相同会计科目的本期借方发生额和贷方发生额分别加总，计算出合计发生额。

④ 将每一会计科目的合计发生额填入汇总表的相应栏位。

空白汇总记账凭证样式如图3-9所示。

汇总记账凭证

汇总期间：2019月5月1日至2019年5月31日

记账凭证自　号至　号共　张
总字　号第　页　附原始凭证　张

会计科目	借方金额								贷方金额								总账页次	记账√
	十	万	千	百	十	元	角	分	十	万	千	百	十	元	角	分		
库存现金																		
银行存款																		
……																		
合计																		

会计主管：　　　　记账：　　　　复核：　　　　制单：

图3-9　汇总记账凭证样式

3. 记账凭证填制要求

会计人员填制记账凭证要严格按照规定的格式和内容进行，除必须做到记录真实、内容完整、填制及时、书写清楚外，还必须符合填制记账凭证的基本要求。

（1）记账凭证各项内容必须完整。

（2）记账凭证应连续编号，一笔经济业务需要填制两张以上记账凭证的，可以采用"分数编号法"编号。

（3）记账凭证的书写应清楚、规范。

（4）记账凭证可以根据每一张原始凭证填制，或根据若干张同类原始凭证汇总编制，也可以根据原始凭证汇总表填制，但是不得将不同内容和类别的原始凭证汇总填制在一张记账凭证上。

（5）除结账和更正错误的记账凭证可以不附原始凭证外，其他记账凭证必须附有原始凭证。

（6）填制记账凭证时若发生错误，应当将错误的记账凭证作废后重新填制，同时为维持编号的连续性，应保留作废凭证，不得将其撕毁。

（7）应当根据经济业务的内容，按照会计制度的规定，确定应借贷的会计科目，科目使用必须正确，科目名称必须填写完整，不得任意改变或予以简化，如有明细科目也必须填写齐全。

（8）"摘要"栏是对经济业务内容的简要说明，要求文字说明简明扼要，清晰易懂。

（9）记账凭证中，借贷的账户必须保持清晰的对应关系，即编制分录可以"一借一贷""一贷多借""多借一贷"，但不宜"多借多贷"。

（10）一张记账凭证填制完成经济业务事项后，如剩有空行，应将金额栏最后一笔金额数字下的空行处至合计数上的空行处划线注销。

（11）一张记账凭证填制完毕，应按所使用的记账方法，加总合计数，以检查对应账户的平衡关系。

提示

① 以自制的原始凭证或原始凭证汇总表代替记账凭证使用的，也必须具备记账凭证所应有的内容；② 记账凭证的日期，一般为编制记账凭证当天的日期，按照权责发生制原则计算收益、分配费用、结转成本利润等调整分录和结转分录的记账凭证，虽然需要到下月才能编制，仍应当填写当月月末的日期，同时在当月账本中进行登记；③ 第6、第10条主要是针对手工记账而规定的规范要求，实际工作中采用财务软件记账的，若填制错误可直接删除后重新填制，最末一栏下剩有空行也无须划线注销。

专家经验支招

01 原始凭证粘贴

在财会领域中,除对原始凭证的填制、审核、保管等方面的工作具有规范性要求外,对于原始凭证的粘贴也有标准的行业性规定。为了确保会计凭证的后期整理和装订工作顺利进行,出纳人员在日常工作中也应当随时注意检查原始凭证粘贴是否符合规范,以便及时予以纠正。下面介绍原始凭证的粘贴要求和具体方法。

原始凭证粘贴的总体要求是"四边齐、表面平、无凹凸、书本型",即表面平整,左边和中间无凹凸现象,上下左右各成平面;凭证内部分类清晰、位置到位、排列美观、数量易记。具体粘贴方法如下。

(1) 票据类原始凭证。

票据类的原始凭证通常附于费用报销单后面用以报销费用。如果票据较小(如停车发票、过路费发票等),一次粘贴数张,一般应预先全部粘贴在"原始凭证粘贴单"上,再将粘贴单粘贴在费用报销单后面。粘贴时按照小票在上、大票在下的要求,或者按照金额分类,从右至左呈阶梯状依次粘贴,便于翻阅。注意最右侧原始凭证应与原始凭证粘贴单齐边,不得越边,如图3-10所示。

图3-10 原始凭证粘贴图示

（2）大规格原始凭证。

在日常工作中，时常需要粘贴规格较大的原始凭证或附件，在粘贴时也应当先进行分类，不影响主要内容的，可以修剪掉空白或多余部分；不可修剪的，应将原始凭证折叠至与记账凭证一样大小或较小于记账凭证后再进行粘贴。折叠方法一般是齐左折右或齐上折下，注意不要上下对折，以免装订时将原始凭证下半部分固定住，无法展开。粘贴的原始凭证必须在粘贴单的装订线内，规格参差不齐的单据，可先裁边整理后或者折叠好后再粘贴。一般折叠方法如图3-11所示。

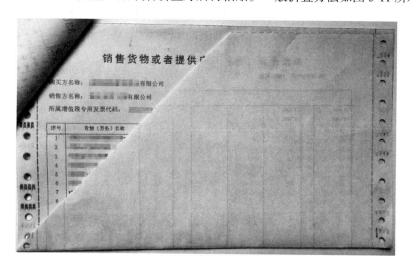

图3-11　大规格原始凭证的折叠方法

02　发票真伪辨别

在实务中，费用报销是出纳人员的日常工作之一，那么在收到费用报销单，支付费用之前，应特别注意对附在其后的原始凭证的真伪进行辨别，尤其是对于增值税发票，更要谨慎查验其真实性。下面介绍发票查验真伪的具体操作方法和步骤。

（1）增值税发票查验真伪。

由于增值税发票易被伪造，同时又不同于人民币具有多处防伪标识，因此其辨识难度较大。国家税务总局官网为此专门提供了一个增值税发票网上查验平台，可通过网站快速查验增值税发票的真伪。下面以增值税发票为例，介绍查验真伪的具体操作方法和步骤。

步骤① 登录"国家税务总局全国增值税发票查验平台"(网址 https://inv-veri.chinatax.gov.cn/)(首次使用,应先单击页面左下角【1、首次查验前请点此安装根证书。】链接,根据系统提示安装根证书),如图 3-12 所示。

图 3-12 增值税发票查验平台

步骤② 根据发票票面项目内容依次输入"发票代码"→"发票号码"→"开票日期"→"开具金额(不含税)"→"验证码"→单击【查验】按钮,如图 3-13 所示。

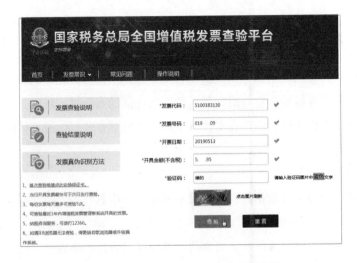

图 3-13 输入发票信息,查验发票真伪

如果发票真实、合法、有效，查验结果即列示发票票面所有信息，如图 3-14 所示。

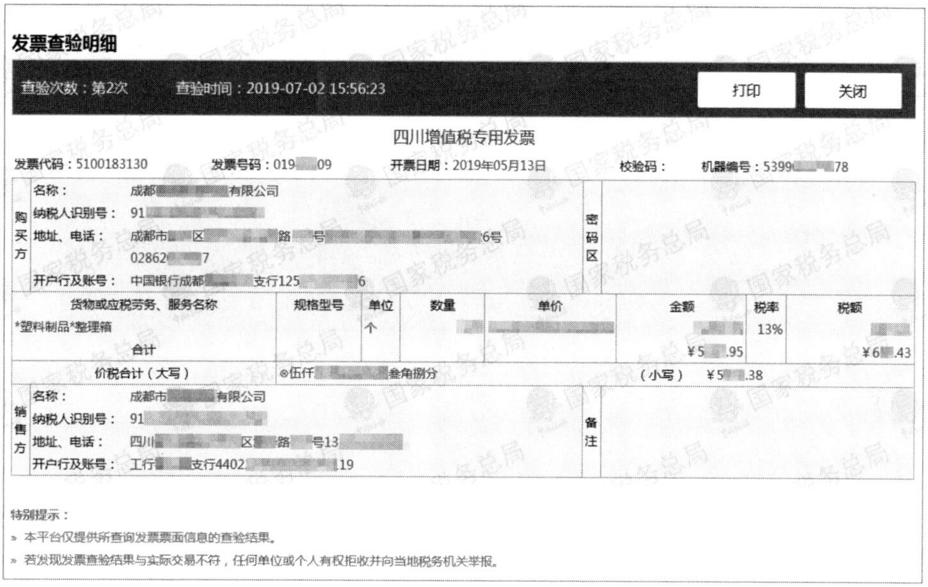
发票查验明细

查验次数：第2次　查验时间：2019-07-02 15:56:23　打印　关闭

四川增值税专用发票

发票代码：5100183130　发票号码：019 09　开票日期：2019年05月13日　校验码：　机器编号：5399 78

购买方	名称：成都 有限公司 纳税人识别号：91 地址、电话：成都市 区 路 号 6号 02862 7 开户行及账号：中国银行成都 支行125 6				密码区			
货物或应税劳务、服务名称	规格型号	单位	数量	单价	金额	税率	税额	
*塑料制品*整理箱		个				13%		
合计					¥5 .95		¥6 .43	
价税合计（大写）	⊗伍仟 叁角捌分				（小写）¥5 .38			
销售方	名称：成都市 有限公司 纳税人识别号：91 地址、电话：四川 区 路 号13 开户行及账号：工行 支行4402 19				备注			

特别提示：

» 本平台仅提供所查询发票票面信息的查验结果。

» 若发现发票查验结果与实际交易不符，任何单位或个人有权拒收并向当地税务机关举报。

图 3-14　查询到的发票信息

提示

增值税发票查验平台可在线查验的发票包括增值税专用发票、增值税普通发票（含卷票）、增值税电子普通发票（含通行费）、机动车销售统一发票、二手车销售统一发票、货物运输业增值税专用发票。

（2）定额或机打发票的查验。

对于其他非增值税普通发票，如定额发票、卷式机打发票也可通过各地区“网上办税服务厅”在线查询。下面以四川省网上办税服务为例介绍具体操作方法。

步骤 1　登录国家税务总局四川省电子税务局→选择【公众服务】选项，如图 3-15 所示。

步骤 2　单击【发票查询】按钮→在弹出的对话框中单击【普通发票信息查询】按钮（增值税专用发票查验平台也可通过这一入口登录），如图 3-16 所示。

图 3-15　登录"国家税务总局四川省电子税务局"

图 3-16　普通发票信息查询

步骤 3　在【发票查验】窗口的【发票代码】与【发票号码】文本框中依次输入发票代码和号码→单击【提交】按钮→系统弹出【查询结果】对话框，列示发票信息→核对发票信息，主要关注领用单位名称和发票上发票专用章上的单位名称是否一致，如图 3-17 与图 3-18 所示。

第 3 章 凭证是账务依据：管好会计凭证

图 3-17 【发票查验】窗口

图 3-18 发票【查询结果】

> **提示**
> 定额发票或机打发票根据发票名称即可确定其归属省份，再进入其所在省份的国家税务总局网上办税服务厅进行查验，如本例被查询的纸质发票上的名称为"四川省成都市国家税务局通用定额发票"。

 高效工作之道

本章的主题是管好凭证，前面介绍了原始凭证和记账凭证的相关内容，相信读者通过学习，已经充分认识到凭证的重要性，并掌握了凭证管理的要点和基本填制方法。那么，如何轻松、高效地管理原始凭证，快速填制记账凭证呢？当然还是需要借助"高效神器"Excel来实现。本章的"高效工作之道"即以有效管理原始凭证的传递过程、快捷填制记账凭证的工作需求为导向，讲解运用Excel制作电子台账和记账凭证进行高效工作的具体方法和步骤，同时向读者分享其中的管理思路和基本要领。

01 制作电子台账，管理原始凭证

在实际工作中，出纳人员负责管理的很多重要原始凭证都需要在各部门或各岗位之间频繁传递，如报销单、工资表等。如果其他部门或岗位对凭证的重要性认识不足，那么在传递过程中就极有可能出现单据遗失、毁损等现象，引起不必要的麻烦，影响工作效率，甚至可能造成无法预估的损失。所以，出纳人员应注意加强重要单据传递过程中的管理，要做到对每一份单据的来源和去向都了如指掌，确保单据安全传递，同时也可明确各部门或岗位之间对单据保管的责任关系。对此，出纳人员可运用Excel制作一份电子台账专门用于记录和管控重要单据的传递过程，并在其中设置函数公式，实现自动填写序号、统计传递次数，同时结合筛选功能，快速查阅单据传递的全过程。

为便于讲解和示范效果，这里已预先绘制基础表格，并任意填入一行信息。打开"素材文件\第3章\单据传递登记表.xlsx"文件，基础表格如图3-19所示。

下面讲解具体制作方法和操作步骤。

（1）序列号码自动编排。

在A4单元格中设置公式"=IF(B4="","☆",COUNT($A$3:$A3)+1)"→将A4单元格公式复制粘贴至【A5:A16】区域中的所有单元格中→在B5单元格中填入任意信息，如"工资表"，即可呈现公式效果：A4和A5单元格自动编辑序号为"1"和"2"，而【A6:A16】区域中所有单元格显示"☆"，如图3-20所示。

图 3-19 单据传递登记表—基础表格

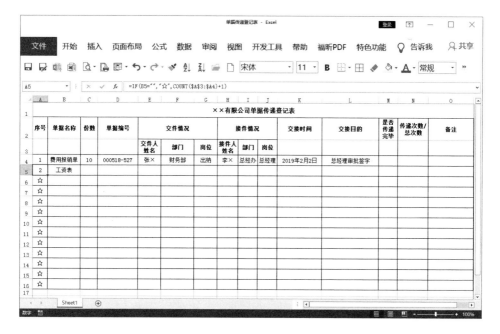

图 3-20 自动编排序号

公式含义

COUNT 函数是一个统计函数，主要统计设定区域中不为空值的单元格的个数。整个公式的含义如下。

① 如果 B4 单元为空值，即未填入任何内容，代表未发生单据传递，则 A4 单元格显示"☆"（A4 单元未设置显示空值而显示"☆"的目的是提醒此处包含公式，避免手误删除公式）。

② 反之，如果 B4 单元格不为空值，填入了信息，代表发生了单据传递，就运用 COUNT 函数统计【A3:A3】区域中不为空值的单元格的个数，即为 0，加 1 后即得到数字"1"，以此类推。

（2）"数据验证"制作下拉菜单。

对于需要频繁录入又容易出错的基础信息，可运用"数据验证"功能制作下拉菜单，如"交件人姓名""部门""岗位"等。但是这里的制作方法与第 2 章"高效工作之道"介绍的方法略有不同。当备选项目较多时，可另制表格，建立一个"基础信息库"，预先在信息库中输入相关基础信息，在设置下拉菜单的序列时直接选择基础信息所在区域。

步骤 ① 新增工作表，命名为"基础信息库"→绘制表格，纵向排列，输入各项目的基础信息，如图 3-21 所示。

图 3-21　基础信息库

提示

"基础信息库"表格中,每一列次项目中的各行次内容组成一个独立的"序列",各列次项目的内容之间并不存在关联关系,如张×并非总经办的总经理。

步骤 2 切换到工作表"Sheet1",将工作表重命名为"单据传递登记表"→选中【E4:E16】单元格区域→按住【Ctrl】键,选中【H4:H16】单元格区域→打开【数据验证】对话框→选择【设置】选项卡→在【验证条件】的【允许】下拉列表中选择【序列】选项→单击【来源(S):】下【基础信息库】工作表标签(切换工作表)→选中 A3 单元格,按住鼠标左键不放,拖动至 A8 单元格,即设置完成"交件人姓名"和"收件人姓名"的下拉菜单序列→单击"确定"按钮,如图 3-22 所示。

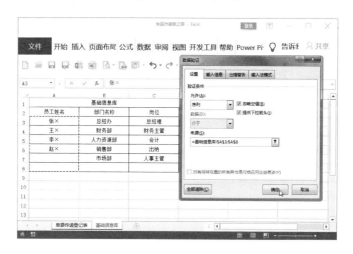

图 3-22 设置"交件人姓名"下拉菜单序列

其他项目的下拉菜单序列如法炮制即可。

 提示

"交接人姓名"序列的实际区域是"基础信息库"中的【A3:A6】,在设置下拉菜单序列时设为【A3:A8】,其中奥妙在于后续添加信息时,只需在区域中最末一行(第 8 行)上插入一行后输入信息,之前已设定的序列范围始终会自动将新增信息囊括在区域范围之中,无须再另行设置。例如,在第 8 行中插入一行,序列中的区域范围会自动扩展为【A3:A9】。

(3)设置单元格格式,以符号代表传递进程。

单据传递必然不会一次就完成,因此,表格中应当注明此次传递是否已经完毕。设定已完成用符号"√"表示,未完成用符号"○"表示,依然可以运用【数据验证】功能,设置下拉菜单序列为"√"和"○"。不过,利用【设置单元格格式】功能同样能够实现此目标,而且操作更简便,填写更快捷。

步骤① 选中【M4:M16】单元格区域→按【Ctrl+1】组合键打开【设置单元格格式】对话框→在【数字】选项卡中左侧列表框内选择【自定义】选项→在【类型(T):】文本框中输入"[=1]√;[=2]○"→单击【确定】按钮,如图3-23所示。

图3-23 【设置单元格格式】对话框

步骤② 测试设置效果。在M4单元格输入数字"1"或"2",即可看到单元格内显示符号为"√"或"○",如图3-24所示。

(4)自动统计本次单据传递的次数和总次数。

统计单据传递次数的作用在于可以帮助自己清楚明了地知晓该单据的传递过程,明确单据的流向,准确追觅单据的踪迹。例如,同一张单据共传递了2次,那么第1次和第2次传递分别显示"1/2"和"2/2"。为示范操作和展示效果,这里补充输入了几项单据传递信息。

第3章 凭证是账务依据：管好会计凭证

图3-24 【设置单元格格式】效果

步骤　选中N4单元格，设置公式"=IF(D4="","☆",COUNTIF(D$4:D5,D4)&"/"&COUNTIF(D:D,D4)))"→将公式复制粘贴至【N5:N16】单元格区域的所有单元格中。效果如图3-25所示。

图3-25 统计单据传递次数和总次数

101

公式含义

这一公式添加了符号"&"和"/",二者在公式中发挥的作用不同。前者是在公式中,连接或组合字符、公式的专用符号,不能更换为其他符号;而后者是为间隔两个公式运算结果而设置的符号,可以任意变更为其他符号,但必须添加英文双引号。整个公式含义及作用如下:

① 如果D4单元为空值,则M4单元显示符号"☆";

② 如果D4单元格不为空值,则分别统计D4单元格中的值在【D4:D5】区域和D列中的个数,并用符号"/"间隔。

(5)添加"筛选"按钮,查询单据传递动向。

如果需要集中查询某一单据的来去踪迹,可通过"筛选"功能实现。

步骤1 选中【A3:O3】单元格区域→按【Ctrl+Shift+L】组合键或单击【数据】选项卡下的【筛选】按钮,区域中的每一单元格右下角即会出现"倒三角"▼【筛选】按钮→除【E2:J3】单元格区域外,分别将其他单元格的第2行与第3行合并,并将数值居中,以使表格整齐、美观。效果如图3-26所示。

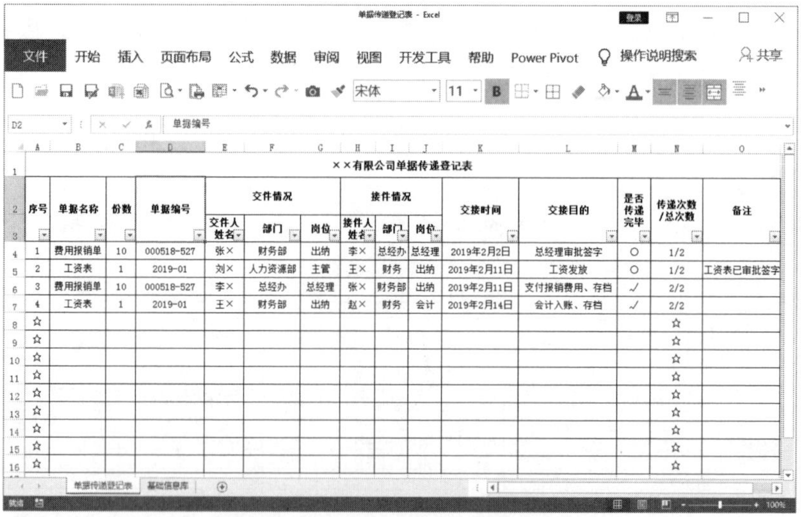

图3-26 添加【筛选】按钮效果

步骤2 筛选单据。单击D3单元格右下角的【筛选】按钮,弹出下拉列表,其中的选项包含D4单元格及其下面所有内容→选中【000518-527】复选框→单击【确定】按钮,如图3-27所示。筛选结果如图3-28所示。

第 3 章 凭证是账务依据：管好会计凭证

图 3-27　筛选单据

图 3-28　筛选结果

02　制作电子记账凭证快速填制

出纳人员在日常工作中主要负责填制涉及库存现金和银行存款收付业务的记账凭证，目前很多企业一般会购买财务软件记账，因此填制记账凭证本身并无难度，只要熟识各类会计科目，准确判定借贷方向，能够熟练编制会计分录即可顺利完

103

成填制。但是，也有很多初创企业、个体企业或处于起步阶段的中小型企业，由于业务内容简单，业务量少，基于成本效益原则，仍然采用手工记账。那么，频繁的手写填制记账凭证，对于出纳人员而言就是一项虽然简单，却很烦琐的工作了。不过，通过 Excel 制作电子记账凭证，并针对填制过程中可能拖慢工作进度的细节，运用多种功能、技巧、函数等，也能化繁为简，高效完成记账工作。同时，Excel 还能够以记账凭证中的数据为基础，自动同步生成现金日记账和银行存款日记账，为出纳人员节省大量的时间和精力。下面主要介绍和讲解电子记账凭证的制作方法，读者从中还可以学习到 Excel 的多种功能、函数的实际运用方法和实用技巧。现金日记账与银行存款日记账的制作方法将在第 4 章做好出纳日记账：会计账簿的登记和管理的“高效工作之道”中讲解。

因讲解和示范效果需要，这里已预先制作了一份不含任何公式的原始“会计科目表”，并设置部分明细科目，所有科目（包括一级科目及明细科目）合计数量为 199 个，科目占用表格区域范围为【A4:F202】。打开“素材文件 \ 第 3 章 \ 记账凭证 .xlsx”文件，“会计科目表”基本格式及其中部分科目如图 3-29 所示。

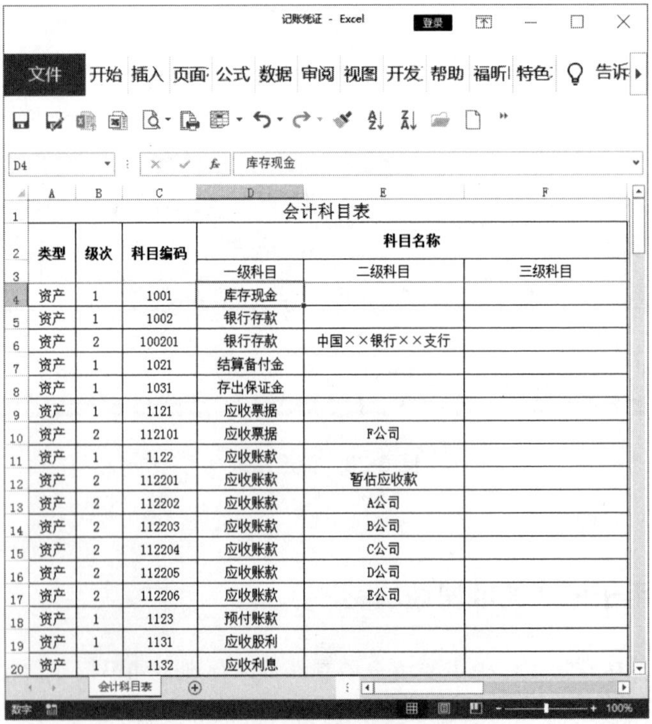

会计科目表

类型	级次	科目编码	科目名称		
			一级科目	二级科目	三级科目
资产	1	1001	库存现金		
资产	1	1002	银行存款		
资产	2	100201	银行存款	中国××银行××支行	
资产	1	1021	结算备付金		
资产	1	1031	存出保证金		
资产	1	1121	应收票据		
资产	2	112101	应收票据	F公司	
资产	1	1122	应收账款		
资产	2	112201	应收账款	暂估应收款	
资产	2	112202	应收账款	A公司	
资产	2	112203	应收账款	B公司	
资产	2	112204	应收账款	C公司	
资产	2	112205	应收账款	D公司	
资产	2	112206	应收账款	E公司	
资产	1	1123	预付账款		
资产	1	1131	应收股利		
资产	1	1132	应收利息		

图 3-29　会计科目表

（1）制作会计科目二级联动下拉菜单。

填制记账凭证最重要的是填写会计科目，如果采用手工输入则有 3 个难点：

① 会计科目数量众多，难于记忆；

② 部分科目名称较长，级次达到 3 级，若要完整列示一级科目及明细科目，需要输入的字符较多，影响工作效率；

③ 可以运用“数据验证”功能制作会计科目下拉菜单，但是所有级次会计科目数量超过 100 个，在如此之多的备选项目中选取一个会计科目，如同大海捞针一般，既耗时费力，又影响工作效率，导致填制凭证事倍功半。

针对以上 3 个难点，下面讲解制作会计科目二级联动菜单，即设置两个下拉菜单，分别列示一级科目和明细科目。预想效果：在一级菜单下选择一个一级科目，则二级菜单仅列示该一极科目下的明细科目，那么选取时就像探囊取物一般轻而易举，从而大幅度提高工作效率，达到事半功倍的效果。

步骤 1 添加辅助列。在 F 列旁增加两个列次，即 G 列和 H 列，分别命名为“科目序列编号”与“记账凭证显示”→ G4 单元格设置公式“=D4&COUNTIF($D$4:$D4,D4)”→ H4 单元格设置公式“=IF(B4=1, D4&"("&C4&")",IF(B4=2,D4&"\"&E4&"("&C4&")",IF(B4=3,D4&"\"&E4&"\"&F4&"("&C4&")")))”→将【G4:H4】单元格区域中的公式复制粘贴至【G5:H202】单元格区域的所有单元格中。效果如图 3-30 所示。

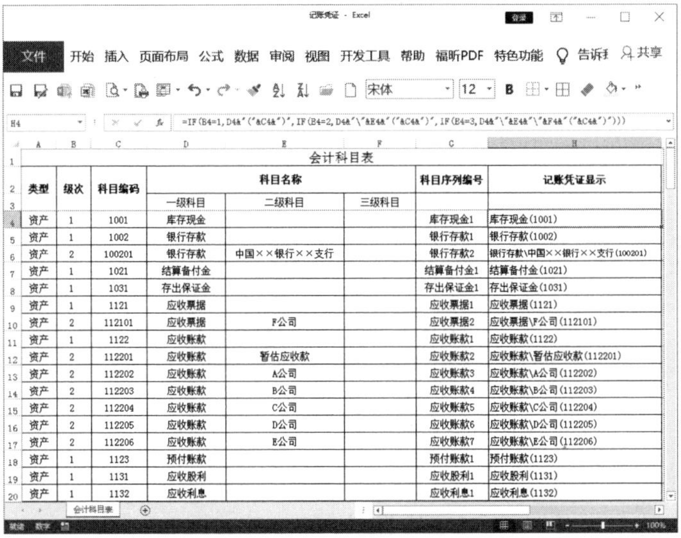

类型	级次	科目编码	科目名称			科目序列编号	记账凭证显示
			一级科目	二级科目	三级科目		
资产	1	1001	库存现金			库存现金1	库存现金(1001)
资产	1	1002	银行存款			银行存款1	银行存款(1002)
资产	2	100201	银行存款	中国××银行××支行		银行存款2	银行存款\中国××银行××支行(100201)
资产	1	1021	结算备付金			结算备付金1	结算备付金(1021)
资产	1	1031	存出保证金			存出保证金1	存出保证金(1031)
资产	1	1121	应收票据			应收票据1	应收票据(1121)
资产	2	112101	应收票据	F公司		应收票据2	应收票据\F公司(112101)
资产	1	1122	应收账款			应收账款1	应收账款(1122)
资产	2	112201	应收账款	暂估应收款		应收账款2	应收账款\暂估应收款(112201)
资产	2	112202	应收账款	A公司		应收账款3	应收账款\A公司(112202)
资产	2	112203	应收账款	B公司		应收账款4	应收账款\B公司(112203)
资产	2	112204	应收账款	C公司		应收账款5	应收账款\C公司(112204)
资产	2	112205	应收账款	D公司		应收账款6	应收账款\D公司(112205)
资产	2	112206	应收账款	E公司		应收账款7	应收账款\E公司(112206)
资产	1	1123	预付账款			预付账款1	预付账款(1123)
资产	1	1131	应收股利			应收股利1	应收股利(1131)
资产	1	1132	应收利息			应收利息1	应收利息(1132)

图 3-30 添加辅助列

公式含义

① G 列公式：统计 D 列一级科目中每一科目名称重复出现的个数，并连接这个数字与 D 列对应单元格中的科目名称。

② H 列公式：这个公式虽然较长，看似很复杂，但是其含义浅显易懂。即设定条件，运用符号"&"将一级、二级、三级科目名称连接，并在"记账凭证"中列示。公式中嵌套了三层 IF 函数，含义如下所示。

第一层：=IF(B4=1,D4&"("&C4&")")。如果 B4 单元格的数值为"1"，代表一级科目，即连接 D4 单元格中的科目名称并添加"（ ）"。

第二层与第三层 IF 函数公式含义与第一层基本一致，参考理解即可。

步骤 2 选中【D4:D202】单元格区域→复制粘贴至表格右侧空白区域→单击【数据】选项卡中的【删除重复值】按钮，如图 3-31 所示。

图 3-31　单击【删除重复值】按钮

步骤 3 系统弹出【删除重复项警告】对话框，单击【以当前选定区域排序(C)】单选按钮→单击【删除重复项(R)…】按钮，如图 3-32 所示。

图 3-32　设置数据范围

步骤 4 在弹出的【删除重复值】对话框中直接单击【确定】按钮,如图 3-33 所示。系统弹出对话框提示删除重复值个数及保留数值个数,单击【确定】按钮,如图 3-34 所示。

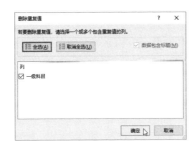

图 3-33　确认删除　　　　　　　图 3-34　删除的重复值个数

步骤 5 定义一级会计科目名称,为简化操作程序在记账凭证中设置下拉菜单提供基础备选项。选中【I4:I128】单元格区域→单击【公式】选项卡【定义的名称】组中的【定义名称】按钮,如图 3-35 所示。系统弹出【新建名称】对话框,在【名称(N)】文本框中输入"一级科目名称"→单击【确定】按钮即可,如图 3-36 所示。

步骤 6 制作辅助表,为设置"记账凭证"二级下拉菜单提供基础备选项目。在【J2:K20】单元格区域绘制表格→分别在以下单元格设置公式:K2 单元格"=COUNTIF(D:D,J2)",J3 单元格"=IF((ROW()-2)<=K$2,$J$2&ROW()-2,"")",K3 单元格"=IFERROR(VLOOKUP(J3,G:H,2,0),"")"→将【J3:K3】单元格区域中的公式复制粘贴至【J4:K20】单元格区域的所有单元格中→自定义 K2 单元格格式为"科目数量#个"→在 J2 单元格中任意输入一个一级科目名称,如"管理费用",可看到公式效果如图 3-37 所示。

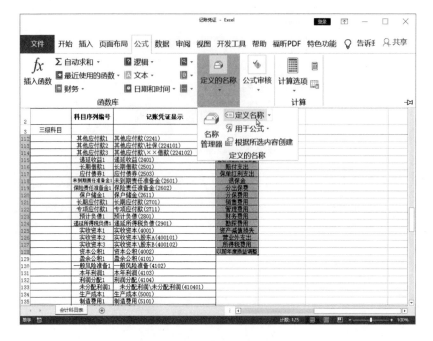

图 3-35 【定义名称】按钮

图 3-36 【新建名称】对话框

公式含义

① 公式"=COUNTIF(D:D,J2)":统计 D 列中与 J2 单元格字符相同的科目的个数,即统计 D 列中一级科目重复的次数,如图 3-37 中,统计得到 D 列中"管理费用"科目个数为"18"个。

② 公式"=IF((ROW()-2)<=K$2,$J$2&ROW()-2,"")":ROW() 函数用于返回本单元格所在的行数,公式中"=ROW()-2"部分返回数字"3",减去 2,即得到数值"1",再与 J2 单元格中的科目名称连接,其他单元格以此类推。

公式中嵌套 IF 设定条件的含义是,如果运用公式"=ROW()-2"运算得到最大数字等于 K2 单元格中统计的科目数量，代表该科目已全部列示出来，那么后面的值均为空值。结合图 3-37 理解，“管理费用”科目个数为 18 个，那么【J3:J20】单元格区域中依次列示自“管理费用 1”起至“管理费用 18”止。

③ 公式“=IFERROR(VLOOKUP(J3,G:H,2,0),"")”：运用 VLOOKUP 函数在 G 列中查找到与 J3 单元格内容相同的字符后，返回 H 列对应单元格中的内容。图 3-37 中，J3 单元格内容为“管理费用 1”，在 G 列中，与之相同内容的单元格为 G172，与之对应的 H172 单元格中的内容为“管理费用（6602）”，以此类推。

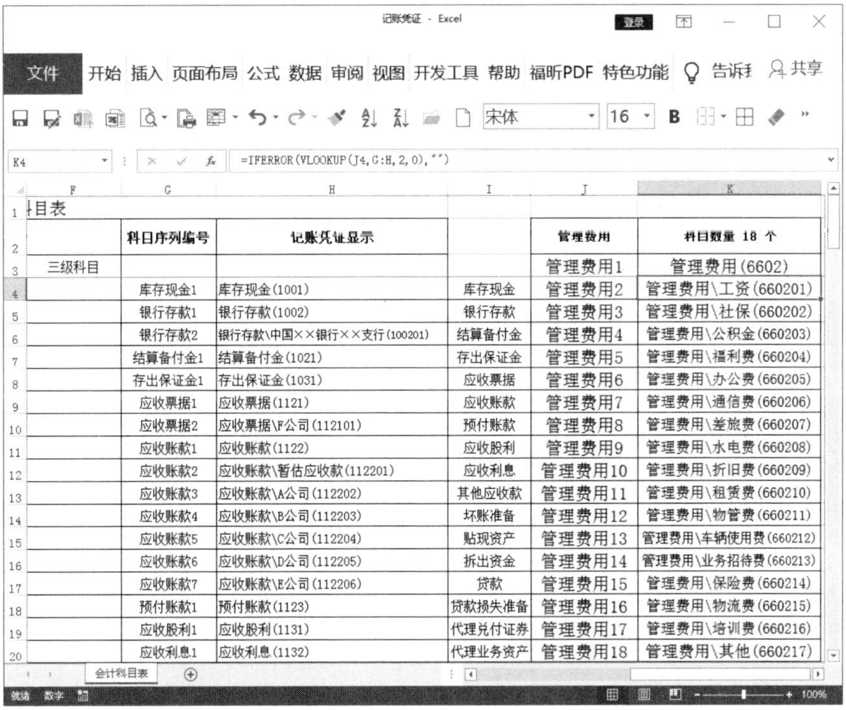

	F	G	H	I	J	K
1	目表					
2		科目序列编号	记账凭证显示		管理费用	科目数量 18 个
3	三级科目				管理费用1	管理费用(6602)
4		库存现金1	库存现金(1001)	库存现金	管理费用2	管理费用\工资(660201)
5		银行存款1	银行存款(1002)	银行存款	管理费用3	管理费用\社保(660202)
6		银行存款2	银行存款\中国××银行××支行(100201)	结算备付金	管理费用4	管理费用\公积金(660203)
7		结算备付金1	结算备付金(1021)	存出保证金	管理费用5	管理费用\福利费(660204)
8		存出保证金1	存出保证金(1031)	应收票据	管理费用6	管理费用\办公费(660205)
9		应收票据1	应收票据(1121)	应收账款	管理费用7	管理费用\通信费(660206)
10		应收票据2	应收票据\F公司(112101)	预付账款	管理费用8	管理费用\差旅费(660207)
11		应收账款1	应收账款(1122)	应收股利	管理费用9	管理费用\水电费(660208)
12		应收账款2	应收账款\暂估应收款(112201)	应收利息	管理费用10	管理费用\折旧费(660209)
13		应收账款3	应收账款\A公司(112202)	其他应收款	管理费用11	管理费用\租赁费(660210)
14		应收账款4	应收账款\B公司(112203)	坏账准备	管理费用12	管理费用\物管费(660211)
15		应收账款5	应收账款\C公司(112204)	贴现资产	管理费用13	管理费用\车辆使用费(660212)
16		应收账款6	应收账款\D公司(112205)	拆出资金	管理费用14	管理费用\业务招待费(660213)
17		应收账款7	应收账款\E公司(112206)	贷款	管理费用15	管理费用\保险费(660214)
18		预付账款1	预付账款(1123)	贷款损失准备	管理费用16	管理费用\物流费(660215)
19		应收股利1	应收股利(1131)	代理兑付证券	管理费用17	管理费用\培训费(660216)
20		应收利息1	应收利息(1132)	代理业务资产	管理费用18	管理费用\其他(660217)

图 3-37 制作辅助表

（2）制作记账凭证。

一级科目及明细科目的联动菜单的备选项目设置完成后，接着制作记账凭证，即可在其中快速填写完整的会计科目，第一科目的所属级次一目了然。

步骤① 新增工作表，命名为“记账凭证”→绘制凭证表格→由于 A1 单元格将用于设置一级下拉菜单，因此预留第 1 行→设置好基本样式，如图 3-38 所示。

图 3-38 "记账凭证"基本样式

步骤2 自定义单元格格式,统计凭证页数。❶A3 单元格用于输入凭证编号,首先输入数字"1"→自定义单元格格式为""记字 第"0000"号"",则显示"记字 第 0001 号";❷E2 单元格用于输入附件张数,任意输入数字"2"→自定义单元格格式为""附件"0"张"",则显示"附件 2 张";❸E3 单元格设置公式"=" 第 "&COUNTIF(A$3:A3,A3)&"/"&COUNTIF(A:A,A3)&" 页 ""统计第 0001 号凭证的本张页数和总页数,并与"第""\""页"连接。效果如图 3-39 所示。

步骤3 制作一级科目和明细科目下拉菜单。选中 A1 单元格→打开【数据验证】对话框→在【设置】选项卡中【序列】选项下的【来源 (S):】文本框中输入"= 一级科目"(【步骤2】中定义的名称)→单击【确定】按钮,如图 3-40 所示。选中 B5 单元格,设置二级下拉菜单【序列】为"= 会计科目表 !$K$3:$K$20",如图 3-41 所示。

第 3 章 凭证是账务依据：管好会计凭证

图 3-39　自定义单元格格式、统计凭证页数

图 3-40　设置一级下拉菜单【序列】

图 3-41　设置二级下拉菜单【序列】

> **提示**
>
> 图 3-41 中，设置二级下拉菜单的序列前同样可以预先将 "= 会计科目表 !$K$3:$K$20" 区域定义为名称，如 "明细科目"，再在 "来源 (S):" 文本框里直接输入 "= 明细科目" 即可。

111

步骤④ 测试效果。❶切换到"会计科目表"工作表→在J2单元中设置公式"=记账凭证!A1"→切回"记账凭证"工作表→在A1单元格的下拉菜单列表中任意选择一个一级科目,如"应收账款";❷单击B5单元格右下角的"倒三角"图标,展开下拉菜单列表,可看到其中列示的仅是"应收账款"科目及以下的明细科目,如图3-42所示。

图3-42 选择一级科目和明细科目

步骤⑤ 设置公式自动判断借贷双方的合计金额是否相同,并用符号"√"或"×"表示。❶任意编制一条分录,在C11单元格设置公式"=IF(D11=E11,"√","×")";❷C4单元格设置公式"=C11",以使上下同时显示相同符号,目的是使表格美观、对称,如图3-43所示。

至此,记账凭证模板制作完成。实际运用时,复制粘贴模板即可使用。下面提示几个在使用过程中应注意的操作细节。

①复制记账凭证时,应选择整行区域,而不宜选择记账凭证占用的区域。例如,复制第1张凭证时,选择【2:12】,即选择第2行整行至第12行整行区域,不应选择【A2:E12】单元格区域。

② 将第 1 行冻结，可使 A1 单元格固定在顶端而始终可见，便于在下方区域填制凭证时选择一级科目。操作步骤：选中 A2 单元格→单击【视图】选项卡下【冻结窗格】组中的【冻结窗格】按钮。

③ 每月新增一份工作表填制当月记账凭证，同一月份的记账凭证均保存在同一份工作表中。

④ 按统一规则命名每月记账凭证工作表的名称，以便后续制作账簿设置公式，如"2019 年 1 月凭证、2019 年 2 月凭证、2019 年 3 月凭证……"。

⑤ 每月填制记账凭证前注意将"会计科目表"中 J1 单元格中的公式的前缀修改为当月工作表名称。例如，填制 2019 年 2 月记账凭证，则"会计科目表"的 J1 单元格修改公式为"=2019 年 2 月凭证!A1"，以此类推。

⑥ 填制记账凭证后必须打印纸质记账凭证交会计主管审核并签章，不得随意修改。

图 3-43 自动判断借贷平衡

第 4 章

做好出纳日记账：账簿登记和管理

日记账包括现金日记账和银行存款日记账，是由出纳人员专门负责登记和管理的两种会计账簿。

会计账簿是由一定格式的账页组成的，以审核无误的记账凭证为依据，对凭证中记载的零散的大量经济信息进行全面、系统、连续的分类记录和核算的簿籍。设置和登记会计账簿，是会计基础工作流程中最为重要的一个环节，更是连接会计凭证和财务报表的纽带。学习并做好会计账簿的管理工作，能够为期末编制财务报表提供全面、可靠的数据依据。本章将详细介绍会计账簿的基本知识和相关内容，以及分别通过手工和财务软件对出纳的两本日记账进行登账、记账的方法。

4.1 会计账簿基本知识

尽管出纳人员在日常工作中主要负责登记和管理现金日记账和银行存款日记账这两本会计账簿,但是作为一名财会从业人员,应当首先对会计账簿的相关知识有一个全面的了解和认识。本节主要介绍会计账簿的基本知识,包括会计账簿的构成,会计账簿的作用、分类等相关内容。

4.1.1 会计账簿的基本构成

按照会计核算的基本要求和会计规范的有关规定,应结合本单位经济业务的特点和经营管理的需要,设置适用于本单位的账簿。账簿的基本构成如下。

(1)封面。账簿的封面上应标明账簿名称,如"现金日记账""银行存款日记账""总账"等,如图 4-1 和图 4-2 所示。

图 4-1　现金日记账封面　　图 4-2　银行存款日记账封面

(2)扉页。扉页用于填写会计账簿的使用信息和预留印鉴,通常包括账簿启用、账簿名称、经管人员、交接记录、科目索引等项目,如图 4-3 和图 4-4 所示。

 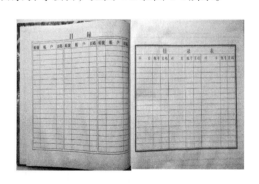

图 4-3　日记账扉页 - 账簿启用及接交表　　图 4-4　日记账扉页 - 账簿目录表

（3）账页。账页是账簿里用于记录实际经济业务事项的表格形式的载体，其格式因反映经济业务内容的不同而有所不同，但至少应当包括以下内容。

① 账户的名称，以及对方科目、二级或明细科目。

② 登记账簿的日期栏。

③ 记账凭证的号数栏。

④ 摘要栏，记录经济业务内容的简要说明。

⑤ 金额栏，记录经济业务的增减变动和余额。

⑥ 页次栏。

账页格式及内容如图 4-5 所示。

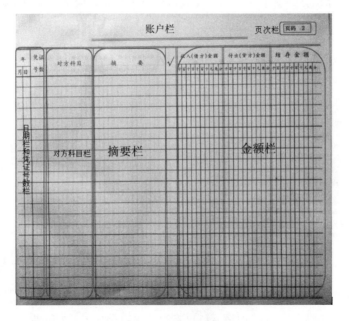

图 4-5　账页格式及内容

4.1.2　会计账簿的作用

会计账簿的设置和登记在财务核算中发挥着重要作用，主要体现在以下四点。

（1）记载和储存会计信息，为会计核算提供系统、完善的信息资料。

填制记账凭证后，将其中记录的经济业务记入账簿，可以完整地储存会计核算所需的经济信息，并集中、全面地反映一定时期内所发生的资金运动轨迹。

（2）分类和汇总会计信息，是进行会计分析的重要依据。

账簿由相互关联的不同账户构成，通过账簿记录，不仅可以分门别类地反映各项会计信息，提供一定时期内经济活动的详细情况，而且能够通过计算发生额、余额，提供各方面所需的财务汇总信息，并以此分析财务状况和经营成果。

（3）检查和校正会计信息，有效发挥会计的监督职能。

根据记账凭证登记账簿，也是对会计凭证信息的进一步梳理。将凭证信息记入账簿的过程，也是再次审核和校正会计信息的过程。

（4）编报和输出会计信息，为编制财务报表提供主要依据。

财务状况和经营成果最终是以财务报表的形式予以反映，并向有关单位报送。而财务报表是依据会计账簿记录的经济信息汇总编制而成的。

4.1.3 会计账簿的分类

会计账簿按照其用途、账页格式、外形特征等标准划分为不同类别，具体划分标准及其分类如下。

（1）按照用途分为序时账簿、分类账簿、备查账簿。

1）序时账簿：又称日记账，是按照经济业务发生的先后顺序逐日逐笔进行登记的账簿。序时账簿是会计按照会计凭证号码的先后顺序进行登记的。在会计工作发展的早期，就要求必须将每天发生的经济业务逐日逐笔登记，以便记录当天业务发生的金额。

序时账簿按其记录内容的不同，又分为普通日记账和特种日记账两种。

① 普通日记账：将企业每天发生的所有经济业务，不论其性质如何，按照发生时间的先后顺序，依次编制成会计分录记入账簿。

② 特种日记账：按照经济业务性质的不同，单独、专门设置的账簿，它仅把特定项目按经济业务发生的顺序逐笔记入账簿，反映其详细情况。现金日记账和银行存款日记账即属于特种日记账。特种日记账的设置，应根据业务特点和管理需要而定，特别是对那些发生频繁、必须严加控制的项目，应予以单独设置。

2）分类账簿：对全部经济业务事项按照会计要素的具体类别设置的分类账户进行登记的账簿。分类账簿按其提供核算指标的详细程度不同，又分为总分类账和明细分类账。

① 总分类账，简称总账，是根据总分类科目开设账户，用来登记全部经济业务，

进行总分类核算,提供总括核算资料的分类账簿,如"应收账款总账"登记每期应收账款的发生额总额、余额总额。

② 明细分类账,简称明细账,是根据总账科目下的明细分类科目开设的账户,用于登记某一类经济业务,进行明细分类核算,提供明细核算资料的分类账簿。例如,"应收账款明细账"登记每期应收账款科目下的每一明细科目的发生额、余额,如"应收账款—A 公司""应收账款—B 公司"等。

3)备查账簿:又称辅助账簿,是对某些在序时账簿和分类账簿等主要账簿中都不予登记或登记不够详细的经济业务事项进行补充登记时使用的账簿。它可以对某些经济业务的内容提供必要的参考资料。备查账簿的设置应视实际需要而定,并非一定要设置,而且没有固定格式,如租入固定资产登记簿、代销商品登记簿、委托代加工商品登记簿等。租入固定资产的备查账簿样式参考如表 4-1 所示。

表 4-1 租入固定资产登记簿

固定资产名称	规格	型号	使用部门	使用地点	租赁合同号	出租单位	租入日期	租赁期限	租金(元)	备注

(2)按账页格式分为三栏式账簿、多栏式账簿、数量金额式账簿。

1)三栏式账簿:设有借方、贷方和余额 3 个基本栏目的账簿,如日记账(参见图 4-5)、总分类账、资本、债权、债务明细账等通常使用三栏式账簿。

2)多栏式账簿:在账页的两个基本栏目及借方和贷方后面按照需要分设若干专栏的账簿。适用于登记收入、费用等明细分类较多的经济业务。例如,"管理费用"通常细分为办公费、通信费、交通费、汽车费用、工资费用等若干明细。多栏式账簿部分账页格式如图 4-6 所示。

3)数量金额式账簿:借方、贷方和余额 3 个栏目内都分设数量、单价和金额三小栏,借以反映财产物资的实物数量和价值金额。原材料、库存商品、产成品等明细账通常采用数量金额式账簿。数量金额式账簿账页格式如图 4-7 所示。

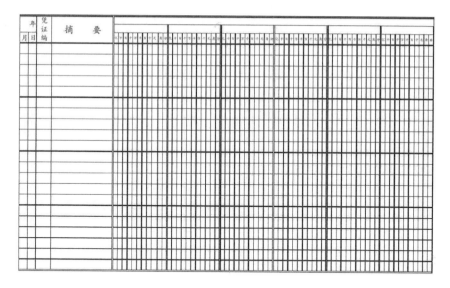

图 4-6　多栏式账簿部分账页格式

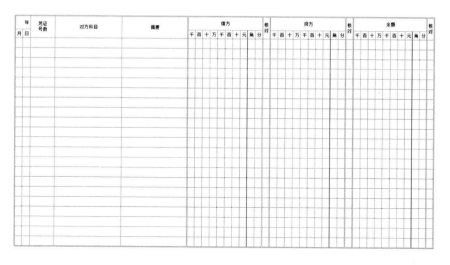

图 4-7　数量金额式账簿账页格式

（3）按账簿的外形特征分为订本式账簿、活页式账簿。

1）订本式账簿：是在启用前将编有顺序页码的一定数量账页装订成册的账簿。一般适用于重要的和具有统驭性的总分类账、现金日记账和银行存款日记账。

优点：可以避免账页散失，防止账页被抽换，比较安全。

缺点：同一本账簿在同一时间只能由一人登记，不便于会计人员分工协作记账，也不便于计算机打印记账。

现金日记账、银行存款日记账,以及总分类账必须采用订本式。

2)活页式账簿:活页式账簿,简称活页账,是将一定数量的账页置于活页夹内,可根据记账内容的变化随时增加或减少账页的账簿。活页账一般适用于明细分类账。

优点:可以根据实际需要增添账页,不会浪费账页,使用灵活,并且便于同时分工记账。

缺点:账页容易散失和被抽换。

4.2 会计账簿登记方法

会计账簿根据各类经济业务,按照不同的账簿格式,其登记方法也有所区别,在登记过程中的具体细节要求也不尽相同。本节将介绍各类会计账簿的登记方法,着重讲述出纳日记账的登记方法和步骤。

4.2.1 日记账登记

现金日记账和银行存款日记账均采用三栏式订本式账簿,登记的基本方法一致:根据资金收付有关记账凭证,按时间顺序依次逐步逐日记录现金或银行存款的收入和支出,并逐笔结出余额,同时要做到日清月结,即在每日结束工作前,逐日结出现金和银行存款的余额,并和与之相关的实有记账凭证存数核对,以检查每日现金和银行存款的收付是否有误。登记日记账的基本流程如图4-8所示。

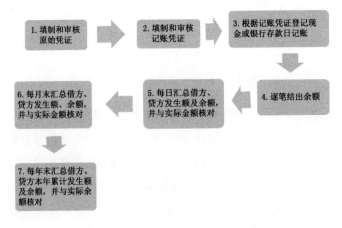

图4-8 登记日记账基本流程

现金和银行存款日记账的登记都比较简单，但在实际登记时需要注意以下操作细节。

① 银行存款日记账应根据企业在银行开立的账户和币种分别设置账簿，每个银行账户设置一个日记账簿。

② 所有栏次，包括年、月、日、对方科目、摘要、借方、贷方、余额均应填写完整，不得省略、简化。

③ 按照记账凭证编号顺序依次登记，不要随意打乱顺序。

④ 对方科目名称应填写完整，不得简化书写，如"应收账款"不宜写为"应收"。

⑤ 书写摘要时应抓住经济业务事项的要点，简明扼要地进行表述，不宜赘述，也不宜过于简化。

⑥ 日记账的借方代表现金或银行存款增加，对方科目减少；贷方代表现金或银行存款减少，对方科目增加。注意不要颠倒方向，否则会导致账面余额与实际余额不符，也会影响对方科目余额的准确性。

⑦ 每日按照公式"上日余额＋本日收入合计－本日支出合计＝本日余额"计算借方和贷方金额，以及余额，并与逐笔结出的当日最末一笔余额核对是否一致。

⑧ 每月末结存按照公式"上月余额＋本月收入合计－本月支出合计＝本月余额"计算借方和贷方金额，以及余额，并与逐笔结出的当月最末一笔余额核对是否一致。同时在所在行次的上下框画红线以作醒示和区分。

⑨ 本年累计按照公式"年初余额＋本年累计收入－本年累计支出＝本年余额"计算借方和贷方金额，以及余额，并与逐笔结出的本年最末一笔余额核对是否一致。同时在所在行次的下框线画双红线以作醒示和区分。

⑩ 每月结出银行存款余额，应及时与银行出具的对账单核对，以检查日记账与银行账户余额是否存在差异。若存在差异，且已排除记账错误，则有可能存在"未达账项"，应编制余额调节表将银行存款日记账与银行账户的余额调整为一致。具体调整方法将在第 6 章"抓好核心业务（二）：银行账户管理"中讲解。

⑪ 每月最后一日的余额应与本月余额、本年的余额一致，否则说明记账有误，应及时查错、更正。

⑫ 若当日收支记录多于一页账页，需要在下一页继续登记时，应在最末一页摘要栏处填写"过次页"，并结出本页借方和贷方合计金额和余额。之后在次页第一行摘要栏中填写"承前页"，并分别填入上页"过次页"行的借方和贷方合计金额和余额，也可以仅填写上一页的余额。

⑬ 书写字迹工整，清晰可见。如果书写有误，应按照规范要求予以更正，不得胡乱涂改（更正方法将在本章专家经验支招中讲解）。

例 4-1

××公司于 2019 年 2 月 27 日和 2 月 28 日发生如下现金收支业务，出纳填制记账凭证后登记现金日记账，并结出当日合计及余额、本月合计及余额，以及本年累计及余额，如图 4-9 所示。

现金日记账

页码 18

2019年 月	日	凭证号数	对方科目	摘要	借方（千百十万千百十元角分）	核对	贷方（千百十万千百十元角分）	核对	余额（千百十万千百十元角分）	核对
2	27	–	–	上日余额					566000	√
2	27	记2-28	112201应收账款-A公司	收到A公司支付商品销售款	1500000	√			2066000	√
2	27	记2-29	660202管理费用-办公费	购买A4打印纸10件 15元/件			15000	√	2051000	√
2	27	记2-29	660202管理费用-快递费	支付快递费 成都-云南			2300	√	2048700	√
2	27	记2-29	660202管理费用-汽车费用	报销汽车油费 报销人：张×			40000	√	2008700	√
2	27	记2-30	660106管理费用-业务招待费	招待××公司李经理			32600	√	1976100	√
2	27	记2-31	122101其他应收款-员工借款	王×出差借款			300000	√	1676100	√
2	27	–	–	本日结存	1500000	√	524900	√	1676100	√
2	28	记2-32	220201应付账款-甲公司	支付甲公司采购款			850000	√	826100	√
2	28	记2-33	660202管理费用-办公费	支付金税服务费2019.3-2020.2			28000	√	798100	√
2	28	记2-34	122101其他应收款-员工借款	报销刘×差旅费1268元，冲销借款	250000	√			1048100	√
2	28	记2-34	660101营业费用-差旅费	报销刘×差旅费1268元，冲销借款			126800	√	921300	√
2	28	记2-35	660206管理费用-福利费	支付三八节活动费用			180060	√	741240	√
2	28	记2-36	140501库存商品-服装	现金采购货款			365800	√	375440	√
2	28	记2-37	660207管理费用-广告业务宣传费	支付××公司广告费			336000	√	1039440	√
2	28	记2-38	100201银行存款-××银行×支行	提取备用金	1000000	√			2614640	√
2	28	记2-39	112202应收账款-B公司	收到B公司支付商品销售款	1575000	√			4189640	√
2	28	记2-40	100201银行存款-××银行×支行	存现			3500000	√	689640	√
2	28	–	–	本日小计	2825000	√	5388600	√	689640	√
2	28	–	–	本月合计	12286300	√	18726500	√	689640	√
2	28	–	–	本年累计	20632800	√	26317200	√	689640	√

图 4-9 现金日记账登记示例

4.2.2 其他账簿登记

其他账簿通常由会计岗位负责登记，但是出纳同为财会人员，也应当主动学习并掌握其他账簿的登记方法。下面介绍另外两种主要账簿，即明细账和总账的登记方法。

1. 明细账登记方法

明细分类账是根据二级账户或明细账户开设账页，分类、连续地登记经济业务以提供明细核算资料的账簿，其格式有三栏式、多栏式、数量金额式等。

（1）三栏式。

三栏式明细分类账是设有借方、贷方和余额 3 个栏目，用以分类核算各项经济业务，提供详细核算资料的账簿，适用于只进行金额核算的账户，如应收账款、应付账款等。如果一级科目下设有明细科目，通常应分别为每一明细科目设立明细账，单独登记各科目的各项经济业务明细。

例 4-2

甲公司的销售客户之一——F 公司与甲公司于 2019 年发生以下经济业务往来，甲公司设立了 F 公司的"应收账款明细账"，根据记账凭证登记的应收账款明细账如图 4-10 所示。

应收账款明细账

科目：112206 应收账款-F公司　　　　　　　　　　　　　　　　　　　　　　　　　第1/1页

2019年		凭证号数	对方科目	摘要	借方								贷方								借或贷	余额								核对
月	日				千	百	十	万	千	百	十	元	角	分	千	百	十	万	千	百	十	元	角	分		千	百	十	万	千	百	十	元	角	分	
-	-			上年结转																					借					7	7	3	5	0	6	0	√
06	20	记6-3	主营业务收入、应交税费	1月收入				2	6	3	8	8	4	5											借				1	0	3	7	3	9	0	5	√
06	28	记6-8	银行存款	收到应收账款														2	2	6	2	2	6	0	借					8	1	1	1	6	4	5	√
06	-	-	-	本月合计				2	6	3	8	8	4	5				2	2	6	2	2	6	0	借					8	1	1	1	6	4	5	√
06	-	-	-	本年累计				2	6	3	8	8	4	5				2	2	6	2	2	6	0	借					8	1	1	1	6	4	5	√
09	26	记9-20	主营业务收入、应交税费	9月收入				5	5	1	7	6	3	6											借				1	3	6	2	9	2	8	1	√
09	-	-	-	本月合计				5	5	1	7	6	3	6											借				1	3	6	2	9	2	8	1	√
09	-	-	-	本年累计				8	1	5	6	4	8	1											借				1	3	6	2	9	2	8	1	√
10	15	记10-08	主营业务收入、应交税费	10月收入				8	9	2	6	0	7	0											借				2	2	5	5	5	3	5	1	√
10	23	记10-36	银行存款	收到应收账款														3	3	3	6	0	8	8	借				1	9	2	1	9	2	6	3	√
10	-	-	-	本月合计				8	9	2	6	0	7	0				3	3	3	6	0	8	8	借				1	9	2	1	9	2	6	3	√
10	-	-	-	本年累计			1	7	0	8	2	5	5	1				5	5	9	8	3	4	8	借				1	9	2	1	9	2	6	3	√
12	13	记12-20	主营业务收入、应交税费	12月收入				4	1	8	0	0	1	2											借				2	3	3	9	9	2	7	5	√
12	25	记12-46	银行存款	收到应收账款														8	9	2	6	0	7	0	借				1	4	4	7	3	2	0	5	√
12	-	-	-	本月合计				4	1	8	0	0	1	2				8	9	2	6	0	7	0	借				1	4	4	7	3	2	0	5	√
12	-	-	-	本年累计			2	1	2	6	2	5	6	3			1	4	5	2	4	4	1	8	借				1	4	4	7	3	2	0	5	√
				本行及以下为空白																																

图 4-10　应收账款明细账登记示例

提示

由于应收账款科目有可能会出现贷方余额，因此这类账簿的账页中通常会专门增设一个栏次用于注明余额方向。

（2）多栏式。

多栏式明细分类账是将属于同一个总账科目的各个明细科目合并在一张账页上进行登记，适用于成本、费用类科目的明细核算。

（3）数量金额式。

数量金额式明细分类账其借方、贷方和余额都分别设有数量、单价和金额 3 个专栏，适用于既要进行金额核算又要进行数量核算的账户，如原材料、库存商品、产成品等科目。

多栏式和数量金额式明细账的登记方法可参考图4-6和图4-7列示的账页格式，将每一栏次填写完整即可，结余方法与其他账簿相同，此处不再赘述。

2. 总账登记方法

总账最常用的格式同样为三栏式，依然设置借方、贷方和余额3个基本金额栏目。总账登记的是将明细账中的金额按月汇总后的数据，仅列示每月合计、每月的"本年累计"额及每月余额，因此，总账中一般不填写记账凭证编号、具体日期和对方科目。另外，如果一级科目下设置了明细科目，那么明细科目和一级科目均应登入总账，程序是先登记每一明细科目的总账，再将所有明细科目金额汇总后登入一级科目的总账。

例 4-3

甲公司与销售客户E公司于2019年发生经济业务往来，根据明细账"应收账款—E公司"登记总账，如图4-11所示。一级科目"应收账款"总账登记的数据应汇总其下所有明细科目的总额。"应收账款总账"示例如图4-12所示。

应收账款总账

科目：112205 应收账款—E公司　　　　　　　　　　　　　　　　　　第1/1页

2019年 月	日	凭证号数	对方科目	摘要	借方	贷方	借或贷	余额	核对
—	—	—	—	上年结转				7 7 7 3 5 0 6	√
01	—	—	—	本月合计	4 0 9 0 2 1 0	6 5 9 1 9 3 5		5 2 7 1 7 8 1	√
01	—	—	—	本年累计	4 0 9 0 2 1 0	6 5 9 1 9 3 5			
02	—	—	—	本月合计	2 3 6 7 7 5 7	3 4 2 4 9 8 6	借	4 2 1 4 5 5 2	√
02	—	—	—	本年累计	6 4 5 7 9 6 7	1 0 0 1 6 9 2 1			
03	—	—	—	本月合计	2 0 9 4 0 5 8	1 1 5 7 5 7 0	借	5 1 5 1 0 4 0	√
03	—	—	—	本年累计	8 5 5 2 0 2 5	1 1 1 7 4 4 9 1			
04	—	—	—	本月合计	5 2 8 3 3 8 4	2 3 8 6 8 8 2	借	8 0 4 7 5 4 1	√
04	—	—	—	本年累计	1 3 8 3 5 4 0 9	1 3 5 6 1 3 7 4			
05	—	—	—	本月合计	1 5 4 3 8 1 6	3 3 6 8 9 8 9	借	6 2 2 2 3 6 8	√
05	—	—	—	本年累计	1 5 3 7 9 2 2 5	1 6 9 3 0 3 6 3			
06	—	—	—	本月合计	6 4 9 4 3 6 3	3 6 1 2 3 7 1	借	9 1 0 4 3 6 0	√
06	—	—	—	本年累计	2 1 8 7 3 5 8 8	2 0 5 4 2 7 3 4			
07	—	—	—	本月合计	3 2 7 7 9 7 3	5 0 5 0 5 7 5	借	7 3 3 1 7 5 8	√
07	—	—	—	本年累计	2 5 1 5 1 5 6 1	2 5 5 9 3 3 0 9			
08	—	—	—	本月合计	3 6 0 9 0 0 2	4 5 3 8 7 6 5	借	6 4 0 1 9 9 4	√
08	—	—	—	本年累计	2 8 7 6 0 5 6 3	3 0 1 3 2 0 7 4			
09	—	—	—	本月合计	3 6 9 1 7 0 7	2 2 5 2 9 5 2	借	7 8 4 0 7 8 6	√
09	—	—	—	本年累计	3 2 4 5 2 2 7 0	3 2 3 8 5 0 2 6			
10	—	—	—	本月合计	6 6 0 6 8 7 5	2 8 4 5 4 9 6	借	1 1 6 0 2 0 6 6	√
10	—	—	—	本年累计	3 9 0 5 9 1 4 5	3 5 2 3 0 5 2 2			
11	—	—	—	本月合计	2 6 1 2 2 7 6	3 1 5 6 2 4 3	借	1 1 0 5 8 0 9 8	√
11	—	—	—	本年累计	4 1 6 7 1 4 2 0	3 8 3 8 6 8 2 8			
12	—	—	—	本月合计	3 5 5 7 7 8 1	3 2 1 2 3 0 5	借	1 1 4 0 3 5 7 4	√
12	—	—	—	本年累计	4 5 2 2 9 2 0 1	4 1 5 9 9 1 3 3			

图 4-11　应收账款明细科目总账示例

应收账款总账

科目：1122 应收账款　　　　　　　　　　　　　　　　　　　　　　　　　　第1/1页

2019年		凭证号数	对方科目	摘要	借方									贷方									借贷	余额									核对
月	日				千	百	十	万	千	百	十	元	角	分	千	百	十	万	千	百	十	元	角	分		千	百	十	万	千	百	十	元	角	分	
-	-			上年结转																					借			4	2	1	1	7	5	2	6	√
01	-	-		本月合计			1	3	1	9	4	2	2	6			2	2	3	7	8	5	6	6	借			3	2	9	3	3	1	8	7	√
01	-	-		本年累计			1	3	1	9	4	2	2	6			2	2	3	7	8	5	6	6												
02	-	-		本月合计				7	6	3	7	9	2	5			1	1	6	2	7	2	7	9	借			2	8	9	4	3	8	3	3	√
02	-	-		本年累计			2	0	8	3	2	1	5	1			3	4	0	0	5	8	4	4												
03	-	-		本月合计				6	7	5	5	0	2	7				3	9	2	9	7	6	7	借			3	1	7	6	9	0	9	3	√
03	-	-		本年累计			2	7	5	8	7	1	7	8			3	7	9	3	5	6	1	1												
04	-	-		本月合计				1	7	0	4	3	1	7	4				8	1	0	3	0	8	4	借			4	0	7	0	9	1	8	4	√
04	-	-		本年累计			4	4	6	3	0	3	5	2			4	4	0	3	8	6	9	5												
05	-	-		本月合计					4	9	8	0	0	5	1			1	1	4	3	7	1	8	0	借			3	4	2	5	2	0	5	5	√
05	-	-		本年累计			4	9	6	1	0	4	0	3			5	7	4	7	5	8	7	4												
06	-	-		本月合计				2	0	9	4	9	5	5	9			1	2	2	6	3	4	2	3	借			4	2	9	3	8	1	9	1	√
06	-	-		本年累计			7	0	5	5	9	9	6	2			6	9	7	3	9	2	9	7												
07	-	-		本月合计				1	0	5	7	4	1	0	6			1	7	1	4	5	8	9	4	借			3	6	3	6	6	4	0	3	√
07	-	-		本年累计				8	1	1	3	4	0	6	8			8	6	8	8	5	1	9	1												
08	-	-		本月合计				1	1	6	4	1	9	4	1			1	5	4	0	8	3	8	1	借			3	2	5	9	9	9	6	2	√
08	-	-		本年累计				9	2	7	7	6	0	0	9		1	0	2	2	9	3	5	7	2												
09	-	-		本月合计					1	1	9	0	8	7	3	3			7	6	4	8	2	8	6	借			3	6	8	6	0	4	0	9	√
09	-	-		本年累计		1	0	4	6	8	4	7	4	1		1	0	9	9	4	1	8	5	9												
10	-	-		本月合计					2	1	3	1	2	5	0	0			9	6	6	0	3	4	2	借			4	8	5	1	2	5	6	7	√
10	-	-		本年累计		1	2	5	9	9	7	2	4	1		1	1	9	6	0	2	2	0	1												
11	-	-		本月合计					8	4	2	6	6	9	5			1	0	7	1	4	9	4	1	借			4	6	2	2	4	3	2	1	√
11	-	-		本年累计		1	3	4	4	2	3	9	3	7		1	3	0	3	1	7	1	4	2												
12	-	-		本月合计					1	1	4	7	6	7	1	3		1	0	9	0	5	2	6	2	借			4	6	7	9	5	7	2	√
12	-	-		本年累计		1	4	5	9	0	0	6	4	9		1	4	1	2	2	2	4	0	3												

图 4-12　应收账款总账示例

> **提示**
>
> 总账中每月余额积累与每月"本年累计"的余额必然相同，因此可不必填写"本年累计"余额，以使账页表面整洁、清爽。

4.3　按规保管会计档案资料

会计档案是指企事业单位在进行会计核算等过程中接收或形成的，记录和反映单位经济业务事项的，具有保存价值的文字、图表等各种形式的会计资料，不仅包括纸质资料，还包含通过计算机等电子设备形成、传输和存储的电子会计档案。会计档案具有极其重要的作用和意义。对于企业而言，完整的会计档案是能够全面、连续、系统地记录各项经济业务完整的业务轨迹，是日常经营活动最详尽的记录和写照。同时，通过会计档案分析财务状况，能够更客观地反映经营成果，为企业决策层提供可靠的信息保证。而对于社会整体经济环境而言，会计档案更是我国财政部、税务机关等政府部门对企业征税、审查账务、执行监督职能，维护我国社会经济秩序的最重要的凭据。因此，财政部及其他相关部门专门制定了相关法规，以规范会计档案资料的保管。本节为读者介绍会计档案资料保管的相关具体内容。

4.3.1　归档资料与保管方式

根据国家财政部、国家档案局令第 79 号发布的《会计档案管理办法》中的规定，国家机关、社会团体、企业、事业单位和其他管理组织必须对以下会计资料进行归档并妥善保管，如图 4-13 所示。

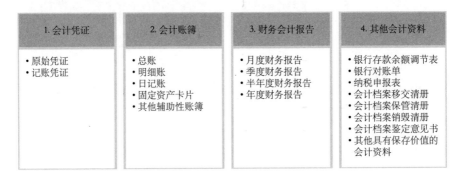

图 4-13　必须归档的会计资料

同时，单位内部形成的属于归档范围的电子会计资料可仅以电子形式保存，形成电子会计档案。但是必须满足下列几项条件。

① 形成的电子会计资料来源真实、有效，由计算机等电子设备形成和传输。

② 使用的会计核算系统能够准确、完整、有效地接收和读取电子会计资料，能够输出符合国家标准归档格式的会计凭证、会计账簿、财务会计报表等会计资料，设定了经办、审核、审批等必要的审签程序。

③ 使用的电子档案管理系统能够有效地接收、管理、利用电子会计档案，符合电子档案的长期保管要求，并建立了电子会计档案与相关联的其他纸质会计档案的检索关系。

④ 采取有效措施，防止电子会计档案被篡改。

⑤ 建立电子会计档案备份制度，能够有效防范自然灾害、意外事故和人为破坏的影响。

⑥ 形成的电子会计资料不属于具有永久保存价值或者其他重要保存价值的会计档案。

4.3.2 会计档案保管期限

会计档案的保管期限分为定期和永久两大类。定期保管期限一般分为 10 年与 30 年，自会计年度终了后的第一天起计算。

根据《会计档案管理办法》规定，企业和其他组织的各类会计档案的保管期限分别如表 4-2 所示。

表 4-2 企业和其他组织会计档案保管期限表

会计档案明细		定期保管		永久保管	备注
		10 年	30 年		
会计凭证	原始凭证		√		
	记账凭证		√		
会计账簿	总账		√		
	明细账		√		
	日记账		√		
	固定资产卡片				固定资产报废清理后保管 5 年
	其他辅助性账簿		√		
财务会计报告	月度财务会计报告	√			
	季度财务会计报告	√			
	半年度财务会计报告	√			
	年度财务会计报告			√	
其他会计资料	银行余额调节表	√			
	银行对账单	√			
	纳税申报表	√			
	会计档案移交清册		√		
	会计档案保管清册			√	
	会计档案销毁清册			√	
	会计档案鉴定意见书			√	

4.3.3 会计档案销毁程序

根据《会计档案管理办法》的规定,企业、单位应当定期对已到保管期限的会计档案进行鉴定,由单位档案管理机构牵头,组织单位会计、审计、纪检监察等机构或人员共同进行,同时形成会计档案鉴定意见书。经鉴定,仍需继续保存的会计档案,应当重新划定保管期限。

对于保管期满,确无保存价值的会计档案,可以销毁,但必须严格按照以下程序进行。

① 单位档案管理机构负责编制会计档案销毁清册,列明拟销毁会计档案的名称、卷号、册数、起止年度、档案编号、应保管期限、已保管期限和销毁时间等内容。

② 单位负责人、档案管理机构负责人、会计管理机构负责人、档案管理机构经办人、会计管理机构经办人在会计档案销毁清册上签署意见。

③ 单位档案管理机构负责组织会计档案销毁工作,并与会计管理机构共同派员监销。监销人在会计档案销毁前,应当按照会计档案销毁清册所列内容进行清点核对;在会计档案销毁后,应当在会计档案销毁清册上签名或盖章。

④ 电子会计档案的销毁还应当符合国家有关电子档案的规定,并由单位档案管理机构、会计管理机构和信息系统管理机构共同派员监销。

保管期满但未结清债权债务的会计凭证和涉及其他未了事项的会计凭证均不得销毁,纸质会计档案应当单独抽出重新立卷,电子会计档案则应单独转存,保管到未了事项完结时为止。

4.4 学习会计电算化

会计电算化是指利用会计软件,指挥各种计算机设备替代手工完成或手工很难完成的会计工作过程。在快节奏的信息化时代,是否具备会计电算化技能已经成为入职财会工作的"门槛"之一,而应用财务软件的熟练程度则是评价财会人员工作能力的重要指标之一。因此,财会从业人员不仅需要具备财会基本技能、专业财会知识,同时还必须学习掌握相应的会计电算化技能,随着时代发展而不断进步,以更好地适应会计电算化环境下的会计工作。

目前电子财务软件有很多,如用友、金蝶、金算盘、金财、金格网等。其中用友、金蝶的应用最为广泛。每种财务软件包含多个版本,如用友软件包括T3、T+、

U8、NC 等。虽然财务软件的品牌不胜枚举，版本也在不断更新、升级，但是万变不离其宗，任何品牌、版本的财务软件在实际操作应用时都会经历这个流程：软件安装→新建账套→账套基础设置→会计科目设置→启用账套→期初余额导入→填制凭证→审核凭证→记账或过账→月末损益结转→月末结账→生成报表→账簿查询打印→账套备份和恢复。本节将以目前应用相对广泛的用友 T3 为例，介绍财务软件的基础操作知识，并示范账务处理的基本流程。读者熟练掌握这一种财务软件的运用方法后，在工作中接触其他财务软件时可以以此为参考，触类旁通，快速上手。

4.4.1 安装准备很重要

关于软件的安装，其实非常简单，与其他软件的安装方法并无不同，但安装软件之前的两个准备工作却很重要，也是需要注意的，会直接影响安装进程的顺利与否。下面介绍具体内容和操作步骤。

1. 计算机名称有要求

财务软件对计算机的名称有所要求，即不能使用汉字，只能以英文设置计算机名称，而且其中不能包含特殊字符，如 "–""\""/""*""+" 等。因此安装之前首先要检查计算机名称，如果不符合规范，应作修改。下面以 Windows 7 系统操作平台为例介绍修改计算机名称的方法。

步骤 ① 右击桌面【我的电脑】图标→在快捷菜单中选择【属性】选项，即可快捷打开【控制面板 - 所有控制面板项 - 系统】窗口→单击左侧列表中的【高级系统设置】选项，如图 4-14 所示。

步骤 ② 弹出【系统属性】对话框，切换至【计算机名】选项卡→单击【更改 (C)...】按钮（如图 4-15 所示）→弹出【计算机名 / 域更改】对话框→在【计算机名 (C):】文本框中输入英文名称→单击【确定】按钮（如图 4-16 所示）→重新启动计算机后即可生效。

图 4-14 【控制面板 - 所有控制面板项 - 系统】窗口

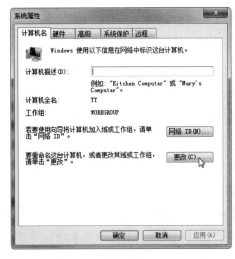

图 4-15 【系统属性】对话框　　图 4-16 【计算机名 / 域更改】对话框

2. 日期格式要规范

安装财务软件前,计算机系统日期的格式也要符合规范,即只有设置短日期格式为"yyyy-MM-dd",才能顺利安装。下面介绍修改日期格式的方法。

步骤① 单击计算机桌面右下角任务栏的【时间和日期】→系统弹出【日历和时钟】

窗口→单击【更改日期和时间设置】链接（如图4-17所示）→弹出【日期和时间设置】对话框，单击【更改日历设置】链接（如图4-18所示）。

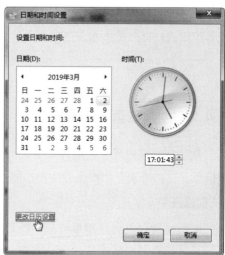

图4-17　【日历和时钟】窗口　　　　图4-18　【日期和时间设置】对话框

步骤② 系统弹出【自定义格式】对话框→切换至【日期】选项卡→在【日期格式-短日期】下拉列表中选择【yyyy-MM-dd】选项（如图4-19所示）→单击【确定】按钮即可。

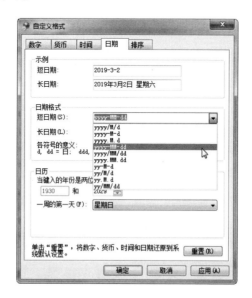

图4-19　【自定义格式】对话框

> **提示**
>
> 确定计算机名称和日期格式符合要求后,安装软件即可顺利进行,只需按照软件安装说明进行简单操作,逐步单击安装对话框中的【下一步】按钮即可完成,或者可以请软件公司技术人员帮助安装。这里不再赘述。

4.4.2 创建账套和基础设置

软件安装完成后,在处理账务之前,首先要建立账套并进入账套设置一些基础信息,下面分别介绍操作方法和步骤。

1. 创建账套

账套是指存放会计核算对象的所有会计业务数据文件的总称,账套中的文件包括会计科目、记账凭证、会计账簿、会计报表等。在实际工作中,会计核算对象通常是整个企业,也可以分别将企业的分部作为一个会计核算对象。在财务软件中,可以建立多个不同核算单位的账套,而且各个账套之间互不影响,各自独立。例如,某企业集团下设数个分支机构,可以为每个分支机构建立一个账套独立核算。

步骤① ❶软件安装成功后即在桌面生成【系统管理】和【T3】两个快捷图标→双击【系统管理】图标,打开【系统管理】窗口;❷选择【系统(S)】菜单中的【注册(R)...】选项,如图4-20所示;❸在【注册控制台】登录窗口中输入用户名"admin",初始密码为空→单击【确定】按钮,即可登录系统管理,如图4-21所示。

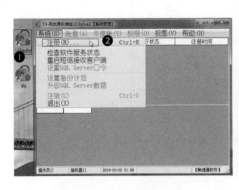

图4-20 注册系统管理

图4-21 输入用户名

步骤② ❶选择【账套(A)】菜单中的【建立(C)...】选项,如图4-22所示;❷弹出【创建账套】对话框,显示已有账套名称和账套号→输入将要建立的账套名称→【启用会计期】默认为当前计算机日期,可单击【会计期间设置】按钮设置为其他日期;❸单击【下一步】按钮,如图4-23所示。

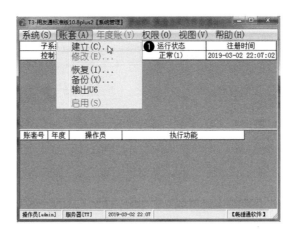

图 4-22　建立账套

图 4-23　设置【启用会计期】

步骤③ ❶输入企业的相关信息→单击【下一步】按钮(如图4-24所示);❷设置"核算类型",根据企业自身情况选择"企业类型"和"行业性质"→可自行设置"财务主管"名称→选中【按行业科目性质预置科目(S)】复选框→单击【下一步】按钮,如图4-25所示。

图 4-24　输入"单位信息"　　　　图 4-25　设置"核算类型"

步骤 ④ ❶根据核算需求勾选基础信息，也可跳过此步，直接单击【下一步】按钮，如图 4-26 所示；❷根据企业经营特点单击选择业务流程的【标准流程】或【优化流程】→单击【完成】按钮，如图 4-27 所示。

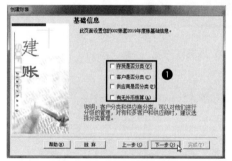 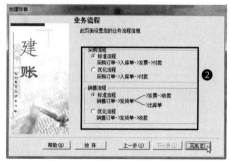

图 4-26　设置"基础信息"　　　　图 4-27　选择"业务流程"

步骤 ⑤ ❶系统弹出【创建账套】对话框，直接单击【是(Y)】按钮，如图 4-28 所示；❷数分钟后弹出【分类编码方案】对话框，可自行设置或调整黄色背景的各类编码级次长度→单击【确认】按钮，如科目编码第 1 级长度为 4，不能更改，这里设置第 2 级和第 3 级的编码长度均为"2"；"银行存款"第 1 级科目为 1001，那么 2 级编码为 100101、100102……，3 级编码为 10010101、10010102、10010201、10010202……；以此类推，如图 4-29 所示。

步骤 ⑥ ❶弹出【数据精度定义】对话框，根据日常经营中存货、开票价的小数位设置，如图 4-30 所示；❷单击随后弹出的【创建账套】对话框中的【确定】按钮，即可成功创建账套，如图 4-31 所示。

图 4-28 创建账套

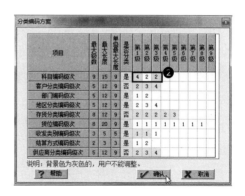

图 4-29 设置编码级次长度

图 4-30 【数据精度定义】对话框

图 4-31 "创建账套"成功

步骤 7 ❶随后弹出对话框，单击【是(Y)】按钮可快捷启用账套，如图 4-32 所示；❷接着弹出【系统启用】对话框→选中记账的必选项【总账】选项→建议将启动日期设置为启用月份的第 1 日，如图 4-33 所示；❸最后弹出提示对话框，直接单击【是(Y)】按钮→单击【系统启用】对话框中的【退出】按钮即可。

图 4-32 快捷启用账套

图 4-33 设置账套启用日期

提示

如果在账套使用过程中需要增加启用其他系统，可登录"系统管理"（输入账套号及财务主管名称）→单击【账套】选项卡列表中的【启用(S)】选项即可打开【系统启用】对话框。

2. 账套基础设置

创建账套完成后，需要对账套进行必要的基础设置，以便之后顺畅地处理账务。这些基础设置主要包括设置操作员及权限，设置会计科目和凭证类别，设置期初余额。下面介绍操作方法和步骤。

（1）设置操作员及权限。

步骤① 使用用户名"admin"登录"系统管理"→单击【权限(O)】菜单中的【操作员(U)】命令→随之弹出【操作员管理】对话框。❶单击【增加】按钮，如图4-34所示；❷在【增加操作员】对话框中输入操作员编号、姓名、口令、所属部门等信息；❸单击【增加】按钮，如图4-35所示；❹单击【操作员管理】对话框中的【退出】按钮。

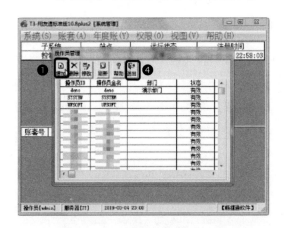

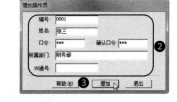

图4-34 【操作员管理】对话框　　　　图4-35 【增加操作员】对话框

步骤② 单击【权限(O)】菜单中的【权限(J)】按钮→弹出【操作员权限】对话框。❶单击选中被设置权限的"操作员全名"；❷选择账套名称和年度；❸单击【增加】按钮，如图4-36所示；❹在弹出的【增加权限】对话框中设置总分类和明细权限，蓝色图块代表授权，白色代表未授权；❺单击【确认】按钮即设置完成一个操作员的权限，如图4-37所示→最后退出【操

第4章 做好出纳日记账：账簿登记和管理

作员权限】对话框及"系统管理"即可。

图 4-36 【操作权限】对话框

图 4-37 【增加权限】对话框

 提示

如果要赋予该操作员所有权限，可直接一步选中图 4-36 中的【账套主管】复选框。

（2）设置会计科目和凭证类别。

一级科目已在创建账套时根据行业性质全部预置，而明细科目则必须在设置期初余额之前自行设置。

步骤① 双击桌面快捷图标【T3】打开登录窗口→输入用户名、密码→选择账套、会计年度及操作日期→单击【确定】按钮即可进入 T3 系统，如图 4-38 所示。进入 T3 系统后的初始界面如图 4-39 所示。

图 4-38 登录 T3 系统

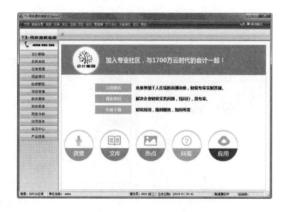

图 4-39　T3 系统初始界面

> **提示**
>
> "操作日期"默认为当前计算机系统日期,也可以输入之前的日期,但是不能输入之后的日期。

步骤② ❶单击【总账】菜单,即可打开【总账】模块窗口;❷单击【会计科目】快捷按钮,打开【会计科目】对话框;❸单击【会计科目】对话框中的【增加】按钮;❹弹出【会计科目_新增】对话框,输入科目编码(注意遵照编码规则设置)、科目中文名称→单击【确定】按钮→继续下一个会计科目的设置,如图 4-40 所示。

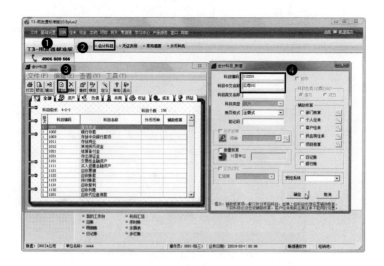

图 4-40　设置会计科目

步骤③ 设置凭证类别。单击【总账】窗口中的【凭证类别】快捷按钮→弹出【凭证类别】对话框→单击【增加】按钮→在下面文本框中输入类别字、类别名称、选择限制类型，如图4-41所示。通用记账凭证一般设置为无限制。如果设置收款凭证，则分别输入"收""收款凭证"，并设置限制类型。

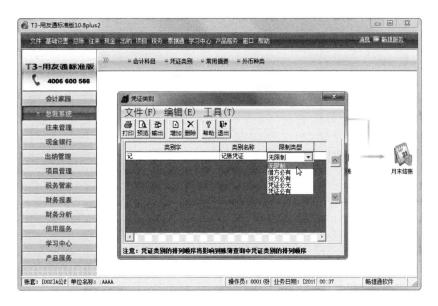

图4-41 设置凭证类别

（3）设置期初余额。

期初余额是指启用账套之前已存在的账户余额。如果账套启用日期为2019年1月，则期初余额为2018年12月31日的余额。本例中，账套启用日期为2019年3月1日，那么期初余额则为2019年2月28日的余额。在账套中录入期初余额应为2019年1月至2019年2月的"累计借方""累计贷方"金额，而年初余额由系统根据录入的期初余额、累计额自动计算。下面介绍操作方法。

步骤① 选择【总账系统】-【设置】菜单中的【期初余额】选项，如图4-42所示。

步骤② ❶录入2019年1~2月各科目的"累计借方""累计贷方"金额，以及截至2月28日的余额（期初余额）；❷单击【试算】按钮试算期初余额的借贷双方是否平衡→弹出对话框显示试算结果，如图4-43所示；若提示"试算结果平衡"代表数据正确，即可退出【期初余额录入】窗口。若提示"试算结果不平衡"，表明数据录入有误，应检查更正后再次试算，直至平衡为止。

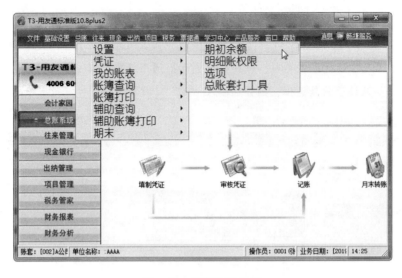

图 4-42 设置期初余额

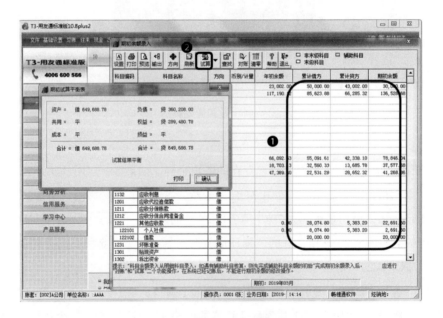

图 4-43 录入数据并试算平衡

提示

若某些科目设置了辅助核算,录入数据时,首先双击该科目进入,然后根据各辅助项录入对应明细数据。

(4) 设置其他基础项目。

如有必要，可单击【基础设置】菜单中的各选项，根据工作需求，按照系统提示设置即可，如图 4-44 所示。

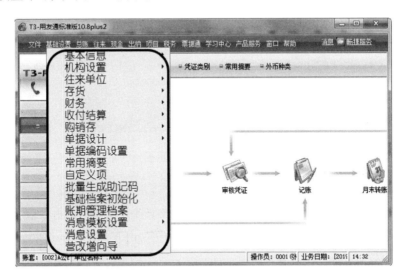

图 4-44　【基础设置】列表

4.4.3　账务处理

必要的账套基础设置完成后，即可进行账务处理，其他内容的设置根据工作需求在后期陆续完善即可。下面介绍账务处理流程、每一环节的具体操作方法及注意事项。

单击【总账系统】菜单，窗口即显示账务处理流程：填制凭证→审核凭证→记账→月末转账→月末结账。优化流程可以省略"审核凭证"环节，填制凭证后可直接记账，如图 4-45 所示。

1. 记账凭证处理

在【填制凭证】模块中，处理记账凭证的功能很多，包括增加、插入、作废凭证、查询凭证、打印凭证、查询科目余额、查看现金流量等。操作方法都很简单，根据工作需要单击快捷按钮或在各个选项卡列表中选择功能即可。下面介绍填制凭证的基本操作流程，以及过程中常见的工作情形及其处理办法，包括查询科目余额、作废凭证、查看现金流量的操作方法等。

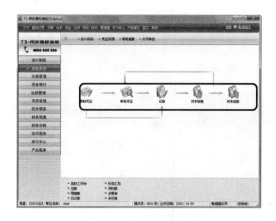

图 4-45　账务处理流程

（1）填制记账凭证。

填制记账凭证的基本操作流程：单击【总账系统】菜单→单击【填制凭证】快捷图标，打开【填制凭证】窗口→❶ 单击【增加】按钮，凭证编号自动生成；❷ 修改"制单日期"（可修改为登录日期之前）；❸ 录入"附单据数"；❹ 录入摘要→选择会计科目→输入借贷方金额；❺ 借贷双方平衡后单击【保存】按钮（若不平衡，系统会弹出提示对话框，更正平衡后方可保存）→单击【增加】按钮继续填制下一份凭证，如图 4-46 所示。

（2）查询科目余额。

在填制凭证过程中如需查询某一会计科目的期初余额、本期借方发生及累计、本期贷方发生及累计，以及当前余额，可单击需查询余额的科目名称栏→单击【余额】按钮即可显示该科目当前最新余额，如图 4-47 所示。

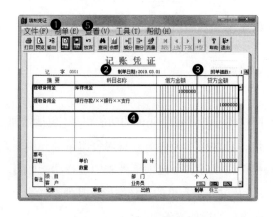

图 4-46　填制记账凭证

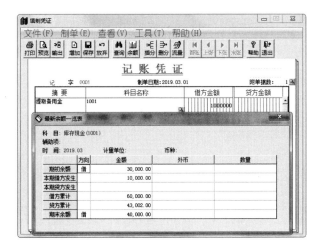

图 4-47 查询科目余额

（3）作废凭证。

如果记账凭证填写错误，应将其作废后重新填制，同时凭证编号也需要重新编排。为展示效果，这里增加填制了两张凭证，合计共 3 张凭证，假设第 0002 号凭证现被作废，流程为作废凭证→整理凭证→确认。操作步骤如下。

步骤 1 作废凭证，即将凭证置于"作废"状态，系统识别后自动冲减金额。选择【制单】菜单中的【作废/恢复】选项，如图 4-48 所示。作废后记账凭证中显示红色"作废"文字，系统自动冲减凭证金额，如图 4-49 所示。如需恢复凭证，在"作废"状态下再次选择【作废/恢复】选项即可。

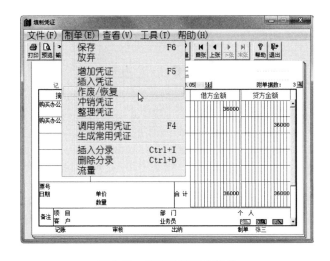

图 4-48 作废记账凭证操作

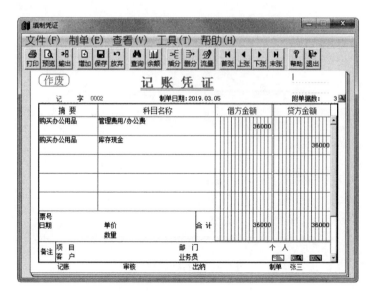

图 4-49 作废后的记账凭证

步骤② 整理凭证,即彻底删除已作废的凭证。❶选择【制单】菜单中的【整理凭证】选项→弹出对话框,提示选择凭证期间→单击【确定】按钮,如图4-50所示;❷弹出【作废凭证表】对话框→双击【删除?】空白栏,即标识为"Y"→单击【确定】按钮,如图4-51所示。

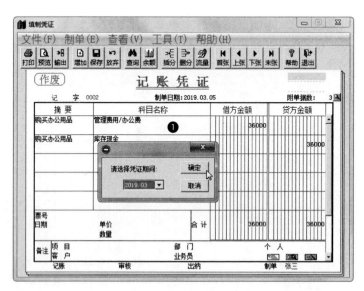

图 4-50 整理凭证

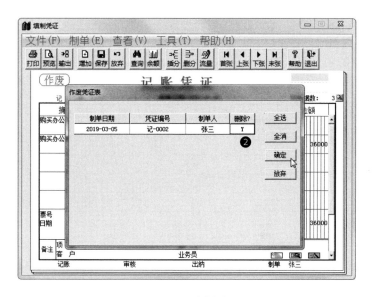

图 4-51　删除凭证

步骤 ③　系统弹出【凭证】对话框询问"是否还需整理凭证断号"→单击【是(Y)】按钮，如图 4-52 所示。"整理凭证断号"是指将后面凭证的编号填补被删除凭证编号的空缺。例如，0002 号凭证删除并整理断号之后，原第 0003 号凭证编号即变为 0002，以此类推（已整理断号后的作废凭证不能再恢复）。效果如图 4-53 所示。

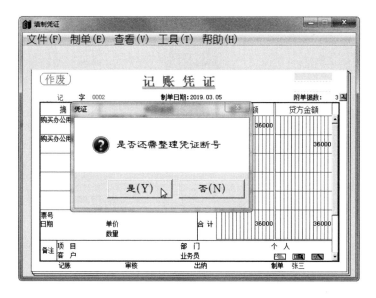

图 4-52　确认是否整理凭证断号

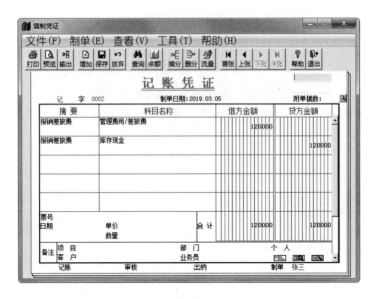

图 4-53 整理断号后的效果

（4）查看现金流量。

在日常工作中，出纳人员通常需要随时查看现金流量，但是单击【流量】按钮后，系统会弹出【凭证】对话框提示"现金流量项目大类没有预制，请你预制！"→单击【确定】按钮，如图 4-54 所示。下面介绍预制现金流量项目大类的方法和步骤。

图 4-54 提示预制现金流量项目大类

步骤① 退出【填制凭证】窗口→选择【基础设置】-【财务】菜单中的【项目目录】选项，如图 4-55 所示。

第 4 章 做好出纳日记账：账簿登记和管理

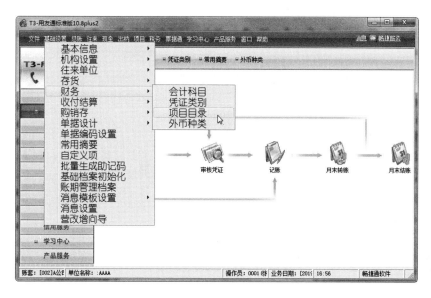

图 4-55　单击【项目目录】选项

步骤 2 ❶随后弹出【项目档案】对话框→单击选中左侧列表中的【项目目录】选项；❷单击【增加】按钮，如图 4-56 所示。

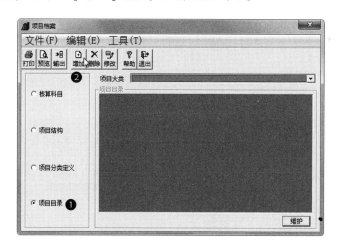

图 4-56　增加"项目目录"

步骤 3 ❶随后弹出【项目大类定义＿增加】对话框→单击选中【新项目大类名称】列表中的【现金流量项目】；❷在下拉列表中选择项目，通常选择【原现金流量项目】，如图 4-57 所示→单击【完成】按钮，系统弹出对话框提示"预制完毕"→单击【退出】按钮关闭对话框。

147

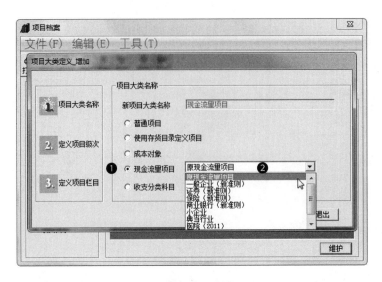

图 4-57 增加"项目大类定义"

步骤④ ❶单击【会计科目】快捷按钮,打开对话框→选择【编辑(E)】菜单中的【指定科目】选项,如图 4-58 所示;❷随后弹出【指定科目】对话框,单击选择左侧列表框中的【现金流量科目】选项;❸选择【待选科目】列表框中的会计科目,单击 > 按钮后,定义的现金流量科目即被选择至【已选科目】列表中→最后单击【确认】按钮退出即可,如图 4-59 所示。

图 4-58 【指定科目】选项

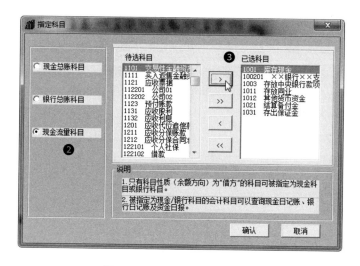

图 4-59 【指定科目】对话框

以上操作完成后,在填制凭证用到第 4 步中任意一个"已选科目"时,需要增加一步操作。例如,填制凭证:借 银行存款/××银行××支行 12000 贷 应收账款/公司 01。操作步骤如下。

步骤 5 在记账凭证中输入会计科目编码 100201 →弹出【现金流量表】对话框。

❶ 单击【增加】按钮;❷ 单击【项目编码】文本框右侧的🔍按钮,如图 4-60 所示;❸ 弹出【参照】对话框,选择左侧列表框中的【0101 现金流入】选项;❹ 双击右侧列表框中的【01 销售商品、提供劳务收到的现金】选项(如图 4-61 所示)→所选项目显示在【现金流量表】对话框中的【项目编码】文本框内→单击【保存】按钮即可。

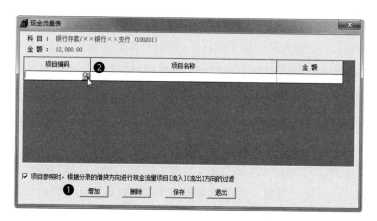

图 4-60 【现金流量表】对话框

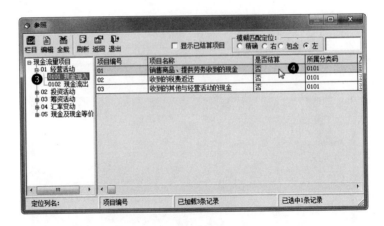

图 4-61 选择"项目名称"

提示

① 以上操作对预制现金流量科目之前填制的记账凭证中的相关科目无效,因此应将前面涉及现金流量科目的会计分录重新录入并选择现金流量项目。

② 在记账凭证中只能查看单笔会计分录中的现金流量科目的流量。

③ 图 4-61 中的现金流量项目即"现金流量表"中的项目,在填制凭证时进行第 5 步操作后,编制财务报表时可自动生成现金流量表。

(5) 出纳签字、审核凭证。

财务软件是按照实际规范流程设定操作权限,填制凭证、出纳签字、审核凭证三部分不能由同一个操作员完成,因此应在填制凭证完成后,单击【文件】选项列表中的【重新注册】按钮→再用其他指定操作员的用户名重新进入操作。出纳签字和审核凭证既可单张逐步进行,又可以一次性批量签字或审核所有凭证。具体操作非常简单,在【总账】选项列表中单击相应选项,再根据系统提示操作即可快速完成,此处不再赘述。

2. 月末处理

账务的月末处理是当月所有经济业务凭证填制完成并审核无误后,还需再填制一份凭证,将当月损益结转至"本年利润"科目。而实际经营活动中,每月涉及损益的经济业务不计其数,因此财务软件大多都具备自动结转的功能。所以在 T3 系统中,月末结账的流程为自动结转损益→记账→结账。下面介绍各环节的操作方法。

第 4 章 做好出纳日记账：账簿登记和管理

（1）自动结转损益。

步骤① 转账定义。首次使用财务软件第一次结转损益前需要先对转账进行定义。❶单击【总账系统】-【期末】-【转账定义】菜单中的【期间损益】选项，如图4-62所示；❷弹出【期间损益结转设置】对话框，单击【本年利润科目】文本框右侧的🔍按钮，选择科目【4103】→单击【确定】按钮即可，如图4-63所示。

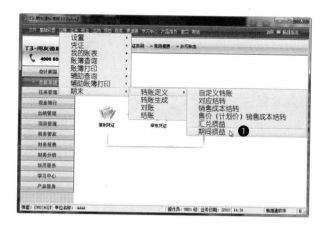

图 4-62 【转账定义】-【期间损益】

图 4-63 【期间损益结转设置】对话框

步骤② 结转损益。单击【总账系统】模块窗口中的【月末转账】快捷图标，弹出【转账生成】对话框。【结转月份】默认为当月（可从其下拉列表中选择其他月份）。❶首先选中左侧列表框中的【期间损益结转】选项；❷选中【包

151

含未记账凭证】复选框；❸单击右上角【全选】按钮，即可选中所有损益类科目→单击【确定】按钮，如图4-64所示；❹系统自动生成一份结转期间损益的凭证（当月经济业务未涉及的损益科目不会列示其中），核对无误后单击【保存】按钮即可，如图4-65所示。

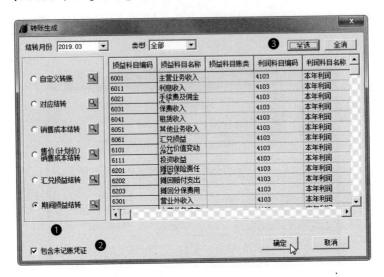

图4-64 【转账生成】对话框

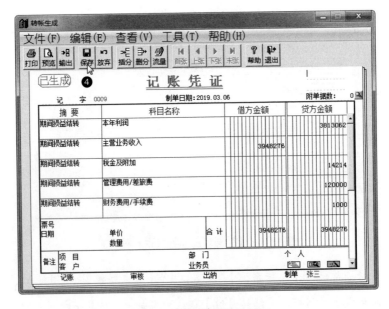

图4-65 期间损益结转凭证

（2）记账和结账。

结转当月损益后代表当月所有记账凭证已处理完毕，接着需要记账和结账，需要特别注意的是这两步必须在生成财务报表之前进行，才能使报表数据实时有效。下面介绍操作方法。

步骤① 单击【总账系统】模块窗口中的【记账】快捷图标，打开【记账】对话框。可在【记账范围】文本框中输入凭证号码，也可直接单击【下一步】按钮，如图4-66所示，系统自动对账无误后继续单击【下一步】→【记账】按钮即可。记账成功后弹出【提示信息】对话框，单击【确定】按钮即可，如图4-67所示。

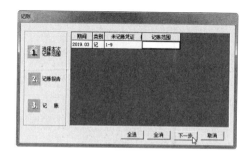
图4-66 【记账】对话框

图4-67 记账完毕提示

步骤② 单击【总账系统】模块窗口中的【月末结账】快捷图标→弹出【结账】对话框，单击【下一步】按钮，如图4-68所示，依次单击后续对话框中的【对账】【下一步】按钮后，最后单击【结账】按钮即可完成结账，如图4-69所示。

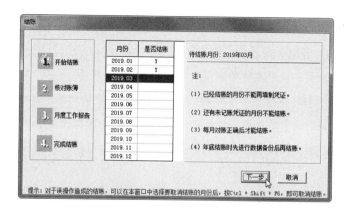
图4-68 【结账】对话框

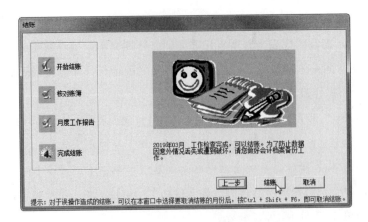

图 4-69　单击【结账】按钮完成结账

> **提示**
>
> 结账后记账凭证不能再进行修改。如果发现有错误必须更正，首先应反结账，再取消记账才可修改凭证。具体操作：打开【结账】对话框→选中需反结账的月份→按【Ctrl+Alt+F6】组合键→输入会计主管密码（登录密码）→选择【总账】选项卡列表中【凭证】-【恢复记账前状态】选项即可取消记账。

3. 生成财务报表

财务报表是反映企业一定时期资金、利润状况的报表，主要包括"四表一注"，即资产负债表、利润表、现金流量表、所有者权益变动表、财务报表附注。在实际工作中，企业通常要求财会人员每月编制前三项报表。通过分析报表数据，能够及时掌握企业的财务经营状况。财务软件通常可以自动生成财务报表，并为用户提供自动设置报表格式和公式的功能，下面分别介绍操作方法和步骤。

（1）自动生成财务报表。

步骤① ❶选择主窗口中左侧功能模块列表中的【财务报表】选项，如图 4-70 所示；

❷打开【财务报表】窗口后，单击【文件】菜单中的【新建(N)】按钮，打开【新建】对话框→根据行业性质在左侧【模板分类】列表中选择报表模板→在右侧报表列表中选择一项报表（本例选择利润表示范操作）→单击【确定】按钮，如图 4-71 所示。

第 4 章 做好出纳日记账：账簿登记和管理

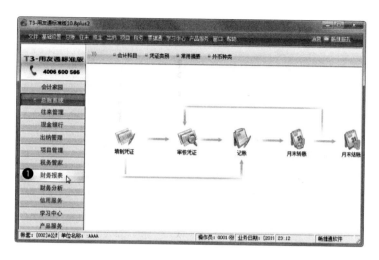

图 4-70 打开财务报表功能窗口

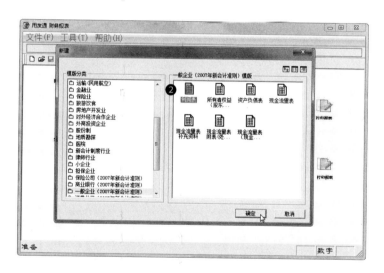

图 4-71 选择财务报表模板

步骤② ❶打开"利润表"模板后，可看到每个项目的"本期金额"栏次已预设计算公式，单击左下角【格式】按钮，切换至"数据"模式，如图 4-72 所示；❷单击【数据(D)】选项卡列表中的【关键字(K)】-【录入(I)】选项；❸在弹出的【录入关键字】对话框中输入"单位名称""年""月"（年和月默认为当前月份，可作修改）→单击【确认】按钮；❹弹出对话框询问"是否重算第 1 页"，单击【是(Y)】按钮即可快速生成报表，如图 4-73 所示。

图 4-72 单击【格式】按钮

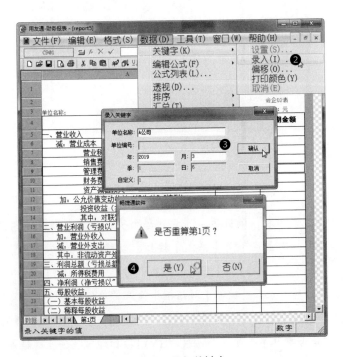

图 4-73 录入关键字

最终生成的“利润表”如图 4-74 所示。其他财务报表按照第 2 步流程如法炮制即可。这里再列出一份通常由出纳人员负责编制的“现金流量表”，部分项目数据如图 4-75 所示。

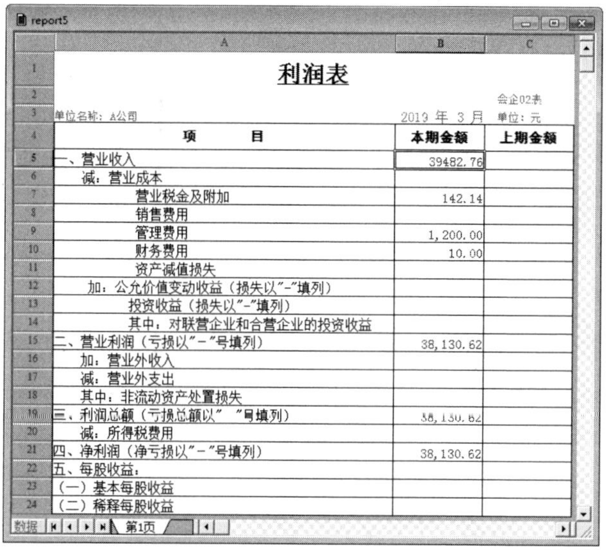

利润表

会企02表

单位名称：A公司　　2019 年 3 月　　单位：元

项目	本期金额	上期金额
一、营业收入	39482.76	
减：营业成本		
营业税金及附加	142.14	
销售费用		
管理费用	1,200.00	
财务费用	10.00	
资产减值损失		
加：公允价值变动收益（损失以"-"填列）		
投资收益（损失以"-"填列）		
其中：对联营企业和合营企业的投资收益		
二、营业利润（亏损以"-"号填列）	38,130.62	
加：营业外收入		
减：营业外支出		
其中：非流动资产处置损失		
三、利润总额（亏损总额以"-"号填列）	38,130.62	
减：所得税费用		
四、净利润（净亏损以"-"号填列）	38,130.62	
五、每股收益：		
（一）基本每股收益		
（二）稀释每股收益		

图 4-74　利润表

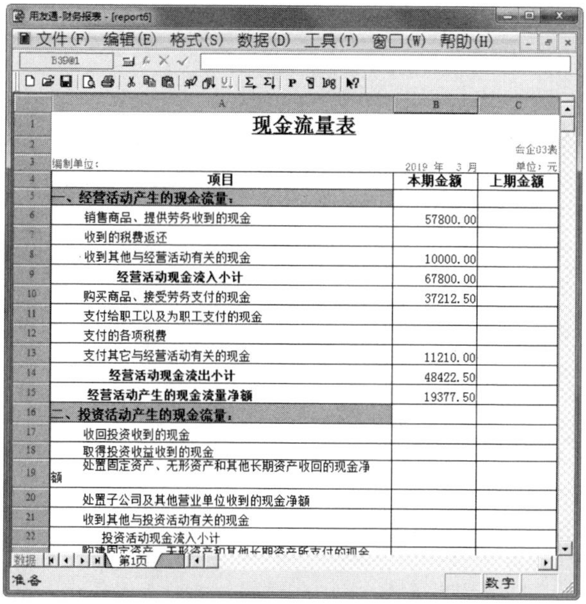

现金流量表

会企03表

编制单位：　　2019 年 3 月　　单位：元

项目	本期金额	上期金额
一、经营活动产生的现金流量：		
销售商品、提供劳务收到的现金	57800.00	
收到的税费返还		
收到其他与经营活动有关的现金	10000.00	
经营活动现金流入小计	67800.00	
购买商品、接受劳务支付的现金	37212.50	
支付给职工以及为职工支付的现金		
支付的各项税费		
支付其它与经营活动有关的现金	11210.00	
经营活动现金流出小计	48422.50	
经营活动产生的现金流量净额	19377.50	
二、投资活动产生的现金流量：		
收回投资收到的现金		
取得投资收益收到的现金		
处置固定资产、无形资产和其他长期资产收回的现金净额		
处置子公司及其他营业单位收到的现金净额		
收到其他与投资活动有关的现金		
投资活动现金流入小计		

图 4-75　现金流量表

（2）设置报表公式。

报表中的文字、格式和公式均可自行设置。公式设置规则可以从系统预制公式中寻找规律，如利润表中的"营业收入"项目的"本期金额"公式为"=FS("6001",月,"贷",,年)+FS("6051",月,"贷",,年)"。从公式中不难发现："FS"代表"发生"；"6001"和"6051"分别为"主营业务收入"和"其他业务收入"的科目编号；"月""贷""年"的意思是汇总当年当月的贷方金额；"营业利润""利润总额"则是按照会计公式设定的，如"营业利润"的公式为"=B5-B6-B7-B8-B9-B10-B11"。因此，若需要汇总累计金额，只需遵循以上规则，按照以下步骤操作即可。

步骤① ❶单击左下角【数据】按钮，切换为【格式】模式，将文字"上期金额"修改为"本年累计"；❷双击B5单元格→弹出【定义公式】对话框→按【Ctrl+C】组合键复制公式，如图4-76所示；❸选择C5单元格→【数据】菜单中的【编辑公式】–【单元公式】选项；❹弹出【定义公式】对话框→粘贴公式→将公式中"FS"修改为"LFS"→单击【确认】按钮即可，如图4-77所示。其他项目的"本年累计"额可以如法炮制，先复制B列公式，然后修改相应字符或列标即可。

图4-76　复制公式

第4章 做好出纳日记账：账簿登记和管理

图 4-77　粘贴公式

步骤② 所有公式设定完成后，再次单击左下角的【公式】按钮，切换为【数据】模式，系统自动重算报表数据。效果如图 4-78 所示（本例中，2019 年 3 月为系统启用月份，因此"本期金额"与"本年累计"金额相同）。

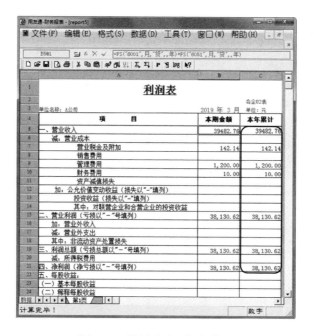

图 4-78　设置公式后报表效果

4. 账簿查询和打印

在财务软件中，填制凭证后即可自动生成各种账簿和报表，如总分类账、明细账、序时账、日记账、多栏账、现金流量明细表及现金流量统计表等，并且所有凭证、账簿及表单均可以导出 Excel 表格。具体操作非常简便，在【总账系统】菜单中选择相应选项，并根据系统提示操作即可，这里不再赘述。

5. 账套备份和恢复

财务软件通常具备自动备份的功能，但是财会人员也应养成定期手动备份账套的习惯，并将备份数据复制至移动硬盘或其他指定计算机中，以免服务器出现故障导致账套数据丢失，从而造成不必要的麻烦甚至经济损失。下面介绍手动备份及恢复账套的操作方法。

步骤① 备份账套。备份前应注意先关闭财务软件。❶使用"admin"用户名登录系统管理→选择【账套(A)】菜单中的【备份(X)】选项，如图 4-79 所示；❷弹出【账套输出】对话框→在【账套号】下拉列表中选择账套→单击【确认(O)】按钮；❸弹出【选择备份目标】对话框→指定备份文件存放的文件夹→单击【确认(O)】按钮；❹弹出对话框提示"硬盘备份完毕！"→单击【确定】按钮即可，如图 4-80 所示。

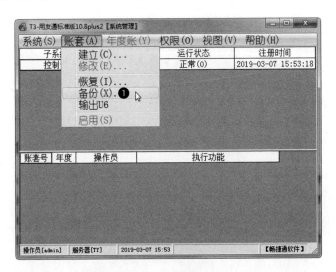

图 4-79　账套【备份】选项

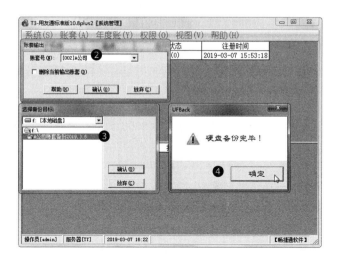

图 4-80　备份账套操作

 恢复账套。恢复账套时单击【账套(A)】菜单中的【恢复(I)】按钮,根据系统提示选择已备份的文件即可。

专家经验支招

01 "第三方收付"的账务处理

随着时代的变迁、科技的进步、网络电子支付平台的全面普及,如今越来越多的企业、个人在日常经营或生活中倾向于选择更为便捷的第三方电子收付平台,如支付宝、微信支付等代替使用银行转账或纸质钱币进行收付。但与此同时,也给出纳人员带来一个财务处理方面的小问题,即如何处理第三方收付的账务问题。其实处理方法非常简单,下面作简要介绍。

由于第三方电子收付既非银行存款,又不能算作现金,因此在入账时应将其归入"其他货币资金"这一会计科目进行核算,并设立账簿单独登记。在"提现"时,则应按提现至对方账户的不同分别作处理。下面以"支付宝"为例介绍账务处理及会计分录编制方法。

例 4-4

① A 公司通过支付宝企业账户向 B 公司收取应收账款 10000 元。会计分录如下。

借：其他货币资金——支付宝 10000 元

贷：应收账款——×× 公司 10000 元

② A 公司将支付宝企业账户中的余额 8000 元提现至银行基本账户，扣除提现手续费 16 元，会计分录如下。

借：银行存款——×× 银行 ×× 支行 7984 元

财务费用——提现手续费 16 元

贷：其他货币资金——支付宝 8000 元

如果企业未注册账号，当对方要求通过第三方收付平台收付款项时，通常会使用个人账户。个人应当尽快提现至银行卡，再取出纸质钱币交予出纳，由此而产生的手续费由企业承担，个人则应保存单据并打印后填写报销单申请报销。出纳编制会计分录时仍然需要将其归入"库存现金"科目。

例 4-5

A 公司未注册第三方电子收付平台账号。B 公司要求通过支付宝支付往来款 10000 元。因此 A 公司收款人员使用个人账号收取后提现并取出纸质钱币交予出纳，同时报销提现手续费 20 元。会计分录如下。

借：库存现金 10000 元

贷：应收账款——B 公司 10000 元

借：财务费用 20 元

贷：库存现金 20 元

02 账簿登记错误更正

会计账簿的记录应做到账面整洁、清爽，数据清晰、准确。在繁忙的工作中，实际登记账簿时出错也在所难免。发现错误后应该立即更正，但是不可胡乱涂抹，应当按照规范要求和方法予以更正。更正错账的方法主要有 3 种：划线更正法、红字更正法、补充登记更正法。

（1）划线更正法。

在结账之前，如果发现账簿记录有错误，而记账凭证没有填制错误，仅仅是在记账时书写文字或数字发生的笔误，适合用划线更正法。具体方法和步骤如图

4-81所示。

图 4-81　划线更正法

 提示

划去错误数字时，应将整笔数字全部划掉，不能只划掉其中一个或几个写错的数字，同时注意保护被划掉文字或数字的字迹，使之依然清晰可辨。

（2）红字更正法。

红字更正法是指由于记账凭证填制错误而导致账簿记录也发生错误时，用红字冲销原记账凭证，以更正账簿记录的一种方法。红字更正法适用于以下两种情况。

① 因会计科目或记账方向错误而引起的。具体更正方法和步骤如图4-82所示。

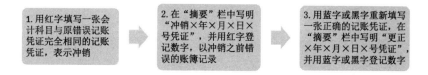

图 4-82　会计科目或记账方向错误的红字更正法

② 记录的金额填写错误（所记金额大于应记的正确金额），而会计科目归类正确，具体更正方法和步骤如图4-83所示。

图 4-83　金额错误的红字更正法

（3）补充登记更正法。

金额填写错误，而且所记金额小于应记的正确金额，但是会计科目归类正确，适合用将少登记的金额补充填制记账凭证并登记账簿的方法，即补充登记更正法。具体更正方法和步骤如图4-84所示。

1.填制一张会计科目与原误错记账凭证相同的记账凭证，填制金额是原金额和应记金额之间的差额

2.在"摘要"栏中写明"补充×年×月×日×号凭证"，并用蓝字或黑字登记数字，以补充登记少记金额

图 4-84　补充登记更正法

高效工作之道

　　本章的高效工作之道将结合主题"会计账簿"与读者分享两个"高效之道"：一是在第 3 章制作的记账凭证的基础之上，在 Excel 中进一步制作日记账，并运用多种函数设置公式，使日记账明细在填制记账凭证的同时可自动生成；二是针对在财务软件使用过程中有可能影响工作效率的几个细节，介绍对应的处理方法和技巧，以帮助读者提升工作效率。

01　Excel 自动生成日记账

　　打开"素材文件\第 4 章\日记账 .xlsx"文件，其中包括"会计科目表"、第 3 章制作的"记账凭证"模板及"2019 年 2 月凭证"3 张工作表，同时为示范操作步骤，这里已在"2019 年 2 月凭证"工作表中预先填制了一份记账凭证，如图 4-85 所示。下面讲解自动生成日记账的制作方法和操作步骤。

　　（1）添加辅助表，获取日记账所需数据。

　　日记账中列示的相关项目及数据均来源于记账凭证，因此首先需要在记账凭证中添加辅助表格，并设置相应项目和公式以生成日记账所需的数据。

步骤①　在 E 列旁绘制辅助表格区域【F4:J11】，并依次在【F4:J4】区域中的单元格设置项目名称："科目发生次数"（F4 单元格）、"引用科目编码"（G4 单元格）、"编码与次数组合"（H4 单元格）、"凭证编号"（I4 单元格）、"凭证日期"（J4 单元格），如图 4-86 所示。

第 4 章 做好出纳日记账：账簿登记和管理

图 4-85 填制记账凭证

图 4-86 辅助表项目

步骤② 分别在【F5:J5】单元格区域及I6、J6单元格设置以下公式。

◆ F5单元格公式："=COUNTIF($B$5:$B5,$B5)"。统计B5单元格中所列示的科目名称及编码"银行存款\中国××银行××支行(100201)"在指定区域中出现的次数。

◆ G5单元格公式："=IF(B5="","",INDEX(会计科目表!C:C,MATCH(B5,会计科目表!H:H,0)))"。此处运用了3个函数嵌套了3层公式，函数及各层公式的作用与含义如下。

① 嵌套IF函数的目的是让表格清爽整洁、界面美观。其含义是当B5单元格内容为空时，即返回空值，否则即运用公式进行运算。如果未设置IF函数，那么当B5单元格为空时，G5单元格就会返回错误值"#N/A"。其他单元格也同样运用IF函数。

② MATCH是查找函数。公式"MATCH(B5,会计科目表!H:H,0)"的含义是查找B5单元格的数值在"会计科目表"工作表【H:H】区域中所在行数，返回结果为"6"。

③ INDEX是引用函数。公式"INDEX(会计科目表!C:C,MATCH(B5,会计科目表!H:H,0))"的含义是引用"会计科目表"工作表【C:C】区域中第6行的数值，即B5单元格中列示的科目名称及编码"银行存款\中国××银行××支行(100201)"所对应的科目编码，引用结果为"100201"。

◆ H5单元格公式："=IF(B5="","",CONCATENATE(G5,"-",F5))"。其中CONCATENATE是文本链接函数，公式"CONCATENATE(G5,"-",F5)"即将G5单元格数值与符号"-"和F5单元格数值连接，因此H5单元格返回结果为"100201-1"。

◆ I5单元格公式"=A3"表示引用A3单元格中的凭证编码；I6单元格公式"=I5"，即引用I5单元格中的凭证编码。

◆ J5单元格公式"=B3"，J6单元格公式"=J6"，含义与I5和I6单元相同。

设置完成以上公式后，即可直接复制粘贴至相同列次的单元格或区域。【F5:G5】区域中的公式复制粘贴至【F6:G6】区域→【I5:J5】区域中的公式复制粘贴至【I6:J6】→【F6:J6】区域中的公式复制粘贴至【F7:J7】区域。公式效果如图4-87所示。

（2）自动生成日记账。

为便于示范步骤并展示效果，这里预先在"2019年2月凭证"工作表中填制了 5 份记账凭证。目前工作表中共 6 份记账凭证,每笔分录中均包含"库存现金"或"银行存款"科目。

图 4-87 辅助表公式效果

步骤 1 绘制基础表格。新增工作表,命名为"日记账"→绘制空白表格并设置好基本格式和项目名称→ A2 单元格任意填入科目编码,如"1001"→ D2 单元格任意填入数字作为"期初余额",以便展示公式效果,如图 4-88 所示。

图 4-88 "日记账"基础表格

步骤② 设置动态标题。将 A1 单元格作为日记账的标题，设置公式 "=IFERROR(VLOOKUP(A2,会计科目表!C:H,6,0),"请输入正确的科目编码")"，函数用法与公式含义如下。

◆ VLOOKUP 为查找引用函数，公式 "VLOOKUP(A2,会计科目表!C:H,6,0)" 的含义是根据 A2 单元格中的科目编码引用"会计科目表"工作表中【C:H】区域中第 6 列的数值，也就是引用科目编码"1001"对应的科目名称，返回结果为"库存现金（1001）"。同理，如果 A2 单元格输入"100201"，即可返回"银行存款\中国××银行××支行(100201)"。

◆ IFERROR 为"纠错"函数，作用是判断括号里第 1 个数值是正确还是错误，数值正确即返回第 1 个值，反之则返回第 2 个数值。整个公式包含两层含义。

① 当 A2 单元格科目编码正确时，公式 "VLOOKUP(A2,会计科目表!C:H,6,0)" 的运算结果必定正确，即可返回相应的科目名称。

② 若 A2 单元格为空值或科目编码错误，公式 "VLOOKUP(A2,会计科目表!C:H,6,0)" 将返回错误结果"#N/A"，那么此时 IFERROR 函数可将其纠正为指定的提示性文字"请输入正确的科目编码"。

在 A2 单元中分别输入正确和错误的编码，测试公式效果，如图 4-89 与图 4-90 所示。

图 4-89　科目编码正确的公式效果

图 4-90　科目编码错误的公式效果

步骤 3 统计科目编码发生次数。F2 单元格设置公式"=COUNTIF('2019 年 2 月凭证 '!$G:$G,$A$2)"统计 A2 单元格会计科目编码在"2019 年 2 月凭证"科目表中出现的次数（这里统计而得的数字将决定日记账表格中科目编码出现的个数）→自定义 F2 单元格格式为""发生次数" #"。效果如图 4-91 所示。

图 4-91　统计科目编码发生次数

步骤④ ❶ 在【A6:H6】区域中各单元格内分别设置以下公式自动生成日记账明细。

◆ A6 单元格公式："=IF(B6="","",COUNTIF($B$6:B6,B6))"。统计 B6 单元格数值的个数，真正的作用是自动生成序号。

◆ B6 单元格公式："=IF((ROW()-5)<=$F$2,$A$2,"")"。函数和公式含义如下。

① ROW 为引用函数，用于引用返回指定单元格的行号，"ROW()"则返回当前单元格的行号，结果为"6"，因此"ROW()-5"的结果为"1"。

② 整条公式含义：如果公式"(ROW()-5)<=$F$2"的结果小于 F2 单元格中的数值，即返回 A2 单元格中的科目编码，反之则返回空值。例如，本例中 F2 单元格中统计得到的编码科目"1001"在"2019 年 2 月凭证"中出现的次数为"10"，那么"1001"在 B6 单元格及下面区域中出现的次数最多为 10 次（下一步复制粘贴公式后即可看到效果）。

◆ C6 单元格公式："=IF(B6="","",B6&"-"&A6)"，将 B6 单元格中的科目编码与符号"-"和 A6 单元格中的序号组合，得到结果为"1001-1"。

◆ D6 单元格公式："=IF(B6="","",IFERROR(INDEX('2019 年 2 月凭证'!J:J,MATCH($C6,'2019 年 2 月凭证'!$H:$H,0)),""))"。公式含义是查找"1001-1"（C6 单元格）在"2019 年 2 月凭证"工作表中的列号，并引用【J:J】区域中的该列号单元格中的数值。返回结果为"2-13"。

◆ E6 单元格公式："=IF(B6="","",IFERROR(INDEX('2019 年 2 月凭证'!I:I,MATCH($C6,'2019 年 2 月凭证'!$H:$H,0)),""))"。表示凭证号码。

◆ F6 单元格公式："=IF(E6="","",INDEX('2019 年 2 月凭证'!A:A,MATCH($C6,'2019 年 2 月凭证'!$H:$H,0)))"。表示引用摘要内容。

◆ G6 单元格公式："=IF(E6="","",INDEX('2019 年 2 月凭证'!D:D,MATCH($C6,'2019 年 2 月凭证'!$H:$H,0)))"。表示引用借方金额。

◆ H6 单元格公式："=IF(G6="","",INDEX('2019 年 2 月凭证'!E:E,MATCH($C6,'2019 年 2 月凭证'!$H:$H,0)))"。表示引用贷方金额。

❷ 将【A6:H6】区域中的公式复制粘贴至【A7:H30】区域（具体行数和列数根据企业实际经济业务量而定），效果如图 4-92 所示。

❸ 在 A2 单元格中输入科目编码"100201"，即可看到日记账已自动列示出"银行存款"的所有明细，如图 4-93 所示。

第4章 做好出纳日记账：账簿登记和管理

图 4-92 "库存现金"日记账明细 -1

图 4-93 "库存现金"日记账明细 -2

步骤5 ❶ 分别设置以下公式汇总当月借方、贷方的发生额，并计算"期末余额"。

◆ G5 单元格公式："=ROUND(SUM(G6:G17),2)"。表示汇总借方发生额。

◆ H5 单元格公式："=ROUND(SUM(H6:H17),2)"。表示汇总贷方发生额。

◆ I5 单元格公式："=ROUND(D2+G5−H5,2)"。表示根据期初余额、汇总后的借方和贷方发生额，计算当月期末余额。

◆ I6 单元格公式："=IFERROR(D2+G6−H6,"")"。表示计算发生第1笔经济业务后的余额。

◆ I7 单元格公式："=IFERROR(I6+G7−H7,"")"。表示计算发生第2笔经济业务后的余额。由于与 I6 单元格公式略有不同，因而不能直接复制粘贴 I6 单元格的公式。

步骤6 ❷ 将 I7 单元格公式复制粘贴至【I8:I30】区域中的所有单元格内。注意最后一笔经济业务之后的余额必定与 I5 单元格中的期末余额相同，否则代表公式有误，应及时查错并予以更正。效果如图 4-94 所示。

图 4-94　计算借贷方合计金额与期末余额

提示

实际运用时，各科目的"期初余额"数据可在"会计科目表"中预先录入，再在 D2 单元格中运用 INDEX+MATCH 函数组合设置公式，并根据 A2 单元格的科目编码动态引用期初余额数据即可。

以上制作日记账的过程看似复杂，似乎难以把握其中的规律并将其真正应用到实际工作之中，其实只要抓住了制作日记账的核心思路和方法，实际运用时自然能够驾轻就熟。

这个"核心"就是运用 INDEX 和 MATCH 函数组合公式，遵照一个指定的"依据"查找并引用目标信息到指定单元格里。而确保精准查找到目标信息的必要前提是必须将这个依据唯一化。

在本例中，这个唯一的依据即组合之后的科目编码。而之前在记账凭证中添加辅助表、在日记账中设置的统计业务发生次数、列示科目编码、自动编号、重组科目编码等一系列公式，其实都是为实现准确地查找和引用所有相关信息铺路搭桥。

02 高效运用财务软件

前面讲解了目前较为通用的财务软件的基本操作方法，这里针对在使用过程中影响工作效率的几个细节，介绍两种运用技巧提高效率的方法。

（1）简化记账流程。

财务软件基本上都按照财务上规范的流程来设定操作步骤，但在某些时候，也会对效率产生一些影响。例如，凭证记账的流程为填制凭证→审核凭证→记账，并且填制凭证和审核凭证、审核凭证和记账不得由同一用户操作。那么当凭证已经审核但却在记账时发现填制有误的情况下，则必须由审核人员取消审核，再由填制人员重新填制。如此重复操作，对于某些业务量大，但业务内容较为单一，没有专门设置审核凭证岗位的中小型企业而言，就容易产生工作进度被拖慢的弊端。因此，在实际工作中可以简化财务软件中设定的审核环节，由同一操作人员根据实际业务核对凭证后直接记账即可。在用友 T3 中，只需进行一个简单设置即可。

❶登录财务软件，单击【总账系统】-【设置】菜单中的【选项】按钮，如图 4-95 所示；❷系统弹出【选项】对话框，选中【凭证】选项卡【凭证控制】列表中的【未审核的凭证允许记账】复选框→单击【确定】按钮即可，如图 4-96 所示。

> **提示**
>
> 通过【选项】对话框，还可对"账簿""会计日历""其他"选项卡中的选项进行设置，具体操作可根据实际工作需求而定。

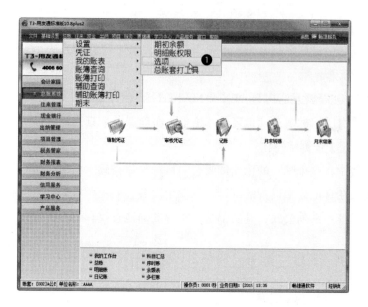

图 4-95　打开【选项】对话框

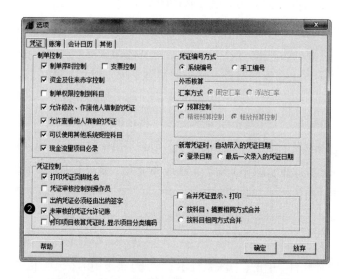

图 4-96　选中【未审核的凭证允许记账】复选框

（2）设置"我的工作台"。

在【总账系统】模块中，设置"工作台"其实是指在主窗口中添加打开各种账表的快捷方式，这样使用时直接单击即可打开，无须通过【总账系统】菜单列表打开。

❶ 单击【总账系统】界面中灰色窗口中的【我的工作台】按钮，如图4-97所示；❷ 弹出【我的工作台】对话框，在左侧【需要显示的账表】列表中选择账表；❸ 单击 > 按钮添加至【已选择显示的账表】列表中；❹ 单击 ▲ 或 ▼ 调整排次顺序；❺ 单击【保存】按钮即可，如图4-98所示。

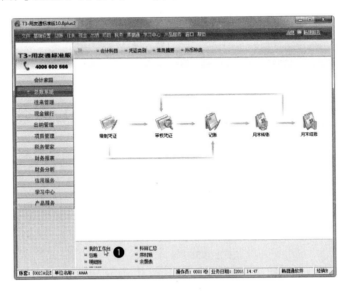

图4-97 【我的工作台】按钮

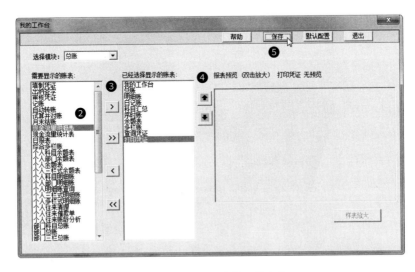

图4-98 设置【我的工作台】

第 5 章
抓好核心业务（一）：现金管理和收支业务

尽管出纳人员的具体工作内容比较烦琐，但是作为专业出纳，最重要的是要学会抓好众多工作事项中最核心的部分——现金管理和银行业务管理。本章首先讲解现金管理。

本书在第 1 篇快速入门的第 2 章中初步介绍了现金收付的基本流程，本章将继续对现金管理的具体内容进行细化、深入地介绍，以帮助读者全面认识和了解出纳的核心业务之———现金管理的相关基本知识，掌握管理现金的工作要点，切实做到合规、合法、合理地管好现金。

本章具体内容主要包括：现金管理、现金收付审批制度、现金保管要求、现金收支业务管理等。

5.1 现金管理

现金管理是指对企业现金的数量和使用范围进行控制和管理。具体来讲，就是对现金的收、付、出等各个环节进行监督和管理。本节为读者讲述现金管理的相关基础内容。

5.1.1 什么是现金

现金的概念从理论上讲，具有广义和狭义之分。

（1）广义的现金：指企业（单位）在生产经营过程中所持有的，以货币形态存在、随时可作为流通与支付手段的资金。包括以下几项。

1）库存现金。

2）银行存款。

3）除以上两项外的其他货币资金，如证券、银行汇票，支付宝、微信等第三方电子网络支付平台中的资金。

（2）狭义的现金：仅指企业所拥有的具有货币形态的现钞，即纸币、硬币。

按照我国会计惯例，一般采用狭义的现金概念，也就是说，会计范畴所称的"现金"，是专指由企业出纳人员保管的，用于支付零星支出的库存现款。

5.1.2 资金管理模式

资金管理对于一个企业的稳定和发展有着举足轻重的作用，同时也有助于提升企业及股东的整体价值。企业管理现金（包括所有资金）的前提是要明确企业资金的整体管理模式，企业在既定的模式之下遵循规则，才能对资金进行规范管理。本小节首先简要介绍资金管理模式。

资金管理模式包括收支两条线和集团企业集中管理。企业应当根据自身规模、生产经营性质等选择合适的资金管理模式。

1. 收支两条线

收支两条线，顾名思义，就是将资金收入和资金支出分为两条互不交集的支线单独管理。企业实行收支两条线管理模式的目的主要有两个：一是对企业范围内的现金进行集中管理，可以减少现金持有成本，加速资金周转，提高资金使用效率；二是以实施收支两条线为切入点，通过高效的价值化管理来提高企业效益。构建企业"收支两条线"管理模式，主要从规范现金的流向、流量和流程3个方面入手。

（1）资金流向方面：分设两个账户，即收入账户和支出账户，规定所有收入的现金必须进入收入账户，所有支出的现金都必须从支出账户支付。支出账户里的资金只能根据一定的程序由收入账户划拨而来，不得坐支现金。

（2）资金流量方面：在收入环节上确保所有收入的现金全部进入收入账户，不允许私设账外"小金库"。

（3）资金流程方面：资金流程是指与资金流动有关的程序和规定。它是收支两条线内部控制体系的重要组成部分，主要包括以下几个部分：

① 账户管理、货币资金安全性管理；

② 收入资金管理与控制；

③ 支出资金管理与控制；

④ 资金内部结算、信贷管理与控制；

⑤ 收支两条线的组织保障等。

2. 集团企业集中管理模式

集团企业集中管理模式，是指集团企业设立一个资金管理总部，借助商业银行的网上银行功能及其他信息技术手段，将分散在集团内各所属企业的资金集中到总部，由总部对所有资金进行统一调度、管理和运用。这种管理模式一般包括以下主要内容：资金集中，内部结算，以及对融资、外汇、支付的管理等。其中资金集中是集团企业集中管理的基础。

集团企业资金集中管理的模式一般分为统收统支、拨付备用金、结算中心、内部银行、财务公司等模式。

（1）统收统支模式。

统收统支模式是指集团内各企业不单独设立账户，一切现金收付活动全部集中在总部或母公司的财务部门。现金收支的批准权高度集中在总部经理或其授权的管理人员手中；或者虽设置独立账户，但通过实行"收支两条线"及资金合并、账户集中等手段，将现金收付活动的实际控制权收归总部或母公司所有。在实务中，前一种模式一般适用于信息化水平较低的企业，而后一种模式则适用于信息化应用水平较高的企业。

(2）拨付备用金模式。

拨付备用金是指集团总部定期定额拨付给成员企业现金，作为其开展日常经营活动的备用金。在这种模式下，成员企业可以在总部规定的现金支出范围和支出标准额度内，对拨付的备用金的使用行使决策权。但是，所有现金收入必须集中到集团总部，而现金支出必须持相关凭证到总部报销以补足备用金。

（3）结算中心模式。

结算中心是由企业集团或控股公司设立的一个独立运行的职能机构，统一办理企业内部各成员或下属分、子公司资金收付及往来结算、资金调度。其主要作用是降低资金成本、提高资金使用效率。这种模式的业务内容涵盖了资金管理、融资、结算、风险控制、运作和计划等。

（4）内部银行模式。

内部银行模式是指将商业银行的信贷与结算职能和方式用于企业内部，以充实和完善企业内部经济核算。这种模式的管理方法主要是将企业的自有资金和商业银行的信贷资金统筹运作，由内部银行统一调度、融通运用，通过吸纳企业下属单位的闲散资金，调剂余缺，达到减少资金占用、加速资金周转速度、提高资金使用率的目的。

（5）财务公司模式。

财务公司是指为企业集团成员单位提供财务管理服务的非银行金融机构，成立此机构的主要目的是加强企业集团资金集中管理和提高企业集团资金使用效率。财务公司业务内容主要是办理成员单位之间的内部转账结算、清算、投资、融资、委托投资和委托贷款，承销成员单位的企业债券，以及办理咨询、代理、担保业务等。

5.1.3　现金使用范围

现金是流动性最强的一种货币资产，是可以立即投入流通的交换媒介，可以随时用其购买所需的物资，支付有关费用，偿还债券，也可以随时存入银行。企业为保证生产经营活动的正常进行，必须拥有一定数额的现金，用以购买零星材料、发放工资、缴纳税金、支付手续费或进行对外投资活动。企业必须遵照《现金管理暂行条例》的规定，在法规允许的以下范围内使用现金，如表5-1所示。

表 5-1　现金使用范围

现金使用范围	解释和列举
1. 职工工资、津贴	企业、事业单位和机关、团体、部队支付给职工的工资和工资性津贴
2. 个人劳务报酬	由于个人向企业、事业单位和机关、团队、部队等提供劳务而由企业、事业单位和机关、团体、部队等向个人支付的劳务报酬，如设计费、装潢费、安装费、制图费、化验费、测试费、医疗费、法律服务费、咨询费、各种演出与表演费、技术服务费及新闻出版单位支付给作者的稿费，学校、培训机构等支付给外聘教师的讲课费等
3. 根据国家规定颁发给个人的各种奖金	如科学技术、文化艺术、体育类奖项的奖金
4. 各种劳保、福利费用及国家规定的对个人的其他支出	如退休金、抚恤金、劝学金、职工困难生活补助
5. 向个人收购农副产品和其他物资的价款	其他物资，如金银、工艺品、废旧物资等
6. 出差人员必须随身携带的差旅费	同左
7. 结算起点以下的零星支出	按照规定，结算起点为 1000 元，超过结算起点应通过银行转账结算
8. 中国人民银行确定需要支付现金的其他支出	同左

　　除核定的现金库存限额外，其余必须存入银行；各单位之间的经济往来，必须通过银行转账结算。库存现金限额一般按本单位日常零星现金开支的 3~5 天需要用量进行核定。距银行较远，交通不便的单位，可适当放宽额度，但最多不超过 15 天的日常开支。单位送存现金和提取现金，必须注明送存现金的来源和支取的用途，不得私设"小金库"。异地采购必须通过汇兑或者其他结算形式，不得自带现金。

5.1.4　"八不准"原则

　　由于现金是流动性极强的一种货币资金，可随时用于购买所需物资，支付日常零星开支，偿还债务等。因此现金管理也可以说是对现金的收、付、存等各环节进行的管理。为了加强现金管理，保护企业资金的安全和完整，维护社会经济秩序，促进经济持续健康发展，国家于 1988 年 9 月 8 日发布了《现金管理暂行条例》，同年 9 月 23 日发布《现金管理暂行条例实施细则》，自 1988 年 10 月 1 日起实施。

在《现金管理暂行条例实施细则》第二条中明确规定了现金管理单位的范围:"凡在银行和其他金融机构(以下简称开户银行)开立账户的机关、团体、部队、企业、事业单位和其他单位(以下简称开户单位),必须依照本条例的规定收支和使用现金,接受开户银行的监督。"同时要求所有开户单位在进行现金管理的活动中,必须严格遵守以下"八不准"原则。

(1)不准用不符合财务制度的凭证顶替库存现金。

不符合财务制度的凭证是指"白条",白条顶库是指用"白条"代替合法单据,顶抵现金。例如,费用报销,报销人未提供任何合法票据,未履行报销手续,仅用白纸写出费用支出明细,出纳人员接受并予以报销和记账。

白条顶库将导致实际库存现金减少,日常零星开支所需不足,账面现金余额与实际库存现金余额不符,从而扰乱财务管理秩序,甚至影响整个企业的正常运营。因此,出纳人员在处理相关业务时,必须坚持原则,严禁接受白条作为报销和记账的凭据。

(2)不准单位之间相互借用现金。

企业之间相互借用现金会扰乱社会经济秩序,对企业自身和社会经济发展产生不利影响。

(3)不准谎报用途套取现金。

出纳人员掌管现金,不仅自己要严格遵守法律、法规和财务制度,做到不谎报,也要防止他人谎报现金用途以套取现金。因此,出纳人员在处理日常现金支出业务时,应当特别注意审核其真实性和合理性。例如,处理费用报销业务,即使报销人已经按照规范流程履行了相关手续,出纳人员在实际支付报销费用之前,也要再次审核确认票据是否真实,费用支出是否合理,把好现金流出的最后一道关口。

(4)不准利用银行账户代其他单位和个人存入或支取现金。

开户单位的银行账户只能用于本单位的资金收、付、存,不能将其他单位或个人收入的现金存入本单位银行账户,也不能代其他单位或个人从本单位账户中支取现金。例如,甲公司通过银行账户向乙公司转账,再由乙公司取出部分现金交还给甲公司。

(5)不准将单位收入的现金以个人名义存入储蓄。

单位收入的所有现金应统一存储在财务部门或由出纳人员存入开户银行,不能以个人储蓄方式存入银行。例如,公司相关人员将收取的公款存入自己的个人银行账户,利用公款获得利息收入。

（6）不准保留账外公款（小金库）。

"小金库"是指私留企业的部分收入，不纳入财务统一管理，而为此专门设立现金账户（账外账）单独管理。设立小金库和账外账会给企业财务管理带来严重的不良影响，甚至给企业造成经济损失。

（7）不准发行变相货币。

变相货币或票券是指国家法定通货外，以货币单位标示面值用以流通转让的各种凭证。具体形式一般有内部现金券、代金券、购物券、礼品券、实物兑换券等。

（8）不准以任何票券代替人民币在市场上流通。

发行和使用变相货币或以票券代替人民币在市场流通，会逐渐形成法定货币之外五花八门的其他货币在市场上流通的现象，将对法定货币的地位和信誉造成极大损害，扰乱国家货币秩序，加大中央银行实行货币管理和调控的难度。因此，《中华人民共和国中国人民银行法》第二十条对此明确规定："任何单位和个人不得印制、发售代币票券，以代替人民币在市场上流通。"

开户单位要严守"八不准"原则，合法、合理地进行现金管理活动。而直接掌管现金的出纳人员更要敢于坚持原则，严格执行现金管理原则。开户单位如果违背现金管理"八不准"原则的任何一项，开户银行可按照《现金管理暂行条例》的规定，责令其停止违法活动，并根据情节轻重给予警告或罚款。

其中，给予警告或处以罚款的违法行为及处罚标准如图 5-1 所示。

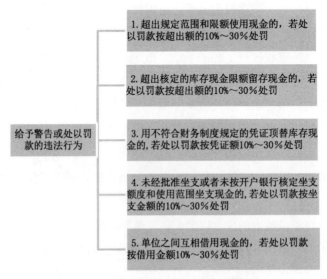

图 5-1　给予警告或处以罚款的情形

开户单位如有以下现金违法行为之一的，则一律处以罚款，如表 5-2 所示。

表 5-2 一律处以罚款的现金违法行为与处罚标准

一律处以罚款的行为	处罚标准
1. 保留账外公款	按保留金额的 10%～30% 处罚
2. 对现金结算给予比转账结算优惠待遇	按交易额的 10%～50% 处罚
3. 只收现金，拒收支票、银行汇票、本票	按交易额的 10%～50% 处罚
4. 开户单位不采取转账结算方式购置国家规定的专项控制商品	按购买金额的 50% 至全额对买卖双方处罚
5. 用转账凭证套取现金	按套取金额的 30%～50% 处罚
6. 编造用途套取现金	按套取金额的 30%～50% 处罚
7. 利用账户替其他单位和个人套取现金	按套取金额的 30%～50% 处罚
8. 单位的现金收入以个人储蓄方式存入银行	按存入金额的 30%～50% 处罚
9. 发行变相货币和以票券代替人民币在市场流通	按发行额或流通额的 30%～50% 处罚

5.1.5 现金管理制度

现金管理对于企业正常运营，乃至整个社会经济秩序的稳定都是至关重要的，因此国家对现金管理的各个方面都进行了规定和限制，从而形成了一系列现金管理制度。主要包括以下内容。

1. 钱账分管

"钱账分管"是现金管理中最基本和最重要的制度和原则。"钱账分管"即出纳人员管钱，非出纳人员管账。但是记录现金收付的日记账仍然由出纳人员负责登记和管理。出纳人员绝对不能兼任和兼管以下账目的登记和管理工作。

（1）收入账目，如主营业务收入、其他业务收入、营业外收入等收入类账目。

（2）费用账目，如营业费用、管理费用、财务费用、所得税费用、营业外支出等费用类账目。

（3）债权账目，如应收账款、其他应收款等债权类账目。

（4）债务账目，如应付账款、其他应付款等债务类账目。

（5）稽核工作，出纳人员不能登记的账目也不能参与稽核，还包括法律规定的其他不能稽核的工作。

（6）会计档案的保管工作。

2. 现金开支审批权限

各单位应建立并健全现金开支的审批制度。现金开支审批制度一般应包括以下内容。

（1）本单位现金开支范围。

本单位现金开支范围应根据《现金管理暂行条例》及《现金管理暂行条例实施细则》所规定的现金开支范围，结合本单位的生产经营实际、现金支付业务的繁简和现金开支额度予以确定。

（2）现金报销制度。

企业在日常经营活动支出的零星现金开支，由报销人提供合法、合规的原始凭证并按规定程序履行报销手续后，由出纳人员向报销人付款。现金报销制度至少应包含以下内容。

1）报销凭证要求：所有费用支出的报销必须提供合法报销凭证，且此前从未用于报销。

报销凭证指用于现金报销的原始凭证，如增值税发票、普通发票、电子普通发票、行政事业性收费收据等。电子普通发票样票如图5-2所示。

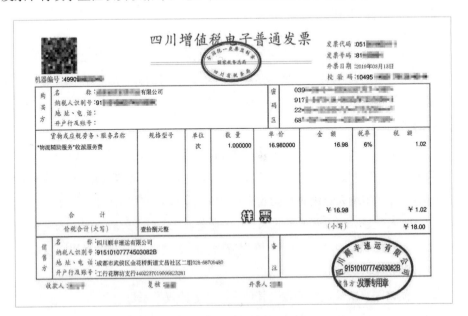

图5-2　电子普通发票样票

这里需要特别注意一点：电子普通发票虽然是合法凭证，但目前存在一个很大的管理漏洞，它是可以重复下载并复制的，这样就很容易被重复报销。例如，张 × 下载电子发票并打印报销一次后，李 × 于数日后再次复制打印同一发票并申请报销。因此，出纳人员应当对此格外留意，建议专门针对电子发票制作表格，登记已报销的发票号码，即可堵住这一漏洞。

2）报销流程（办法）。

企业应该制定适合本单位财务管理的报销流程。同时，为了提高工作效率，并保证报销工作有条不紊，可按周期统一集中审核、支付报销费用。例如，某企业费用支出较为频繁，那么需要高层审批的费用，可按一周集中审核一次，再由出纳人员统一安排支付。这里制作一份报销流程图示例，读者可以参考制定本单位的报销流程，如图 5-3 所示。

1. 取得合法票据，填写报销单，粘贴票据
• 报销单填写应字迹工整，每一项目须填写完整，如摘要、小写金额、大写金额、附件张数都应全部填写。 • 同一类别的多笔费用请填写在同一张报销单内。 • 附件（发票）请按照报销单上填写的费用项目顺序依次粘贴。

2. 部门直属领导审核
• 报销人交部门主管或经理审核并签字确认。

3. 财务部经理审核
• 报销人交财务部经理审核并签字确认。如财务经理外出，可交财务主管代为审核并签字确认。

4. 总经理审批
• 财务部每周按费用类别汇总一次报销金额，制作报表分列示本周各类费用报销总额，连同报销单集中交至总经理处审批签字，批准报销。如遇特殊情况急需报销的，可以申请临时审批。

5. 出纳支付费用
• 报销单返回出纳人员处，由出纳人员通知报销人领取报销款。

图 5-3 报销流程

(3)现金开支的审批权限。

现金开支的审批权限是指各单位内部结合自身经营规模,根据职责分工,按照现金开支的重要程度和额度大小,赋予不同职位人员对现金开支进行审核批准的不同权限。在合理的现金审批制度下,现金开支越重要、额度越大,审批人的职位和审批的权限就越高。例如,某公司业务招待费的审批权限如表 5-3 所示。

表 5-3 ××公司业务招待费审批权限

现金开支额度	审核批准岗位
500 元及以下	部门主管审核→会计主管批准
500~1000 元(含 1000 元)	部门主管审核→会计主管审核→财务经理批准
1000~3000 元(含 3000 元)	部门主管审核→会计主管审核→财务经理审核→财务总监批准
3000~8000 元(含 8000 元)	部门主管审核→会计主管审核→财务经理审核→财务总监审批→总经理批准
8000 元以上	部门主管审核→会计主管审核→财务经理审核→财务总监审批→总经理审批→最高领导批准

3.日清月结

日清月结是指出纳人员办理现金收付业务必须坚持做到每日清理、按月结账。日清月结是出纳工作的基本原则和要求,也是出纳人员避免出现长款或短款的最简单有效的措施(长款是指现金实际库存大于日记账的账面余额,短款则相反)。日清月结包括两项工作,即日清理和月结账。

(1)日清理。

日清理是指出纳人员在每日工作结束之前,对当日办理的所有经济业务进行一次清查和整理,登记或核对日记账,并核实账面金额是否与实际现金库存余额完全相符。日清理的流程和内容如图 5-4 所示。

1. 清理凭证
• 清理当日填制的记账凭证,逐一核查凭证附件(原始凭证)金额是否与记账凭证一致。 • 确认记账凭证中的会计分录的借贷方是否正确。 • 检查单证上是否已经加盖"收讫""付讫"的戳记。

2. 清理日记账
• 按照记账凭证的填制顺序将当日的所有现金收付业务全部登记入账。 • 若填制凭证后已登记日记账的,则需要逐笔检查账证是否相符。

3. 库存现金清点

- 清点实际库存现金数量，计算现金余额，并与日记账账面余额核对是否相符。若出现长款或短款，应查明原因，及时处理。
- 若长款原因为记账错误，应及时更正错账；如果是单据缺失，应及时补齐单据；如果属于少支付，则应退还当事人，确实无法退还的，应经过公司审批程序后作为收益计入"营业外收入"。
- 出现短款的原因一般是由于记账错误，应及时予以更正。如果因工作失误而多支付，应尽可能追回款项；确实不能追回的，应按规定由过失人进行赔偿。
- 若确实无法当场查明原因，可暂作挂账处理，长款计入"待处理财产损溢"科目，短款计入"其他应收款"科目。

4. 核对库存现金限额

- 财务部每周按费用类别汇总一次报销金额，制作报表分别列示本周各类费用报销总额，连同报销单集中交至总经理处审批签字，批准报销。如遇特殊情况急需报销的，可以申请临时审批。

5. 出纳支付费用

- 检查当日库存现金是否超过规定的现金限额。若超出，应将超出部分及时送存银行；若实际库存过低，已无法满足次日日常零星开支，则应及时从银行提取，补足现金库存。

图 5-4 "日清理"流程

（2）月结账。

月结账是指在每个会计月度末对当月所有现金账目进行一次全面清理。一般月末结账的时点为月末，如 1 月 31 日，2 月 28 日（闰年为 2 月 29 日）。在实务中，业务量较大，业务内容较为繁杂的企业若最末一日结账，时间比较紧迫，所以通常会将月结账时间提前 3~6 日，如确定每月 25 日结账。月结账建立在日清理基础之上，出纳人员如果能够坚持做好现金日清理，那么月结账就是轻而易举的工作了。只需按照以下步骤，再次细致、认真地审核凭证和日记账即可，如图 5-5 所示。

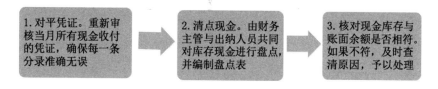

图 5-5 月结账步骤

4. 清查库存现金

对库存现金进行清查，是为了保证账实相符，防止现金发生差错、丢失、被贪污等情况。各单位应定期（日清月结时必须进行现金清查）或不定期对库存现金进行核对清查。现金清查的基本方法即实地盘点库存现金的实存数，再核对与现金日记账的余额是否相符，并出具"库存现金盘点报告表"。现金清查的具体步骤与注意事项如图5-6所示。

1. 准备工作

- 进行现金盘点之前，先由出纳人员将现金集中起来存入保险柜。
- 必要时可以加封，然后由出纳人员按已办妥现金收付手续的收付款凭证逐笔登账。
- 现金存放部门有两处或两处以上者，应同时进行盘点。

2. 结出账面余额

- 由出纳人员结出账面余额。

3. 盘点库存现金

- 盘点现金实存数，同时填写"库存现金盘点表"，分币种面值列示盘点金额。
- 资产负债表日后进行盘点时，应调整盘点至资产负债表日的金额。

4. 账实核对

- 将盘点金额与现金日记账余额进行核对，如有差异，应查明原因，并做出记录或适当调整。
- 参与盘点人员及负责人在现金盘点表上签名确认。

图 5-6 现金清查步骤

库存现金盘点表样例如表 5-4 所示。

表 5-4 ××市××有限公司库存现金盘点表

盘点日期：2019 年 5 月 18 日　　　　　　　　　　　　　　　　　　部门：财务部

库存现金面额	实盘数量		实盘金额（纸币+硬币）	初盘人	复盘人	监盘人	备注
	纸币（张）	硬币（个）					
100 元	32	—	￥3,200.00	张三	李四	刘××	
50 元	35	—	￥1,750.00	张三	李四	刘××	
20 元	28	—	￥560.00	张三	李四	刘××	
10 元	23	—	￥230.00	张三	李四	刘××	
5 元	26	—	￥130.00	李四	张三	刘××	

续表

库存现金面额	实盘数量		实盘金额	初盘人	复盘人	监盘人	备注
	纸币（张）	硬币(个)	（纸币+硬币）				
1元	15	12	￥27.00	李四	张三	刘××	
0.5元	—	11	￥5.50	李四	张三	刘××	
0.1元	—	5	￥0.50	李四	张三	刘××	
合计	159	28	5,903.00	—	—	—	

制表　　　　　　　　出纳　　　　　　　　审核

库存现金盘点报告表样例如表5-5所示。

表5-5　库存现金盘点报告表

单位名称：××市××有限公司　　　　　　日期：2019年05月18日

账面余额	￥5905.00	实际盘存金额	￥5903.00
盘盈	0	原因分析	—
盘亏	￥2.00	原因分析	经核对，系记账错误

负责人　　　　　　　　盘点人　　　　　　　　出纳

5.2　现金收支业务管理

本节介绍现金收支业务的相关内容，包括现金收支原则、现金收入凭证的审核、现金支出凭证（如借款单、费用报销单等）的填制与审核、现金提取与送存的流程与注意事项等。

5.2.1　现金收支原则

按照《现金管理暂行条例》及《现金管理暂行条例实施细则》规定，现金收支都有明确的范围和规定。为了加强现金收支手续的规范性，出纳与会计人员必须分清责任，严格执行账、钱分管的总原则，相互制约、互相监督。在钱账分管的总原则之下包括以下细则。

（1）企业应按规定编制现金收付计划，并按计划组织和执行现金收支活动。

（2）企业的会计部门，出纳工作和会计工作必须合理分工，现金的收付保管应由出纳人员负责办理，非出纳人员不得经手和管理现金。

（3）严格执行现金清查盘点制度，并保证现金安全、完整。出纳人员每日盘点现金实存数，与现金日记账的账面余额核对，保证账实相符。企业会计部门必须定期或不定期地对现金进行清查盘点，及时发现或防止差错及挪用、贪污、盗窃等不法行为的发生。如果出现长、短款，必须及时查找原因，予以处理。

（4）一切现金收入都应当开具收款收据，即使有些现金收入已取得相关凭证（如开具给付款方的发票、对方付款的银行回单），在实际收到现金时也应当开具收据交予付款方，以明确双方经济职责；收入现金签发单据与经手收款，原则上也应当分开，应由两位经办人分工办理。例如，销售收入由业务人员负责填制发票，出纳人员据此收款并开具收据，以防止差错与舞弊行为的出现。

（5）一切现金收入必须当天入账，当天送存银行，若现金是在银行当天停止办理相关业务以后收入的，应于次日送存银行。当日送存确有困难的，应取得开户银行同意后，按双方协商的时间送存。

（6）不得利用银行存款账户代其他单位、个人存入或支取现金（也是现金使用的"八不准"原则之一）。

（7）一切现金支出业务都需要齐备的原始凭证，由经办人签名，经主管和有关人员审核后，出纳人员才能付款。付款之后，应在单据上加盖"现金付讫"戳记，并妥善保管。

5.2.2 现金收入业务

现金收入是指日常经营过程中收到的钱款。出纳收到现金时首先要明确钱款的来源，保证记账准确无误；其次要鉴别钱币真伪（参照第2章关于鉴别钱币真伪方法的介绍）。下面介绍现金收入来源、现金收入审核及账务处理程序。

1. 现金收入来源

现金收入主要来源于提取备用金、收到应收账款、收到销售货物或者提供劳务的钱款。根据相关规定，除以下收款业务可直接收取现金外，其他业务原则上均应通过银行转账进行结算。

（1）单位或职工交回的差旅费剩余款、赔偿款、备用金退回款等。例如：①张三出差向公司借款1000元，报销800元，出纳人员可收取张三交回的现金200元；

②A公司委托物流公司配送货物，运输途中损坏其中一件，物资公司理应照价赔偿，那么出纳人员可收取现金赔偿；③A公司总部拨付备用金5000元给下属部门，期末结算时退回800元，出纳人员可直接收取退回的现金。

（2）收取不能使用转账方式结算的单位或个人的销售收入款项。例如，A公司向张三销售1000元货物，张三直接交付现金给出纳人员。

（3）不足转账起点（100元）的小额收入。例如，A公司某次零售收入为80元，该笔款项可以通过银行转账收取，也可以直接收取现金。

2. 现金收入凭证审查

出纳人员审核现金收入业务，其实主要是对收款凭证的审核，即核对自制收据存根与现金日记账，同时也要将记账凭证与现金日记账核对。审查时主要从以下几点入手。

（1）所有的收据存根统一收集。注意其中未使用过的收据是否妥善保存，有无缺页，编号是否相符；已经开具的收据存根的号码是否连续，有无缺页。

（2）作废收据的收款联是否收回并粘贴于存根联后面，是否盖有"作废"戳记。

（3）是否存在只收取现金却未开具收据的情况。一旦发现此类情况，应进一步查明未开收据的具体业务内容，同时检查是否存在营私舞弊行为和违法乱纪的情况。

（4）核对账本上已登记收据编号，是否存在没有此编号的收据存根的情况。如发现这类情况，表明收据存根没有收齐，应进一步追查原因。

（5）收据的抬头、日期、摘要、金额是否有涂改现象，复写的字迹是否一致，防止出现收款联与存根内容不相符的情况。

（6）收据日期与入账日期是否相近，如果相距较远，应查明原因。

（7）收入金额是否超过国家现金管理规定的限额，如超出较多，应追查原因。现金收入业务凭证是由外单位出具证明的，也可直接用作原始凭证记账。例如，处理废纸箱，可用废品收购站的"收购单"或个人开具的收条作为记账的原始凭证入账。对这类业务一方面要特别注意是否未入账，款项是否未交回公司；另一方面也要注意审查凭证的抬头是否与本单位的名称相符及凭证上记载的货品名称是否与本单位的业务有关。

5.2.3 现金支出业务

现金支出是日常经营过程中从库存现金里付出的钱款。出纳人员支付任何一笔现金之前,首先应要求相关人员提供现金支出凭证,同时必须对凭证内容进行审核。下面介绍现金支出凭证的填制要求和审查要点。

1. 现金支出凭证填制

现金支出应按照不同的业务填制不同的支出凭证。例如,借支现金时应填写"现金借款单",报销费用时应填写"费用报销单"。下面介绍现金借款单和费用报销单填写示例与会计分录的编制方法,读者可以学习借鉴,并结合所在企业经营特性和业务特点自制现金支出凭证。

(1)现金借款单。

现金借款单是指因工作或业务需要,在完成相关报销或付款手续之前需要提前借款办理业务而填写的单据。现金借款单属于可以自制的原始凭证,但需要注意借款单上至少应当包含借款日期、借款部门、借款人、使用部门、借款用途、借款金额(包括小写和大写金额)等项目,并且必须经过相关人员审批后,出纳人员才能交付现金给借款人。在日常经营活动中,发生现金借款最常见的业务事项是差旅费借款。现金借款单填写示例如表5-6所示。

表5-6 ××公司借款单

借款日期:2019 年 5 月 18 日

借款部门	销售部	借款人	张三	使用部门	销售部
款项类别	现金☑	转账□	支票□(支票号码_____)	其他_____	
借款用途	5月18日-5月20日到××市出差洽谈业务				
借款金额	大写:人民币贰仟圆整		小写:¥2000.00		
批准人		财务核准		财务审核	部门审核
备注					

以上现金借款业务应编制如下会计分录。

借:其他应收款—张三 2000元 ("摘要"栏中简要写明借款用途,如"销售部张三出差借款")

贷:库存现金 2000元

(2)费用报销单。

费用报销单是指报销人因工作或业务需要预先支出费用后再向公司申请返还

该笔费用时填写的单据。费用报销单同样可以自行制作，其中至少应当包含报销日期、费用项目、摘要、报销金额（包括小写和大写金额）、附件张数等项目，以及直属主管、会计主管、分管财务领导审批签字、出纳、会计签名等。每一项目应由报销人如实填写。若报销费用项目数量不足以填满一份报销单，则应在空白栏中画斜线，以防止舞弊行为发生。报销单审批栏中应由相关人员签名确认。费用报销单填写示例如表5-7所示。

表 5-7　××公司费用报销单

报销日期：2019 年 5 月 21 日　　　　　　　　　　　　　　　　　NO:000058

费用项目	摘要	金额	附件（张）	报销人	张三
差旅费	住宿费/3 日	480.00	1		
差旅费	车费・X 市-X 市往返	220.00	2	主管部门审核	王××
差旅费	餐费	450.00	6		
业务招待费	招待××公司经理李×	430.00	1	财务经理审批	李××
报销金额合计	¥1580.00			总经理审批	刘××
核实金额（大写）	人民币壹仟伍佰捌拾圆正				

会计　赵××　　　　　　　　　　　出纳　陈××

出纳人员向报销人支付报销费用后，填制记账凭证时应注意审核支出费用是由报销人垫付还是来源于报销人预先借款，并据此编制不同的会计分录。

报销人垫付费用。

借：销售费用—差旅费 1150 元

　　管理费用—业务招待费 430 元

　贷：库存现金 1580 元

① 借款。

借：其他应收款—员工借款 2000 元

　贷：库存现金 2000 元

② 报销。

借：销售费用—差旅费 1150 元

　　管理费用—业务招待费 430 元

　　库存现金 420 元

　贷：其他应收款 2000 元

2. 现金支出凭证审核

现金支出凭证的审核主要是现金用途审核，现金支付凭证内容的真实性、合理性、合法性及记账凭证、日记账核查等。

（1）现金用途审核。

现金用途审核是指审核现金支出凭证上所列明的现金用途是否在《现金管理暂行条例》中规定允许使用的范围之内（具体内容见 5.1.3 小节表 5-1 现金使用范围）。

（2）现金支付凭证的审查。

现金支付凭证一般包括外来凭证和自制凭证两大类。

1）外来支付凭证。主要包括发票和收据。

① 外来发票审查要点。

- 发票签发单位的名称、发票号码。
- 发票上单位印章、银货两讫印章是否清晰。
- 发票的金额计算是否正确，大写与小写数字是否相符。如果有误，应查清有无退款或补款的情况。
- 发票上签发单位应具备的手续（根据发票上的说明）是否都已办妥。
- 发票上购买方名称是否与本单位名称相符。
- 发票上日期是否与实际付款的日期相近。若相距较远，应查清延迟付款或延迟报销的原因。
- 发票上列示的货品是否确为本单位所需要，是否经过有关人员验收。发票上物品的数量是否经过计量验收，如有短少，是否已追究责任。物品的质量是否与检验相符，如有不符，应进一步查明原因。所购物品是否属于控购物品，是否经过批准。
- 发票真伪查验（具体查验方法请参照第 3 章专家支招中的介绍）。

② 外来收据审核要点。

- 购买货品按照规定应由销售方开具正规发票才能支付货款。出纳人员如果收到收据被要求支付现金，应查明不使用发票的原因，并要求付款申请人提供情况说明书说明未能取得发票的原因并交由上级审核批准。
- 如果收据上注明要用转账结算的，应查明实际上没用转账而用现金支付的原因。
- 对收据的单位名称、地址、号码、单位印章、日期、金额、收款内容、收据手续是否完备等，应同发票一样进行审核。

◆ 收据项目是否符合财务制度和国家有关规定；是否有乱摊派、乱收费、乱罚款的现象。

2）自制现金支付凭证。除前面介绍的借款单与费用报销单之外，一般还包括支款单和工资单两种。下面主要介绍工资单的审核要点。

① 领收款项的职工所出具的自制凭证，是否确系职工本人亲自签收。如由别人代收，则应注意本人是否确实收到，如有可疑之处，应作进一步核实，防止虚报冒领。

② 各项支付款项的标准是否符合国家财务制度和人事劳动制度的规定。有无超标发放或政策未落实到位的情况。

③ 对于支付临时工的工资凭证，应注意临时工的使用是否符合政策；注意临时工是否确实存在而不是冒领或虚报。在审查付款原始凭证时，还需注意有没有"白条"现象存在。

5.2.4 现金提取与送存

在日常经营过程中，时常遇到需要支出现金而库存现金不足，出纳人员需要从银行提取现金，或者库存现金超出规定限额，由出纳人员将超额部分现金送存银行的情形，那么应当按照什么流程进行操作，如何进行账务处理呢？本小节介绍现金提取、送存及账务处理的流程。

1. 现金提取

现金提取原则上应当前往银行柜台办理，现金提取流程及账务处理如图 5-7 所示。

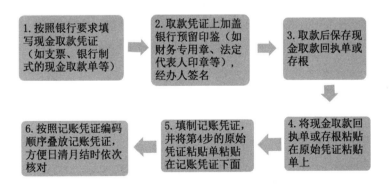

图 5-7 现金提取及账务处理流程

下面列举账务处理与记账凭据填制示例。

例 5-1

A 公司出纳人员根据业务需要从银行提取 10000 元现金作为备用金。填写现金支票示例如图 5-8 所示（支票上需加盖财务专用章和法定代表人名章）。提取现金后保留现金存根粘贴在原始凭证粘贴单上，如图 5-9 所示，填制记账凭证如图 5-10 所示。

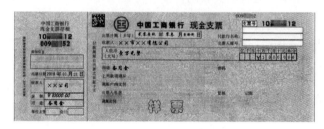

图 5-8 现金支票样票

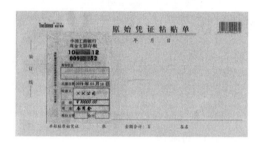

图 5-9 粘贴现金支票存根

记账凭证

2019年 3 月 18日

核算单位: [002]A公司　　　　第0010号 - 0001/0001

摘 要	会 计 科 目	借方金额	贷方金额
提取备用金	库存现金(1001)	10,000.00	
提取备用金	银行存款/中国工商银行××支行(100201)		10,000.00
附单据数 张	合计 壹万元整	10,000.00	10,000.00

财务主管:　记账:　复核:　出纳:　制单: 张三　经办人:

图 5-10 提取备用金记账凭证

2. 现金送存

根据《现金管理暂行条例》的规定，企业留存的库存现金限额一般按照日常零星现金开支的 3～5 天需要量核定。

库存限额的计算公式：

库存现金 = 前一个月平均每天支付的数额（不含工资）× 限定天数

例 5-2

A 公司 2 月共支付现金 36000 元，那么平均每日现金支付额为 36000÷28≈1236 元，那么 3 月按照 5 天需要量确定库存现金数额为 1236×5=6180 元。

当月库存现金限额一旦确定之后，不可随意变更，超过库存限额部分应及时将现金送存银行。

现金送存与现金提取的流程基本一致，即填写现金缴款单据→单据上加盖银行预留印鉴→存入现金→粘贴存款凭证作为入账依据→账务处理。

提示

在实务中，部分银行规定小额现金的提取与送存（如取款或存款 20000 元以下）可直接使用企业结算卡在银行各网点的 ATM 自动存取款机中存入或提取。提取大额现金（50000 元及以上）必须按照银行规定时间提前预约。

例 5-3

B 公司出纳人员将库存现金 10000 元送存银行。现金缴款单一般样例及填写示例如表 5-8 所示。

表 5-8　现金缴款单

日期：2019 年　05 月　20 日　　　　　　　　　　编号：********

交款单位	××市××有限公司											
总计金额	（大写）人民币壹万圆整			百	十万	万	千	百	十	元	角	分
						￥1	0	0	0	0	0	0
摘要	存入现金			（收款单位章）								
卷别	张数	金额	卷别	张数	金额							
百元	100	￥10000.00	二元									
五十元			一元									
十元			角									
五元			分									

缴款人：　　　　　　复核：　　　　　　出纳：

注：本单一式三联，第一联会计部留存，第二联返缴款人，第三联由缴款人报缴款单位财会室。

编制会计分录如下。

借：银行存款—××银行××支行 10000 元

　　贷：库存现金 10000 元

 专家经验支招

01　现金借款注意事项

在日常经营活动中，为了迅速而顺利地开展业务，企业员工借支现金的需求和频率较高，如经常产生采购借款、出差借款、业务招待借款等情形。这些借支的现金经过审批后都将从出纳人员手中流出，如果借出现金频繁，而收回借款却很缓慢，将会导致现金流量逐渐减少，从而会对企业正常经营造成一定的影响。所以，出纳人员要特别注意把好借款这一关口，做好记录，加强借款管理。下面提示出纳人员管理借款的 4 个注意事项。

（1）审核借款权限。

企业对于员工借款，通常会根据员工的职务规定不同的借款额度。那么员工申请借款时，即使已经通过审批，出纳人员最后在支付现金之前也应当注意再次审查借款人的借款权限和借支现金的额度。

（2）坚持"前不清，后不借"原则。

员工借款后如果长期不报销、不归还，那么计入"其他应收账款"科目的个人往来金额就会越来越高，从而引起不必要的财税风险。因此，出纳人员要坚持"前不清，后不借"的原则，每次借支现金之前注意审查借款人的前期借款是否已经清账。若尚未清账，应要求先结清前账再予以借支。

（3）离职员工与试用期员工借款。

对于离职员工，应要求结清借款后才可结算离职工资。而对于试用期员工，原则上不予借款，如确因工作需要，应当由部门主管、经理签署视同担保的意见书，报总经理核准后才可借款。

（4）定期清理借款。

出纳人员对于借款和归还的往来事项应做好记录，而且应定期集中清理借款，将"其他应收款"的个人往来账款全部反映出来,以分析款项性质与未归还的原因,以便及时发现问题,解决问题。

02 现金盘亏、盘盈的处理

出纳人员每日结束工作之前,都应对库存现金作一次"日清理",即盘点实际库存现金,并与账面余额核对。若二者存在差异,应分别针对盘亏和盘盈的情况,重点审查以下问题并作账务处理。

(1)盘亏,即实际现金余额小于账面余额。

① 是否存在"白条顶库"现象。

② 是否存在坐支现金现象。

③ 是否有挪用公款的情况。

现金盘亏在查明原因前后应分别作以下财务处理。

① 查明原因前:借记"待处理财产损溢—待处理流动资产损溢",贷记"库存现金"。

② 查明原因后:如果现金盘亏部分为实际支出(如购买办公用品)但是漏记日记账,应借记"管理费用",贷记"待处理财产损溢—待处理流动资产损溢";如果查明是现金遗失,应由相关责任人赔偿,则借记"其他应收款—个人赔偿",贷记"待处理财产损溢——待处理流动资产损溢",收到赔偿款后借记"库存现金",贷记"其他应收款—个人赔偿"。

(2)盘盈,即实际现金余额大于账面余额。

① 常为记账错误,应重新清点当日所有凭证,核对日记账并及时予以更正。

② 是否存在应付而未付的款项。

现金盘盈在查明原因前后应分别作以下财务处理。

① 查明原因前:借记"库存现金",贷记"待处理财产损溢——待处理流动资产损溢"。

② 查明原因后:如果现金盘盈部分为个人应付而未付的款项,应借记"待处理财产损溢——待处理流动资产损溢",贷记"其他应付款——个人往来";若未付款项因特殊原因确认不能支付,应贷记"营业外收入"科目。

03 现金周转期计算

在实务中，现金周转期计算和管理工作主要由会计岗位负责完成，但它是企业财务管理，具体到现金收支管理的核心内容之一。根据基础数据准确计算和分析现金周转期，并力争减少现金周转期，增加企业的现金流，对企业正常运营和长足发展具有重要的作用和意义。因此出纳人员也应当有意识地拓宽财务思维，主动了解和学习现金周转期的计算和管理方法，进一步提升自己的专业水平和工作技能。

现金周转期是指企业从购进材料到销售商品再到最后收回现金这一期间的时间长度。这里所讲的"现金"是指广义的现金，包括库存现金、银行存款、其他货币资金等流动性资产。现金周转期的计算公式：

现金周转期 = 存货周转期 + 应收账款周转期 − 应付账款周转期

从公式中可以看出，影响现金周转期的因素是存货、应收账款和应付账款的周转期。下面介绍三个因素的概念和计算公式。

（1）存货周转期：指企业对原材料进行加工后将其转变为产成品再售出的这一期间的时间长度。

存货周转期 = 平均存货 ÷ 每天的销货成本

（2）应收账款周转期：指产品销售后到收到货款的这一期间的时间长度。

应收账款周转期 = 平均应收账款 ÷ 每天的销货收入

（3）应付账款周转期：指购进原材料到支付货款的这一期间的时间长度。

应付账款周转期 = 平均应付账款 ÷ 每天的购货成本

以上三个公式中，"平均"额的通用计算公式 =（期初余额 + 期末余额）÷ 2
下面举例讲解现金周转期的计算方法。

例 5-4

A 公司 2018 年销售收入总额为 1326910.68、销售成本为 1022990.62 元。2018 年购进货物 1250460.68 元。存货的年初和年末余额分别为 465579.50 元、685830.16 元；应收账款年初、年末余额分别为 529540.36 元、754868.72 元，应付账款的年初、年末余额分别为 1321028.32、569686.82 元。计算 A 公司 2018 年的现金周转期。根据会计惯例，一个会计年度按照 360 天计算。

1. 存货周转期：[（465579.50+685830.16）÷2]÷（1022990.62÷360）≈203 天

2. 应收账款周转期：[（529540.36+754868.72）÷2]÷（1326910.68÷360）≈174 天

3. 应付账款周转期：[（1321028.32+569686.82）÷2]÷（1250460.68÷360）≈272 天

4. 现金周转期：203+174-272=105 天

从以上计算结果可以看出，A 公司的现金周转期较长，因此，在经营管理过程中，应当着力加快生产与销售产成品以减少存货周转期，并加速回收应收账款以减少应收账款周转期，同时应尽量延缓支付应付账款以延长应付账款周转期，最终缩短现金周转期，达到增加企业现金流量的目的。

高效工作之道

本章第 5.1.5 小节曾提到打印电子发票报销存在一个漏洞：它可以重复下载和打印。这一漏洞很容易被贪利之人利用，进行重复报销，给企业造成经济损失。因此本章高效工作之道主要讲解如何运用 Excel 堵住这一漏洞。同时介绍运用 Excel 制作资金综合管理台账，帮助出纳人员对企业的各类资金的收支进行必要的综合管理，并实现通过这一个台账即能全面掌握企业资金余额状况，以提高工作效率的目的。

01　Excel 智能识别已报销的电子发票，杜绝重复报销

如果已经报销过的电子发票被夹杂在其他原始凭证中多次重复报销，而电子发票所载经济业务在该企业中的发生频率又较高，并且单份发票金额较低，那么某些环节的审核人员极有可能忽略这一点而批准报销，从而给企业造成经济损失。例如，汽车加油费通常为 200~400 元一次，职工 A 打印纸质发票 200 元报销一次后，职工 B 于数日或数月后再次打印此张发票申请报销。对于这一漏洞，出纳人员应当提高警惕，在支付报销费用环节中特别注意审查原始凭证中的电子发票。但是依靠手工翻查前账显然不切实际，最简单、有效的办法是运用 Excel 制作电子表格专门记录已报销的电子发票信息，并运用各种功能、函数智能识别重复的发票号码。每次报销时如有电子发票，出纳人员只需输入发票号码，即可准确高效地识别出发票号码是否有重复。下面介绍 3 种实现此目标的简便方法和操作步骤。

（1）“数据验证”警告号码重复。

运用“数据验证”功能并结合 COUNTIF 函数公式，设置验证条件：当输入的发票号码出现重复时，即弹出对话框显示警告信息并阻止输入。

步骤① 打开“素材文件 \ 第 5 章 \ 电子发票报销记录 .xlsx”文件。为便于讲解和展示效果，“电子发票报销记录”表已预先填入基础信息，如图 5-11 所示。

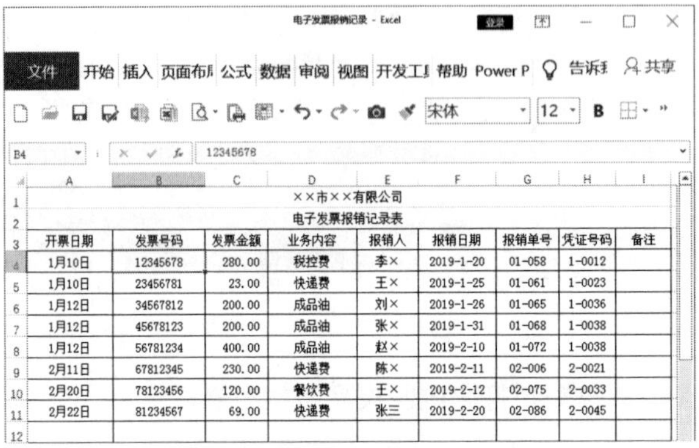

××市××有限公司								
电子发票报销记录表								
开票日期	发票号码	发票金额	业务内容	报销人	报销日期	报销单号	凭证号码	备注
1月10日	12345678	280.00	税控费	李×	2019-1-20	01-058	1-0012	
1月10日	23456781	23.00	快递费	王×	2019-1-25	01-061	1-0023	
1月12日	34567812	200.00	成品油	刘×	2019-1-26	01-065	1-0036	
1月12日	45678123	200.00	成品油	张×	2019-1-31	01-068	1-0038	
1月12日	56781234	400.00	成品油	赵×	2019-2-10	01-072	1-0038	
2月11日	67812345	230.00	快递费	陈×	2019-2-11	02-006	2-0021	
2月20日	78123456	120.00	餐饮费	王×	2019-2-12	02-075	2-0033	
2月22日	81234567	69.00	快递费	张三	2019-2-20	02-086	2-0045	

图 5-11　电子发票报销记录表

步骤② 选中 B4 单元格，打开【数据验证】对话框。❶ 在【设置】选项卡 -【验证条件】的【允许 (A)：】列表中选择【自定义】选项；❷【数据 (D):】默认条件为【介于】，不可修改；❸ 在【公式 (F)】文件框中输入公式“=COUNTIF(B:B,B4)=1”，设置验证条件的含义是允许在 B 列中输入 B4 单元格内数值的次数为“1”（只允许输入 1 次），如图 5-12 所示。

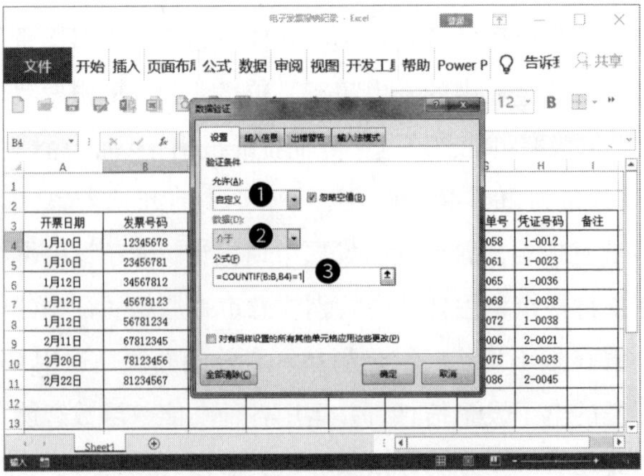

图 5-12　设置【数据验证】条件

步骤 ③ ❶切换至【出错警告】选项卡→系统默认选中【输入无效数据时显示出错警告】复选框→预设【样式(Y):】为【停止】(也可在下拉列表中选择【警告】或【信息】选项);❷分别在【标题(T):】和【错误信息(E):】文本框中输入警告信息→单击【确定】按钮关闭对话框,如图5-13所示。

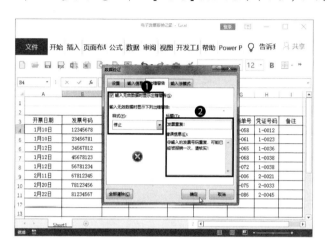

图 5-13 设置"出错警告"信息

步骤 ④ 复制粘贴"数据验证"条件。❶选中B4单元格→按【Ctrl+C】组合键→选中【B5:B13】区域并右击→单击快捷菜单中的【选择性粘贴】选项→单击子菜单中的【选择性粘贴(S)…】按钮,如图5-14所示;❷弹出【选择性粘贴】对话框→单击【验证(N)】按钮→单击【确定】按钮关闭对话框即可完成设置,如图5-15所示。

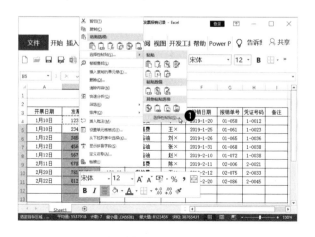

图 5-14 快捷菜单【选择性粘贴】选项

图 5-15 【选择性粘贴】对话框

步骤 ⑤ 测试效果。在 B12 单元格中输入一个与【B4:B11】区域中相同的发票号码，如"34567812"→按【Enter】键后随即弹出对话框，显示警告信息并阻止输入，如图 5-16 所示。

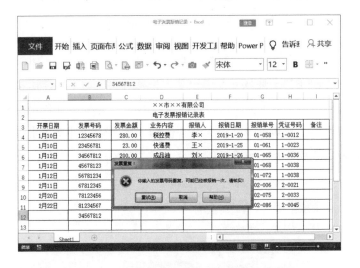

图 5-16 "数据验证"阻止输入重复数值效果

（2）"条件格式"填充颜色提示发票号码重复。

如果认为运用"数据验证"功能阻止输入重复数据的方式不够"温和"，可运用"条件格式"自动填充重复数值所在单元格的颜色，对重复号码予以识别和提示。

步骤①　为展示效果,首先将之前设置的"数据验证"条件清除。选中B列→打开【数据验证】对话框,单击【设置】选项卡中的【全部清除(C)】按钮即可。

步骤②　❶选中B列→单击【开始】选项卡;❷单击【条件格式】列表中的【突出显示单元格规则(H)】选项;❸单击二级列表中的【重复值(D)…】选项,如图5-17所示;❹弹出【重复值】对话框→在【设置为】列表中选择单元格格式或自定义格式→选定后单击【确定】按钮关闭对话框,如图5-18所示。

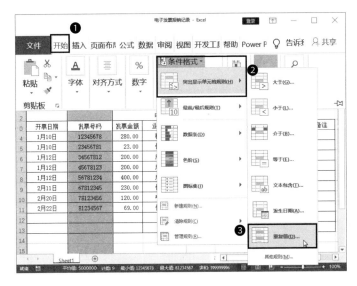

图5-17　【条件格式】列表

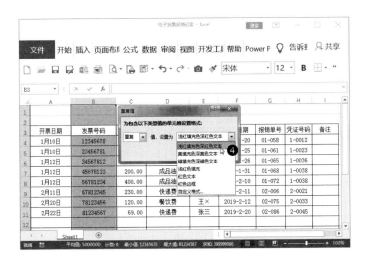

图5-18　【重复值】对话

步骤 3 测试效果。在 B12 单元格中输入一个与【B4:B11】区域中相同的发票号码，如“56781234”，即可看到 B8 和 B12 单元格被填充为浅红色，达到提示重复的效果，如图 5-19 所示。

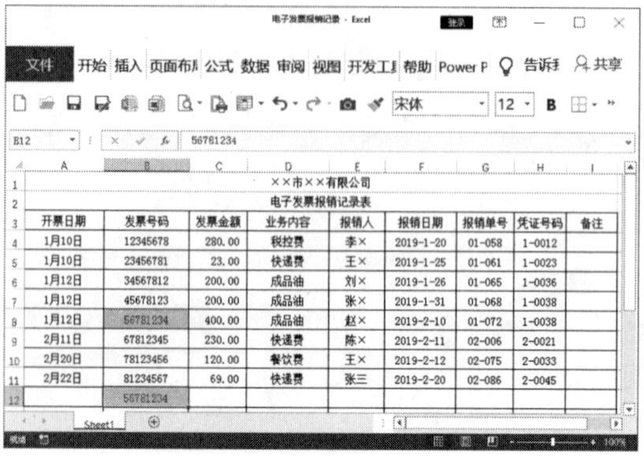

	A	B	C	D	E	F	G	H	I
1	××市××有限公司								
2	电子发票报销记录表								
3	开票日期	发票号码	发票金额	业务内容	报销人	报销日期	报销单号	凭证号码	备注
4	1月10日	12345678	280.00	税控费	李×	2019-1-20	01-058	1-0012	
5	1月10日	23456781	23.00	快递费	王×	2019-1-25	01-061	1-0023	
6	1月12日	34567812	200.00	成品油	刘×	2019-1-26	01-065	1-0036	
7	1月12日	45678123	200.00	成品油	张×	2019-1-31	01-068	1-0038	
8	1月12日	56781234	400.00	成品油	赵×	2019-2-10	01-072	1-0038	
9	2月11日	67812345	230.00	快递费	陈×	2019-2-11	02-006	2-0021	
10	2月20日	78123456	120.00	餐饮费	王×	2019-2-12	02-075	2-0033	
11	2月22日	81234567	69.00	快递费	张三	2019-2-20	02-086	2-0045	
12		56781234							

图 5-19 “条件格式”提示重复号码效果

（3）设置函数公式检索重复发票信息。

这一方法的思路是制作一份简洁、小巧的辅助表格，运用函数设置公式，输入发票号码后即可迅速判断是否已经被报销。若已报销，即同步检索已登记发票的所有相关信息。

步骤 1 在表格第 1 行上方插入 3 行→绘制表格并设置项目名称→在 A3 单元格中输入一个与【B4:B11】区域中相同的发票号码，如“67812345”，如图 5-20 所示。

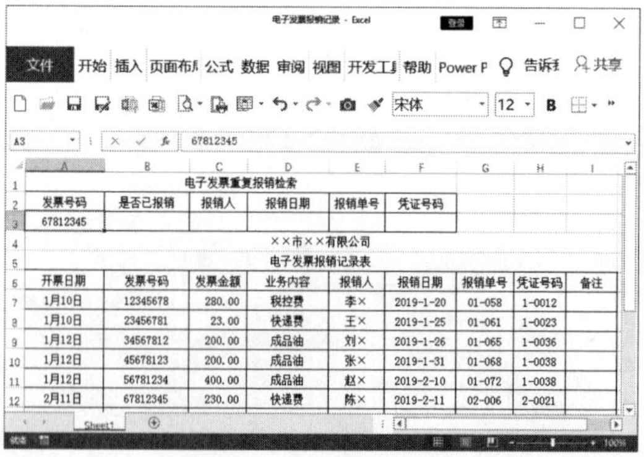

	A	B	C	D	E	F	G	H	I
1	电子发票重复报销检索								
2	发票号码	是否已报销	报销人	报销日期	报销单号	凭证号码			
3	67812345								
4	××市××有限公司								
5	电子发票报销记录表								
6	开票日期	发票号码	发票金额	业务内容	报销人	报销日期	报销单号	凭证号码	备注
7	1月10日	12345678	280.00	税控费	李×	2019-1-20	01-058	1-0012	
8	1月10日	23456781	23.00	快递费	王×	2019-1-25	01-061	1-0023	
9	1月12日	34567812	200.00	成品油	刘×	2019-1-26	01-065	1-0036	
10	1月12日	45678123	200.00	成品油	张×	2019-1-31	01-068	1-0038	
11	1月12日	56781234	400.00	成品油	赵×	2019-2-10	01-072	1-0038	
12	2月11日	67812345	230.00	快递费	陈×	2019-2-11	02-006	2-0021	

图 5-20 绘制辅助表格

步骤② 【B3:F3】区域中的各单元格分别设置以下公式。

◆ B3 单元格公式:"=IF(COUNTIF(B7:B14,A3)>0," 已报销 "," 未报销 ")"。

公式含义:统计【B7:B14】区域中与 A3 单元格数据相同的发票号码的个数,如果大于 0,则显示"已报销",反之显示"未报销"。

◆ C3 单元格公式:"=IFERROR(VLOOKUP($A3,$B:E,4,0),"-")"。

公式含义:在 B 列中查找与 A3 单元格数据相同的发票号码并返回【B:E】区域中第 4 列(E 列)中与之对应的数值,如果返回结果为错误值,则显示符号"-"。下面【D3:F3】区域中各单元格公式以此类推进行理解即可。

◆ D3 单元格公式:"=IFERROR(VLOOKUP($A3,$B:F,5,0),"-")"。

◆ E3 单元格公式:"=IFERROR(VLOOKUP($A3,$B:G,6,0),"-")"。

◆ F3 单元格公式:"=IFERROR(VLOOKUP($A3,$B:H,7,0),"-")"。

发票号码重复和不重复的效果分别如图 5-21 与图 5-22 所示。

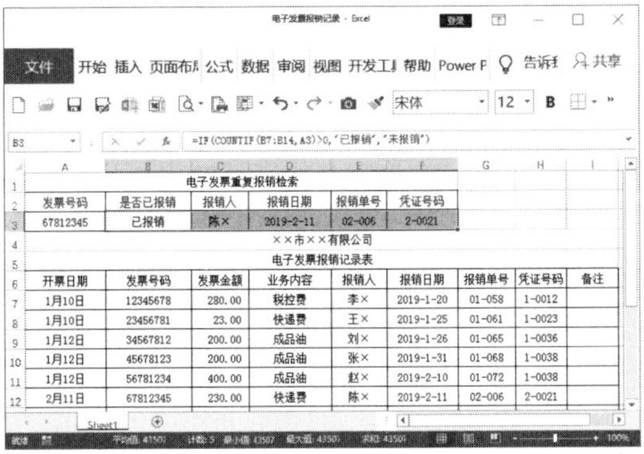

图 5-21 发票号码重复的公式效果

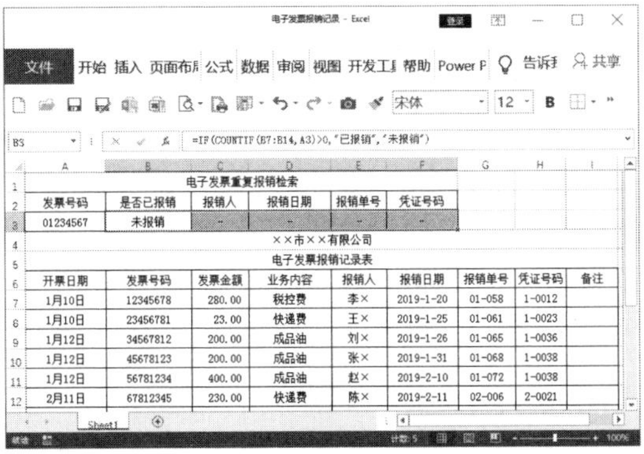

图 5-22 发票号码未重复的公式效果

02 运用Excel制作资金综合管理台账

尽管绝大部分企业早已使用财务软件进行记账，只需录入记账凭证即可同步生成各类报表，但是财务软件是按照固有的思路和模式预先设计而成的，用户只能按其思路和模式操作软件，无法满足各种个性化需求。而Excel恰好能够弥补财务软件这一"短板"，使用者能够按照自己的想法和思路随心所欲地设计表格。例如，日常工作中，出纳人员时常需要总览所有资金的收支明细，以便汇总统计和比较分析。最简便和高效的方法是运用Excel将全部类别及全年的资金明细整合到一张表格中，打造资金综合管理台账，让库存现金、银行存款及其他货币资金的收支情况一览无遗，全面掌握企业资金概况。同时，原始数据经过日积月累，逐渐形成一个庞大的数据库，这就要求出纳人员不仅要确保原始数据准确无误，还应学习如何运用Excel从不同角度对数据库进行快速汇总分析，以提高工作效率，迅速获得数据结果。下面讲解制作"资金综合管理台账"的方法和操作步骤，并介绍运用【筛选】功能快速查询、汇总、统计的方法和技巧。

（1）设置公式计算各类数据。

步骤① 打开"素材文件\第5章\资金管理台账.xlsx"文件。为便于讲解和展示效果，这里预先填入部分收支明细信息。其中"收入类别"（C列）和"支出类别"（D）列中的信息是后续另制表格分类、统计、汇总数据的基础项目，填写时可以从已制作的"数据验证"下拉列表中选取（数据源存放在"收支类别项目"工作表中），如图5-23所示。

步骤② ❶B19和B28单元格设置公式"=COUNT(B7:B18)"和"=COUNT(B20:B24)"，分别统计1月和2月涉及资金的记账凭证数；❷H3、K4单元格分别填入年初余额；❸H7单元格设置公式"=ROUND(H3+F7-G7,2)"，计算发生第1笔收入之后的余额；❹H8单元格设置公式"=IF(C8="月度小计",H7,ROUND(H7+F8-G8,2))"计算第2笔收入之后的余额，如图5-24所示。

公式含义

如果H8单元格数值为"月度小计"，即等于H7单元格的数值（上笔余额）；如果不等于则以"上笔余额＋本次收入－本次支出"的公式计算余额。

这样设置的目的在于下一步批量复制粘贴公式时，确保"月度小计"金额的正确性。复制H8单元格，选择粘贴公式至"H9:H28"区域即可看到H19和H28

单元格中的余额等于当月最末一笔余额，如图 5-24 所示。

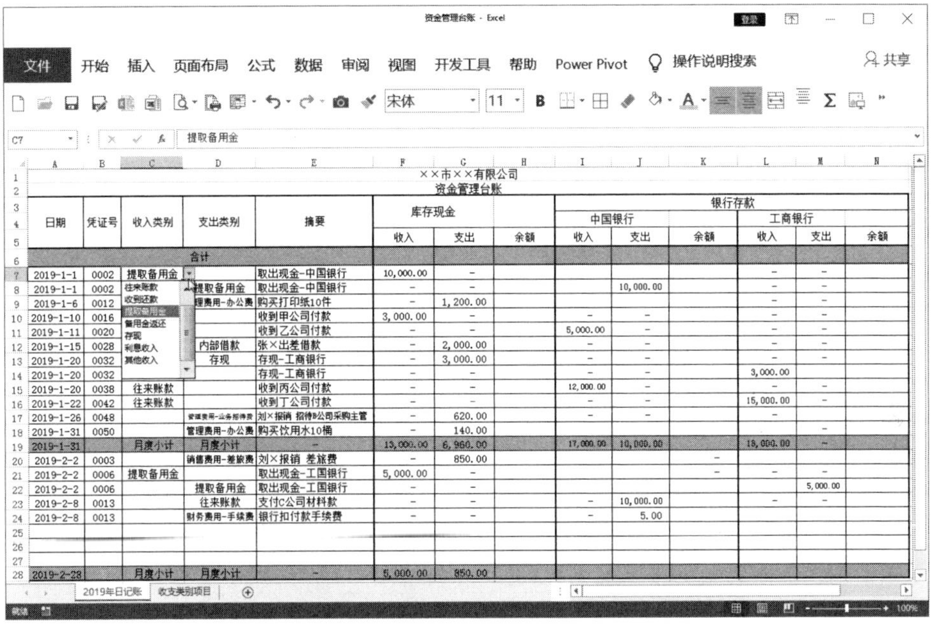

图 5-23 "资金管理台账"初始表格

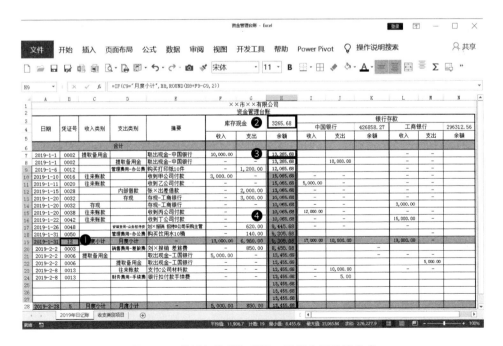

图 5-24 统计记账凭证份数，设置余额计算公式

步骤③ ❶选中【H7:H28】区域，复制公式粘贴至【K7:K28】区域→将K7单元格公式"=ROUND(K3+I7-J7,2)"中的"K3"修改为"K4"；❷选中【K7:K28】区域，复制粘贴公式至【N7:N28】区域即可。效果如图5-25所示。

图 5-25　复制粘贴公式效果图

步骤④ 按月计算全年合计金额。❶F6单元格设置公式"=SUMIF(C:C,"月度小计",F:F)"，计算C列区域中，数值为"月度小计"的单元格所对应的F列单元格数值的合计金额，简言之，就是仅对"月度小计"金额求和→复制F6单元格，选择粘贴公式至G6单元格；❷H6单元格设置公式"=ROUND(H3+F6-G6,2)"计算总余额；❸复制【F6:H6】区域选择粘贴公式至【I6:K6】区域→将K6公式"=ROUND(K3+I6-J6,2)"中的"K3"修改为"K4"；❹复制【I6:K6】区域选择粘贴公式至【L6:N6】区域。此时可以看到F6、G6单元格的值是1月和2月"月度小计"金额的和；而J28单元格并未设置求和公式汇总2月金额，所以J6单元格的值仅是1月的"月度小计"金额，如图5-26所示（最后补充设置2月求和公式即可）。

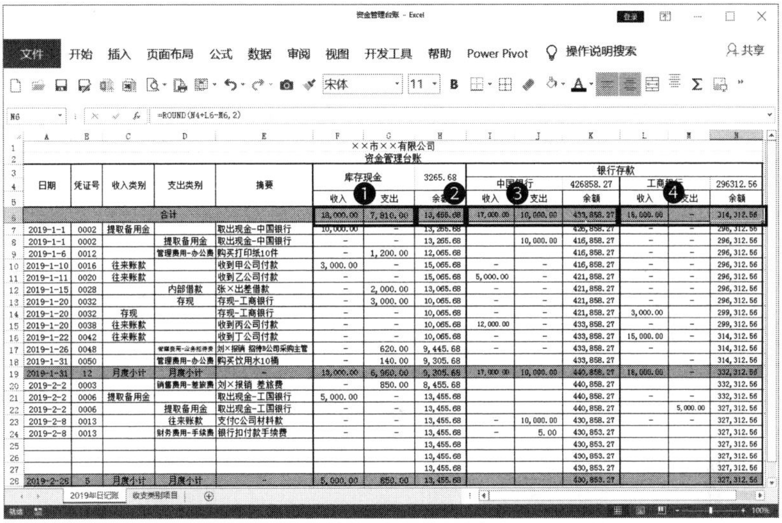

图 5-26 "按月计算全年合计"公式效果图

（2）快速生成空白账表。

以上列示了1月与2月的资金收支信息，如果次月需要继续记录资金收支明细，整体复制粘贴上月区域，再巧用"定位"功能快速删除原始数据，即可快速生成空白账表。

步骤① 首先锁定表头。选中 A7 单元格→单击【视图】选项卡【冻结窗格】组件中的【冻结窗格(F)】选项，即可将第 7 行以上区域的表头固定，使其始终可见，如图 5-27 所示。

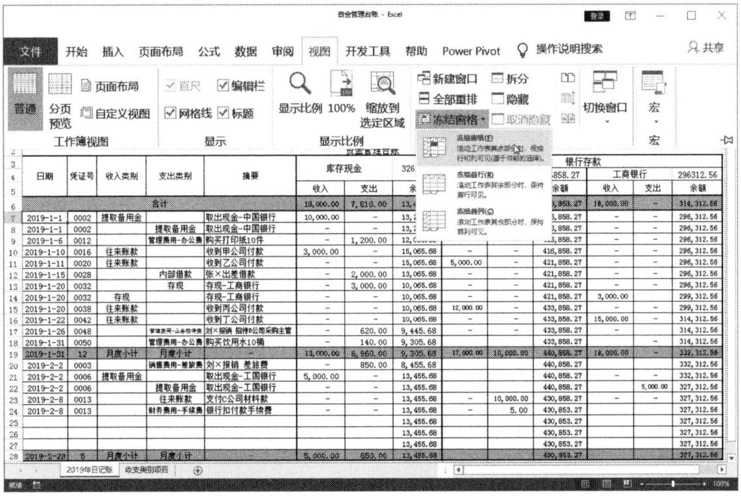

图 5-27 【冻结窗格】选项

步骤② 选中【20:28】行区域,按【Ctrl+C】组合键复制→单击第29行,按【Ctrl+V】组合键粘贴,此时可看到"3月"和2月的内容完全相同,如图5-28所示。

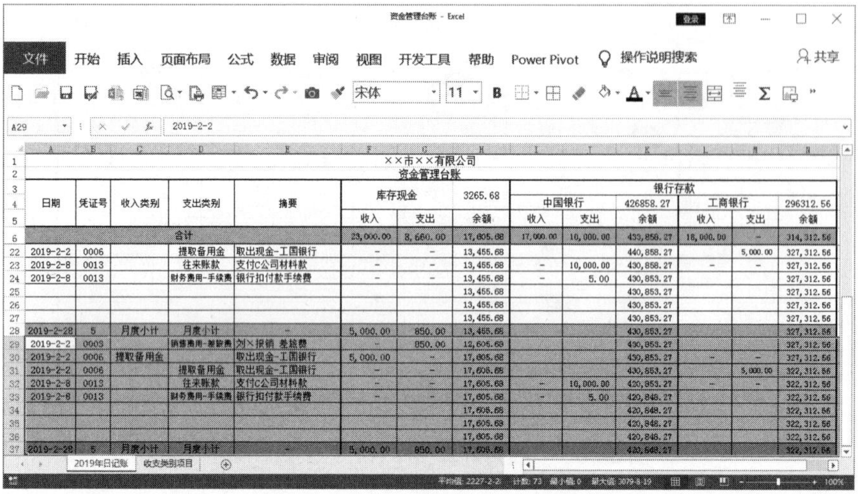

图 5-28 复制粘贴【20:28】行区域

步骤③ ❶按【Ctrl+G】组合键,打开【定位】对话框→单击【定位条件(S)…】按钮,如图5-29所示;❷弹出【定位条件】对话框,选择【常量(O)】选项;❸系统默认选中【数字(U)】【文本(X)】【逻辑值(G)】【错误(E)】4个复选框,单击【逻辑值(G)】【错误(E)】复选框,取消选中→单击【确定】按钮关闭对话框,如图5-30所示。

图 5-29 【定位】对话框

图 5-30 【定位条件】对话框

步骤 4 将数字和文件“定位”后即可看到【A29:N37】区域中数字和文本均被选中，如图 5-31 所示；按下【Delete】键即可一键删除原始数据，生成空白表格，而区域中的公式则被全部保留。

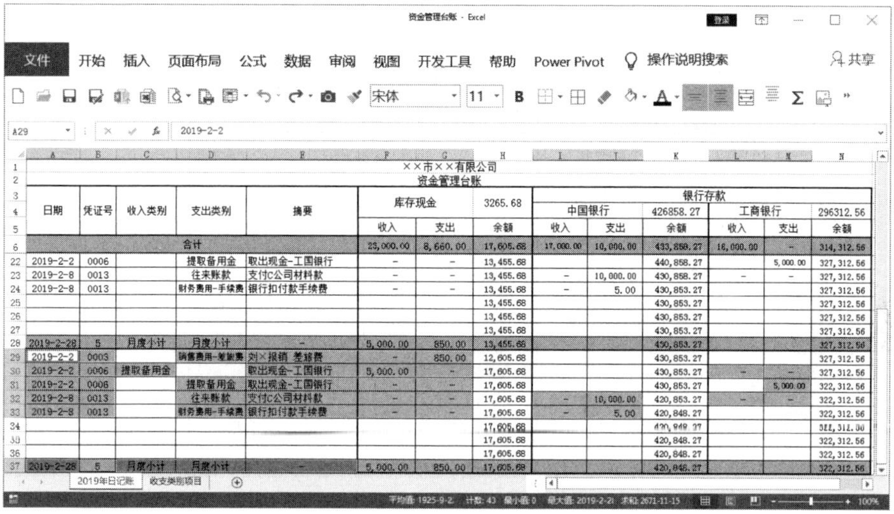

	A	B	C	D	E	F	G	H	I	J	K	L	M	N
1	××市××有限公司													
2	资金管理台账													
3	日期	凭证号	收入类别	支出类别	摘要	库存现金		3265.68	银行存款					
4									中国银行		426858.27	工商银行		296312.56
5						收入	支出	余额	收入	支出	余额	收入	支出	余额
6	合计					23,000.00	8,660.00	17,605.68	17,000.00	10,000.00	433,858.27	16,000.00	-	314,312.56
22	2019-2-2	0006		提取备用金	取出现金-工国银行	-	-	13,455.68			440,858.27		5,000.00	327,312.56
23	2019-2-8	0013		往来账款	支付C公司材料款	-	-	13,455.68	-	10,000.00	430,858.27	-	-	327,312.56
24	2019-2-8	0013		财务费用-手续费	银行扣付款手续费	-	-	13,455.68	-	5.00	430,853.27			327,312.56
25								13,455.68			430,853.27			327,312.56
26								13,455.68			430,853.27			327,312.56
27								13,455.68			430,853.27			327,312.56
28	2019-2-28	5	月度小计	月度小计	-	5,000.00	850.00	13,455.68			430,853.27			327,312.56
29	2019-2-2	0003		销售费用-差旅费	刘×报销 差旅费	-	850.00	12,605.68			430,853.27			327,312.56
30	2019-2-2	0006	提取备用金		取出现金-工国银行	5,000.00	-	17,605.68			430,853.27	-	-	327,312.56
31	2019-2-2	0006		提取备用金	取出现金-工国银行	-	-	17,605.68			430,853.27		5,000.00	322,312.56
32	2019-2-8	0013		往来账款	支付C公司材料款	-	-	17,605.68	-	10,000.00	420,853.27	-	-	322,312.56
33	2019-2-8	0013		财务费用-手续费	银行扣付款手续费	-	-	17,605.68	-	5.00	420,848.27			322,312.56
34								17,605.68			420,848.27			322,312.56
35								17,605.68			420,848.27			322,312.56
36								17,605.68			420,848.27			322,312.56
37	2019-2-28	5	月度小计	月度小计	-	5,000.00	850.00	17,605.68			420,848.27			322,312.56

图 5-31 定位数字和文本效果

（3）数据筛选技巧。

运用 Excel 中的“筛选”功能可以快捷查询和汇总原始数据，便于数据分析，能够充分满足日常数据分析工作需要。下面介绍几种筛选数据的操作方法和技巧。

步骤 1 添加【筛选】按钮。单击第 5 行→单击【数据】选项卡中的【筛选】按钮或按【Ctrl+Shift+L】组合键。添加后，【A5:N5】区域中每个单元格的右下角均出现▾【筛选】按钮，如图 5-32 所示。

步骤 2 单项筛选。仅通过筛选查询一个项目的收（或支）明细。例如，查询、统计当前管理费用支出：单击 D5 单元格右下角的【筛选】按钮→系统弹出筛选列表→系统默认选中全部选项→单击【（全选）】复选框，取消全选→选中【管理费用 - 办公费】【管理费用 - 福利费】【管理费用 - 业务招待费】3 个选项→单击【确定】按钮，如图 5-33 所示；筛选后选中数据组所在区域，即可对数据进行求和、计算平均值、计数等运算，结果在【自定义状态栏】中显示，如图 5-34 所示。

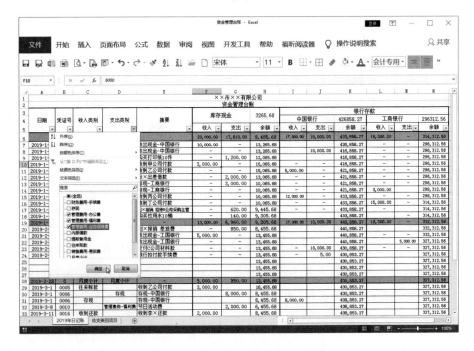

图 5-32　添加【筛选】按钮

图 5-33　筛选"管理费用"支出明细

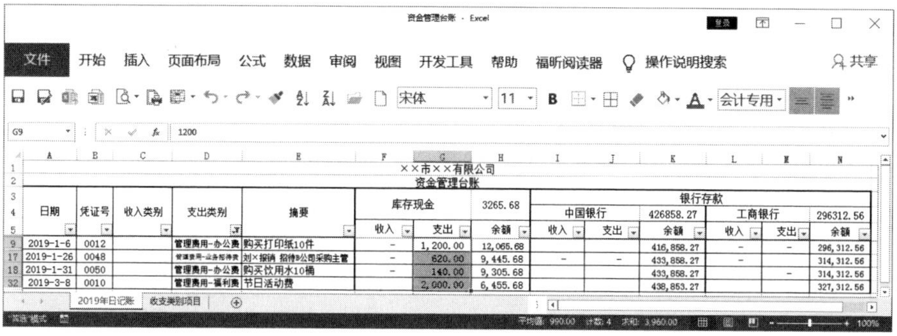

图 5-34 筛选"管理费用"结果

步骤③ 组合筛选。例如,仅查询 1 月与 2 月内收款明细:单击 A5 单元格【筛选】按钮,选中 1 月、2 月选项→单击 C5 单元格【筛选】按钮→取消【全选】选项→选中【往来账款】选项,即可完成组合筛选,筛选结果如图 5-35 所示。

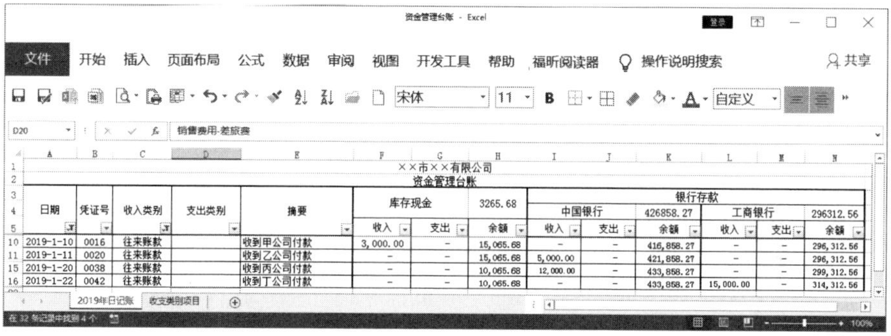

图 5-35 筛选指定期间"往来账款"收款明细

步骤④ 自定义筛选。例如,筛选中国银行 1~3 月大于 5000 元的收入明细。❶ 单击 I5 单元格的【筛选】按钮→单击【数字筛选(F)】按钮→单击二级列表中的【大于(G)…】按钮,如图 5-36 所示;❷ 打开【自定义自动筛选方式】对话框,在"大于"文本框中输入"5000",单击【确定】按钮关闭对话框,如图 5-37 所示。

限于篇幅,以上仅列举了 3 种筛选方式。事实上 Excel 提供的"筛选"方式远不止于此。实际工作中,读者可根据实际工作需求灵活选择适宜的方式快速筛选目标数据,达到高效工作的目的。

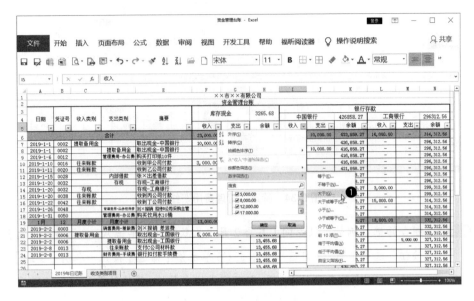

图 5-36 "数字筛选"列表

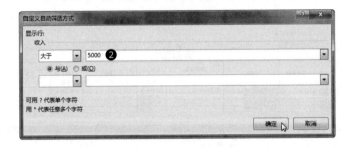

图 5-37 【自定义自动筛选方式】对话框

第6章 抓好核心业务（二）：银行账户管理

银行账户是企业和个人为了办理相关银行业务在银行开立的账户。在我国，凡国家机关、团体、部队、学校及企事业单位，均须在银行开立账户。同时，企业大部分现金都必须按照相关规定存入银行，出纳人员除管好库存现金外，更多时候需要办理银行业务。熟悉银行业务是从事出纳工作的基本要求之一，也是出纳人员应当重点学习和全面掌握的核心业务之一。本章主要介绍企业银行账户管理的相关内容，包括有关基本法规，银行账户种类，如何办理银行账户开立、变更、撤销、合并、迁移等。

6.1 银行账户概述

银行既为企业保管资金，同时又与其他相关部门共同监督企业资金的使用情况。国家对于银行账户管理制定了具体法规和操作规范。

6.1.1 银行账户种类

按照国家相关规定，独立核算的单位必须在当地银行开设独立的银行账户。根据《中国人民银行结算办法》的规定，除在规定的范围内可以用现金支付的款项外，其余的现金收付业务均需通过银行账户结算，并遵守中国人民银行颁布的《人民币银行账户管理办法》的各项规定。因此，企业在开办之初就开立银行账户，才能开展后续经营活动。银行账户根据结算需要和作用不同，分为基本存款账户、一般存款账户、临时存款账户、专用存款账户4种，基本概念及用途和特点如表6-1所示。

表6-1 银行账户种类

序号	银行账户种类	基本概念及用途	特点
1	基本存款账户	◆是企业办理日常转账结算和现金收付的主办账户 ◆企业经营活动中的日常资金收付，以及工资、奖金和现金的支取均可通过该账户办理	1.存款人必须且只能选择一家银行申请开立一个基本存款账户 2.其他银行结算账户的开立必须以基本存款账户的开立为前提
2	一般存款账户	◆是企业因借款或其他结算需要，在基本存款账户开户银行以外的银行营业机构开立的银行结算账户 ◆主要用于办理企业借款转存、借款归还和其他结算的资金收付	可以办理现金缴存，但不得办理现金支取
3	临时存款账户	◆存款人因临时需要并在规定期限内使用而开立的银行结算账户 ◆企业在异地开展临时经营活动时，即可申请开立异地临时存款账户，用于资金的收付	1.只能在驻地开立一个临时存款账户，不得开立其他银行结算账户 2.建筑施工及安装企业在异地同时承建多个项目的，可以根据项目合同个数（不得超过）开立临时存款账户 3.临时存款账户的有效期最长不得超过2年

续表

序号	银行账户种类	基本概念及用途	特点
4	专用存款账户	◆是企业按照法律、行政法规和规章,对其特定用途资金进行专项管理和使用而开立的银行结算账户	只能专款专用并专项管理。可以转账结算和现金收付

以上银行账户中,基本存款账户、临时存款账户、专用存款账户(指预算单位和中国人民银行另有规定的专用存款账户)为核准类账户,即必须经过中国人民银行审核批准后才可开立的银行存算账户;而一般存款账户、专用存款账户(非预算单位)为备案类账户,即只需人民币银行结算账户管理系统向中国人民银行营业管理部备案即可,无须通过中国人民银行审核批准(个人银行结算账户也是备案类账户)。

6.1.2 账户管理模式简介

银行账户管理模式主要是针对集团性企业而建立的科学管理模式,主要目的是逐渐减少成员企业不必要的银行账户,把闲置的资金集中在主要银行账户下。这样既能有效地避免企业资金浪费,又有利于集团总部监控成员企业的资金使用情况,避免造成企业决策信息不对称、不准确、不充分、不及时的局面。企业根据自身经营模式和规模大小,一般选择采用的银行账户管理模式通常有收支两条线模式、二级账户联动模式及财务管理集中模式3种。

1. 收支两条线模式

收支两条线模式,是指具有执法职能的行政事业单位,根据国家法律、法规和规章收取的行政事业性收费(含)和罚没收入,实行收入与支出两条线管理。收到的款项需要上交财政专户,单位支出预算需要申请财政审批后才可拨款。

企业达到一定规模可借鉴采用收支两条线管理模式。管理要点如下。

(1)集团企业下属子公司在集团指定的银行开立两个独立的银行账户。

(2)一个账户专门用于对外收款,并与银行协定该银行账户只允许办理收入款项的结算,不允许对企业集团以外的银行账户办理支付结算业务。

(3)另一个账户则只允许办理对外支付款项结算,不允许对企业集团以外的银行账户办理收入结算业务。

（4）下属分、子公司收入结算账户余额定时划转至集团总部账户。

（5）每月下属分、子公司上报资金预算到集团总部，集团总部资金管理部根据资金预算逐笔或一次性将需要支出的资金划转到下属分、子公司支出结算账户。

2. 二级账户联动模式

二级账户联动模式即企业集团总部和下属子公司开立的银行账户分别为一级账户和二级账户。两者之间的关系是一级账户是二级账户的上级，可查询下属子公司的二级账户资金收付款明细并对各子公司的资金集中管控；二级账户是一级账户的明细账户，可以独立办理收付款业务。

3. 财务管理集中模式

财务管理集中模式是指建立在企业集团公司整体管理框架之内，为实现企业集团公司总体财务目标而设计的财务管理模式、管理机构及组织分工等要素有机结合的一种管理模式。从我国大中型企业集团的资金管理实践来看，目前应用较为广泛的财务管理集中模式分为结算中心和财务公司两种模式。

（1）结算中心。

结算中心是由企业集团或控股公司内部设立的，统一办理企业内部下属分、子公司资金收付及往来结算，有利于运筹，以降低资金成本、提高资金使用效率为目的的内部资金管理机构，是企业的一个独立运行的职能机构，其业务主要涵盖资金管理、融资、结算、风险控制、运作和计划等。

（2）财务公司。

财务公司主要由大型企业集团投资成立，是专门为集团提供金融服务，并经营部分银行业务的非银行金融机构。财务公司借鉴商业银行的做法，主要经营联合贷款、报销债券、不动产抵押、外汇、财务及投资咨询等业务，主要目的在于吸收企业集团下属企业存款，实现集团各内部成员单位间资金转账，从而达到加速资金流动、减少资金占有、提高资金使用效益的目的。

6.2　银行账户开立

每个单位都必须开立银行账户，由于各类型银行账户有着各自不同的功能和作用，因此，账户的开户资格条件、相关手续、开立流程和审核程序必然也不相同。本节分别介绍开立各种类型银行账户的条件和办理流程。出纳人员通过学习本节内容，可以预先了解各种银行账户的开立条件、开户资料、具体开户程序等基本内容，在实际办理业务时才会心中有数，便于顺利完成银行账户开立工作。

6.2.1 银行账户开立资格

前面讲过，开立基本存款账户是开立其他银行账户的前提，因此，具备开立基本存款账户资格的存款人同时也具备其他银行账户的开立资格。根据《人民币银行结算账户管理办法》的规定，下列存款人可以申请开立基本存款账户：

① 企业法人；

② 非法人企业；

③ 机关、事业单位；

④ 团级(含)以上军队、武警部队及分散执勤的支（分）队；

⑤ 社会团体；

⑥ 民办非企业组织；

⑦ 异地常设机构；

⑧ 外国驻华机构；

⑨ 个体工商户；

⑩ 居民委员会、村民委员会、社区委员会；

⑪ 单位设立的独立核算的附属机构；

⑫ 其他组织。

提示

上列允许开立基本存款账户的规定事实上涵盖了所有具有民事行为能力和民事权利能力，依法独立享有民事权利和承担民事责任的法人和其他组织。同时还包括具有独立核算资格、有自主办理资金结算需要的机构、个体工商户、附属机构等。

6.2.2 银行账户开立流程

由于基本存款账户是开立其他账户的前提，只有开立了基本存款账户，才能开立其他账户，因此，基本存款账户的开立要求自然比其他账户更严格，流程也更细化和规范化。本小节将着重介绍基本存款账户的开立要求、申办文件、开户资料及开户程序，并简要介绍其他几种银行账户的开立流程。

1. 开立基本存款账户

企业应当在取得营业执照、税务报到落户、刻制必备名章之后尽快选择开户银行,办理基本存款账户开户手续,以便顺利开展经营业务。

(1)根据企业注册所在地就近选择商业银行网点,并根据存款人性质向开户行提交证明文件,如表6-2所示。

表6-2 开立基本存款账户证明文件

序号	存款人性质	需提交的证明文件
1	企业法人	企业法人营业执照正本
2	非法人企业	企业营业执照正本
3	机关和实行预算管理的事业单位	政府人事部门或编制委员会的批文或登记证书和财政部门同意其开户的证明;非预算管理的事业单位,出具政府人事部门或编制委员会的批文或登记证书
4	军队、武警团级(含)以上单位及分散执勤的支(分)队	军队军级以上单位财务部门、武警总队财务部门的开户证明
5	社会团体	社会团体登记证书。宗教组织还应出具宗教事务管理部门的批文或证明
6	民办非企业组织	民办非企业登记证书
7	外地常设机构	驻地政府主管部门的批文
8	外国驻华机构	国家有关主管部门的批文或证明;外资企业驻华代表处、办事处出具国家登记机关颁发的登记证书
9	个体工商户	个体工商户营业执照正本
10	居民委员会、村民委员会、社区委员会	主管部门的批文或证明
11	独立核算的附属机构	主管部门的基本存款账户开户登记证明和批文
12	其他组织	政府主管部门的批文或证明

(2)还需要准备以下资料和印章。

①除营业执照原件外,还需准备复印件并加盖公章。

②法定代表人或机构负责人的身份证原件及复印件。

③经办人身份证原件和复印件。

④授权委托书。

授权委托书是指开户单位法定代表人(或负责人)委托并授权经办人代表企

业办理银行开户事宜的书面证明文件，主要内容及通用格式如图 6-1 所示。

```
                          授权委托书

  ××银行××支行：
       兹授权_____同志（身份证号码_____）代表本人为我单位在贵
  行办理账户开立事宜。
       本人承诺所提供证明材料真实有效，该代理人在办理上述授权事项时所产生的民事责
  任由本单位承担。

                                        授权单位（签章）：
                                        法定代表人（签章）：
                                        签发日期：  年  月  日

  说明：1.委托书不可以转让。
        2.委托书内容涂改无效。
        3.委托代理期限随办理事项结束而失效。
```

图 6-1　授权委托书

⑤开户单位公章，单位负责人或财务机构负责人、出纳人员的名章。

（3）开户程序。

准备好以上证明文件和资料、印章后，即可前往银行办理基本存款账户开户手续，经开户银行审核同意即可开立账户。银行账户在开立之日即可办理收付款业务。

基本存款账户的具体开立程序如图 6-2 所示。

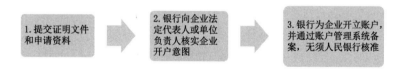

图 6-2　基本存款账户开立程序

需要注意的是，印鉴卡片中所填内容与预留印模用于银行办理结算业务时，银行会对比审核支付凭证上加盖的印章的真伪。如果二者不符，为保障开户单位的资金安全，银行有权拒绝办理付款业务，所以，它是具有法律效力的付款依据。因此，在填写户名时不得填入简称，必须与单位名称完全一致。盖章预留印模也

应当完整清晰。印鉴卡片一般样式如图 6-3 所示。

```
                    银行印鉴卡（正面）
单位全称：                    账户：
地  址：                      邮编：
E-mail：
联系人：                      电话：
印  模：

         加盖公章、单位负责人或财务机构负责人名章、出纳人员名章
```

图 6-3　银行印鉴卡片样式

提示

① 根据《中国人民银行令》[2019]第 1 号规定，将于 2019 年 2 月 25 日起，在全国范围内分批取消企业银行账户许可，2019 年年底前实现完全取消。

② 基本存款账户开立后，可同时申请开通网上银行，便于高效办理日常业务。开通程序非常简便，填写《银行专属服务开通申请书》→银行审批后发放网银盾→将网银盾插入电脑并安装网银客户端→登录后根据提示进行初始化设置即可使用。

2．开立一般存款账户

一般存款账户是企业因借款或其他结算需要，在基本存款账户开户银行以外的银行营业机构开立的银行结算账户。一般存款账户没有数量限制，存款人可以开立一个或数个一般存款账户，但不得在同一家银行的几个分支机构同时开立一般存款账户。同时，开立账户之前还应当明确以下两种"可以"和两个"不能"，如表 6-3 所示。

表 6-3　开立一般存款账的说明

两种"可以"开立的情形	两个"不能"的规定
（1）存款人在基本存款账户以外的银行取得借款的，可以开立一般存款账户 （2）与基本存款账户的存款人不在同一地点的附属非独立核算单位的，可以开立一般存款账户	（1）不能在基本存款账户的开户银行开立 （2）不能办理现金支取业务

下面简要介绍一般存款账户的开户程序。

（1）填写开户申请书。

（2）向开户银行出具以下证明文件。

① 开立基本存款账户规定的证明文件。

② 存款人在其他银行取得借款的，必须出具借款合同或借款凭据。

③ 存款人因其他结算需要的，应出具相关证明。

④ 存款人是外地非独立附属单位的，必须出具基本存款账户的存款人同意其开户的证明。

（3）填写印鉴卡片，预留印章印模。

（4）银行审核批准后正式开立一般存款账户。

一般存款账户实行备案制，无须中国人民银行核准即可开立，但必须按照以下规定进行备案。

① 在基本存款账户开户登记证上登记一般存款账户的名称、账号、账户性质、开户银行、开户日期等签章，于开户之日起5个工作日内向中国人民银行当地分（支）行备案。

② 自开立一般存款账户之日起3个工作日内书面通知其基本存款账户的开户银行。

3．开立临时存款账户

临时存款账户是存款人因临时经营活动需要开立的账户。存款人可以通过本账户办理转账结算和根据国家现金管理的规定办理现金收付业务。临时存款账户的有效期一般最长不得超过两年。

（1）开户要求与证明文件。

根据规定，存款人发生以下情况时可以申请开立临时存款账户，并提供相关证明文件。

① 外地设立临时机构的（如工程施工部、临时办事处等），出具其驻地主管部门同意设立临时机构的批文。

② 开展临时经营活动的单位，出具营业执照正本及临时经营地工商行政管理部门的批文。建筑施工及安装单位出具营业执照正本或其隶属单位的营业执照正本，以及施工及安装地建设主管部门核发的许可证和建筑施工及安装合同。

（2）开户程序。

临时存款账户实行核准制，办理开户手续前应通过中国人民银行当地分（支）行核准，核准程序与基本存款账户相同。开户流程如图6-4所示。

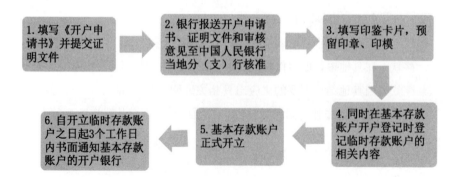

图6-4 临时存款账户开立程序

4．开立专用存款账户

专用存款账户是指存款人因特定需要开立的账户，其中款项只能用于特定的用途。特定用途的资金范围包括：基本建设资金、更新改造资金、特定用途及其他需要专项管理和使用的资金。存款人申请开立专用存款账户，应向开户银行出具有关部门批准立项的文件或国家有关文件的规定的证明文件。

（1）适用资金对象和专门证明文件。

除上述规定的特定用途的资金范围和所需证明文件外，开立专用存款账户的具体适用资金对象与向开户银行与中国人民银行出具的相关专门证明文件如表6-4所示。

表6-4 开立专用存款账户的适用对象与申办证明文件

序号	适用资金对象	应出具的申办证明文件
1	基本建设资金	出具主管部门批文
2	更新改造资金	
3	政策性房地产开发资金	
4	住房基金	
5	社会保障基金	
6	粮、棉、油收购资金	
7	财政预算外资金	出具财政部门的证明
8	单位银行卡备用金	按照中国人民银行批准的银行卡章程的规定出具有关证明和资料
9	证券交易结算资金	出具证券公司或证券管理部门的证明
10	期货交易保证金	出具期货公司或期货管理部门的证明

续表

序号	适用资金对象	应出具的申办证明文件
11	金融机构存放同业资金	出具金融机构证明
12	收入汇缴资金和业务支出资金	出具基本存款账户存款人有关的证明
13	党、团、工会设在单位的组织机构经费	出具该单位或有关部门的批文或证明
14	住房基金	出具有关法规、规章或政府部门的有关文件
15	社会保障基金	
16	其他按规定需要专项管理和使用的资金	
17	纳入专用存款账户管理的合格境外机构投资者在境内从事证券投资开立的人民币特殊账户和人民币结算资金账户	① 开立人民币特殊账户时应出具国家外汇管理部门的批复文件 ② 开立人民币结算资金账户时应出具证券管理部门的证券投资业务许可证

除表 6-4 所列示的证明文件外，需要同时向中国人民银行出具的其他证明文件还包括开立基本存款账户规定的证明文件。

（2）专用存款现金收付规定。

表 6-4 所列专用存款账户资金中，单位银行卡备用金账户的资金必须由其基本存款账户转账存入，不得办理现金收付业务。其他专用存款账户原则上也不得支取现金，但以下账户允许在开户时在中国人民银行当地分（支）行批准的范围内办理现金支取：基本建设资金、更新改造资金、政策性房地产开发资金、金融机构存放同业资金。而粮、棉、油收购资金，社会保障基金，住房基金和党、团、工会设在单位的组织机构费用等专用账户的现金支取应严格按照国家现金管理的规定办理。另外，人民币特殊账户资金不得用于放款或提供担保。

（3）专用存款账户开户程序。

专用存款账户的开户程序与临时存款账户相同，此处不再赘述。

6.3 银行账户变动

日常经营过程中，企业的实际经营情况必然会发生变化，如人员变动、经营注册地址迁移、经营规模变化等。而企业的银行账户自然也会随之做出相应的变动。本节介绍银行账户发生变动时必须办理的相关业务，包括银行账户的变更、合并、迁移及撤销。

6.3.1 银行账户变更

企业银行账户变更一般是指当企业以下信息发生改变后,必须办理相应的银行账户变更手续。

(1)企业名称变更,需要同时变更银行账户名称。办理程序如下:

向银行提交变更申请→填写印鉴更换申请书→预留新的财务专用章印模→更改银行账户名称。

(2)公司人员变动,如果仅变动公司法定代表人或财务机构负责人、出纳人员,只需变更预留印鉴即可。办理程序如下:

填写更换印鉴申请书,并出具相关证明→注销原印鉴卡片→重新填写印鉴卡片,预留新的相关人员的名章、印模。

(3)公司性质改变,需要变更银行账号及开户许可证,应将原账户撤销,并按照基本存款账户开立程序重新开立账户。

6.3.2 银行账户撤销与合并

企业因机构调整、合并、撤销、停业等原因,需要撤销、合并银行账户的,应向银行提出申请,经银行同意后,首先应做好以下准备工作后再根据银行要求办理撤销或合并账户的手续,如图6-5所示。

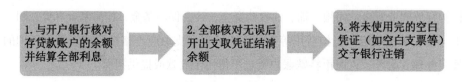

图6-5 银行账户撤销或合并前的准备工作

6.3.3 银行账户迁移

银行账户迁移一般是在企业经营场所发生变化后,为了便于银行业务的正常开展,向原开户银行申请办理的银行账户迁移手续。

迁入、迁出在同城的,可由迁出行出具证明,存款人凭证明文件到迁入行开立新户。

迁往异地城市的，应按规定在迁入银行重新办理开户手续。原账户可暂时保留，在搬迁过程中，如有需要可申请原开户银行暂时保留原账户，搬迁结束并在当地恢复经营活动后，则应在一个月内到原开户银行结清原账户。

6.4 银行询证函

日常工作中，无论企业是在内部各部门之间协调工作，还是对外开展经营业务，都需要使用各种公函进行沟通与交涉，银行当然也不例外。而出纳人员的日常工作内容之一就是与银行打交道，出纳人员对银行相关的常用函件也应当预先了解、学习并掌握，才能在实际操作时顺利地完成工作任务。

6.4.1 询证函分类

询证是财务审计中一种常用的工作程序和方法，包括查询和函证两个内容。查询是审计人员对有关人员进行书面或口头询问以获取审计证据的方法；函证是审计人员为印证被审计单位会计记录所载事项而向第三者发函询证的一种方法。

根据被询证对象不同，询证函主要分为以下几种。

（1）银行询证函。

银行询证函是指审计人员执行审计过程中，以被审计单位名义向其开户银行发出的，用以检查该单位在资产负债表日银行存款的余额、借款、投资人或股东出资情况，以及担保、承诺、信用证、保函等其他事项等是否真实、合法、完整的询证性书面文件。开户银行应当按照财政部、中国人民银行有关文件要求做出确证答复。

（2）企业询证函。

审计人员向被审计单位的债权人和债务人发出的询证函，用以检查被审计单位特定日期债权或债务存在的真实性。企业询证函内容通常包括双方截止于特定日期前的往来款项余额。

（3）律师询证函。

审计人员向为被审计单位提供法律服务的律师及其所在的律师事务所发出的询证函，用以检查被审计单位在特定日期是否存在任何未决诉讼及其可能产生的影响及律师费的结算。

（4）其他询证函。

审计人员向其他机构如保险公司、证券交易所或政府部门发出的询证函，用以检查被审计者的保险合同条款、所持有的可流通证券或注册资本情况等信息。

6.4.2 通用格式和基本内容

一份完整的银行询证函的内容一般应包括：存款、借款、销户情况、委托存款、委托贷款、担保、承兑汇票、贴现票据、托收票据、信用证、外汇合约、存托证券及其他重大事项。下面列示一般银行询证函的基本内容与格式。此份银行询证函共列14项信息，因篇幅有限，这里仅列示第1页与最末页，中间第2~12项信息的格式与已列信息格式一致，如图6-6~图6-8所示。

审计业务银行询证函

编号：＊＊＊＊＊＊＊＊＊

中国××银行××支（分）行：

　　本公司聘请的四川××会计师事务所有限公司正在对本公司_____年度（或期间）的财务报表进行审计，按照中国注册会计师审计准则的要求，应当询证本公司与贵行相关的信息。下列第1~14项信息出自本公司的记录：

　　（1）如与贵行记录相符，请在本函"结论"部分签字、签章；

　　（2）如有不符，请在本函"结论"部分列明不符项目及具体内容，并签字、签章。

　　本公司谨授权贵行将回函直接寄至四川××会计师事务所有限公司，地址及联系方式如下。

　　回函地址：××市××区××路××号×栋××

　　联系人：　　　　电话：　　　　传真：　　　　邮编：

　　电子邮箱：

　　本公司谨授权贵行从本公司××账户支取办理本询证函回函服务的费用。

　　截至_____年___月___日，本公司与贵行相关的信息列示如下。

图6-6　银行询证函样例（一）

1. 银行存款

账户名称	银行账号	币种	利率	账户类型	余额	起止日期	是否用于担保或存在其他使用限制	备注

除上述列示的银行存款外，本公司并无在贵行的其他存款。

注："起止日期"一栏仅适用于定期存款，如为活期或保证金存款，可只填写"活期"或"保证金"字样；"账户类型"列明账户性质，如基本户、一般户等。

2. 银行借款

借款人名称	银行账号	币种	余额	借款日期	到期日期	利率	抵（质）押品/担保人	备注

除上述列示的银行借款外，本公司并无自贵行的其他借款。

注：如存在本金或利息逾期未付行为，请在"备注"栏中予以说明。

13. 本公司购买的由贵行发行的未到期银行理财产品

产品名称	产品类型	认购金额	购买日	到期日	币种

除上述列示的银行理财产品外，本公司并未购买其他由贵行发行的理财产品。

14. 其他

注：此项应填列注册会计师认为重大且应予函证的其他事项，如欠银行的其他负债或者除外汇买卖外的其他衍生交易、贵金属交易等。

（预留印鉴）

××××年××月××日

经办人：

职　务：

电　话：

图 6-7　银行询证函样例（二）

————以下由被询证银行填列————

结论：

经本行核对，所函证项目与本行记载信息相符。特此函复。
年　月　日　经办人：　　职务：　　电话： 　　　　　　复核人：　　职务：　　电话： 　　　　　　　　　　（银行盖章）

经本行核对，存在以下不符之处。
年　月　日　经办人：　　职务：　　电话： 　　　　　　复核人：　　职务：　　电话： 　　　　　　　　　　（银行盖章）

说明：

1.本询证函（包括回函）中所列信息应严格保密，仅用于注册会计师审计目的。

2.注册会计师可根据审计的需要，从本函所列第1~14项中选择所需询证的项目，对于不适用的项目，应当将该项目中的表格用斜线划掉。

3.本函应由被审计单位加盖骑缝章。

图6-8　银行询证函样例（三）

专家经验支招

01　银行存款余额调节表

银行存款余额调节表是在银行对账单余额与企业账面余额的基础上，调整未达账项，直至双方余额一致的一种调节方法。它是一种对账工具，并非凭证。其主要目的在于核对企业账目与银行账目的差异，也用于检查企业与银行账目的差错。

未达账项是指企业账面与银行账面因"时间差"或其他原因未能同步入账的

款项。例如，企业已经通过网银操作向供应商支付一笔货款并入账，但由于网络延迟或其他原因，银行方面并未实际将这笔款项转出，这就造成企业的银行存款账面余额与银行的账面余额出现暂时性差异。未达账项包括的4种情形，以及每种情形导致账面余额的差异情况如图6-9所示。

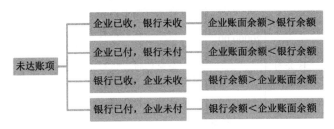

图6-9　未达账项情形及余额差异情况

由此可以总结出一条因存在未达账项而造成银行与企业账面余额差异的规律，也可用一句口诀记忆，即"孰大孰收，孰小孰付"。

调整企业账面和银行余额的计算公式如下。

（1）企业账面存款余额=企业账面银行存款余额－银行已付而企业未付账项＋银行已收而企业未收账项。

（2）银行对账单调节后的存款余额=银行对账单存款余额－企业已付而银行未付账项＋企业已收而银行未收账项。

（3）银行对账单存款余额＋企业已收而银行未收账项－企业已付而银行未付账项=企业账面银行存款余额＋银行已收而企业未收账项－银行已付而企业未付账项。

通过核对调节，"银行存款余额调节表"上的双方余额相等，基本上可以确定双方记账没有差错。

下面通过一个案例示范银行余额表具体编制方法。

例6-1

A公司2019年7月1日进行银行对账，6月1日至6月30日企业银行存款科目余额50000元，截至6月30日银行对账单余额60000元。经查找，A公司向B公司付货款8000元，银行已付款，企业未记账；A公司向C公司付货款20000元，企业已付，银行未记账；A公司收甲公司应收账款22000元，企业已记账，银行未记账；A公司收乙公司应收账款20000元，银行已收，企业未记账。编制如表6-5所示的银行存款余额调节表。

表 6-5 银行存款余额调节表

编制单位：A 公司　　　　　　　　开户行及账号：　　　　　　金额：元

项目	金额	项目	金额
企业银行存款日记账余额	50000.00	银行存款对账单余额	60000.00
加：银行已收、企业未收乙公司账款	20000.00	加：企业已收、银行未收甲公司账款	22000.00
减：银行已付、企业未付B公司账款	8000.00	减：企业已付、银行未付C公司账款	20000.00
调节后的存款余额	62000.00	调节后的存款余额	62000.00

主管：　　　　　　会计：　　　　　　出纳：

　　调节后，双方余额应当相等。如调节后双方余额仍然不相等，原因通常有两个：一是未达账项未全部查出；二是其中一方或双方账簿记录尚有差错。无论什么原因导致调节后双方余额仍然不相等，企业都应进一步查清并及时更正，一定要将余额调节表中的双方余额调节至一致为止。调节后的余额既不是企业银行存款日记账的余额，也不是银行对账单的余额，而是企业银行存款的真实数额，也就是企业当日银行存款的实际可用余额。

02 错账查找方法

　　如果编制银行余额调节表并调整余额后，企业账面和银行余额仍然不一致，首先应该再次查找并核实未达账项是否已经全部被查出，再核对日记账是否存在记账错误的情况。查找错账的方法主要有以下4种。

　　（1）尾数法。

　　如果账簿记录发生金额错误，且差错是角、分的，可以只检查元以下的尾数即可，以提高查错的效率。例如，企业账面余额借方合计金额比银行对账单贷方合计金额多0.86元，只需要查找日记账中尾数为0.86元的业务是否是记账多记0.86元即可。

> **提示**
>
> 一般银行对账单上的借贷双方与企业银行存款日记账相反,银行对账单上"借方"代表支出,"贷方"代表收入;企业银行存款日记账"借方"代表收入,"贷方"代表支出。

(2)差数法。

差数法是指按照错账的差额查找错账。具体方法是先确定错误的差额,找出差额所在的范围,再直接通过账账之间的差额数字来查找错误。这种方法是查找遗漏记账和重复记账的有效方法。

例 6-2

A 公司企业银行存款日记账余额比银行对账单余额多 658.62 元,尾数法及差数法结合的查错步骤如下:

① 经核对,银行对账单上收支明细中确有一笔 658.62 元的支出,对应的银行回单上注明用途为"水电费"支出;

② 经核对,管理费用明细账没有水电费支出的记账;

③ 翻查凭证后发现企业银行存款日记账中漏记了这一笔支出。

(3)除 2 法。

如果在记账过程中出现将记账方向记反,借方记入了贷方,贷方记入了借方的情况,这种差错会导致该账户一方合计数增多,另一方合计数减少,而差额正好是记错方向的金额的两倍,同时差额为偶数,能被 2 整除。除 2 法所取得的商数就是记错借贷方向的金额。

例 6-3

A 公司运用财务软件记账。2019 年 3 月企业银行存款日记账余额为 1203655.68 元,银行对账单余额为 1131082.16 元。二者之间差额为 72573.52 元,72573.52÷2=36286.76 元。经查实,出现差额是因为出纳人员在编制记账凭证时,将支付给甲公司的货款 36286.76 元计入了"银行存款"科目的借方和"应付账款"科目的贷方。

若当月未结账,可申请在记账凭证中直接修改,然后在银行存款日记账中用划线更正法更正错账;若当月已结账,不允许修改,可在次月填制记账凭证时,用红字冲销错误的分录,再编制正确的分录,之后在银行存款日记账中用补充登记法更正错账。错误记账凭证如图 6-10 所示,更正后的记账凭证如图 6-11 所示。

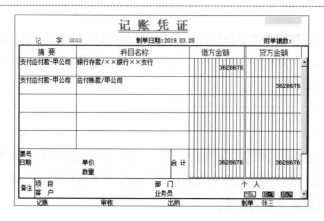

图 6-10 借贷方向记反

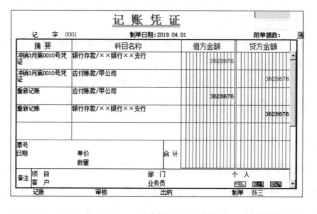

图 6-11 冲销错账,重新记账

(4)除 9 法。

除 9 法是指用差数除以 9 来查找错账的方法。此法适用于数字位数少位或多位及邻数颠倒所造成的差错。

① 少位或多位。

少位或多位是指记账时将数字的位数少记或多记。例如,100 万元错记为 10 万元,差额为 90 万元,90÷9=10 万元,即可在账簿中查找 10 万元的数据是否记错;将 30 万元错记为 300 万元,差额为 270 万元,270÷9=30 万元,再将 30 万元乘以 10 等于 300 万元,即可在账簿中查找 300 万元的数据是否记错。

② 邻数颠倒。

将相邻两位数或三位数的数字顺序颠倒的错误,也可采用"除9法"查找。例如,将82错记为28,或将28错记为82,两个数字颠倒后,个位数变成十位数,十位数变成个位数,造成的差额恰好是9的倍数。例如,将82错记为28,用差数54除以9等于6,即是相邻颠倒两数的差值(8-2),那么就可以从两个相邻数的差值与这个差值相同的范围内去查找错误原因。

高效工作之道

下面结合本章主题"银行账户"的相关内容,介绍在企业开办之初,如何高效办理必需的银行存款基本账户,以及核对银行存款余额和明细的技巧。

01 新办企业如何高效办理银行开户

新办企业在领取工商营业执照之后,还必须办理其他一系列相关手续,如办理行业经营许可证、税务机关落户、刻制图章、银行开户等,各种事务千头万绪,似乎很难找到高效工作的办法。其实只要预先了解办理这些事项的基本流程,做好相关细节工作,也能够在一定程度上提高办事效率。下面提示3点提高办理银行开户效率的细节,希望能够帮助大家统筹安排工作,以便节省时间和精力,使企业能够尽快开展正常经营活动。

(1)刻章印章。

企业在领取工商营业执照后,首先应刻制必备印章,包括公章、财务专用章、法定代表人名章、发票专用章。所需证件资料包括营业执照原件、法定代表人身份证原件。刻制印章一般需要3个工作日,领取印章的同时会退还这两个证件。

(2)在等待印章刻制完成的时间内,做好以下准备工作。

① 选择开户银行。建议多联系几家银行,了解并比较他们的服务费用、服务质量、开户速度的快慢、办理日常结算业务效率的高低等,再就近选择并确定一家作为开户银行网点。

② 准备银行开户所需的其他证明文件、资料等。

③根据印章刻制完成日期与开户银行提前预约开户时间。

（3）办理银行开户手续。

领取印章及两个原件，并准备好其他证件、资料后，按照预约时间到开户银行柜台办理开户手续。

建议法定代表人、财务负责人及出纳人员按照银行要求，亲自前去办理，如果确实不能到场，应以企业名义出具授权委托书并加盖公章，委托他人代办。

02　快速核对银行存款余额和明细

出纳人员每次取得银行存款余额及每笔交易的数据后，应当及时与企业银行日记账中的每笔记录进行核对。那么怎样才能快速核对呢？可按下列提示进行操作。

（1）首先从网银中导出银行存款收支明细的 Excel 电子表格，然后再从企业财务软件中导出银行存款明细账。

（2）核对本月期初余额与上期期末余额是否一致。若期初余额有差异，则必须逐笔核对交易明细。应先核对清楚上期交易明细，找出差异原因后将上期期末余额与银行存款收支明细表中的本月期初余额调整一致，再核对本期交易明细。

（3）将银行存款收支明细表和企业银行存款明细账表格中的收入和支出分列至两个工作表中，分别按照升序或者降序排序。再将两个明细账中的收入金额排列在一起，二者相减，结果为 0 表示记账正确，否则代表记账错误。

（4）在明细账原始表格中查找差额不为 0 的数字，找出差错原因。

注意保证这种核对结果正确的前提是填制记账凭证时必须将每一笔交易按照银行交易的实际金额编写会计分录，不得编写合并分录。下面举例说明。

例 6-4

A 公司于 2019 年 3 月 18 日收到 B 公司 3 笔货款，分别为 12365.28 元、16000.00 元、21652.37 元，合计 50017.65 元。出纳人员编写合并会计分录如下。

借：银行存款—××银行××支行 50017.65 元

贷：应收账款—B 公司 50017.65 元

编写分录后，财务软件自动生成的银行存款明细账中仅列示一笔收入金额 50017.65，这样将加大与银行存款收支明细核对的难度，必要时需要翻查原始凭证才能找出错账原因。正确的做法是分别编写 3 笔会计分录，这样通过核对电子表格中的数据即可快速找出差错原因。会计分录如下。

① 借：银行存款——×× 银行 ×× 支行 12365.28 元
    贷：应收账款——B 公司 12365.28 元
② 借：银行存款——×× 银行 ×× 支行 16000.00 元
    贷：应收账款——B 公司 16000.00 元
③ 借：银行存款——×× 银行 ×× 支行 21652.37 元
    贷：应收账款——B 公司 21652.37 元

提示

对方科目"应收账款"建议同样不要编写合并分录，应当与每笔银行交易金额一一对应，这样也方便会计人员核对应收账款往来明细账。

第7章 抓好核心业务（三）：银行结算业务

在实务中，对于绝大多数企业而言，开立银行账户的主要目的和作用是办理日常经营活动中发生的往来结算业务，尽量减少现金交易，以避免因现金结算而引起的各种不可预测的风险甚至损失。前面章节中讲过，银行账户管理是出纳人员应当抓好的核心业务之一，本章将要介绍的银行结算业务更是出纳人员必须熟知并掌握的出纳知识体系中的"重中之重"。

本章主要介绍银行结算的相关内容，包括银行结算方式，各种银行票据的种类和功能，银行结算的具体方法和程序及网上银行业务的操作方法等。

7.1 银行结算概述

银行是社会经济活动中清算资金的中介,即通过结算单位银行账户资金的转移来实现资金的收入和支付。银行接受客户委托代收代付,从付款单位的存款账户划出款项,转入收款单位的存款账户,以此完成结算单位之间债权债务的清算或资金的调拨。

本节将介绍银行结算的基础知识,包括银行结算方式的分类及基本概念、银行结算起点、银行结算凭证、银行结算费用等内容。

7.1.1 银行结算方式

目前我国银行结算方式主要分为三大类:票据结算、委托结算、信用结算。每一大类结算方式均包含不同的细类,具体分类及概念如表 7-1 所示。

表 7-1 银行结算方式的类别及基本概念

银行结算基本分类		基本概念
票据结算	银行汇票	汇款人将款项存入出票银行,再由出票银行签发的,由其在见票时按照实际结算金额无条件支付给收款人或者持票人的票据
	商业汇票	由出票人签发的,委托付款人在指定日期无条件支付确定的金额给收款人或者持票人的票据。商业汇票按承兑人不同分为商业承兑汇票与银行承兑汇票
	银行本票	申请人将款项交存银行,由银行签发承诺在见票时无条件支付确定的金额给收款人或者持票人的票据。银行本票按金额是否固定分为定额银行本票和不定额银行本票
	支票	由出票人签发,委托办理支票存款业务的银行或者其他金融机构在见票时无条件支付确定的金额给收款人或者持票人的票据。支票一般分为现金支票、转账支票和普通支票三种
委托结算	汇兑	汇款人委托银行将款项汇给异地收款人的结算方式。汇兑分为信汇和电汇两种方式
	委托收款	收款人委托银行向付款人收取款项的结算方式
	托收承付	销货单位根据购销合同,由收款人发货后委托银行向异地购货单位收取货款,付款人根据合同对单或验货后,向银行承认付款的结算方式

续表

银行结算基本分类		基本概念
信用结算	信用卡	由商业银行签发或专营机构签发的，在约定银行或单位办理存取现金、购货及支付劳务报酬等业务事项的一种信用凭证
	信用证	国际结算的主要方式之一，是银行根据买方（进口人）的请求，开具给卖方（出口人）的一种保证承担支付货款责任的书面凭证

7.1.2 银行结算起点

银行结算起点是指银行办理转账结算的最低金额，不足结算起点金额的资金收付，通常使用库存现金进行结算，银行不予办理转账结算。银行结算起点不能过低或过高。如果结算起点过低，会增加银行的业务量，给银行结算造成巨大的压力；如果结算起点过高则会扩大现金结算的范围，对国家合理控制现金流量造成一定的阻碍。因此，为了有效地控制现金结算，同时也为保证各单位之间资金收付和经济往来的正常运行，国家对银行汇票、银行本票、托收承付3种结算方式规定了不同的结算起点，具体金额如表7-2所示。

表7-2 银行结算起点

银行结算方式		结算起点金额
银行汇票		500元
银行本票	定额银行本票	定额面额包括1000元、5000元、10000元、50000元
	不定额银行本票	100元
托收承付	普通托收承付	10000元
	新华书店系统	1000元
说明：其他结算方式未规定结算起点		

7.1.3 银行单据与结算凭证

银行结算凭证，是办理结算业务的重要依据，是记录经济业务、结算资金、明确经济责任的书面证明。例如，采用票据结算方式进行结算的票据即是结算凭证。最常见的银行结算凭证是"银行回执单"，简称"回单"。每发生一笔结算业务，银行就会出具一份回执单。银行回执单包括收款回单、付款回单、利息收入回单、付费回单及银行代单位收款回单等（如代税务局收取税金）。图 7-1 是 ×× 公司的开户银行——中国银行 ×× 支行为缴纳附加税费的结算业务出具的回执单。

国内支付业务付款回单

客户号：33　　　　日期：2019年　月　日

付款人账号：129　　　　收款人账号：

付款人名称：　有限公司　　　　收款人名称：国家金库　市　区支库

付款人开户行：中国银行　路支行　　　　收款人开户行：

金额：CNY

人民币　元　角　分

业务种类：实时缴税　　业务编号：512　　凭证字号：201902　03

纳税人识别号：91　　缴款书交易流水号：2855　　税票号码：3510161902

纳税人全称：　有限公司

征收机关名称：国家税务总局　市　区税务局

收款国库（银行）名称：国家金库　市　区支库

税（费）种名称	所属日期	实缴金额
教育费附加	2018/12/01-2018/12/31	CNY
城市维护建设税	2018/12/01-2018/12/31	CNY
地方教育附加	2018/12/01-2018/12/31	CNY
		CNY

交易机构：359　　交易渠道：其他　　交易流水号：95887

打印次数:1

中国银行股份有限公司
支行
业务专用章
N2K2QU7M
REXJYY6K

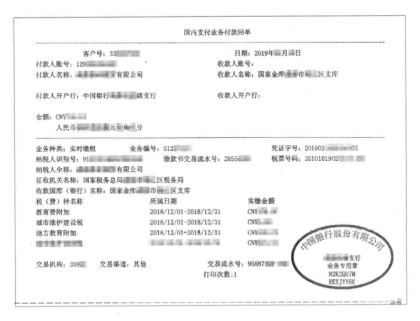

图 7-1　结算凭证——银行回执单

银行单据在这里是指“银行对账单”，它是银行与企业核对资金，并证实企业业务往来的单据，也可以作为银行和企业之间对资金流转情况进行核对和确认的凭证和依据。银行对账单最重要的作用是可以分析和认定该企业某一时段的资金规模。因此，银行对账单具有客观性、真实性、全面性等基本特征。图 7-2 是 ×× 公司的开户银行——中国银行 ×× 支行出具的银行对账单。

中国银行股份有限公司存款交易明细对账单

1 账号 Account No. 129　　账户名称 Account Name　有限公司　　开户行 Bank Name 中国银行　路支行　　起始日期 From(YYYYMMDD) 20190201　第 2 页/共 2 页 Page 2 of 2

币种 Currency 人民币(CNY)　　账户类型 Account Type 单位人民币活期基本账户存款　　承前页余额 Previous Page Balance　　截止日期 To(YYYYMMDD) 20190228　出账周期 Reconciliation Period 月

序号 No.	记账日 Bk. D.	起息日 Val. D.	交易类型 Type	凭证 Vou.	凭证号码/业务编号/用途/摘要 Vou. No./Trans. No./Details	借方发生额 Debit Amount	贷方发生额 Credit Amount	余额 Balance	机构/柜员/流水 Reference No.	备注 Notes
1	190228	190228	大额支付		HVPS596521　5　201902　/供应商货款 滑帐				153　/988　/1273	有限公司/企业银行(中国)有限公司

借方合计 Debit Total 0.00　　贷方合计 Credit Total　　本页余额 Current Page Balance　　本对账期末余额 Balance At the End of the Period

1. 余额前面标注"-"代表借方金额，没有标注的则代表贷方金额。"-" mark represents debit amount; otherwisely represents credit amount. 2. 对账单中如出现错误或遗漏情况，请于收到后的七日内通知我行，否则将视同此对账单无误。请妥善保管对账单，并在您的地址/联系电话发生变更时，及时书面通知我行。For any error or omission in this statement, please kindly notify within 7 days after receipt, otherwise it would be deemed as agreed. Please keep this statement properly and timely inform us with written notice of address or contact number change.

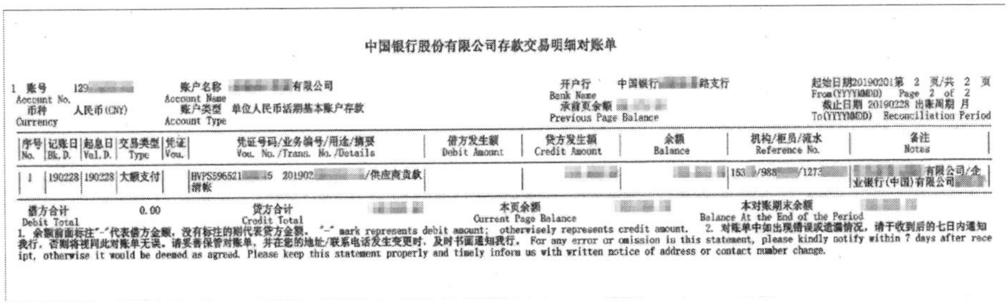

图 7-2　中国银行对账单

7.1.4 银行结算收费及账务处理

银行为企业等办理资金结算服务，按规定收取一定的费用。银行结算收费种类包括以下 3 种。

（1）凭证工本费，如银行对账单、银行回执单打印费，结算卡费等。

（2）手续费，通常支付一笔费用即产生一笔手续费。

（3）邮电费，与手续费一起收取。

以上费用在会计处理时应计入"财务费用"科目。

例 7-1

A 公司于 2019 年 1 月 8 日向开户银行缴纳 2019 年全年银行对账单、银行回执单打印费用共 200 元。同时向 B 公司转账支付货款 10000 元，产生手续费 5 元。会计分录如下。

借：财务费用——工本费 200 元
　　贷：库存现金 200 元
借：应付账款——B 公司 10000 元
　　贷：银行存款——××银行××支行 10000 元
借：财务费用——手续费 5 元
　　贷：银行存款——××银行××支行 5 元

此外，企业办理结算业务应当遵守银行结算的相关规定，如有违反，银行可按规定向客户收取罚款。企业向银行缴纳的罚款在会计处理账务时应计入"营业外支出"科目。

例 7-2

A 公司于 2019 年 4 月违反银行结算相关规定，被开户银行罚款 2000 元，该款项直接从 A 公司结算账户中扣除。会计分录如下。

借：营业外支出——银行罚款 2000 元
　　贷：银行存款——××银行××支行 2000 元

7.2 银行票据结算

银行票据结算是银行三大类结算方式中最重要的一种。票据是指《中华人民共和国票据法》规定由出票人依法签发、约定自己或者委托付款人在见票时或指定的日期向收款人或持票人无条件支付一定金额并可转让的有价证券。本节主要介绍关于票据行为的概念、填写票据的规范性要求，以及 4 种银行票据——银行汇票、商业汇票、银行本票、支票的相关内容。

7.2.1 票据行为

票据行为是以票据权利、义务的设立及变更为目的的法律行为。广义的票据行为是指票据权利、义务的创设、转让和解除等行为，包括出票、背书、承兑、保证、参加承兑付款、参加付款、追索等行为。狭义的票据行为专指以设立票据债务为目的的行为，只包括出票、背书、承兑、保证、参加承兑、保付 6 种，不包括解除票据债务的付款、参加付款、追索等。通常情况下所指的票据行为是狭义的票据行为，具体概念及含义如表 7-3 所示。

表 7-3　狭义票据行为的概念及含义

序号	票据行为	概念及含义
1	出票	出票人签发票据并将其交付给收款人的行为，是票据关系产生的基础。具体来说，就是出票人在银行票据上填写内容并签章后，将票据交付给收款人
2	背书	持票人为将票据权利转让给他人或者将一定的票据权利授予他人行使，而在票据背面或者粘贴单上记载有关事项并签章的行为
3	承兑	持票人在汇票到期之前，要求付款人在该汇票上做上到期付款的记载。承兑行为是承兑汇票特有的票据行为
4	保证	票据债权人和债务人以外的第三方为担保票据债务的履行，以承担同一内容的票据债务为目的的一种票据行为，也就是一种担保行为
5	参加承兑	票据上注明的预备付款人或第三人为特定票据债务人的利益，代替承兑人行使承兑权，以阻止持票人于到期日前行使追索权的一种附属的票据行为。一般在汇票得不到承兑、付款人或承兑人走逃、死亡或其他原因无法承兑或被宣告破产的情况下才会发生参加承兑的行为
6	保付	适用于支票。是一种绝对付款承诺。只要付款人在支票上注明了"保付"戳记，便负有绝对付款责任

7.2.2 票据填写要求

为了避免票据被篡改使不法分子有可乘之机，确保资金安全，出纳人员无论填写哪一种银行票据，都应当遵循规范要求。实际上本章所讲的票据填写要求也就是本书在第2章中介绍的出纳人员必须掌握的基本书写规范。这里再次强调，是提醒出纳人员在填写银行票据时需要特别注意几点基本的规范性要求，内容如下。

（1）金额大、小写一致，不得涂改。

（2）对于大写金额一律用正楷或行书书写，同时要注意小写金额不得连笔写。

（3）大写金额前面不留空白。中文大写金额前应标明人民币字样，票据大写金额前未印有人民币字样的，在填写时应在大写金额前填写"人民币"字样。

（4）金额大写后面加"整"字。中文大写金额到元位为止的，应在"元"字后面加"整"字；中文大写金额到角位为止的，在角位之后可以不写"整"字；中文大写金额有分位的，分位后不写"整"字。例如，"¥16000.00"书写为"人民币壹万陆仟元整"；"¥16232.80"书写为"人民币壹万陆仟贰佰叁拾贰元捌角"；"¥16232.86"书写为"人民币壹万陆仟贰佰叁拾贰元捌角陆分"。

（5）金额小写前加"¥"符号封头，默认书写至小数点后两位，如果金额没有角位和分位，务必添"0"补位，不得简化留空。例如，12680元的小写金额应书写为"¥12680.00"。

（6）填写出票日期的基本规范要求：出票日期应当用大写数字填写。注意在填写月、日时，当月为壹月、贰月、拾月的，日为壹日至玖日、壹拾日、贰拾日、叁拾日的，应在大写汉字前加"零"字。另外在书写时应注意月份为11和12、日期为11~19的，应在其大写的汉字前加"壹"字。例如，2月18日应写为"零贰月壹拾捌日"；12月30日应写为"壹拾贰月零叁拾日"。

7.2.3 银行汇票

银行汇票是指由出票银行签发的，由其在见票时按照实际结算金额无条件付给收款人或者持票人的票据。银行汇票的出票人为银行，提示付款日期为自出票日起1个月。一般适用于办理异地转账结算和支取现金。

1. 银行汇票特点

相比较其他票据结算方式，银行汇票结算方式具有以下特点和优势。

（1）适用范围广。银行汇票结算方式适用于所有人、单位和组织，无论他们是否在银行开立账户，需要在异地进行商品交易、劳务供应和进行其他经济活动（如债权债务的结算），都可以采用银行汇票结算。而且，银行汇票既可以转账结算，又可以支取现金。

（2）票随人走，钱货两清。购货单位交款，银行开票，票随人走；购货单位购货交票，销货单位验票发货，一手交票，一手交货，银行见票付款。这样可以简化不必要的结算环节，缩短结算资金的在途时间，有利于购销活动顺利进行。

（3）信用度高，安全可靠。银行汇票是银行在收到汇款人款项后签发的支付凭证，具有较高的信誉。银行见票无条件支付，收款人持有票据，即可安全及时地到银行支取款项。

（4）使用灵活，适应性强。银行汇票的持票人可以将银行汇票背书转让给其他单位，有利于购货单位在市场上灵活地采购物资。

（5）结算准确，余款自动退回。在汇票的汇款金额之内的，可根据实际采购金额办理支付，多余款项将由银行自动退回。

2．银行汇票内容

银行汇票一式四联，每一联的持票人和用途分别如下。

第1联：卡片联，在承兑行支付票款时作为付出传票。

第2联：银行汇票联，与第3联解讫通知一并由汇款人自带，在兑付行兑付汇票后作为银行往来账付出传票。

第3联：解讫通知，在兑付行兑付后随报单寄往签发行，由签发行作为余款收入传票。

第4联：多余款通知，在签发行结清后交予汇款人。

在银行汇票上必须完整记载以下内容，如图7-3所示。出纳人员在受理银行汇票时要注意审核，所需记载内容缺一不可，否则汇票无效。

图7-3 银行汇票记载内容

银行汇票空白样票第 2 联如图 7-4 所示。

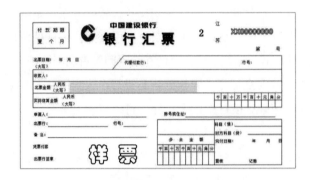

图 7-4　银行汇票第 2 联样票

3．银行汇票结算流程

银行汇票的提示付款日期为自出票日起 1 个月。办理银行汇票结算业务的基本流程如下。

（1）付款企业（申请人）向开户银行申请银行汇票：填写"银行汇票委托书"，并将款项交存开户银行。

（2）申请人开户银行向申请人签发银行汇票。

（3）申请人持汇票至异地采购物资，并将银行汇票交予收款人（持票人）作为货款结算凭证。

（4）收款企业收到银行汇票后，在出票日期 1 个月内，按照实际结算款项（必须在出票金额以内）至开户银行办理结算：将收款企业写进账单，连同银行汇票（第 2 联）和解讫通知（第 3 联）一并交至开户银行，经银行审核无误后，向收款企业支付款项。

（5）银行汇票实际结算金额低于出票金额的，多余金额由出票银行退交申请人。

（6）出票人（付款企业开户银行）和收款人（或持票人）的开户银行之间进行资金清算。

4．银行汇票账务处理

出纳人员在进行账务处理时，应注意将银行汇票的出票金额计入"其他货币资金"科目进行核算。但是付款企业和收款企业在同一项购销活动和同一笔银行汇票结算业务中扮演的角色不同，因此，各自账务的处理方法也有所不同。下面列举实例，结合银行汇票结算流程讲解账务处理方法。

例 7-3

A 公司准备前往异地向 B 公司采购货物,双方商定以银行汇票方式结算货款,货款预估金额为 50000 元(本例暂不考虑增值税)。结算流程如下。

① A 公司申请银行汇票:A 公司从银行账户划款 50000 元至开户银行 C 银行,并按相关规定办理申请手续。

② C 银行于 2019 年 4 月 1 日签发汇票(出票日期)。

③ A 公司持银行汇票第 2 联和第 3 联前往异地采购货物时交予 B 公司,经双方核实一致,A 公司实际入库金额为 48000 元。

④ B 公司收到银行汇票后,应于 4 月 30 日前前往开户银行 D 银行,依照相关规定办理结算款项 48000 元。

⑤ D 银行审核无误后将款项 48000 元转入 B 公司银行账户。

⑥ D 银行将银行汇票第 3 联和第 4 联(多余款通知)寄回 C 银行。

⑦ C 银行审核无误后向 A 公司退还 2000 元。

⑧ 银行之间资金清算:C 银行与 D 银行按规定办理相关手续,并审核通过后,C 银行划款 48000 元至 D 银行。

◆ A 公司(购货单位)账务处理如下。

① A 公司出纳人员根据银行批准后的"银行汇票委托书"存根记账。

借:其他货币资金—银行汇票 50000 元

  贷:银行存款 50000 元

② 持银行汇票购货并收到发票和发货单。

借:库存商品 48000 元

  贷:其他货币资金—银行汇票 48000 元

③ 收回剩余款项 2000 元。

借:银行存款 2000 元

  贷:其他货币资金—银行汇票 2000 元

◆ B 公司账务处理如下。

① 销售货物收到银行汇票。

借:其他货币资金—银行汇票 48000 元

  贷:主营业务收入 48000 元

② 办理银行汇票结算,D 银行划款 48000 元至 B 公司银行账户。

借:银行存款 48000 元

  贷:其他货币资金—银行汇票 48000 元

7.2.4 商业汇票

商业汇票是由出票人签发的，委托付款人在见票时或在指定日期无条件支付确定的金额给收款人或者持票人的票据。商业汇票的付款期限最长不得超过6个月（电子商业汇票可延长至1年）。商业汇票的提示付款期限是自汇票到期日起10日。持票人应在提示付款期限内委托开户银行收款或直接向付款人提示付款。

1. 汇票的当事人

商业汇票的当事人一般有3个：出票人、付款人、收款人。

（1）出票人。

商业汇票与银行汇票最显著的区别就是它的出票人是工商企业，而非银行。同时，商业汇票的出票人既可以是债权人，又可以是债务人。

（2）付款人。

付款人是指对商业汇票实际付款的人。无论出票人是债权人还是债务人，付款人一般都是债务人，或者是经约定，由与债务人有资金关系的其他工商企业作实际付款人。

（3）收款人。

收款人是指商业汇票上实际载明的收取汇票金额的人。无论出票人是债权人还是债务人，收款人都是债权人。

2. 商业汇票结算的特点

商业汇票结算是指利用商业汇票办理款项结算的一种银行票据结算方式。相比其他结算方式而言，商业汇票结算有以下特点。

（1）适用范围较窄。商业汇票必须以合法的商品交易为基础，才能予以签发。而其他经济行为的结算，如清偿债务、劳务报酬、资金借贷等，均不得采用商业汇票结算方式。

（2）商业汇票必须经过承兑才具有法律效力。

（3）商业汇票可以背书转让。

（4）商业汇票使用对象较少，只有在银行开立账户的法人或其他组织才可使用。也就是说，使用商业汇票的当事人、背书人和被背书人必须具备两个条件，缺一不可。其条件如下。

① 必须具有法人资格。不具备法人资格的单位或个人，如个体工商户、法人附属单位、个人等均不能使用商业汇票。

② 必须在银行开立账户。如果单位具有法人资格，但未在银行开立账户，也不得使用商业汇票。

（5）商业汇票不受地域限制，同城、异地均可使用。

（6）商业汇票没有结算起点的限制。

（7）付款期限最长为6个月。

（8）未到期的商业汇票可以贴现。

3. 商业汇票种类

商业汇票按承兑人的不同可分为商业承兑汇票和银行承兑汇票。

（1）商业承兑汇票。

商业承兑汇票是指由收款人（债权人）出票，经付款人（债务人）承兑，或由付款人出票并承兑的商业汇票。在商品交易中，销货人向购货人索取货款的汇票时，存款人必须在汇票的正面签"承兑"字样，并加盖银行预留印章。在汇票到期前付款人应向开户银行交足票款。汇票到期后，银行凭票从付款单位账户划转给收款人或贴现银行。

◆商业承兑汇票一式三联，各联次用途如下。

第1联：卡片联，由承兑人（付款人）留存。

第2联：商业承兑汇票，由收款人开户银行随托收凭证寄往付款人开户银行作为借方凭证附件。

第3联：存根联，由签发人留存。

◆签发的商业承兑汇票上必须完整记载下列7个事项，缺一不可，否则为无效汇票。

① 标明"商业承兑汇票"的字样。

② 无条件支付的委托。

③ 确定的金额。

④ 付款人名称。

⑤ 收款人名称。

⑥ 出票日期。

⑦ 出票人签章。

商业承兑汇票样式（第1联）如图7-5所示。

商业承兑汇票（卡片） 1
出票日期（大写） 年 月 日 汇票号码
付款人 全称 / 账号 / 开户银行
收款人 全称 / 账号 / 开户银行
出票金额 人民币（大写） 亿 千 百 十 万 千 百 十 元 角 分
汇票到期日（大写）
付款人开户行 行号 / 地址
交易合同号码
备注：
出票人签章
此联承兑人留存

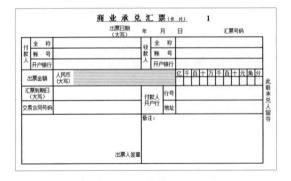

图 7-5　商业承兑汇票样式（第 1 联）

◆商业承兑汇票办理及结算程序如图 7-6 所示。

1. 出票承兑

• 商业承兑汇票由收款人或付款人签发，由付款人承兑。
• 承兑时，无须办理特别的手续，只需付款人在商业承兑汇票第 2 联正面签署“承兑”字样并加盖银行预留的印章即可。

↓

2. 委托银行收款

• 按照银行要求填写一式五联的“托收凭证”（委托收款凭证）：在“托收凭据名称”栏内填写“商业承兑汇票”及汇票号码。
• 在商业承兑汇票第 2 联背面加盖单位公章，并交付开户银行。
• 开户银行审查后办理收款手续，并将盖章后的“托收凭证”第 1 联（受理回单）退给收款单位留存。

图 7-6　商业承兑汇票结算程序

托收凭证（第 1 联）样式如图 7-7 所示。

托收凭证（受理回单） 1
委托日期 年 月 日
业务类型 委托收款（□邮划、□电划） 托收承付（□邮划、□电划）
付款人 全称 / 账号 / 地址 省 市县 开户行
收款人 全称 / 账号 / 地址 省 市县 开户行
金额 人民币（大写） 亿 千 百 十 万 千 百 十 元 角 分
款项内容 托收凭据名称 附寄单证张数
商品发运情况 合同名称号码
备注： 款项收妥日期
复核 记账 年 月 日
此联作收款人开户银行给收款人的受理回单

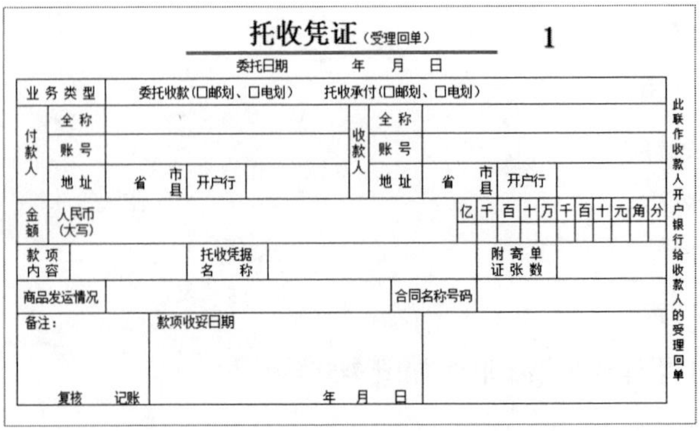

图 7-7　托收凭证（第 1 联）样式

◆商业承兑汇票的账务处理。

在对商业承兑汇票进行账务处理时,应将汇票票面金额计入"应付票据"科目核算,具体如下。

1)付款单位的账务处理。

① 购货单位签发商业承兑汇票交予销货单位。

借:库存商品或原材料
　　应交税费—应交增值税(进项税额)
　贷:应付票据—商业承兑汇票

② 汇票到期支付票款,购货企业收到开户银行的付款通知。

借:应付票据—商业承兑汇票
　贷:银行存款

2)收款单位的账务处理

① 销货单位收到购货单位交来的已承兑的商业承兑汇票。

借:应收票据—商业承兑汇票
　贷:主营业务收入
　　应交税费—应交增值税(销项税额)

② 销货单位把即将到期的汇票交存开户银行办理收款手续以后,接到银行收款通知。

借:银行存款
　贷:应收票据—商业承兑汇票

(2)银行承兑汇票。

银行承兑汇票是指由在承兑银行开立存款账户的存款人签发,向开户银行申请并经银行审查同意承兑,并保证在指定日期无条件支付确定的金额给收款人或持票人的票据。承兑银行基于对出票人资信的认可,对出票人签发的商业汇票进行承兑。

1)出票人必须同时具备以下6个条件才能申请签发银行承兑汇票。

① 在承兑银行开立存款账户的法人及其他组织。

② 与承兑银行有真实的委托付款关系。

③ 能够提供具有法律效力的购销合同及增值税发票。

④ 有足够的支付能力、良好的结算记录和结算信誉。

⑤ 与银行信贷关系良好,无贷款逾期记录。

⑥能提供相应的担保，或按要求存入一定比例的保证金。

2）银行承兑汇票一式四联，各联次用途如下。

第1联：卡片联，在承兑银行支付票款时作为付出付票。

第2联：银行承兑汇票联，在收款人开户行向承兑银行收取票款时作为银行往来账付出传票。

第3联：解讫通知联，在收款人开户银行收取票款时随报单寄给承兑行，承兑行以此作为付出传票的附件。

第4联：存根联，由签发单位作为原始凭证入账。

◆签发银行承兑汇票必须记载的事项与商业承兑汇票相同，此处不再赘述。

银行承兑汇票样票（第2联）如图7-8所示。

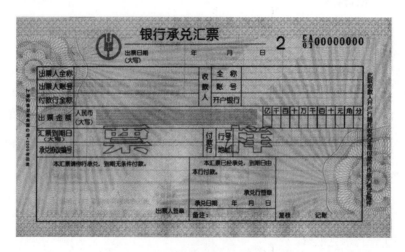

图7-8　银行承兑汇票（第2联）样票

◆银行承兑汇票办理流程如图7-9所示。

1. 签订交易合同
• 交易双方提供具有法律效力的购销合同及增值税发票是签发银行承兑汇票的必备条件。签订交易合同是办理银行承兑汇票的第一步，也是最重要的一步。

2. 签发汇票
• 银行审查相关资料并确认无误后，才可同意付款人签发银行承兑汇票。出纳人员填写汇票时应注意按照规范要求填写和盖章。

3. 汇票承兑
• 填妥银行承兑汇票后,出纳人员应该核对汇票有关内容与交易合同内容是否一致。 • 填制"银行承兑协议"及银行承兑汇票清单,并在"承兑申请人"处加盖本单位公章。

4. 支付手续费
• 承兑银行根据"银行承兑协议"规定,向付款单位收取手续费,从付款单位的存款账户中扣除。 • 手续费按照银行承兑汇票票面金额的 0.05% 计收,若不足 10 元则按 10 元收取。

图 7-9 银行承兑汇票办理流程

◆银行承兑汇票账务处理。

1)付款单位的账务处理。

①购货单位签发银行承兑汇票,并经开户银行承兑,同时支付承兑手续费。

借:财务费用—银行手续费

    贷:银行存款

②购货单位将银行承兑汇票交予销货单位。

借:库存商品或原材料

    应缴税费—应缴增值税(进项税额)

    贷:应付票据—银行承兑汇票

③汇票到期,购货企业支付票款,收到开户银行付款通知。

借:应付票据—银行承兑汇票

    贷:银行存款

2)收款单位的账务处理。

①销货单位收到购货单位交来的已承兑的银行承兑汇票。

借:应收票据—银行承兑汇票

    贷:主营业务收入

    应缴税费—应缴增值税(销项税额)

②汇票到期,销货单位将银行承兑汇票连同进账单送交开户银行办理转账。

借:银行存款

    贷:应收票据—银行承兑汇票

③销货单位将银行承兑汇票背书转让给其他单位用以购进货物或冲抵应付账款。

借：库存商品或原材料
　　　　应缴税费—应缴增值税（进项税额）
　　贷：应收票据—银行承兑汇票
　　借：应付账款
　　贷：应收票据—银行承兑汇票

4．商业汇票贴现及账务处理

　　商业汇票贴现是指企业向银行或银行相互之间融通资金的一种方式。具体是指收款人因资金需求依据手中未到期的商业票据向银行或贴现公司（融资公司）要求提前变成现款，银行或贴现公司收进这些未到期的应收票据，按票面金额扣除贴现日以后的利息后支付现款给票据贴现企业。

　　（1）商业汇票贴现的办理程序。

　　1）申请贴现。

　　①汇票持有人将未到期的商业汇票交给银行，向银行申请贴现，填写一式五联的"贴现凭证"，银行按照票面金额扣收自贴现日至汇票到期日期间的利息，将票面金额扣除贴现利息后的净额交付给汇票持有人。

　　一式五联"贴现凭证"的用途分别如下。

　　第1联：代申请书，交银行作贴现付出传票。

　　第2联：收入凭证，交银行作贴现申请单位账户收入传票。

　　第3联：收入凭证，交银行作贴现利息收入传票。

　　第4联：收账通知，交银行给贴现申请单位的收账通知。

　　第5联：到期卡，交会计部门按到期日排列保管，到期日账务处理时作贴现收入凭证。

　　②贴现单位的出纳人员应根据汇票的内容逐项填写上述"贴现凭证"的有关内容，如贴现申请人的名称、账号、开户银行，贴现汇票的种类、发票日、到期日和汇票号码，汇票承兑人的名称、账号和开户银行，汇票金额的大、小写等。

　　其中，贴现申请人即商业汇票持有单位本身；贴现汇票种类是指银行承兑汇票或商业承兑汇票；银行承兑汇票为银行承兑，即付款单位为开户银行，商业承兑汇票为付款单位承兑；汇票金额（贴现金额）是指汇票本身的票面金额。

　　贴现凭证样式（第1联）如图7-10所示。

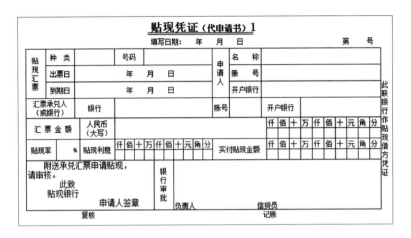

图 7-10 贴现凭证（第 1 联）样式

③ 填好贴现凭证后，在第 1 联贴现凭证"申请人签章"处和商业汇票第 2 联、第 3 联背面加盖预留银行印章（财务专用章和企业法定代表人名章），然后一并送交开户银行信贷部门。

④ 开户银行审查无误后，在贴现凭证"银行审批"栏签注"同意"字样，并加盖有关人员印章后送交银行会计部门。

2）办理商业承兑汇票贴现。

① 银行会计部门对银行信贷部门审查的内容进行复核，并审查汇票盖印及压印金额是否真实有效。审查无误后，按规定计算并在贴现凭证上填写贴现率、贴现利息和实付贴现金额。

其中，贴现率是国家规定的年贴现率；贴现利息是指汇票持有人向银行申请贴现金额支付给银行的贴现利息；实付贴现金额也称"贴现净值"，是指汇票金额（贴现金额）减去应付贴现利息后的净额，即汇票持有人办理贴现后实际得到的款项金额。

根据规定，贴现利息应按照贴现金额、贴现天数（自银行向贴现单位支付贴现票款日起至汇票到期日前一天止的天数）和贴现率计算求得。用公式表示：

贴现利息 = 贴现金额 × 贴现率 ÷ 360 × 贴现天数

实付贴现金额（贴现净值）= 贴现金额 − 应付贴现利息

② 银行会计部门填写贴现率、贴现利息和实付贴现金额后，将贴现凭证第 4 联加盖"转讫"章后交给贴现单位作为收账通知，同时将实付贴现金额转入贴现单位账户。

③贴现单位根据开户银行转回的贴现凭证第4联，按实付贴现金额作银行存款收款账务处理。

（2）商业汇票贴现利息计算方法和账务处理。

例 7-4

A公司于7月1日向B公司签发一份180天的不带息商业汇票，汇票金额为50000元，到期付款日为12月27日。因B公司急需一笔资金，需要提前办理结算。假设B公司于9月1日贴现，银行年贴现率为5.5%，计算贴现利息和贴现净值。

① 贴现天数：9月1日~12月26日，即 30+31+30+26=117 天
② 贴现利息：50000×5.5%÷360×117=893.75 元
③ 贴现净值：50000-893.75=49106.25 元

B公司账务处理如下。
① 收到A公司签发的商业汇票
借：应收票据—A公司 50000元
　　贷：应收账款—A公司 50000元
② 办理贴现
借：银行存款 49106.25元
　　财务费用—贴现利息 893.75元
　　贷：应收票据—A公司 50000元

例 7-5

承上例，假设商业汇票为带息汇票，票面利率为6%，其他条件相同。计算贴现利息和贴现净值。

① 汇票到期价值：50000+（50000×6%÷360×180）=51500 元
② 贴现利息：51500×5.5%÷360×117=920.56 元
③ 贴现净值：51500-920.56=50579.44 元

账务处理方法与【例7-4】相同。

5. 银行汇票与商业汇票区别

银行汇票与商业汇票虽然同属于汇票，但是两者之间存在明显的区别，如签发人、付款人、提示付款期限等都不相同。这里归纳了两种汇票的几项主要区别，如表7-4所示。

表 7-4 银行汇票和商业汇票的主要区别

序号	区别项目	银行汇票	商业汇票
1	适用范围	单位和个人均可申请银行汇票	具有法人资格,且在银行开立账户的单位才能申请
2	结算起点	500元	无
3	签发人	由发票银行签发	由银行以外的出票人签发
4	付款人	出票银行付款	承兑人付款
5	提示付款期限	自出票日起1个月	自汇票到期日起10日
6	结算方式	转账和现金	转账
7	安全性	银行付款,安全性更高	存在到期不能足额收款的风险
8	联次	一式四联	商业承兑汇票一式三联 银行承兑汇票一式四联
9	会计科目	计入"其他货币资金"科目	收款方计入"应收票据" 付款方计入"应付票据"

7.2.5 银行本票

银行本票是申请人将款项交存银行,由银行签发的承诺自己在见票时无条件支付确定的金额给收款人或者持票人的票据。

1. 银行本票特点

相对于其他票据而言,银行本票具有以下特点和优势。

(1)适用范围广。单位和个人均可使用银行本票结算。

(2)银行本票按照金额是否固定分为定额和不定额两种。

① 定额银行本票是指票据上预先印有固定面额。面额包括 1000 元、5000 元、10000 元、50000 元。

② 不定额银行本票是指票据上金额栏空白,签发时根据实际需要填写金额(起点金额为 5000 元)的票据。

(3)信誉度高,安全性强。银行本票实行见票即付,银行见票即无条件按银行本票票面金额转入结算单位或个人账户,使收款人资金得以保障。

(4)银行本票可以用于转账。填明"现金"字样的银行本票,也可以用于支取现金,但是以申请人或收款人为单位的,不得申请签发现金银行本票。

(5)银行本票可以背书转让,但是填明"现金"字样的银行本票不能背书转让。

(6)银行本票的提示付款期限自出票日起最长不得超过 2 个月。

（7）在银行开立存款账户的持票人向开户银行提示付款时，应在银行本票背面"持票人向银行提示付款签章"处签章，签章须与预留银行签章相同。未在银行开立存款账户的个人持票人，持注明"现金"字样的银行本票向出票银行支取现金时，应在银行本票背面签章，记载本人身份证件名称、号码及发证机关。

（8）银行本票遗失，失票人可以凭人民法院出具的享有票据权利的证明向出票银行请求付款或退款。

2．银行本票记载事项

与其他票据相同，银行汇票必须记载以下6个事项，缺一不可，否则无效。

（1）标明"银行本票"的字样。

（2）无条件支付的承诺。

（3）确定的金额。

（4）收款人名称。

（5）出票日期。

（6）出票人签章。

定额和不定额银行本票样票分别如图7-11与图7-12所示。

图7-11　定额银行本票样票

图7-12　不定额银行本票样票

3. 银行本票结算程序与账务处理

付款单位首先应按照银行规定申请银行本票，填写"银行本票申请书"并提供相关资料，银行审核通过后将银行本票和"银行本票申请书"存根联交予付款单位。

在银行开立存款账户的持票人向开户银行提示付款时，应在银行本票背面"持票人向银行提示付款签章"处签章，签章须与预留银行签章相同。

未在银行开立存款账户的个人持票人，持注明"现金"字样的银行本票向出票银行支取现金时，应在银行本票背面签章，记载本人身份证件名称、号码及发证机关。

付款单位收到"银行本票申请书"存根联即可编制收款凭证，将银行本票计入"其他货币资金"科目，会计分录如下。

借：其他货币资金—银行本票
　贷：银行存款

对于银行按规定收取的办理银行本票的手续费，付款单位应当根据银行的相应收费回单编制付款凭证，会计分录如下。

借：财务费用—银行手续费
　贷：银行存款

7.2.6 支票

支票是指出票人根据其在开户银行的存款和透支限额签发的，委托银行在见票时无条件支付确定的金额给收款人或持票人的票据。

1. 支票特点

支票是日常经济业务结算中最常见的一种结算方式，相对于汇票、本票而言，支票具有以下特点和优势。

（1）无结算起点限制。

（2）使用方便，手续简便、灵活，安全可靠。同城票据交换地区内的单位和个人之间的一切款项结算，均可使用支票。自2007年6月25日起支票实现了全国通用，异地之间也可使用支票进行支付结算。

（3）支票的提示付款期限为自出票日起10天，结算更迅速。

（4）普通支票可以背书转让，但用于支取现金的支票不得背书转让。

（5）出票人不得签发"空头支票"，必须使收款人资金有保障。

支票出票人签发的支票金额，不得超出其在付款人处（委托银行）的存款金额，即不能签发"空头支票"，否则银行将对签发空头支票或印章与预留印章不符的支票按照票面金额处以 5% 但不低于 1000 元的罚款。同时，持票人也有权要求出票人赔偿支票金额 2% 的赔偿金。对屡次签发空头支票或印章与预留印章不符的支票人，银行可根据情节轻重给予警告或通报批评，直至其停止向收款人签发支票。

2. 支票记载事项

支票记载事项包括绝对记载事项、相对记载事项、非法定记载事项。根据《中华人民共和国票据法》和《中国人民银行结算办法》规定，两项绝对记载事项可以通过出票人以授权补记的方式记载，其中包括支票的金额、收款人名称。注意未补记前不得使用。

（1）绝对记载事项：票据法规定必须填写的记载事项，如欠缺某一项记载事项则该支票无效。一般包括以下 6 项。

① 标明"支票"字样。

② 无条件支付的委托。

③ 确定的金额。

④ 付款人名称。

⑤ 出票日期和地点。

⑥ 出票人签章。

（2）相对记载事项：票据法规定应当记载而没有记载，如未记载可以通过法律规定进行推定，但不会导致票据无效的事项。一般包括以下 3 项。

① 收款人名称。支票上未记载收款人名称的，经出票人授权，可以补充记载。

② 付款地。支票上未记载付款地的，则付款人的营业场所为付款地。

③ 出票地。支票上未记载出票地的，则出票人的营业场所、住所、经常居住地为出票地。

（3）非法定记载事项：不记载也不影响支票的法律效力的事项。一般包括以下 4 项。

① 支票的用途。

② 合同编号。

③ 约定的违约金。

④ 管辖法院。

3. 支票类别

按照结算方式不同，支票可分为现金支票、转账支票、普通支票 3 种。

（1）现金支票。

现金支票是一种最基本的支付结算业务，专门用于支取现金。现金支票由存款人签发给本单位，由相关人员到银行提取备用金，也可以签发给其他单位和个人用来办理结算或者委托银行代为支付现金给收款人。

现金支票只能用于支取现金，不能用于转账，也不得背书转让。对于现金支票，出纳人员要特别注意一点：支票收款人名称并非绝对记载事项，因此只要是持票人就可向银行提示付款。而已签发的现金支票如果遗失，可以向银行申请挂失，但是挂失前已经支付的，银行将不予受理。因此，无论作为付款方还是收款方，出纳人员都应当对现金支票的保管高度重视，尽量确保票据安全。若确实不慎遗失，应当第一时间向银行申请挂失，尽量避免被他人盗取而给企业造成经济损失。现金支票样票如图 7-13 所示。

图 7-13 现金支票票样

（2）转账支票。

转账支票是指只能用于转账的一种支票。转账支票与现金支票最大的区别在于，转账支票可以背书转让给其他债权人，但是在背书时应注意以下事项。

① 背书转让的支票，背书应当连续。即票据第一次背书转让的背书人是票据上记载的收款人，前次背书转让的被背书人是后一次背书转让的背书人，依次前后衔接，最后一次背书转让的被背书人是票据的最后持票人。持票人以背书的连续来证明其票据权利。

② 票据出票人在票据正面记载"不得转让"字样的，票据不得转让。其直接后手再背书转让的，出票人对其直接后手的被背书人不承担保证责任，对被背书

人提示付款或委托收款的票据，银行不予受理。

转账支票票样正面如图7-14所示（不包含存根）。

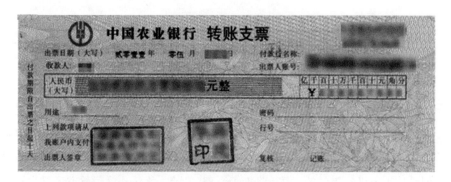

图7-14　转账支票票样正面

对于转账支票背书填写方法，可参照以下示例。

例7-6

　　天津市××公司收到转账支票背书给重庆市××公司，被背书人处填写"重庆市××公司"名称。重庆市××公司收到转账支票时再背书给太原××公司，被背书人填写"太原××公司"，太原××公司收到转账支票就背书给银行委托收款。每一个背书人都必须加盖本单位的财务专用章和法定代表人名章，如图7-15所示。

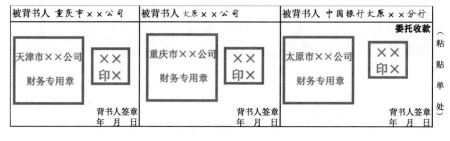

图7-15　转账支票背书示例

（3）普通支票。

支票上未注明"现金"或"转账"字样的即为普通支票。普通支票既可以用于支取现金，又可以用于转账。在普通支票左上角划两条平行线的为划线支票，划线支票只能用于转账，不得支取现金；不划线时即可作为现金支票使用。

普通支票票样如图7-16所示（图片不包含存根）。

图 7-16　普通支票票样

4．支票填写注意事项

填写支票必须符合 7.2.2 小节中介绍的票据统一规范要求，如日期填写规则、金额大小写填写规范等。除此之外，还需特别注意以下细节。

（1）收款人。

1）现金支票可以将本单位作为收款人，在后面"被背书人"栏盖本单位财务专用章和法定代表人名章；若收款人为个人，无财务专用章和法定代表人名章的，只需在支票背面填写身份证号码和发证机关，需要取款时携带其身份证和现金支票前往银行办理即可。

2）转账支票的收款人应填写对方单位的全称，并在正面加盖本单位的财务专用章和法定代表人名章。

（2）用途。

银行一般对现金支票的用途作了一定的限制，一般应填写"备用金""工资""劳务费""差旅费"等。如果填写错误，银行有权拒绝支付。银行对于转账支票的用途没有明确规定，只需简明扼要填写关键词即可，如"物资采购款""服务费"等。

（3）支票存根。

支票存根是银行审核支票无误，批准支取款项后返还给企业留存记账使用的票据。注意其中"附加信息"一栏可根据实际需要简要记录相关信息，而"出票人""金额""用途"等信息则必须与支票票面完全一致。

（4）盖章。

1）支票正面应加盖财务专用章和法定代表人名章，缺一不可，印泥为红色，印章必须清晰可见。如果印章模糊则只能将支票作废，需要另取一张重新填写并盖章。

2）剪裁线、骑缝章。

剪裁线是指支票正面与存根联之间的虚线。支票在使用时，需要从剪裁线处裁开并将存根联返还给出票人，若出现银行退票情况，必须将存根联和支票正面盖有骑缝章的两半对接。如果骑缝章完整，则代表此份支票完整。支票盖章示例如图 7-17 所示。

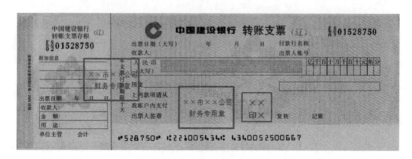

图 7-17　支票盖章示例

7.3　银行委托结算

银行委托结算，是指付款人或收款人委托银行支付或收取款项的结算方式。银行委托结算包括汇兑、委托收款、托收承付 3 种。

7.3.1　汇兑

近年来，由于网上银行的兴起，汇兑结算方式已逐渐淡出了出纳工作范畴，但是多学习一些相关知识，对于顺利开展出纳工作来说是有备无患的。本小节将对汇兑结算作简要介绍，希望出纳人员通过学习和了解，能够掌握汇兑的基本内容，以备不时之需。

汇兑是指付款人委托银行将款项支付给收款人的一种结算方式，汇兑的适用范围广泛、办理手续简便，并且无结算起点限制，特别适用于异地之间的各类款项结算，包括单位之间的货款、单位与个人、个人与个人之间结算的劳务费、工资、医药费等。

（1）两种方式：汇兑按照款项划转方式的不同分为信汇和电汇两种。

1）信汇：汇款人向银行提出申请，同时缴存一定金额及手续费给银行，汇款银行将信汇委托书以邮寄方式寄给汇入银行，以授权汇入银行向收款人解付一定金额的一种汇兑结算方式。

2）电汇：汇款人将一定款项缴存汇款银行，汇款银行通过电报或电话方式传给目的地的分行或代理行（汇入行），以指示汇入行向收款人支付一定金额款项的一种汇兑结算方式。

（2）办理程序及账务处理。

汇兑的办理程序非常简便，汇款企业填写汇兑凭证（电汇一式三联，信汇一式四联），填明收款单位名称或个人姓名、汇款金额及用途等项目，并加盖银行预留印章（财务专用章、法定代表人名章），即可委托银行办理汇款业务。汇款委托凭证（电汇凭证回单联）样式如图 7-18 所示。

××银行电汇凭证（回单）

委托日期　　年　月　日　　第　号

<table>
<tr><td rowspan="3">收款单位</td><td>全称</td><td colspan="2"></td><td rowspan="3">汇款单位</td><td>全称</td><td colspan="11"></td></tr>
<tr><td>账户或住址</td><td colspan="2"></td><td>账户或住址</td><td colspan="11"></td></tr>
<tr><td>汇入地点</td><td colspan="2"></td><td>汇出地点</td><td>省</td><td>市
县</td><td colspan="2">汇出行名称</td><td colspan="7"></td></tr>
<tr><td rowspan="2">金额</td><td rowspan="2">人民币：
（大写）</td><td colspan="5" rowspan="2"></td><td>万</td><td>千</td><td>百</td><td>十</td><td>万</td><td>千</td><td>百</td><td>十</td><td>元</td><td>角</td><td>分</td></tr>
<tr><td></td><td></td><td></td><td></td><td></td><td></td><td></td><td></td><td></td><td></td><td></td></tr>
<tr><td colspan="4">汇款用途：</td><td colspan="13">科目（付）________</td></tr>
<tr><td colspan="4">上列款项请在本单位账户内支付，并按照汇兑结算方式规定拨付给收款单位。
（汇款单位盖章）</td><td colspan="13">对方科目（收）________
汇邮行汇出日期
年　月　日
复核员　记账员</td></tr>
</table>

图 7-18　电汇凭证样式

银行受理汇款后，将收取一定的手续费，并将回单联交予企业，出纳人员根据回单编制付款凭证，会计分录如下。

借：应付账款—××公司（或个人全名）

　　财务费用—手续费

　贷：银行存款

7.3.2 委托收款

委托收款是指收款人向银行提供收款依据，委托银行向付款人收取款项的一种结算方式。委托收款同样无结算起点限制，单位和个人均可使用这种方式进行结算。

委托收款具体分邮寄和电报划汇两种方式，由收款人开户银行向付款人开户银行转送委托收款凭证、提供收款依据。

（1）委托收款的结算程序及相关规定如图 7-19 所示。

1. 委托银行收款
• 收款人在电划或邮划方式中选择一种，按照银行要求填写委托收款凭证并签章。 • 将以上资料提交开户银行审查。 • 审查通过后将其寄往付款人开户行办理相关手续。

2. 付款
• 付款人接到付款通知后 3 日内以书面形式通知银行付款。 • 若付款人未在规定期限内通知银行付款，则视为同意付款。开户银行将于付款人接到通知日的次日起第 4 日将款项划至收款人账户。 • 若付款人存款账户余额不足以支付指定数额的款项，由其开户银行通过受托银行向收款人发出"未付款项通知书"，并与债务证明一同邮寄到受托银行，由其转交收款人。

图 7-19　委托收款的结算程序及相关规定

（2）委托收款凭证一式五联。

第 1 联：回单联，收款人开户银行交付收款人的回单。

第 2 联：收款凭证，由收款人开户银行作收入传票。

第 3 联：付款凭证，由付款人开户银行作付出传票。

第 4 联：收账通知（或发电依据），收款人开户银行在款项收妥后给收款人的收款通知（或付款人开户银行凭此拍发电报）。

第 5 联：付款通知，付款人开户银行给付款人按期付款的通知。

委托收款凭证样式（第 4 联）如图 7-20 所示。

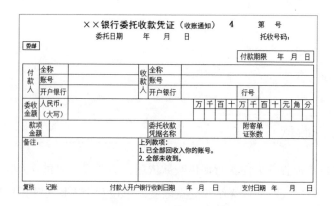

图 7-20　委托收款凭证样式

（3）委托收款的账务处理。

收款方收到委托收款凭证第 4 联，即收账通知后，表明款项已收到，即可据此编制收款凭证。

付款方收到银行转交付款通知联后，表明款项已经支付，可据此编制付款凭证；若付款方已经提前付款（在付款期满前付款），应在通知银行付款当日编制付款凭证。

需要注意的是，委托收款与其他结算方式存在一点最大的区别，即委托收款结算方式由收款方委托银行向付款方收款。付款方除可因存款余额不足的客观原因不予支付外，还可以主动拒绝付款，而非无条件付款。若付款方拒绝付款，需在付款期限内出具拒绝证明，并连同债务证明送交开户银行。银行将拒绝证明、债务证明和有关凭证一并寄往受托银行（收款人开户银行）转交收款人。全部拒绝的不作账务处理；若部分拒绝，应根据银行盖章退回的部分拒付理由书第 1 联编制部分付款凭证。

7.3.3　托收承付

托收承付是指收款人按照购销合同约定发货后委托银行向异地购货单位收取货款，购货单位根据合同审核单证并实地验货后，向银行承认付款的一种结算方式。其适用对象主要是国有企业、供销合作社，以及经营管理较好、并经开户银行审查同意的城乡集体所有制工业企业。同时，托收承付只能用于异地结算，因此又称为"异地托收承付结算"。托收承付同样分为邮寄和电报两种方式，由收款人选择，每笔金额的结算起点为 10000 元（新华书店系统比较特殊，每笔金额结算起点为 1000 元）。

（1）结算条件：办理托收承付的条件有以下 4 点。

① 只能在异地使用托收承付方式进行结算，不能同城使用。

② 结算款项必须是商品交易，以及因商品交易而产生的劳务费用。其他如代销、寄销、赊销商品的款项，不得办理托收承付。

③ 收付款双方必须签订合法的购销合同，并在合同中注明使用异地托收承付方式进行货款结算。

④ 收款人办理托收必须提供商品已经托运的相关凭证，如铁路、公路、航空等运输部门签发的托运单、回执单等。

（2）托收承付的结算流程如图 7-21 所示。

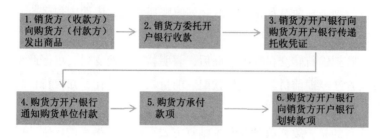

图 7-21　托收承付结算流程

（3）逾期付款的规定。

收付款双方一旦在合同中约定托收承付结算方式并正式办理银行手续，视为三方签订托收承付协议。付款方作为履行协议的关键一方，必须要有契约精神，确保开户银行账户余额充足。银行将对不能够足额支付的托收款项作逾期处理，并根据规定按每日 0.05% 罚收逾期付款赔偿金。付款方更不得无故拒付款项，若付款人累计 3 次提出无理拒付的，付款人开户银行将暂停其对外办理托收承付业务。

7.4　信用结算

本书所讲的信用结算方式是指信用卡和信用证结算。其中，信用卡结算应用极其广泛，而信用证结算则是专门用于国际结算的一种主要方式。

7.4.1　信用卡

信用卡是由商业银行向单位或个人发行的信用证明，其载体就是卡片。单位和个人凭信用卡向特约单位购物、消费，以及向发行银行存取现金。信用卡按使用对象分为单位卡和个人卡，按信誉等级分为金卡和普通卡。

（1）单位卡的相关规定。

① 单位卡用于商品交易、劳务费用支出等金额限定在人民币 10 万元以下的结算。

② 单位卡不得支取现金。

（2）结算程序。

信用卡的结算模式是先消费，后还款。这种模式能够在一定程度上刺激消费，促进社会经济发展。同时,信用卡使用极其方便、灵活,申办手续和结算程序也都非常简单、快捷。信用卡的结算程序如图7-22所示。

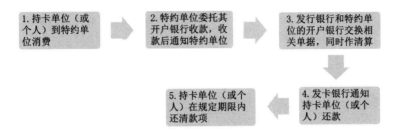

图7-22　信用卡结算程序

(3)信用卡还款期限。

对于信用卡的还款期限,虽然每家发卡银行的具体时间规定略有不同,但是其内在规律是相同的,都包含"账单日"和"还款日"两个期限。

① 账单日:是指发卡银行每月定期将持卡单位(或个人)的信用卡账户当期发生的各项交易、费用等进行汇总结算,结计利息,计算当期总欠款金额和最小还款额,并向持卡单位(或个人)发送对账单的日期。

例 7-7

当前是2019年4月,A银行的信用卡账单日为每月20日,则4月账单日20日汇总的交易金额期间为3月20日至4月19日。

② 还款日:也称"最后还款日",指的是从银行账单日起至到期还款日之间的最后一日。此期间也是免息还款期,只要在此期间内还清款项,银行将免收利息,超过最后还款日还款的,将按日计息。

例 7-8

承上例,A银行的免息还款期是20天,那么3月20日至4月19日之间交易总额的最后还款日为5月9日。

(4)信用卡的透支规定。

银行通常会允许信用卡在规定限额和期限内善意透支。一般来说,金卡透支金额最高不得超过1万元,普通卡最高不得超过5000元。透支期限最长不得超过60天。如持卡单位(或个人)恶意透支,将被征收惩罚性利息或滞纳金(具体额度,各银行规定不同),情节严重的,还必须承担相应的法律责任。

（5）信用卡的账务处理。

信用卡资金应计入"其他货币资金"科目。付款单位和收款单位的账务处理如下。

① 付款单位：对于持信用卡付出的资金，出纳人员应根据发卡银行发来的付款通知和相关原始凭证编制付款凭证。

② 收款单位：对于每日受理的信用卡签购单，出纳人员应填写汇计单和进账单，与签购单一同送交收单银行办理进账手续，再根据银行的进账通知单编制收款凭证。

7.4.2 信用证

信用证是国际结算的一种主要方式，是指银行根据进口人（买方）的请求，开具给出口人（卖方）的一种保证承担支付货款责任的书面凭证。在信用证内，银行授权出口人在符合信用证规定的条件下，以该行或其指定的银行为付款人，开具不得超过规定金额的汇票，并按规定随附装运单据，按期在指定地点收取货款。

（1）信用证的一般结算程序如图 7-23 所示。

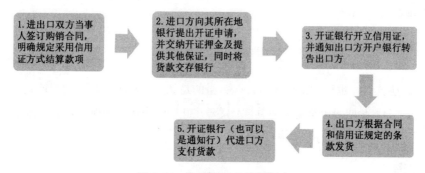

图 7-23　信用证一般结算程序

（2）信用证的账务处理。

信用证资金同样计入"其他货币资金"科目。付款单位和收款单位的账务处理如下。

① 付款单位：必须在接到开证行的通知时进行付款，出纳人员根据付款后的有关单据编制付款凭证。

② 收款单位：收到信用证后，将备货装运并签发相关发票、账单、托运单和

信用证送交银行。银行办理收款后，出纳人员根据银行返还的信用证及其他相关单据编制收款凭证。

专家经验支招

01 支票遗失的处理

出纳人员应当妥善保管所有票据，尽量避免票据遗失。但是在实际工作中，由于种种原因，票据遗失的情况也时有发生，因此，出纳人员应当预先了解票据遗失后的正确处理方法，待真正遇到时，才能及时应对。在前面介绍的各种银行结算方式中，支票结算是最为简便、快捷的一种方式。下面介绍支票遗失的处理方法。

在支票使用过程中，首先要严格按照规定填写事项，即支票的6项绝对记载事项必须填写齐备，缺一不可。否则，一旦遗失，不受法律保护。其次若丢失支票，可采取3种方式补救，即挂失止付、公示催告、普通诉讼。这里需要强调的是，无论采取哪种措施，前提是必须符合以下3个条件。

（1）必须有遗失票据的事实。即因遗失、被盗等原因而使票据权利人脱离其对票据的占有。

（2）失票人必须是真正的票据权利人。

（3）遗失的票据必须是未获付款的有效票据。

◆挂失止付。

挂失止付是指失票人将遗失票据的情况通知付款人并由接受通知的付款人暂停支付的方法。需要注意的是，挂失止付的票据应当是不属于未记载付款人的票据，或者无法确定付款人及其代理付款人的票据。未记载付款人的支票属于无效票据，不能挂失止付。挂失止付仅仅是失票人在遗失票据后可以采取的一种暂时性的预防措施，以防止票据被冒领或骗取。因此，失票人可以在票据遗失后首先采取挂失止付，接着申请公示催告或提起诉讼；也可以不采取挂失止付，直接向人民法院申请公示催告，由法院在受理后发出停止支付通知，或向法院直接起诉。但是由于法院受理需要一个过程，因此，建议遗失票据后应立即通知付款人挂失止付。

◆公示催告。

公示催告是指票据遗失后，由失票人向人民法院提出申请，请求人民法院以公告方法通知不确定的利害关系人限期申报权利（逾期未申报者，则权利失效），而由人民法院通过除权判决宣告所遗失的票据无效的一种程序。

◆普通诉讼。

普通诉讼是指遗失票据的失票人向人民法院提起民事诉讼，要求法院判定付款人向其支付票据金额的方式。采用诉讼方式，应注意以下几点。

①票据遗失后的诉讼被告一般是付款人，但是在找不到付款人或付款人不能付款的情况下，也可将其他票据债务人（如出票人、背书人、保证人等）作为被告。

②诉讼请求的内容是要求付款人或其他票据债务人在票据的到期日或判决生效后支付或清偿票据金额。

③失票人在向法院起诉时，应提供遗失的票据的有关书面证明。

在判决前或付款前，付款人或人民法院可以要求失票人提供抵押，以防止付款人由于支付已遗失的票据票款出现可能的损失。

在判决前，如果遗失的票据出现，付款人应以该票据正处于诉讼阶段为由暂不付款，而将情况迅速通知失票人和人民法院。法院应终结诉讼程序。无争议的，由真正的票据债权人持有票据并向付款人行使票据权利；有争议的，任何一方均可向法院起诉，由法院确认权利人。

如果遗失的票据出现在判决生效之后，付款人不予付款，应将情况通知失票人。无争议的，由真正的票据权利人向付款人行使票据权利；如有争议，任何一方皆可向法院起诉，请求确认权利人。

02　如何预防网络诈骗

出纳人员掌管企业资金的收入和支出，是很多不法分子的作案对象。随着网络技术的发展，越来越多的不法分子也会通过网络进行经济诈骗。近几年来最常见的诈骗手段是不法分子假冒公司领导，通过QQ、微信等即时通信软件要求出纳人员付款至陌生账号。因此，出纳人员一定要坚持"不轻信、不透露、不转账"的原则，即不轻信来历不明的电话和短信，不轻易透露企业的账户信息，绝不向陌生人汇款、转账等。同时，还有以下几点事项需要特别注意。

（1）尽量通过手机号码或QQ通信录来添加联系人，并添加姓名备注，防止出现身份混淆。

（2）对电脑定期杀毒，增打补丁，以防不法分子借木马病毒盗取存储在电脑里的账户信息。

（3）无论是使用电脑还是手机上网，无论是使用QQ还是微信，对陌生人发来的任何链接、文件，切记不得随意点击。

（4）手机或电脑如果出现不明关机、蓝屏、屏闪、不断弹出对话框或突然无法正常使用等情况，有可能是中了木马病毒，要立即断网送检。

（5）对于领导通过网络发来的任何转账、汇款要求，务必要与当事人当面或打电话核实确认，并严格按流程办理转账、汇款等业务，避免被骗。

高效工作之道

在网络技术飞速发展的今天，讲求高效率工作的绝大多数企业早已开通了网上银行。作为出纳人员，也应与时俱进，及时跟进学习网上银行的相关知识，并熟练利用网上银行办理各项银行业务，只有这样，才能真正提高工作效率，提升自己的职场竞争力。本章"高效工作之道"为读者介绍了网上银行的基本功能、企业如何开通网上银行及如何办理网上银行相关业务等内容，同时讲解如何运用Excel将网上银行导出的不规范的明细账表"改头换面"，改造成为规范、整洁的表格。

01 网上银行的"高效"功能

网上银行又称网络银行、在线银行或电子银行，是指各银行在互联网中设立的虚拟柜台。银行利用网络技术，通过互联网向用户提供开户、销户、查询、对账、行内转账、跨行转账、信贷、网上证券、投资理财等传统服务项目，使用户足不出户即可安全、便捷地管理活期和定期存款、支票、信用卡及个人投资等银行业务。

一般来说，网上银行的业务品种主要包括基本业务、网上投资、网上购物、个人理财、企业银行及其他金融服务。企业银行服务则是网上银行服务中最重要的部分，其服务品种比个人客户的服务品种更多，也更为复杂，对于相关技术方面的要求也更高，所以能够为企业提供网上银行服务是商业银行实力的象征之一，一般中小型网上银行或纯网上银行只能部分提供，甚至完全不能提供这方面的服务。

企业网上银行服务一般提供账户余额查询、交易记录查询、总账户与分账户管理、转账、在线支付各种费用、透支保护、储蓄账户与支票账户资金自动划拨、商业信用卡等服务。此外，还包括投资服务等。部分网上银行还为企业提供网上贷款业务。

企业开通网上银行能够办理更多的账户管理、转账、在线支付各种费用等业务。网上银行最大的优势是方便、快捷，不必排队。同时，网上银行也可以为银行降低人力成本。网上银行因为不受时间和空间限制，所以更有利于企业高效办理银行业务。

02 如何快速开通网银

企业开通网上银行常用功能包括：查询对账、资金划拨、缴费支付、信贷融资、投资理财、现金管理、电子回单、财政社保等。

下面以建设银行为例，介绍企业从开通网上银行到办理各种业务的操作流程。

开通网上银行分为不同的用户类型：海外版客户、简版客户、高级版客户、小企业版、跨境电商版。

（1）开通方式：在开户银行柜台办理开通手续。

（2）网上银行各种用户类型的开通手续如下。

① 海外版客户：携带登记证原件及复印件，或者全球唯一银行代码证原件及复印件并提交申请书交由工作人员办理。

② 简版客户：携带营业执照正（副）本和其他证件等资料，并提交客户服务申请书交由银行工作人员办理。

③ 高级版客户：携带营业执照正（副）本和其他证件等资料，并提交客户服务申请书交由银行工作人员办理。

④ 小企业版：携带营业执照正（副）本和其他证件资料至账户开户网点，申请签约成为企业网银高级版客户，同时填写"中国建设银行专属服务开通申请书"，申请开通"小企业版"专属服务。

⑤ 跨境电商版：携带营业执照正（副）本及其他证件资料至账户开户网点，

申请签约成为企业网银高级版客户，同时填写"中国建设银行专属服务开通申请书"，申请开通"跨境电商版"专属服务，直接至网银签约网点申请"跨境电商版"专属服务即可。

（3）各种用户类型的网上银行可以分别享受以下差异化服务。

① 海外版客户：账户查询、转账、汇款、代理清算、管理设置。

② 简版客户：查询业务、电子对账、服务中心。

③ 高级版客户：网银提供全部功能，包括查询服务、账户管理、结算服务、投资理财、信贷融资等。

④ 小企业版：账户查询、电子对账、转账、代发、信贷融资、投资理财、国际结算、公私账户管理。

⑤ 跨境电商版：外汇汇款、收汇处理、国际贸易融资、结售汇、外汇买卖、银关通、银税通、汇率掉期、汇率期权、账户查询、转账业务、电子对账、缴费业务、服务管理。

03 常见网银业务操作

下面以中国建设银行为例介绍网银业务操作步骤。

（1）登录网上银行。

步骤① 登录中国建设银行官网→选择公司机构为【企业网上银行】→单击【登录】按钮，如图7-24所示。

图7-24 登录"企业网上银行"

步骤② 弹出登录对话框→输入"客户识别号""操作员代码""登录密码"→单

击【登录】按钮,如图7-25所示。进入企业网上银行"欢迎"界面后,可以看到待办业务、备忘录、需要处理的提示信息等→单击【进入操作页面】按钮,如图7-26所示。

图7-25 网上银行企业客户登录

图7-26 企业网上银行"欢迎"界面

步骤③ 进入操作界面,可以看到功能模块中有【账户查询】【转账业务】【代发代扣】【企业级代收付】【现金管理】【缴费业务】【票据业务】等功能模块,如图7-27所示。

图7-27 网上银行操作页面

(2)账户查询。

账户查询功能模块主要包括以下功能。

1)账户信息查询。可以查询账户余额、交易明细、定期账户及活期账户明细、内部账户、他行活期账户、透支账户等信息。

2)电子对账。包括每笔交易对账单查询与回签、明细账查询、对账结果查询。功能菜单如图 7-28 所示。

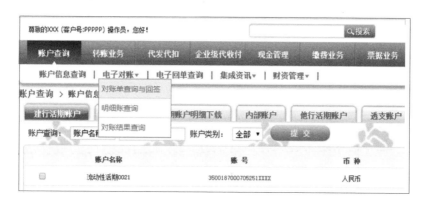

图 7-28 "电子对账"功能菜单

① "对账单查询与回签"可以按月份查询一年内的交易记录。只需在"起始日期"和"结束日期"中选择年份和月份,便可查询。"回签"代表企业确认对账单交易记录无误。界面如图 7-29 所示。

图 7-29 "对账单查询与回签"界面

② "明细账查询"可以查询一年内指定月份的每一笔交易明细。同样在"查询日期"栏选择年份和月份,单击【确定】按钮即可。界面如图 7-30 所示。

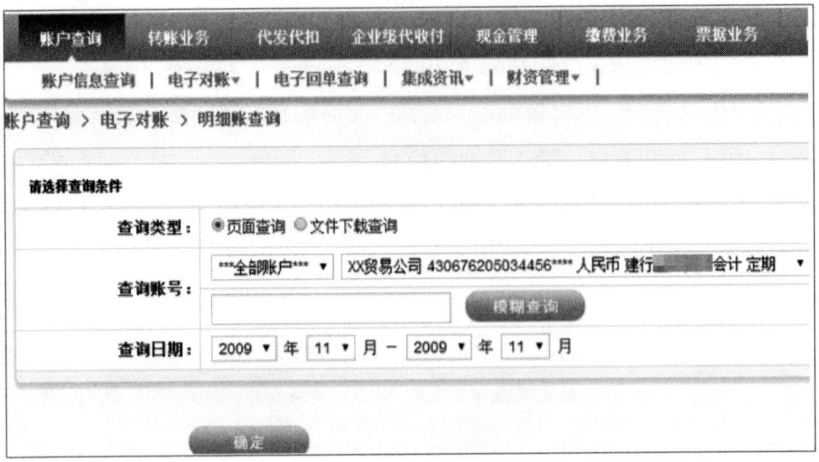

图 7-30 "明细账查询"界面

3)"电子回单查询"可逐笔查询指定的付款或收款记录的详细信息,一次只能查询一笔交易信息。输入"付款账号"(或"收款账号")、"明细编号""交易流水号""交易日期",单击【确定】按钮即可。查询界面如图 7-31 所示。

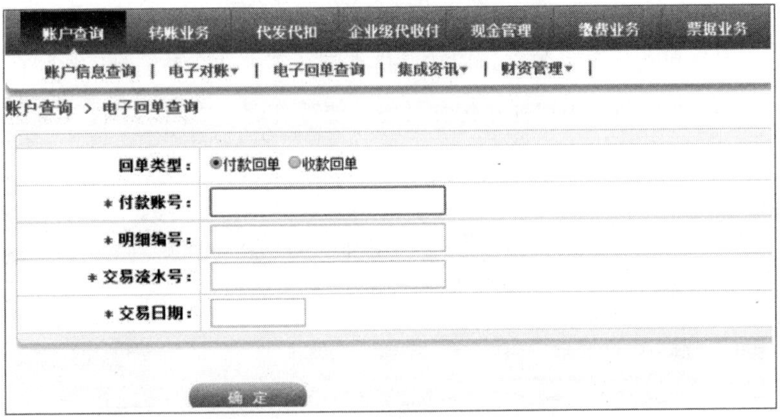

图 7-31 "电子回单查询"界面

(3)转账业务。

转账业务功能模块包括转账制单、单据维护、流水查询、付款等功能。

1)转账制单。包括单笔付款、批量付款、跨行实时转账、请领款等功能。功能菜单如图 7-32 所示。

2)单据维护。包括单据修改、单据删除、复核员变更、审核方式变更功能。

功能菜单如图 7-33 所示。

3）流水查询。包括转账流水查询、定制交易查询功能。功能菜单如图 7-34 所示。

图 7-32　"转账制单"功能菜单

图 7-33　"单据维护"功能菜单

图 7-34　"流水查询"功能菜单

（4）付款操作。

在实际工作中，出纳人员在网上银行办理频率最高的业务就是支付款项。通常网上银行对这项业务设置两个环节：一是制单环节，相当于到银行柜台办理付款时填写付款单据；二是复核环节，相当于审核无误付出款项。在网上银行办理付款时，出纳人员一般在制单环节中填好付款信息，再由上级领导或其他指定人员复核后确认并付出款项。下面介绍出纳人员办理单笔付款时制单的操作步骤。

步骤① 选择付款账号。打开【单笔付款】页面，在"付款账号"栏中选择将要付出款项的账户，一般将基本存款账户设置为默认付款账户，如图7-35所示。

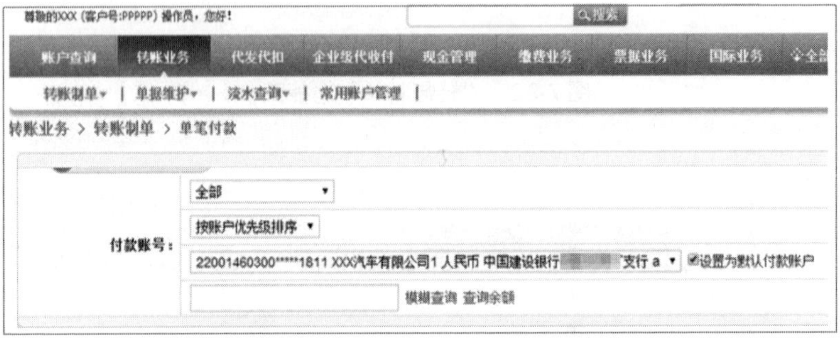

图7-35 单笔付款制单—选择付款账号

步骤② 依次选择"收款单位行别""收款单位所在地""收款单位账号"→在"金额"栏输入付款金额和用途→单击【确定】按钮，如图7-36所示。

图7-36 单笔付款制单—选择其他所需项目

步骤③ 系统弹出收付款方所有信息界面,如图 7-37 所示→在下方输入"交易密码",单击【确定】按钮即可,如图 7-38 所示。付款制单完成后,出现提示页面,提示等待下一级复核员复核,如图 7-39 所示。

图 7-37　收付款方信息界面

图 7-38　输入"交易密码"

图 7-39　付款制单—制单完成,提示复核

在实际工作中,如果企业主要以网上银行方式结算款项为主,那么需要特别注意以下 3 个相关问题。

1）严格执行制单、复核支付岗位分设制度，而且各岗位应设置不同的操作密码，相关经办人员不得相互间或向第三方透露密码，也不得由出纳一人完成网上银行付款的全过程。为保证公司网上银行资金的安全，各岗位人员应不定期地修改操作密码。

2）银行预留印章、网上银行上网U盾及支付密码器应分别由出纳和资金调度负责人保管，严禁一人保管支付款项所需的全部印章和密码器，以免出现舞弊行为。

3）实际支付时，应首先由出纳人员根据凭证逐笔、足额办理制单，再由复核支付岗位责任人分别对凭证、客户名、客户账号、金额等项目进行复核，最后使用U盾进行实际支付。支付流程结束后，资金调度人员应按日期打印出网上银行支付清单，由财务部门不定期进行复核。

04　运用 Excel 翻新银行存款收支明细表

　　在实际工作中，出纳人员每月初都会前往本企业所在开户银行打印上一月银行对账单与银行回单。如今大部分企业均已开通了网上银行，所以每月也可以同时从开户银行官网里将上月银行存款收支明细导出 Excel 表格保存至计算机中以备查询。但是，从网银中导出的原始对账单表格的格式通常都极不规范，不便于查阅和进行数据分析。为展示效果，这里预先从某企业开通的某网上银行官网中导出了 2019 年 3 月 1 日至 2019 年 3 月 31 日的银行对账单 Excel 表格。打开"素材文件\第 7 章\银行存款收支明细表.xlsx"，可以看到表格格式（其中涉及交易日期与交易金额等均为虚拟内容），如图 7-40 所示。

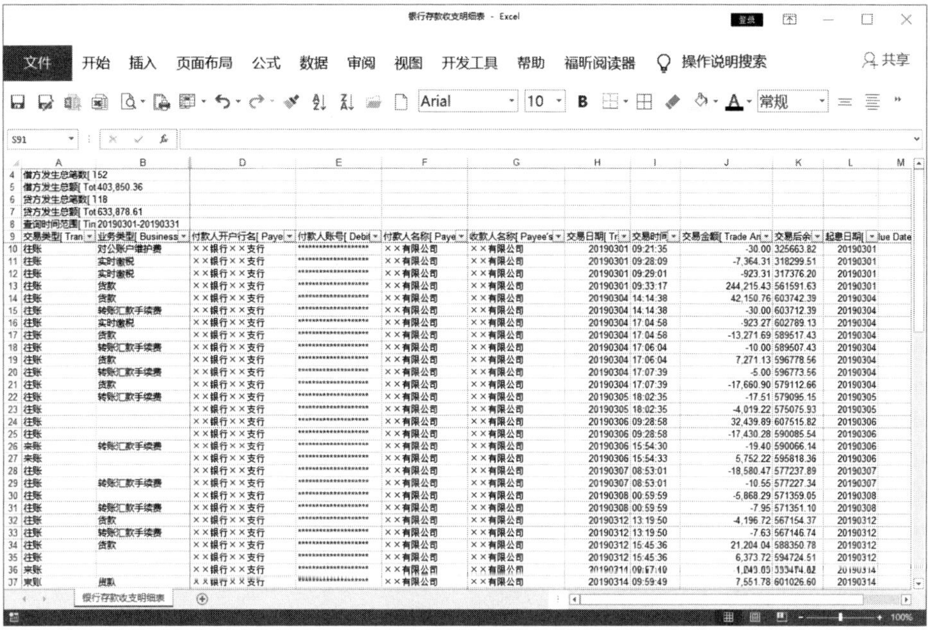

图 7-40 "银行存款收支明细表"格式

上图表格的缺点是字体过小、无用项目较多、表格太长,整体给人感觉十分凌乱,可能会让阅表人颇感头痛,甚至不愿"直视"。因此很多对 Excel 不熟悉的出纳人员核对银行存款收支明细时,可能会因噎废食,宁愿使用低效率的纸质对账单,也不愿使用这类表格进行工作。而部分出纳人员虽然会在原始表格的基础上调整格式,但是工作起来仍然感觉比较耗时费力,难以提高工作效率。其实对于这种 Excel 表格,最简单的处理方法是预先自制一份表格模板,按照自身工作需求设置好项目和格式,之后每月仅复制所需数据,并以"选择性粘贴"方式粘贴至模板中,即可快速翻新原始表格。同时运用分类汇总函数设置公式,以配合"筛选"功能,汇总数据。下面讲解具体方法和操作步骤。

步骤① 新建一份 Excel 工作表,命名为"2019.03 银行明细"→根据工作需求绘制表格,设置好基础项目和基本格式→在 B2 单元格填入上期末余额,如图 7-41 所示。

图 7-41　银行收支明细基础表格

原始表格中收款与付款金额全部列示在同一列，支出金额以负数表示，为了便于进行后续数据统计分析工作，建议在自制的模板中将收入金额与支出金额分为两列列示。

步骤② 设置公式自动将同在一列的收支数据分两列列示并计算余额。❶以"选择性粘贴"方式将原始表格中的整列收支数值复制粘贴至"2019.03 银行明细"中的 G 列（辅助列）；❷B5 单元格设置公式"=IF(G5>0,G5,0)"；❸C5 单元格设置公式"=IF(G5<0,ABS(G5),0)"；❹D5 单元格设置公式"=ROUND(B2+B5-C5,2)"计算发生第 1 笔收入或支出后的余额；❺D6 单元格设置公式"=ROUND(D5+B6-C6,2)"计算发生第 2 笔收入或支出后的余额，将 B5、C5 与 D5 单元格公式复制粘贴至 B6、C6 与 D6 单元格→将 B6、C6、D6 单元格公式复制粘贴至【B7:D74】区域中的所有单元格中。效果如图 7-42 所示。

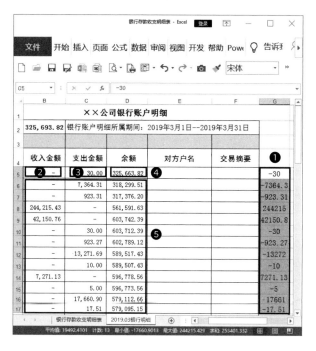

图 7-42 设置公式列示收支金额、计算余额

公式含义

"=IF(G5>0,G5,0)"表示,如果 G5 单元格的数值大于 0(代表收入金额),则 B5 单元格返回 G5 单元格的数值,否则返回 0 值;"=IF(G5<0,ABS(G5),0)"表示,如果 G5 单元格的数值小于 0(代表支出金额),则 C5 单元格返回 G5 单元格数值的绝对值(负数转化为正数),否则返回 0 值。

步骤③ 将原始表格中"交易日期""对方户名""交易摘要"项目中的数值以"选择性粘贴"方式粘贴至"2019.03 银行明细"工作表中对应的 A 列、E 列、F 列中。效果如图 7-43 所示。

步骤④ 选择【A4:F4】区域,按【Ctrl+Shfit+L】组合键添加筛选按钮。B3 单元格设置公式"=SUBTOTAL(9,B4:B100)"并复制粘贴至 C3 单元格。其中 SUBTOTAL 函数为分类汇总函数,数字"9"代表求和;【B4:B100】代表被求和的区域。公式含义:对【B4:B100】区域中被筛选出来的数据求和。因此这条公式需要与"筛选"功能配合使用,才能充分体现其分类汇总的作用。D3 单元格设置公式"=ROUND(SUM(B2,B5:B100)-

SUM(C5:C100),2)”计算期末余额。公式含义：期初余额（B2）+ 本期收入总额（B5:B100）- 本期支出总额（C5:C100），如图 7-44 所示。

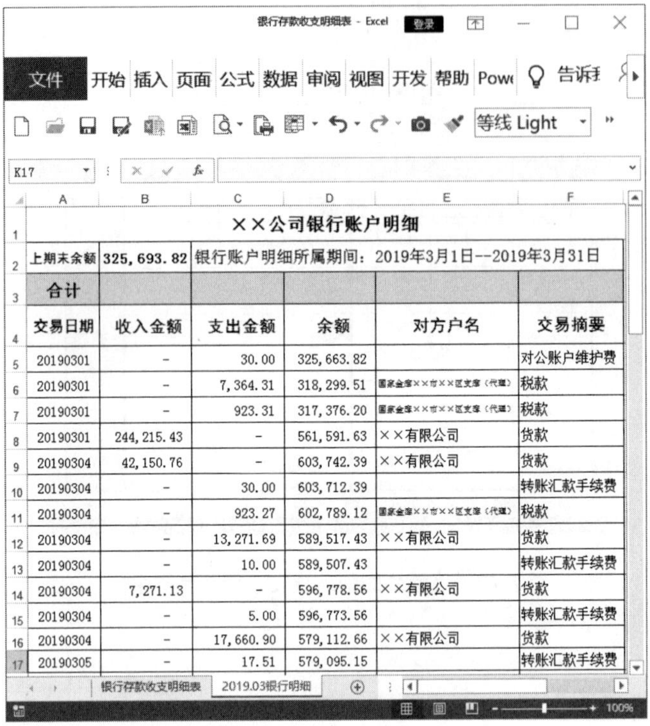

	A	B	C	D	E	F
1	××公司银行账户明细					
2	上期末余额	325,693.82	银行账户明细所属期间：2019年3月1日--2019年3月31日			
3	合计					
4	交易日期	收入金额	支出金额	余额	对方户名	交易摘要
5	20190301	-	30.00	325,663.82		对公账户维护费
6	20190301	-	7,364.31	318,299.51	国家金库××市××区支库（代理）	税款
7	20190301	-	923.31	317,376.20	国家金库××市××区支库（代理）	税款
8	20190301	244,215.43	-	561,591.63	××有限公司	货款
9	20190304	42,150.76	-	603,742.39	××有限公司	货款
10	20190304	-	30.00	603,712.39		转账汇款手续费
11	20190304	-	923.27	602,789.12	国家金库××市××区支库（代理）	税款
12	20190304	-	13,271.69	589,517.43	××有限公司	货款
13	20190304	-	10.00	589,507.43		转账汇款手续费
14	20190304	7,271.13	-	596,778.56	××有限公司	货款
15	20190304	-	5.00	596,773.56		转账汇款手续费
16	20190304	-	17,660.90	579,112.66	××有限公司	货款
17	20190305	-	17.51	579,095.15		转账汇款手续费

图 7-43 “选择性粘贴”目标数值

提示

D3 单元格没有直接设置简化公式“=ROUND(B2+B3−C3,2)”的原因在于 B3 与 C3 单元格中设置的并非是普通的求和公式，而是分类汇总公式，即 B3 与 C3 单元格中的合计金额是根据筛选出的收入与支出明细金额汇总而来的。如果 D3 单元格设置简化的计算公式，那么计算得到的期末余额并不准确。下一步骤中测试完公式效果即可明确。

步骤 5 测试效果。单击 F4 单元格“交易摘要”的【筛选】按钮→任意选择一项类别，如“货款”。此时可看到 B3 单元格与 C3 单元格的合计金额是根据筛选出的“货款”的收支明细汇总的，而 D3 单元格中的期末余额仍然保持不变，如图 7-45 所示。

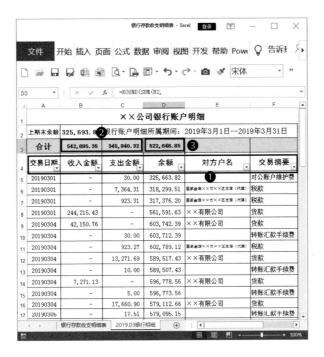

图 7-44 设置公式分类汇总筛选数据

图 7-45 测试分类汇总公式效果

步骤 ⑥ 统计当月银行账户发生交易的次数。合并 E3、F3 单元格→E3 单元格设置公式"="本月共发生"&COUNT($A5:$A188)&" 笔交易 ""。效果如图 7-46 所示。

图 7-46 统计银行账户交易次数

提示

　　这个公式虽然简单，但"功劳"不小。例如，在本例中，利用此公式统计得出当月共发生了 70 笔交易，出纳人员即可明确当月银行回单至少有 70 份。出纳人员心中有数后，在前往开户银行打印银行回单时即可及时核对票据是否已经打印齐全，就可以有效避免因单据打印遗漏而来回往返银行，能够节省时间和精力。

第 8 章

拓展业务技能之一：工商税务指南

前面章节为读者介绍了出纳人员必须掌握的核心知识和专业技能，相信大家通过学习和练习已经能够在实际工作中运用自如。但是，身在职场，仅仅具备本职工作的专业知识和技能显然是远远不够的，还必须有意识地主动学习一些专业知识和技能之外的其他相关知识和技能，如本章将要介绍的企业工商税务的相关内容，包括公司的注册、分立、合并、注销、年度信息公示的办理流程等，以及与财务密不可分的纳税知识，包括我国主要税种的基础知识、税金核算方法等。希望出纳人员能够抱持专业的态度学习这些看似"非专业"的知识，为自己储备职场竞争力。

机会永远只留给有准备的人，只有不断丰富自己的知识储备，不断拓展自身的职业能力，才能在激烈的职场竞争中立于不败之地。

8.1 工商税务指南

本节主要介绍公司登记设立、变更登记需要的资料和手续，公司分立、合并、注销的程序及如何进行年度信息公示等。

8.1.1 公司登记流程

根据《中华人民共和国公司法》与《中华人民共和国公司登记管理条例》的相关规定，在我国开办企业、变更企业信息都必须到国家工商管理部门依法办理相关登记手续，服从国家对工商企业的统一管理。同时，进行公司设立登记也是为了确认公司的企业法人资格，让其受到国家法律保护和享受各种优惠政策，为整个社会营造一个安全、和谐、互惠互利的经营环境。

1. 设立登记程序

公司设立登记即公司注册，是开办公司的第一步。具体手续可登录当地工商行政管理局官网进行在线办理，也可以前往办事大厅办理。公司设立登记的流程比较简单，包括企业核名→提交材料→领取执照→刻章。

> **步骤①** 企业核名。企业名称是一个企业区别于其他企业的文字符号。企业名称预先核准主要是为了防止企业重名而做的一个前期审核，同时也需要审核名称是否符合相关规定。《中华人民共和国公司登记管理条例》第十七条规定，"设立公司应当申请名称预先核准"。

申请名称预先核准应到当地工商管理部门领取《企业名称预先核准申请书》。下面对其中重要栏目的填写方法加以说明。

（1）只需填写与本次申请有关的栏目。

（2）"申请企业名称"栏填写拟定的首选名称。

（3）"备选企业名称"栏填写备用名称，如果首选名称未通过，那么工商部门将依次审核备用名称。

企业名称应由企业所在地的行政区划、自定义字号、行业或经营特点、组织形式四部分组成，自定义字号是区别不同企业的主要标志，如"成都恒图商贸有限公司"，其组成部分如图8-1所示。

成都	恒图	商贸	有限公司
（行政区划）	（自定义字号）	（行业）	（组织形式）

图8-1 企业名称组成部分

拟定名称时必须注意无论是首选名称还是备选名称，都必须符合国家相关规定，否则无法通过工商部门核准。具体来说，就是名称中不得出现包含下列6项内容的文字。

① 有损于国家、社会公共利益的。

② 可能对公众造成欺骗或者误解的。

③ 外国国家（地区）名称、国际组织名称。

④ 政党名称、党政军机关名称、群众组织名称、社会团体名称及部队番号。

⑤ 外国文字、汉语拼音字母、阿拉伯数字。

⑥ 其他法律、行政法规规定禁止的。

另外，外商投资企业申请在预先核准的名称中间使用"（中国）"的，必须满足下列3个条件。

① 外商独资企业或外方控股企业。

② 使用外方出资企业字号。

③ 符合不含行政区划企业名称注册资本等规定条件。

（4）"企业类型"栏应根据即将设立公司的特点及所属类型填写。我国企业类型名称及其概念、特点如表8-1所示。

表8-1 企业类型的概念及特点

企业类型	概念及特点
有限责任公司	由50个以下的股东出资设立，每个股东以其所认缴的出资额为限对公司承担有限责任，公司法人以其全部资产对公司债务承担全部责任的经济组织
股份有限公司	公司资本由股份组成的公司，股东以其认购的股份为限对公司承担责任的企业法人。设立的基本条件是必须由2人以上200人以下的股东为发起人，注册资本不低于人民币500万元
分公司	在业务、资金、人事等方面受总公司管辖而不具有法人资格的分支机构。分公司属于总公司分支机构，在法律上、经济上没有独立性，不具有企业法人资格，仅仅是总公司的附属机构

续表

企业类型	概念及特点
非公司企业法人	不以营利为目的，主要从事非生产性经营活动的法人，包括机关法人、事业单位法人、社会团体法人。法人是具有民事权利能力和民事行为能力，依法独立享有权利和承担民事义务的组织
营业单位	企业法人设立的不能独立承担民事责任的分支机构
非法人分支机构	不具有法人资格，但可以以自己的名义进行社会活动的社会组织。分支机构是法人在一定区域内设置的从事经营或者其他业务活动的机构。是法人的组成部分，但与法人内设机构不同，它是具有一定独立性的机构
个人独资企业	由一个自然人投资，全部资产为投资人所有的营利性经济组织。最典型的特征是个人出资、个人经营、个人自负盈亏和自担风险
合伙企业	由各合伙人订立合伙协议，共同出资，共同经营，共享收益，共担风险，并对企业债务承担无限连带责任的营利性组织。合伙企业分为普通合伙企业和有限合伙企业。国有独资公司、国有企业、上市公司及公益性事业单位、社会团体不得成为普通合伙人

（5）"经营范围"栏应填写与企业名称行业表述相一致的主要业务项目，参照《国民经济行业分类》国家标准及有关规定填写。

（6）"投资人"栏应如实填写投资人全名、证件号码、出资额和出资比例。投资人可以是自然人，也可以是其他组织。投资人是自然人的，证件号码填写居民身份证号码；投资人是其他法人组织的，证件号码填写其统一社会信用代码。《企业名称预先核准申请书》填写示例如图 8-2 所示。

步骤② 向登记机关递交《企业名称预先核准申请书》及相关材料，等待登记机关对拟设立的公司名称进行核准，办理时限为当场办结。如果公司名称无重名，不违法，同时符合其他条件的，将即时颁发《企业名称预先核准通知书》。预先核准的公司名称保留期为 6 个月。在保留期内，公司设立登记获准、登记机关颁发营业执照之前不得用于从事经营活动，也不得转让。

步骤③ 领取《企业名称预先核准通知书》和《企业设立登记申请书》等相关表格进行填写。

步骤④ 递交申请材料。以有限责任公司为例，设立登记应提交的文件、证件包括以下几项。

企业名称预先核准申请书

申请企业名称	成都恒图商贸有限公司
备选企业名称 （请选用不同的字号）	1.成都恒驰商贸有限公司 2.成都骞图商贸有限公司 3.成都骞驰商贸有限公司
经营范围	批发、零售：日用品、服装、鞋帽、皮革制品、纺织品、预包装食品等
注册资本（金）	人民币100万元
企业类型	有限责任公司
住所地	成都市××区××路××号

投资人			
姓名或名称	证照号码	投资额（万元）	投资比例
张××	*****************	20	20%
李××	*****************	30	30%
××市××公司	*****************	50	50%

（投资人写不下的，可另备页面载明并签名盖章）

图 8-2　企业名称预先核准申请书填写示例

（1）《企业设立登记申请书》。

（2）《指定代表或者共同委托代理人授权委托书》及指定代表或委托代理人的身份证件复印件。

（3）全体股东签署的公司章程。

（4）股东的主体资格证明或者自然人身份证件复印件。

　①股东为企业的，提交营业执照复印件。

　②股东为事业法人的，提交事业法人登记证书复印件。

　③股东为社团法人的，提交社团法人登记证书复印件。

　④股东为民办非企业单位的，提交民办非企业单位证书复印件。

　⑤股东为自然人的，提交自然人身份证件复印件。

　⑥其他股东提交有关法律法规规定的资格证明。

（5）董事、监事和经理的任职文件（股东会决议由股东签署，董事会决议由公司董事签字）及身份证件复印件。

（6）法定代表人任职文件（股东会决议由股东签署，董事会决议由公司董事签字）及身份证件复印件。

（7）住所使用证明。

（8）《企业名称预先核准通知书》。

（9）法律、行政法规和国务院的相关决定中规定设立有限责任公司必须报经批准的，提交有关的批准文件或者许可证件复印件。

（10）公司申请登记的经营范围中有法律、行政法规和国务院决定规定必须在登记前报经批准的项目，提交有关批准文件或者许可证件的复印件。

上述材料中，凡由企业、单位等提供的复印件，均需加盖公章，自然人提供的复印件均需签名并按手印。材料提交齐全并符合登记要求，登记机关会予以受理，申请设立的企业需等候领取《准予设立登记通知书》。

步骤 5 领取《准予设立登记通知书》后，按照《准予设立登记通知书》确定的日期到工商局交纳工本费并领取营业执照。

公司的营业执照包括正本和副本两份，主要载明：公司的名称、统一社会信用代码、公司住所、注册资本、经营范围、法定代表人姓名和营业执照期限等。公司企业法人营业执照的签发日期为公司成立日期。公司正式成立后，即依法享有民事权利，承担民事义务，受国家法律的保护。

需要注意的是，营业执照上载明的统一社会信用代码非常重要，相当于企业的身份证号码，全国独一无二，企业日后从事各种经营活动，办理其他行政事务都需要使用这个代码。它是由18位阿拉伯数字或大写英文字母组成，包括1位登记管理部门代码、1位机构类别代码、6位登记管理机关行政区划码、9位主体标识码、1位校验码。营业执照副本真实样例如图8-3所示。

图8-3 营业执照副本样例

提示

为提高市场准入效率，我国从2015年10月1日起开始实行"三证合一"，将之前企业需要依次申请的工商营业执照、组织机构代码证和税务登记证三证合为一证，实行"一照一码"统一管理。因此，图8-2所示的营业执照中载明的成立日期为2012年11月，而登记日期2016年是办理"三证合一"手续后，登记机关重新签发营业执照的日期。2015年10月1日以后设立的企业，登记日期与成立日期一致。

2．变更登记程序

在实际经营中，公司的经营信息时常会发生变更，如公司名称变更、地址变更、股东股权变更、法定代表人变更、注册资本的增加或减少、经营范围的扩大或缩小等。根据《中华人民共和国公司登记管理条例》规定，公司营业执照记载的事项发生变更的，应当向原公司登记机关申请办理变更登记，由公司登记机关换发营业执照。未作变更登记的，公司不得擅自改变登记事项。

公司变更登记的程序：企业提交资料→填写表格→登记机关受理审查、核准→领取执照办理其他证件变更。其中最关键的一步就是资料准备，只要所需资料一次性提交齐全，后续程序即可快速完成。下面罗列变更登记需要提交的资料。

（1）公司变更登记需要提交的一般资料如下。

①《企业变更登记申请书》。

②《指定代表或者共同委托代理人授权委托书》及指定代表或委托代理人的身份证件复印件。

③法律、行政法规和国务院的相关决定中规定公司变更事项必须报经批准的，提交有关的批准文件或者许可证件复印件。

④关于修改公司章程的决议、决定及相关会议记录。

⑤修改后的公司章程或者公司章程修正案（公司法定代表人签署）。

⑥变更事项相关证明文件。

⑦公司营业执照副本。

在公司变更事项中，分立公司的程序相对比较复杂，下面专门列出分立公司变更登记需提交的资料。具体程序将在8.1.2小节中详细介绍。

（2）因分立公司需要提交的资料如下。

根据分立决议或决定，分立前公司持有的其他有限责任公司股权归属于新设公司的，被投资公司申请变更登记时，应当提交以下材料。

① 《企业变更登记申请书》。

② 《指定代表或者共同委托代理人授权委托书》及指定代表或委托代理人的身份证件复印件。

③ 分立决议或决定复印件。

④ 载明分立情况的存续、解散公司变更或注销证明、新设公司的设立证明。

⑤ 分立后新设公司的营业执照复印件。

⑥ 修改后的公司章程或者公司章程修正案。

⑦ 法律、行政法规和国务院相关的决定中规定必须报经批准的，提交有关的批准文件或者许可证件复印件。

⑧ 公司营业执照副本。

8.1.2 公司分立、合并、注销

前面介绍了企业设立登记、变更流程及所需资料，本小节则介绍公司分立、合并、注销的内容和办理流程。

1. 公司分立

公司分立是指一个公司依照法定的程序和条件，通过分立协议和股东会决议，不经过清算程序分为两个及两个以上的公司的行为。公司分立是一种法律行为，不仅涉及公司的变化，而且关系到公司债权债务及关系人的利益，因此必须依法定程序进行。

根据《中华人民共和国公司法》的规定，公司合并或者分立，应当由公司的股东会做出决议；股份有限公司合并或者分立，必须经国务院授权的部门或者省级人民政府批准；公司需要减少注册资本时，必须编制资产负债表及财产清单，公司应当自作出减少注册资本决议之日起十日内通知债权人，并于三十日内在报纸上公告。债权人自接到通知书之日起三十日内，未接到通知书的自公告之日起四十五日内，有权要求公司清偿债务或者提供相应的担保，公司减少资本后的注册资本不得低于法定的最低限额。

公司分立程序相对比较复杂，通常应经历内部决议→分割财产→通知债权人→办理登记手续的流程，如图8-4所示。

一、内部决议
1. 召开公司董事会议。董事会作出公司分立的决议,制订分立计划和分立协议。 2. 召开股东(大)会。董事会将公司分立议案提交股东(大)会表决,表决时按公司特别议事规则表决。

二、分割财产
1. 分立事项获得股东(大)会批准后,分立企业组织人员进行财产分割,制作详细的财产分割清单。 2. 被分立后的公司分别编制新的资产负债表。

三、向债权人履行通知义务
1. 根据公司法规定,公司应当在做出分立决议之日起十日内通知债权人,并于三十日内在报纸上公告。 2. 债权人有异议的,应当按规定做出相应的安排。

四、办理公司分立审批与登记手续
1. 审批手续。外商投资企业分立由外商投资主管部门审批,上市公司由证监会审批,国有企业由国有资产管理部门审批。 2. 变更登记手续。公司分立涉及登记事项变更的,应当依法向公司登记机关办理变更登记手续;涉及公司解散的,应当依法办理公司注销登记手续;涉及设立新公司的,应当依法办理设立登记手续。

图 8-4　公司分立程序

2. 公司合并

公司合并是指两个或两个以上的公司订立合并协议,依照《中华人民共和国公司法》的规定,不经过清算程序,直接合并为一个公司的法律行为。

(1)公司合并形式。

公司合并的形式有很多,从合并后合并主体法律形式是否发生变化这一角度看,可将合并形式划分为吸收合并、控股合并和新设合并 3 种。

1)吸收合并。

吸收合并也称"兼并",是指合并方(或购买方)通过支付现金、发行证券或转让其他非货币性资产等方式取得被合并方(或被购买方)的全部净资产,合并后注销被合并方(或被购买方)的法人资格,被合并方(或被购买方)原持有的资产、负债在合并后成为合并方(或购买方)的资产、负债。

例 8-1

　　A 公司支付现金取得 B 公司全部净资产，并承担 B 公司所有负债。B 公司失去法人资格，A 公司存续，具体表现：A 公司 +B 公司 =A 公司。

2）控股合并。

　　控股合并是指合并方（或购买方）通过支付现金、发行证券或转让其他非货币性资产等方式取得被合并方（或被购买方）部分或全部有表决权的股份，能够对被合并方实施控制的合并方式。合并后，合并方和被合并方仍然保持各自独立的法人地位，但双方之间形成了母子公司关系。

例 8-2

　　A 公司通过支付现金取得 B 公司 80% 有表决权的股份，能够决定 B 公司的财务和经营政策，那么 A 公司即成为 B 公司的母公司，但 B 公司仍然具有独立的法人资格。具体表现：

　　A 公司 +B 公司 =A 集团公司（A 集团公司为母公司，B 公司为 A 集团公司的子公司）

3）新设合并。

　　新设合并也称"创立合并"，是指两个或两个以上的公司合并后，成立一个新的公司，参与合并的原有各公司均消失的合并形式。

例 8-3

　　A 公司和 B 公司以新设合并方式成立 C 公司，C 公司的全部净资产即 A 公司和 B 公司全部净资产之和。同时，A、B 公司的法人地位消失。具体表现：A 公司 +B 公司 =C 公司。

（2）公司合并程序。

　　公司合并基本遵循以下程序：订立合并协议→董事会决议→股东会决议→编制资产负债表及财产清单→通知或公告债权人→办理合并登记手续→财务合并。

1）订立合并协议。

　　根据《中华人民共和国公司法》规定，公司合并应当由合并各方签订合并协议，并编制资产负债表及财产清单。合并因当事公司之间的合同而成立。一般来讲，在公司合并实践中，往往是公司管理层在得到公司董事会的授权后即进行合并谈判，并代表双方公司拟定"合并协议"。合并计划需要经过公司董事会的同意后由董事会推荐给股东（大）会，然后征得各自公司股东（大）会的同意。合并双方股东（大）会批准了合并计划，合并协议才发生法律效力。

2）董事会决议。

公司合并应首先由董事会做出合并决议。公司合并本身就是公司董事会权限范围内的事情，但也对股东利益产生了重大影响。因此，公司合并计划经由董事会同意后，还需要提交股东（大）会表决。

3）股东会决议。

公司合并是公司的重大变更事项，对股东利益影响较大。因此，公司合并必须经股东会同意后方可实施。根据《中华人民共和国公司法》规定，有限责任公司必须经代表 2/3 以上有表决权的股东通过，股份有限公司必须经出席会议的股东所持表决权的 2/3 以上通过。

4）编制资产负债表及财产清单。

根据《中华人民共和国公司法》规定，公司决议合并时，应立即编制资产负债表和财产清单。编制资产负债表和财产清单的目的是便于了解公司现有资产状况。

5）通知或者公告债权人。

公司合并会对债权人的利益构成影响，法律要求公司在做出合并决议之日起通知或者公告债权人。

6）办理合并登记手续。

公司合并完成后，应当办理相应的注销、变更或设立登记手续。

7）账务合并。

根据《中华人民共和国公司法》规定，A 公司应编制资产负债表和财产清单，并聘请会计师事务所或者内部审计部门进行审计，将 A 公司原资产、负债的审定数作为入账价值。

企业合并的账务处理比较复杂，属于中级职称和注册会计师考试内容，本书不作延伸讲解。

3. 公司注销

公司注销是指公司因宣告破产或被其他公司收购，规定的营业期限届满不续或公司内部解散等原因，依照法律规定，必须向登记机关申请注销、终止公司法人资格的过程。

（1）公司应当办理注销手续的几种情形。

公司出现下列情形之一的应当办理注销手续。

① 股东或股东会做出公司解散决议。
② 公司章程规定营业期限届满且不续。
③ 公司章程或法律规定的解散事由出现。
④ 公司因合并、分立解散。
⑤ 公司依法宣告破产。
⑥ 公司被依法强制解散。
⑦ 公司被吊销或撤销后转注销。

（2）公司清算程序。

注销公司必须在办理工商部门的手续之前进行清算。公司清算是对公司未了结的业务、财产及债权债务关系等进行清理、处分的行为和程序，是公司注销程序中的第一步，也是最为重要的一个环节。清算程序如图8-5所示。

一、股东会决议
公司股东会做出公司解散的决议，决议必须经代表2/3以上表决权的股东通过或者股份有限公司需要出席的股东所持表决权的2/3以上通过。

二、成立清算小组
股东会做出公司解散决议后十五日成立清算小组。清算开始之日（决议解散之日）起十日内，书面通知登记机关、税务部门、劳动部门及开户银行。

三、办理清算备案
1. 到公司原登记机关领取《清算指南》《清算报告书写格式》《清算备案申请书》等表格，办理清算备案。 2. 自清算开始之日起十五日内向市工商局清盘管理处报送以下4项备案材料。 • 股东会关于公司解散的决议。 • 清算小组成立文件。 • 清算小组各成员的基本资料。 • 若清算小组成员中有社会中介机构专业人员参与的，还应提交授权委托书。

四、清算公告
在工商部门认可的报刊上刊登清算公告，并书面通知债权人。清算公告应包括企业名称、住址、清算原因、清算开始日期、申报债权的期限、清算组的组成、通信地址及其他应予通知和公告的内容。

五、制定清算财产分配方案
清算小组在清理公司财产、编制资产负债表和财产清单后，需拟定清算方案，并报股东会讨论或者主管机关确认。清算方案的主要内容有清算费用、应支付的职工工资和劳动保险费、应缴纳的税款、清偿公司债务、分配剩余财产及终结清算等相关工作。

图 8-5 公司注销清算程序

（3）清算财产后清偿顺序。

清算财产后拨付清算费用按下列顺序清偿。

① 员工工资和社会保险费用。

② 税款。

③ 企业债务。

④ 企业未到清偿期的债务也应予以清偿，但应当减去未到期的利息。

⑤ 由清算小组制作清算报告、清算期内收支报表和各种财务账册，报股东确认。清算财产清偿后的剩余财产，按投资比例分配给股东。

⑥ 因债权争议或诉讼原因致使债权人、股东暂时不能参加分配的，清算小组应当从清算财产中按比例提存相应金额。

（4）注销程序。

1）清算完成后，公司应分别到以下部门或机构办理相应账户注销手续。

① 社保局：核查是否有未缴清社保费用，注销公司社保账号。

② 税务局：核查是否有未缴清税款或费用，注销公司税务登记。

③ 报纸媒体：需自行登报公示，宣告公司即将注销。

④ 工商局：办理公司注销备案，注销营业执照。

⑤ 开户银行：注销公司开户许可证和银行基本户等其他账户。

⑥ 其他部门：如公司办理了其他资质许可证，还应到相关部门办理注销手续，如生产许可证到质量技术监督局办理注销。

⑦ 公安机关：注销公司印章的法律效应（印章不必交回）。

2）申请注销登记，应至少提交下列几项证明文件及物件。

① 清算组织负责人签署的公司注销登记申请书。

② 股东会通过的关于公司注销的决议。

③ 股东会确认的清算报告。

④ 营业执照正、副本原件及公章。

⑤ 登载清算公告的报纸（原件1份，公告之日起45日后方可办理注销登记）。

8.1.3 企业信用信息公示

企业信用信息公示是指工商行政管理部门将企业的相关基础信息通过"国家企业信用信息公示系统"（以下简称"公示系统"，网址 http://www.gsxt.gov.cn/）公之于众，只要是依法办理了登记的企业、农民专业合作社、个体工商户等市场主体，其相关信息均可在该系统中查阅。需要公示的信息分别由工商部门和企业负责。其中，工商部门负责公示的内容包括注册登记、行政处罚、经营异常状态等信息。而企业负责公示的信息包括年度信息和即时信息。

年度信息是指企业上一年度与经营相关的信息，内容主要包括企业基本信息、股东出资信息、经营数据、职工人数、社保信息等。公示期限为每年1月1日至6月30日。

即时信息是指本年度企业发生的股东变更、股权转让、出资信息变更、行政许可信息及行政处罚信息等。企业应当在此类信息产生的20个工作日内进行公示。

以上信息的公示工作由各地区工商行政管理局监督管理，如果企业未在限期内进行公示，将被列入"经营异常名录"，会对企业的信誉造成一定程度的影响，甚至可能导致企业无法正常开展经营活动。

由于申报的年度信息大多涉及财务数据，所以在日常工作中，这项工作时常也会交予出纳人员完成。因此，本小节将着重介绍企业年度信息申报及其相关操作方法和步骤。

1. 工商信息联络员备案

根据"国家工商行政管理总局关于贯彻落实《企业信息公示暂行条例》有关问题的通知（工商外企字〔2014〕166号）"的规定，企业信息公示需要指定一名工商信息联络员并到工商局备案，负责以后联络、办理工商部门相关事务，并完成企业信用信息公示等事项。

（1）新申请联络员备案。

首次申请联络员备案应携带营业执照副本、联络员身份证原件及复印件、企业公章前往本企业所属登记机关窗口办理。

（2）变更联络员。

如需变更联络员，可采取两种方式：① 前往企业所属登记机关窗口办理；② 直接在公示系统中变更。下面介绍公示系统中变更联络员的操作步骤。

步骤① 登录公示系统→单击【导航】按钮→单击本企业所在地区链接，如【四川】，进入本地公示系统，如图8-6所示。

图 8-6 选择公示系统地区

步骤② ❶单击【企业信息填报】按钮,如图 8-7 所示;❷进入公示系统登录页面,单击【联络员变更】按钮,如图 8-8 所示。

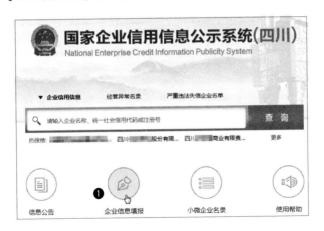

图 8-7 【企业信息填报】按钮

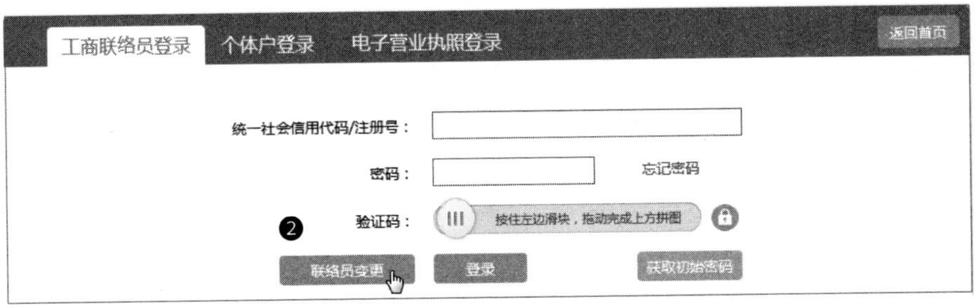

图 8-8 【联络员变更】按钮

步骤 ③ ❶ 输入企业名称和统一社会信用代码→单击【查询】按钮，如图8-9所示；
❷ 下方会列出企业信息，单击【简易变更】或【变更申请】按钮，如图8-10所示。

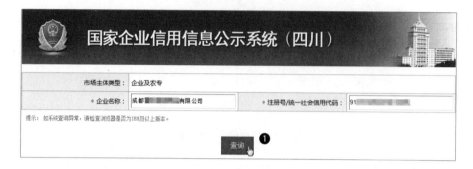

图8-9　查询联络员备案信息

图8-10　变更联络员

步骤 ④ 认证原联络员备案信息。输入身份证号码→获取手机短信验证码→输入验证码→单击【认证】按钮，如图8-11所示。

步骤 ⑤ 验证通过后，填写新的联络员姓名、身份证号码、联系电话等信息，即可变更成功。

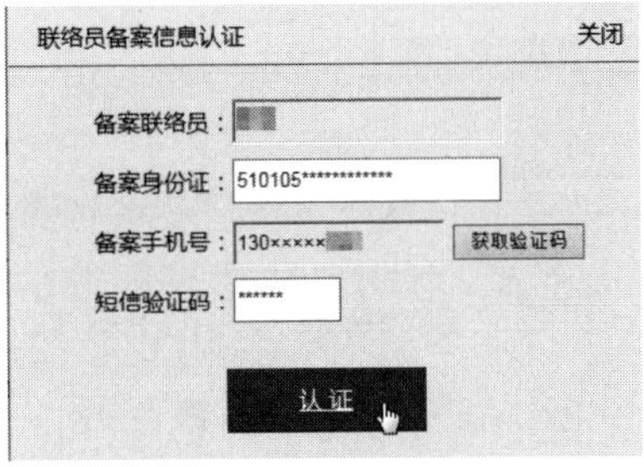

图 8-11 联络员备案信息认证

2．企业年度信息报告

每年 1 月 1 日至 6 月 30 日，所有企业都必须登录公示系统，将上一年度与经营相关的信息进行公示。主要公示信息如下。

（1）企业基本信息，包括企业住所、经营范围、经营状态、从业人数等信息。

（2）股东出资信息。各股东认缴及实缴的出资金额。

（3）经营数据，包括资产总额、所有者权益、营业收入、营业利润等。

（4）社保参保数据。

公示系统虽然分地区操作，但各地区的年度信息公示操作流程基本一致，下面以四川地区为例，示范填报年度信息的方法。

步骤1 ❶ 登录公示系统网站→单击【企业信息填报】按钮，如图 8-12 所示；
❷ 单击【工商联络员登录】按钮→输入"统一社会信用代码"和"密码"→根据提示通过验证→单击【登录】按钮，如图 8-13 所示。

图 8-12 【企业信息填报】按钮

图 8-13　登录公示系统

步骤 ②　❶ 单击【年度报告填写】按钮,如图 8-14 所示；❷ 在【提示框】中的【年报年度】下拉列表中选择【2018 年度报告】,如图 8-15 所示。

图 8-14　【年度报告填写】按钮

图 8-15　选择"2018 年度报告"

步骤③ 填写"企业基本信息"（部分信息可选择【公示】或【不公示】）。其中，"从业人数"栏填写截止上一年度12月末的在职员工人数→单击【保存】按钮，如图8-16所示。

图8-16 填写企业基本信息

步骤④ 填写"股东及出资信息"。单击【添加】按钮（如图8-17所示）→填入股东名称、出资信息→单击【保存】按钮（如图8-18所示），继续填写下一名股东出资信息。

图8-17 添加"股东及出资信息"

图 8-18 填写"股东及出资信息"

步骤 ⑤ 股东及出资信息填写完成后,系统会列示所有股东出资信息,核对无误后单击【保存】按钮,如图 8-19 所示。

图 8-19 "股东及出资信息"列表

步骤 ⑥ 填写"资产状况信息"(注意金额单位为万元)。以下数据均为虚拟数据。

◆ "资产总额""所有者权益合计""负债总额"均填入 2018 年度资产负债表中的期末金额 ÷10000 后的数据。注意这三项数据的钩稽关系是资产总额 = 所有者权益合计 + 负债总额。

◆ "营业总收入"与"其中主营业务收入"填入 2018 年全年累计金额 ÷ 10000 以后的数据。

◆ "利润总额"填入 2018 年全年会计利润总额。假设会计利润总额为 -26008.93 元,应填入"-2.6"(-26008.93 ÷ 10000)。

◆ "净利润"填入会计利润总额减去实缴所得税款的余额。注意实缴企业所得税金额是预缴加汇算清缴后的合计金额。假设 2018 年预缴企业所得税款为"1261.22",汇算清缴后补交 3000 元,则应填入"-3.03"[(-26008.93-1261.2-3000)÷10000]。

◆ "纳税总额"填入 2018 年全年实缴税金及附加、实缴企业所得税(预缴+汇算清缴)、实缴增值税额的合计金额。

以上信息均可选择【公示】或【不公示】,填写完毕并核对无误后单击【保存】按钮,如图 8-20 所示。

图 8-20 填写"资产状况信息"

步骤 ⑦ 填写"党建信息"。一般企业如果未成立党组织,应在"人数"栏填入"0","党组织建制"栏选择【未成立】选项,"法定代表人是否党员"与"法定代表是否党组织书记"栏则自动选择【否】,如图 8-21 所示。

步骤 ⑧ 填写"社保信息"。所有栏次的数据按照企业实际参保情况据实填写,如图 8-22 所示。

◆ 参保人数:填写 2018 年度实际参保人数,包括已离职人员人数。例如,

2018年12月在职职工人数为33人,离职员工人数为2人,应填"35"人。

◆单位缴费基数:填写2018年度实际参保人数的缴费基数合计金额。

◆本期实际缴费金额:填写2018年实际参保人数缴费中单位部分实际缴纳的金额,注意不包括个人缴费金额。

图8-21 填写"党建信息"

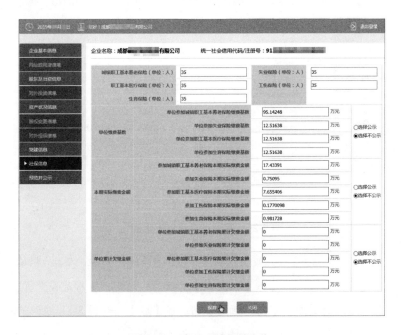

图8-22 填写"社保信息"

步骤⑨ 预览并公示。预览界面将呈现以上填写的所有信息，核对无误后根据系统提示确认提交"年度信息报告"，即完成企业信用信息公示。

8.2 纳税实务指南

税收与企业的经营发展息息相关，每家企业及公民个人都必须就其收入或行为向国家缴纳一定的税金。在实务中，财务管理与税收实务密不可分，企业的应纳税数据均来自财务会计核算。虽然出纳人员的主要工作任务是管理资金，但是出纳与会计同属财务岗位，也非常有必要学习和掌握纳税方面的基础知识。本节主要介绍税收的基本框架内容、实务中常见税种的主要知识点及税费基本计算方法。

8.2.1 税收基础

税收是以实现国家公共财政职能为目的的，基于政治权力和法律规定，由政府专门机构向居民和非居民就其财产或特定行为实施强制、非罚与不直接偿还的金钱或实物课征，是国家最主要的一种财政收入形式。

税收是国家经济杠杆的重要形式之一。国家依据税法，通过调整税收征纳关系及纳税人之间利益分配，来调节社会经济生活的功能，促进经济增长。

1. 税收要素

税收要素是指构成税收制度的基本因素，是税收内容的具体表现。税收最重要的3个基本要素为征税对象、纳税人和税率。我国现行税种18个，包括增值税、消费税、企业所得税、个人所得税、关税、资源税、车辆购置税、土地增值税、房产税、城镇土地使用税、城市维护建设税、车船税、印花税、契税、耕地占用税、烟叶税、船舶吨税、环境保护税，以上税种均由这些共同的要素构成。税收具体要素及其概念如表8-2所示。

表 8-2 税收要素

税收要素		概念	简例
征税对象		又称为"课税对象",是指征税与纳税双方权利义务共同指向的客体或标的物,是区别一种税与另一种税的重要标志	例如,房产税是对房屋征税,其征税对象即是房产
纳税人	自然人	具有民事行为能力,依法享有民事权利和承担民事义务的个人,包括本国公民和居住在本国的外国公民	例如,个人所得税的纳税人是公民,即自然人纳税人
	法人组织	具有民事行为能力与民事权利能力,依法成立并能够独立承担民事责任的组织	例如,企业即是企业所得税的纳税人
	扣缴义务人	并非纯粹意义上的实际纳税人,是指负有代为扣税并缴纳税款的法定职责的义务人	例如,企业是职工缴纳个人所得税的扣缴义务人
税率	比例税率	对同一课税对象,不论其数额大小,统一按照一个比例征税	例如,增值税的税率之一是 13%
	定额税率	按征税对象的一定计量单位规定固定税额	例如,城镇土地使用税按元/亩征收
	累进税率	把征税对象数额从小到大划分为若干等级,每个等级由低到高规定相应的税率,征税对象数额越大税率越高。我国现行累进税率包括超额累进税率、超率累进税率	个人所得税中的"综合所得"采用七级超额累进税率,土地增值税采用四级超率累进税率
纳税环节		征税对象在从生产到消费的流转过程中应缴纳税款的环节	例如,增值税是在商品流转环节征收;消费税主要是在生产环节征收(少数消费税的应税项目在批发环节或零售环节征收)
纳税期限	按期纳税	以纳税人发生纳税义务之后的一定时期为一期缴纳税款的时间界限	我国目前主要税种的纳税期限一般为次月1日至15日,节假日顺延,以税务机关最新通知为准
	按次纳税	以发生纳税义务的次数确定纳税期限,每发生一次纳税义务为一期	如印花税是按应税行为发生一次即计征一次
税收优惠	减免税	包括税基式减免、税率式减免、税额式减免	各税种均有减免税优惠政策
	税收抵免	对纳税人来自境外的所得征收所得税时,允许纳税人将其已在境外缴纳的所得税税额从其应向本国缴纳的所得税税额中扣除	个人所得税与企业所得税均可按规定抵免
违法处理		包括经济责任、行政责任、刑事责任	如加收滞纳金、责令停业整顿,情节严重的追究刑事责任

2. 我国现行税种分类

税种即税收的种类,是一国税收体系中的具体税收种类,也是基本的课税单元。前面讲到,我国现行税种共有18个,各税种可按照征税对象、税收管理与使用权限(中央税、地方税、中央与地方共享税)、税收与价格的关系(价外税、价内税)、计税标准(从价税、从量税)、是否易于转嫁(直接税、间接税)等不同的分类标准,划分为不同的类别。具体分类如表8-3所示。

表8-3　我国现行税种分类

分类标准 现行税种	按征税对象	税收管理与使用权限	税收与价格的关系（流转税）	计税标准	是否易于转嫁
增值税	流转税	中央和地方共享税	价外税	从价税	间接税
消费税	流转税	中央税	价内税	从价税 从量税	间接税
关税	流转税	中央税	价内税	从价税	间接税
企业所得税	所得税	中央和地方共享税	—	—	直接税
个人所得税	所得税	中央和地方共享税	—	—	直接税
城市维护建设税	行为税	地方税	—	—	直接税
印花税	行为税	地方税	—	从价税	间接税
车辆购置税	行为税	中央税	—	从价税	直接税
耕地占用税	行为税	地方税	—	从量税	直接税
烟叶税	行为税	地方税	—	从量税	直接税
环境保护税	行为税	地方税	—	从量税	直接税
契税	财产税	地方税	—	从价税	直接税
房产税	财产税	地方税	—	从价税	直接税
车船税	财产税	地方税	—	从价税	直接税
船舶吨税	行为税	中央税	—	从量税	直接税
城镇土地使用税	资源税	地方税	—	从量税	间接税
土地增值税	资源税	地方税	—	从价税	间接税
资源税	资源税	中央和地方共享税	—	从价税 从量税	间接税

8.2.2 常涉税种简介与税金计算

我国现行税种看似种类繁多,但是并非每家企业都涉及所有税种。在实务中,规模较大、经营范围较广的企业涉及的税种一般为6~10个,而大部分企业真正涉及并核税缴纳的税种通常在 8 个以内。本小节将介绍我国几个主要大税种的基本内容及其计算与申报纳税的具体方法。

1. 增值税

增值税是对销售货物或者提供加工、修理修配劳务及进口货物的单位和个人就其实现的增值额征收的一种流转税。增值税是我国最主要的税种之一,其税金收入占中国全部税收的 60% 以上,是我国的第一大税种。增值税的纳税人即中国境内销售货物或者提供加工、修理修配劳务,以及进口货物的单位和个人。按照经营规模的大小和会计核算是否健全等标准,增值税纳税人可分为一般纳税人和小规模纳税人。

(1)一般纳税人。

1)基本概念。

一般纳税人是指连续 12 个月全部应征增值税销售额(包括免税收入、未开票收入、税务机关稽查补、纳税评估销售额)在 500 万元及以上的企业和企业性单位。增值税纳税人界定为一般纳税人的主要标准,即应税销售额是否达到 500 万元。

2)增值税率。

近几年来,我国逐年对增值税实行大幅度减免政策,主要方式是降低税率。自 2019 年 4 月 1 日起再次降低增值税率后,我国目前增值税率可分为 4 档,即 13%、9%、6%、0%。各档税率适用的应税收入及免税收入大类如表 8-4 所示。

在表 8-4 中所列零税率与免税收入都不会产生增值税应纳税额,但二者在性质、进项税额抵扣等问题上存在着本质的不同,具体区别如表 8-5 所示。

表8-4 我国现行增值税率表

增值税率	应税项目	免税项目
13%	①销售货物；②加工、修理修配劳务；③有形动产租赁服务	①农业生产者销售的自产农业产品；②避孕药品和用具；③古旧图书；④直接用于科学研究、科学试验和教学的进口仪器、设备；⑤外国政府、国际组织无偿援助的进口物资和设备；⑥由残疾人组织直接进口供残疾人专用的物品；⑦销售的自己使用过的物品
9%	①交通运输；②邮政服务；③基础电信服务；④建筑服务；⑤现代服务；⑥销售不动产；⑦销售无形资产（土地使用权）	
6%	①增值电信服务；②金融服务；③现代服务；④生活服务	
0%	①国际运输服务；②航天运输服务；③向境外单位提供的完全在境外的以下服务：研发服务、合同能源管理服务、设计服务、广播影视节目（作品）制作和发行服务、软件服务、电路设计和测试服务、信息系统服务、业务流程管理服务、离岸服务外包业务、转让技术；④财政部和国家税务总局规定的其他服务	

表8-5 零税率与免税的区别

区别项目	零税率	免税
性质	是一档税率	是一项税收优惠政策
进项税额可否抵扣	可以抵扣	不能抵扣
是否报税务机关备案	只要符合文件规定，即可适用零税率，无须税务机关审批或备案	必须预先备案

需要注意的是，我国对税收管理主要实行"以票控税"，即所有应税销售应当开具增值税发票。增值税发票分为增值税专用发票和增值税普通发票。其中，增值税专用发票只能向一般纳税人开具。增值税普通发票可以向一般纳税人、小规模纳税人及个人开具。同时，如果取得应税收入而未开具增值税发票（如购货方未索要发票）的，也应当一并计入当期收入如实计算应纳增值税额。

3）视同销售。

视同销售是指在会计核算上不作为销售核算，但在税收上将其作为销售，以确认收入并计缴税金的商品或劳务的转移行为，即将货物用于非增值税应税项目，如用于个人消费或者职工福利等。会计核算时未作销售处理，而是计入相关费用，也就无从产生销项税额，那么增值税的"抵扣进项并产生销项"链条中断，将造成国家税款流失。因此,《中华人民共和国增值税暂行条例实施细则》中的相关规定指出,下列非应税行为应当作为视同销售,按照公允价值计算销项税额,缴纳增值税,如图 8-23 所示。

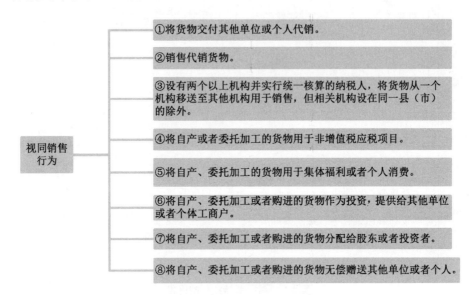

图 8-23 增值税视同销售行为

4) 增值税税额计算。

相对于小规模纳税人而言,一般纳税人的优势在于进项税额可以用于抵扣销项税额,即实际缴纳的增值税金为销项税额减去进项税额之后的差额。

① 销项税额:增值税纳税人销售货物、提供应税劳务或发生"视同销售"行为,按照销售额乘以适用税率计算得到并向购买方收取的增值税税额。销项税额计算公式:

当期销项税额 = 当期销售额 × 适用税率(其中,销售额是指全部价款和价外费用之和)

◆ 全部价款:增值税是价外税,因此,全部价款是不含增值税的销售货物或应税劳务的价款。

◆ 价外费用:销售方向购买方收取的手续费、补贴、基金、集资费、返还利润、奖励费、违约金、滞纳金、延期付款利息、赔偿金、代收款项、代垫款项、包装费、包装物租金、储备费、优质费、运输装卸费,以及其他各种性质的价外收费。

② 进项税额:纳税人购进货物、加工修理修配劳务、服务、无形资产或者不

动产，支付或者负担的增值税额。进项税额计算公式：

当期进项税额=(外购货物、原料、燃料、动力、劳务、服务等)×适用税率

但是，并非所有进项税额都能抵扣，我国对允许抵扣进项税额的范围和不能抵扣进项税额的情形做出了明确规定。

一般纳税人抵扣进项税额时，只有取得合法票据或凭证，才能抵扣当期销项税额。目前我国可以作为进项税额抵扣的票据及凭证包括以下几类，如图8-24所示。

1. 增值税专用发票	• 按照从销售方取得的增值税专用发票上注明的增值税额抵扣。
2. 机动车销售统一发票	• 按照从销售方取得的税控机动车销售统一发票上注明的增值税额抵扣。
3. 海关进口增值税专用缴款书	• 按照从海关取得的海关进口增值税专用缴款书上注明的增值税额抵扣。
4. 农产品收购发票或销售发票	• 除取得增值税专用发票或海关进口增值税专用缴款书外，按照农产品收购发票或销售发票上注明的农产品买价和扣除率计算进项税额并抵扣。
5. 解缴税款完税凭证	• 按照从境外单位或个人购进服务、无形资产或不动产，自税务机关或扣缴义务人处取得的解缴税款的完税凭证上注明的增值税额抵扣。
6. 道路、桥、闸通行费	• 道路通行费，按照收费公路通行费增值税电子普通发票上注明的增值额抵扣。 • 桥、闸通行费，按照通行费发票上注明的收费金额÷(1+5%)×5%抵扣。
7. 旅客运输凭证	• ① 取得增值税电子普通发票，按照发票上注明的增值税额抵扣。② 取得注明旅客身份信息的航空运输电子客票行程单的，按照公式：(票价+燃油附加费)÷(1+9%)×9%计算进项税额并抵扣。③ 取得注明旅客身份信息的铁路车票的，按照公式：票面金额÷(1+9%)×9%计算进项税额并抵扣。④ 取得注明旅客身份信息的公路、水路等其他客票的，按照公式：票面金额÷(1+3%)×3%计算进项税额并抵扣。

图8-24 允许抵扣进项税额的票据或凭证

根据相关规定，一般纳税人取得的进项税额如果发生下列情形，不得从销项税额中抵扣。

◆用简易计税方法计税项目、免征增值税项目、集体福利或者个人消费的购进货物、加工修理修配劳务、服务、无形资产和不动产。其中涉及的固定资产、无形资产、不动产，仅指专用于上述项目的固定资产、无形资产（不包括其他权益性无形资产）、不动产。纳税人的交际应酬属于个人消费。

◆非正常损失的购进货物，以及相关的加工修理修配劳务和交通运输服务。

◆非正常损失的在产品、产成品所耗用的购进货物（不包括固定资产）、加

工修理修配劳务和交通运输服务。

◆非正常损失的不动产，以及该不动产所耗用的购进货物、设计服务和建筑服务。

◆非正常损失的不动产在建工程所耗用的购进货物、设计服务和建筑服务。纳税人新建、改建、扩建、修缮、装饰不动产，均属于不动产在建工程。

◆购进的餐饮、娱乐服务。

◆财政部和国家税务总局规定的其他情形。

提示

上述所讲的"非正常损失"是指因管理不善造成的被盗、丢失、霉烂变质的损失。因不可抗力（如自然灾害）的原因造成的损失可以抵扣进项税额。若不允许抵扣的进项税额已经于前期抵扣，应及时将进项税额转出。

③税额计算及账务处理。

计算公式：当期应纳增值税额 = 当期销项税额 − 当期进项税额 + 当期进项税转出额，下面举例讲解计算应纳税额及进行账务处理的方法。

例 8-4

A 公司为增值税一般纳税人，适用增值税率 13%，2019 年 6 月涉税经营活动如下。

① 向一般纳税人购货单位销售货物并开具增值税专用发票，票面注明的不含税金额合计数为 1256083 元，增值税额的合计数为 163290.79 元（1256083×13%）。

② 向小规模纳税人购货单位销售货物并开具增值税普通发票，票面注明不含税金额的合计数为 52162 元，税额的合计数为 6781.06 元（52162×13%）。

③ 向个人零售货物，产生现金收入合计 13560 元，均未开具增值税普通发票。

④ 向客户赠送一批货物，公允价值为含税 13698 元。

⑤ 购进货物并取得税率为 13% 的增值税专用发票，票面注明不含税金额的合计数为 1022635 元，税额的合计数为 132942.55 元（1022635×13%）。

⑥ 销售货物产生运输费，取得税率为 9% 的增值税专用发票，票面注明不含税金额为 26121.66 元，税额为 2350.95 元（26121.66×9%）。

⑦ 修理公司固定资产——汽车，以现金方式支付维修费 4600 元（含税），取得税率为 13% 的增值税专用发票，票面注明不含税金额 4070.80 元［4600÷

（1+13%）］，税额 529.20 元（4600-4070.8 或 4070.80×13%）。

⑧ 职工报销差旅费，包括交通费 600 元（已取得合法公路客运发票）、住宿费 1200 元，取得税率为 6% 的增值税专用发票，票面注明不含税金额 1132.08 元［1200÷（1+6%）］，税额 67.92 元（1200-1132.08 或 1132.08×6%）。其他费用略。

⑨ 将一批货物作为福利发放给职工，不含税金额合计 32627 元，进项税额 4241.51 元（32627×13%）已于前期抵扣。

下面计算因上述业务产生的应纳增值税额，并对现金收入与支出作账务处理。

① 计算销项税额。

◆ 已开具增值税发票的直接按照票面注明税额计算：

163290.79+6781.06=170071.85 元。

◆ 未开具发票的零售现金收入 13560 元为含税金额，应首先作价税分离。

不含税金额：13560÷（1+13%）=12000 元。

销项税额：13560-12000=1560 元 或 12000×13%=1560 元。

◆ 向客户赠送的货物 13698 元应作视同销售计算销项税额，作价税分离。

不含税金额：13698÷（1+13%）=12122.12 元。

销项税额：13698-12122.12=1575.88 元 或 12122.12×13%=1575.88 元。

◆ 销项税额合计：170071.85+1560+1575.88=173207.73 元。

② 计算进项税额。

◆ 已取得增值税专用发票的直接按照票面注明税额计算：

132942.55+2350.95+529.2+67.92=135890.62 元。

◆ 交通费 600 元可抵扣进项税额：600÷（1+3%）×3%=17.48 元。

◆ 进项税额合计：135890.62+17.48=135908.10 元。

◆ 将货物作为集体福利，应将已抵扣的进项税额 4241.51 元转出。

③ 计算应纳增值税额：173207.73-135908.10+4241.51=41541.14 元。

④ 出纳人员应对涉及库存现金（或银行存款）收支业务作如下账务处理（其他不涉及的由会计人员作处理）。

◆ 零售收入。

借：库存现金 13560 元

　　贷：主营业务收入 12000 元

　　　　应交税费—应交增值税（销项税额）1560 元

◆ 报销差旅费用。

借：营业费用—差旅费 1714.6［600÷（1+3%）+1132.08］

　　应交税费—应交增值税（进项税额）85.4（17.48+67.92）

　　贷：库存现金 1800（600+1200）

5）新办企业如何取得一般纳税人的资格。

前面讲过，界定一般纳税人的主要标准是一个纳税年度内，纳税人的应税销售额是否达到 500 万元及以上。事实上，这是针对成为一般纳税人前的小规模纳税人的一项硬性规定，即如果小规模纳税人的年应税销售额达到了 500 万元，则必须升级为一般纳税人。那么，新设立的企业如果需要申请取得一般纳税人资格，应当符合哪些条件，如何办理登记呢？

① 申请条件：新办企业符合下列条件即可申请成为一般纳税人。

有固定的生产经营场所。

能够按照国家统一的会计制度、规定设置账簿，根据合法、有效凭证进行核算，能够提供准确的税务资料。

② 登记程序。

新办企业办理一般纳税人登记的程序如图 8-25 所示。

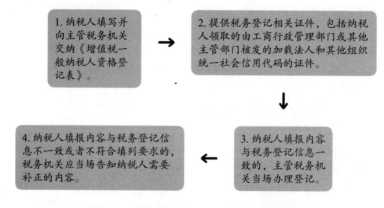

图 8-25　新办企业办理一般纳税人登记程序

（2）小规模纳税人。

小规模纳税人是指连续 12 个月的应税销售额在规定标准以下，并且会计核算不健全，不能按规定报送有关税务资料的增值税纳税人。会计核算不健全是指不能正确核算增值税的销项税额、进项税额和应纳税额。

1）界定标准。

我国对小规模纳税人的界定标准是连续 12 个月的应征增值税销售额未超过 500 万元（≤500 万元）的纳税人。但是未超过 500 万元的小规模纳税人，只要会计核算健全，也可以申请成为一般纳税人。

小规模纳税人兼有销售货物、提供加工修理修配劳务（以下简称"应税货物及劳务")和销售服务、无形资产、不动产（以下简称"应税行为"）的，应税货物及劳务销售额与应税行为销售额合并计算，合并计算后销售额超过500万的，应当按照规定办理一般纳税人增值税登记相关手续。

但是，即使应税服务连续12个月销售额超过500万元的其他个人也不得办理一般纳税人登记手续，非企业性单位、不经常提供应税服务的企业和个体工商户，应税服务连续12个月销售额超过一般纳税人标准可选择按照小规模纳税人纳税。

2）征收率。

增值税对小规模纳税人采取简易办法征收，因此，其适用税率称为"征收率"，除不动产的租赁和销售业务的征收率为5%外，其他一律为3%。

3）税额计算。

小规模纳税人的应纳增值税额计算公式：应纳税额 = 销售额 × 征收率。

注意公式中的"销售额"是指不含税销售额。在实务中，小规模纳税人销售货物或者应税劳务通常采用销售额和应纳税额合并定价方法，应先将含税销售额进行价税分离，计算公式：销售额 = 含税销售 ÷（1+ 征收率）。

例 8-5

B公司是增值税小规模纳税人，按月纳税。2019年5月销售货物，含税销售额125630元，计算应纳增值税额。

① 不含税销售额：125630÷（1+3%）=121970.87 元
② 应纳增值税额：121970.87×3%=3659.13 元

4）免税政策

根据国家税务总局关于增值税小规模纳税人企业的减免税政策规定，增值税小规模纳税人应分别核算销售货物，提供加工、修理修配劳务的销售额和销售服务、无形资产的销售额。增值税小规模纳税人销售货物，提供加工修理修配劳务月销售额不超过10万元（按季纳税30万元），销售服务、无形资产月销售额不超过10万元（按季纳税30万元）的，可分别享受小微企业暂免征收增值税优惠政策。

这里需要注意两个容易混淆的细节。

① 小规模纳税人月销售额不超过10万元（季度销售额不超过30万元），是同时包含了10万元（月）与30万元（季度）的，即月销售额≤10万元，季度销售≤30万元。如果超过标准，则必须全额纳税，而并非仅就超过部分金额纳税。

② 小规模纳税人自开或申请税务机关代开的增值税专用发票，对于增值税专

用发票部分的销售额不免征增值税。

> **例 8-6**
>
> A 公司是增值税小规模纳税人，按月纳税。2019 年 5 月销售额合计 9 万元（不含税）。其中，开具增值税普通发票 6 万元，申请税务机关代开增值税专用发票 3 万元（不含税）。那么 A 公司当月实际缴纳增值税 900 元（30000×3%）。

5）账务处理。

增值税小规模纳税人的账务处理比较简单。销售方在发生应税行为（销售或劳务）时的账务处理方法与一般纳税人并无不同，即将价税合计金额借记"应收账款""银行存款""库存现金"等科目，将不含税销售额与税额分别贷记"主营业务收入"和"应缴税费—应缴增值税（销项税额）"科目。若符合条件，享受了增值税减免政策，应在当月末将减免的增值税额转入"营业外收入"科目。

> **例 8-7**
>
> B 公司和 C 公司均是增值税小规模纳税人，按月纳税。2019 年 6 月，B 公司含税销售额 100000 元，C 公司含税销售额 103010 元。
>
> ① 对比计算 B 公司、C 公司的应纳、实缴增值税额，如表 8-6 所示。
>
> 表 8-6　对比计算 B 公司、C 公司的应纳、实缴增值税额
>
> 金额单位：元
>
> | 项目 | B 公司 | C 公司 |
> | --- | --- | --- |
> | 不含税销售额 | 97087.38
100000÷（1+3%） | 100009.71
103010÷（1+3%） |
> | 应缴增值税额 | 2912.62
97087.38×3% | 3000.29
100009.71×3% |
> | 是否享受免税政策 | 月销售额小于 100000 元，可享受 | 月销售额超过 100000 元，不能享受 |
> | 实际缴纳增值税额 | 0 | 3000.29 |
>
> ② 月末账务处理。
>
> ◆ B 公司 2019 年 6 月销售额合计 97087.38 元，可享受免征增值税政策。月末"应缴税费—应缴增值税（销项税额）"的科目余额为 2912.62 元。
>
> 　　借：应缴税费—应缴增值税（销项税额）2912.62 元
> 　　　　贷：营业外收入—税费减免 2912.62 元

◆ C 公司 2019 年 6 月销售额合计 100009.71 元，不能享受免征增值税政策，应按规定于次月申报期内申报并缴纳增值税。月末"应缴税费－应缴增值税（销项税额）"的科目余额为 3000.29 元，暂不作账务处理。次月申报缴纳时作以下会计分录。

借：应缴税费——应缴增值税（销项税额） 3000.29 元
  贷：银行存款（或库存现金）3000.29 元

（3）增值税简易征收。

简易征收，是指增值税纳税人因其销售业务或所属行业的特殊性，确实无法取得原材料或货物的增值税进项发票以抵扣销项税额，从而导致纳税人需缴纳增值税税负过高现象的出现，因此针对这些特殊情形或行业实施按照简易征收率征收增值税。

简易征收率包括 5%、3%，以及依照征收率 3% 减按 2% 三档。适用简易征收率的行业与具体情形如表 8-7 所示。

表 8-7　简易征收率表

简易征收率	适用纳税人对象	销售的货物或适用情形
5%	一般纳税人和小规模纳税人	销售或出租不动产
3%	小规模纳税人	一般业务、劳务派遣服务全额计税
3%	一般纳税人	（1）销售货物属于下列情形之一的按 3% 征收率简易计税。 　1）寄售商店代销寄售物品（包括居民个人寄售的物品在内）。 　2）典当业销售死当物品。 　3）经国务院控股权机关批准的免税商店零售的免税品。 （2）从事以下服务性业务可以选择按 3% 简易计税。 　1）建筑服务：清包工、甲供工程、老项目。 　2）其他服务：包括公共交通运输服务（不含铁路）、电影放映服务、仓储服务、装卸搬运服务、收派服务等。 （3）销售自产的下列货物，可以选择按照简易办法依照 3% 征收率计算缴纳增值税。 　1）县级及县级以下小型水力发电单位生产的电力。小型水力发电单位，是指各类投资主体建设的装机容量为 5 万千瓦以下（含）的小型水力发电单位。 　2）建筑用和生产建筑材料所用的砂、土、石料。 　3）以自己采掘的砂、土、石料或其他矿物连续生产的砖、瓦、石灰（不含黏土实心砖、瓦）。 　4）用微生物、微生物代谢产物、动物毒素、人或动物的血液或组织制成的生物制品。 　5）自来水。 　6）商品混凝土（仅限于以水泥为原料生产的水泥混凝土）

续表

简易征收率	适用纳税人对象	销售的货物或适用情形
依照征收率3%减按2%	一般纳税人	销售自己使用过的固定资产
	一般纳税人	销售未抵扣进项税额的固定资产
	一般纳税人和小规模纳税人	销售旧货。旧货是指进入二次流通的具有部分使用价值的货物（包含旧汽车、旧摩托和旧游艇），但不包括自己使用过的物品

上表所列三档简易征收率中，"依照征收率3%减按2%"是指将含税销售额换算为不含税销售额时按3%计算，而应纳税额则按2%。计算公式：

不含税销售额 = 含税销售额 ÷ （1+3%）

应纳增值税额 = 不含税销售额 × 2%

例8-8

A公司于2008年12月31日以前购买的一台生产设备，于2015年以4万元价格处理给B公司。因购买时进项税额未抵扣，因此可按简易办法，依照征收率3%减按2%计算缴纳增值税额。

① 不含税销售额：40000÷（1+3%）=38834.95元

② 应纳增值税额：38834.95×2%=776.70元

提示

① 前面所讲"小规模纳税人除不动产租赁和销售业务的征收率为5%外，其他征收率3%。"其实也是一档简易征收率。因此小规模纳税人销售自己使用过的固定资产以外的物品，仍然按照征收率3%征收增值税。

② 一般纳税人如果选择按照简易办法依照3%减按2%的征收率计算缴纳增值税额，那么36个月内不得变更。

（4）"一般"和"小规模"的区别。

一般纳税人与小规模纳税人的主要区别在于认定标准、税率、发票开具、进项税的抵扣、进项税额的账务处理等方面，具体对比情况如表8-8所示。

表 8-8　一般纳税人和小规模纳税人的主要区别

纳税主体 比较项目	一般纳税人	小规模纳税人
认定标准	连续 12 个月应税销售额≥500 万元	连续 12 个月应税销售额＜500 万元
适用税率（征收率）	有 13%，9%，6%，0% 四档税率	征收率 3% 销售或租赁不动产 5%
发票开具	可自行开具增值税专用发票和增值税普通发票	1. 可自行开具增值税普通发票 2. 8 种行业可自行开具增值税专用发票 3. 其他行业若需要开具增值税专用发票必须到税务机关申请代开
进项税能否抵扣	取得增值税专用发票，符合规定的允许抵扣	不能抵扣
进项税额账务处理	允许并且抵扣的进项税额不计入成本或费用	进项税额计入成本或费用

2．消费税

消费税是国家为了调节产品结构，引导消费方向，保证国家的财政收入，对生产、委托加工、零售和进口的应税消费品征收的一种税，也是我国重要的税种之一。

消费税与增值税同属于流转税，但与增值税不同的是，消费税并非对所有商品和对商品的每一流转环节征税，而是以特定消费品的流转额为计税依据，对商品的生产、销售或批发（仅卷烟）、进口等某一环节征收。

消费税是价内税，消费者支付的价款中已经包含税款，实际上已经转嫁给消费者，最终由消费者承担，因此消费税也是一种间接税。

（1）应税项目与税率。

我国现行的消费税应税项目为 15 个，包括 15 类特定消费品：烟，酒，高档化妆品，贵重首饰及珠宝玉石，鞭炮、烟火，成品油，摩托车，小汽车，高尔夫球及球具，高档手表，游艇，木制一次性筷子，实木地板，涂料，电池。同时，相关法规对每一税目及子税目的具体规格、征税范围、税率等方面都做了明确的划分。下面介绍具体税目、征税范围及各自税率。

1）烟：子税目包括卷烟、雪茄烟、烟丝。

◆卷烟：甲类卷烟 56%+0.003 元 / 支；乙类卷烟 36%+0.003 元 / 支；批发环节加征 11%+0.005 元 / 支。

◆雪茄烟：36%。

◆烟丝：以烟叶为原料加工生产的不经卷制的散装烟 30%。

2）酒：子税目包括白酒、黄酒、啤酒、其他酒。

◆白酒：20%+0.5 元/500 克。

包括粮食白酒、薯类白酒等。需要注意的是白酒生产企业向商业销售单位收取的"品牌使用费"、包装物作价收入、押金收入等应并入白酒的销售额缴纳消费税。

◆黄酒：240 元/吨。

包括各种原料酿制的黄酒和酒精度超过 12 度（含）的土甜酒。以黄酒为酒基生产的配制或泡制酒，按其他酒税目征税。

◆啤酒：甲类啤酒 250 元/吨；乙类啤酒 220 元/吨。

甲类啤酒是指出厂价≥3000 元/吨的啤酒，反之则属于乙类啤酒。注意"出厂价"不含增值税额，包含包装物及包装物押金，如酒瓶与酒瓶的押金。

◆其他酒：10%。

包括糠麸白酒、其他原料白酒、土甜酒、复制酒、果木酒、汽酒、药酒等。葡萄酒也按此税目征税。

3）高档化妆品：15%。

包括高档美容、修饰类化妆品、高档护肤类化妆品和成套化妆品价格（不含增值税）在 10 元/毫升（克）或 15 元/片（张）及以上的美容、修饰类化妆品和护肤类化妆品；不包括普通化妆品，舞台、戏剧、影视演员化妆用的上妆油、卸装油、油彩。

4）贵重首饰及珠宝玉石：子税目包括金银珠宝首饰、其他贵重首饰和珠宝玉石。

◆金银珠宝首饰：5%。

包括金银首饰、铂金首饰、钻石及钻石饰品。仅在零售环节征收。

◆其他贵重首饰和珠宝玉石：10%。

5）鞭炮、烟火：15%。

包括各种鞭炮、烟火。体育活动中用的发令纸、鞭炮药引线，不按本税目征收。

6）成品油：子税目包括汽油、柴油、航空煤油、石脑油、溶剂油、润滑油、燃料油。

◆汽油：1.52 元/升。

包括辛烷值≥66 的各种汽油和以汽油成分为主的辛烷值＞50 的经调和可用作汽油发动机燃料的非标油。

◆柴油：1.2 元 / 升。

包括倾点在 -50 号至 30 号的各种柴油和以柴油成分为主、经调制可用作柴油发动机的非标油。

◆航空煤油：1.2 元 / 升，暂缓征收消费税。

◆石脑油：1.52 元 / 升。

包括除汽油、柴油、煤油、溶剂油以外的各种轻质油。

◆溶剂油：1.52 元 / 升。

包括各种溶剂油、橡胶填充油、溶剂油原料。

◆润滑油：1.52 元 / 升。

包括以石油为原料加工的矿物性润滑油、矿物性润滑油基础油。不属于本税目征收范围的有植物性润滑油、动物性润滑油和化工原料合成的润滑油。

◆燃料油：1.2 元 / 升。

包括用于电厂发电、船舶锅炉燃料、加热炉燃料、冶金和其他工业炉燃料的各类燃料油。其他油品的主要用途如果是作为燃料燃烧，属于本税目征收范围。

7）摩托车：气缸容量≤250 毫升，3%；气缸容量＞250 毫升，10%。

包括普通车、微型车、越野车、普通赛车、微型赛车、越野赛车、特种车等两轮车，以及普通或特种的边三轮车、正三轮车等。

8）小汽车：子税目包括乘用车、中轻型商用客车、超豪华小汽车。

◆乘用车：以气缸容量大小确定税率。

气缸容量≤1.0 升，1%；气缸容量＞1.0 升且≤1.5 升（含）的，3%；气缸容量＞1.5 且≤2.0 升（含）的，5%；气缸容量＞2.0 且≤2.5 升（含）的，9%；气缸容量＞2.5 且≤3.0 升（含）的，12%；气缸容量＞3.0 且≤4.0 升（含），25%；气缸容量＞4.0 的，40%。

◆中轻型商用客车：5%。

◆超豪华小汽车：按子税目 1 和子税目 2 的标准征收。零售环节加征 10%。

9）高尔夫球及球具：10%。

包括高尔夫球、高尔夫球杆、高尔夫球包(袋)、高尔夫球杆的杆头、杆身和握把。

10）高档手表：20%。

包括销售价格在 10000 元（含）以上 / 只的各类手表。

11）游艇：10%。

包括长度≥8 米且≤90 米，内置发动机，主要用于水上运动和休闲等非营利活动的各类机动艇。

12）木制一次性筷子：5%。

包括以木材为原料经过锯段、浸泡、旋切、刨切、烘干、筛选、打磨、倒角、包装等环节加工而成的各类一次性使用的筷子。未经打磨、倒角的木制一次性筷子也属于本税目征收范围。

13）实木地板：5%。

包括各类规格的实木地板、实木指接地板、实木复合地板及用于装饰墙壁、天棚的侧端面为榫、槽的实木装饰，以及未经涂饰的素板。

14）电池：4%。

目前仅对铅蓄电池征收。

15）涂料：4%。

包括各种涂料。但施工状态下挥发性有机物（VOC）含量低于420克/升（含）的涂料免征消费税。

（2）纳税环节。

前面的小节中讲过消费税与增值税在纳税环节方面的不同之处：增值税是在每一个流转环节征收，而消费税是除卷烟在批发环节、超豪华小汽车在零售环节加征一道外其他税目的应税消费品仅在生产委托加工或进口中的一个环节一次性征收，因此，消费税的纳收环节包括4个：生产环节、进口环节、零售环节、批发环节。每个环节根据消费品的用途不同，在纳税时点上也有所区别，如表8-9所示。

表8-9 消费税纳税环节与纳税时点

纳税环节	纳税时点
生产环节	1）对外销售的，在销售时纳税。 2）自产自用的，用于除连续生产应税用品以外的其他方面，在移送时纳税。 3）委托加工的，受托方交货时代收代缴。 ◆委托方收回后连续生产应税消费品的，可将受托方已代收代缴的消费税额在销售时抵扣应纳消费税额； ◆委托方收回后直接销售，不再征收消费税
进口环节	报关进口时纳税
零售环节	1）从事金银首饰、钻石及钻石饰品、铂金首饰零售业务。 2）销售超豪华小汽车，在零售时加征一道消费税。 3）金银首饰、钻石及钻石饰品、铂金首饰用于馈赠、赞助、集资、广告、样品、职工福利、奖励等，在移送时纳税。 4）带料加工、翻新改制金银首饰、钻石及钻石饰品、铂金首饰的，在受托方交货时纳税
批发环节	自2009年5月1日起，在卷烟批发环节加征一道消费税

(3）应纳税额计算。

根据消费税 15 个应税项目的不同税率，可以将消费税应纳税额的计算方式归纳为以下 3 种。

◆ 从价定率计征法：适用比例税率的应税消费品，如雪茄烟的比例税率为 36%。

◆ 从量定额计征法：适用定额税率的应税消费品，如甲类啤酒的定额税为 250 元 / 吨。

◆ 复合计征法：适用既规定了比例税率，又规定了定额税率的应税消费品，如白酒的比例税率为 20%，定额税为 0.5 元 /500 克。

下面结合消费税征收范围、纳税环节等内容分别举例讲解以上 3 种消费税额计算方法和与之相关的会计处理，以及税法对计税依据的特殊规定，即组成计税价格和消费税额抵扣的计算方法。

1）从价定率计征。

从应税消费品的销售价格 × 销售数量 × 比例税率计算消费税额，而从销售价格 × 销售数量得到销售额，因此从价定率计征方式的计税依据是销售额。其标准计算公式：

应纳税额 = 应税销售额 × 比例税率

 提示

在公式中，应税销售额不包含增值税，包括纳税人销售应税消费品向购买方收取的全部价款 + 价外费用。

例 8-9

A 公司主营业务是生产、批发高档化妆品，2019 年 7 月对外销售高档化妆品一批并开具增值税专用发票，价税合计金额为 120000 元。A 公司是增值税一般纳税人，适用增值税率 13%。高档化妆品消费税率为 15%。计算增值税与消费税。

① 应税销售额：120000÷（1+13%）=106194.69 元
② 增值税税额：106194.69×13%=13805.31 元
③ 消费税税额：106194.69×15%=15929.20 元

2）从量定额计征。

从量定额计征的计税依据就是销售数量。其标准计算公式：

应纳税额＝销售数量 × 定额税率

目前实行从量定额计征消费税的应税消费品有 9 类，税法规定了其计量单位的换算标准，如表 8-10 所示。

表 8-10　从量定额计征税目单位换算表

税目	1 吨等于（换算）	定额税
啤酒	988 升	甲类啤酒：250 元 / 吨 乙类啤酒：220 元 / 吨
黄酒	962 升	240 元 / 吨
汽油	1388 升	1.52 元 / 升
柴油	1176 升	1.2 元 / 升
航空煤油	1246 升	1.2 元 / 升
石脑油	1385 升	1.52 元 / 升
溶剂油	1282 升	1.52 元 / 升
润滑油	1126 升	1.52 元 / 升
燃料油	1015 升	1.2 元 / 升

例 8-10

B 工厂是石油化工厂，属于增值税一般纳税人。2019 年 7 月发生以下业务：销售汽油 20 吨，柴油 12.5 吨；自用汽油 6 吨，润滑油 5 吨。计算应纳消费税额。

① 销售汽油和柴油的应纳消费税额：

20×1388×1.52+12.5×1176×1.2=59835.20 元

② 自用汽油和润滑油的应纳税额：

6×1388×1.52+5×1126×1.52=21216.16 元

③ 应纳消费税额合计：

59835.20+21216.16=81051.36 元

3）复合计征。

复合计征法就是应税消费品既规定了比例税率，又规定了定额税率，将从价定率计征法与从量定额计征法结合计算消费税的应纳税额，其计算公式：

应纳税额 = 销售额 × 比例税率 + 销售数量 × 定额税率

我国目前只有卷烟和白酒这两种应税消费品实行的是复合计征方法。

例 8-11

A 烟厂是增值税一般纳税人,适用增值税率 13%。2019 年 7 月发生以下业务:销售甲类卷烟 220 标准箱(含税价格 72000 元/标准箱)及乙类卷烟 150 标准箱(含税价格 60500 元/标准箱)给 B 公司(B 公司为烟草批发公司)。A 公司赞助某客户甲类卷烟 8 箱。提供烟叶委托 C 公司加工一批烟丝,收回后用于继续生产××牌卷烟。甲类卷烟税率:56%+150 元/标准箱。乙类卷烟税率:36%+150 元/标准箱。计算应纳消费税额。

① 直接销售与赞助的卷烟应税销售额。

甲类卷烟:(220+8)×72000÷(1+13%)=14527433.63 元

乙类卷烟:150×60500÷(1+13%)=8030973.45 元

② 委托 C 公司加工烟丝,收回烟丝后用于继续生产卷烟不征收消费税。

③ 计算应纳消费税额。

甲类卷烟:14527433.63×56%+228×150=8169562.83 元

乙类卷烟:8030973.45×36%+150×150=2913650.44 元

消费税额合计:8169562.83+2913650.44=11083213.27 元

4)组成计税价格。

纳税人自产自用、委托加工的应税消费品没有同类消费品的销售价格作为计税依据时,将成本、利润、材料成本、加工费、税率等要素组合成为一个价格,并以此价格作为计税依据计算消费税额。同时,进口的应税消费品均按照组成计税价格计算消费税额。组成计税价格的具体方法与计算公式如下。

◆纳税人自产自用的应税消费品。

实行从价定率方式的组成计税价格:

(成本 + 利润)÷(1 - 比例税率)

实行复合计税方式的组成计税价格:

(成本 + 利润 + 自产自用数量 × 定额税率)÷(1 - 比例税率)

◆委托加工的应税消费品。

实行从价定率方式的组成计税价格:

(材料成本 + 加工费)÷(1 - 比例税率)

实行复合计税方式的组成计税价格:

(材料成本 + 加工费 + 委托加工数量 × 定额税率)÷(1 - 比例税率)

◆进口的应税消费品按照组成计税价格计算消费税额。

实行从价定率方式计算纳税的组成计税价格:

(关税完税价格 + 关税)÷(1 - 比例税率)

实行复合计税方式计算纳税的组成计税价格：

（关税完税价格＋关税＋进口数量×定额税）÷（1－比例税率）

例 8-12

A 酒厂是增值税一般纳税人，适用增值税率 13%。2019 年 7 月生产销售粮食白酒 10000 瓶（500g/瓶），含税价格 260 元/瓶。将新研制生产的一批粮食白酒共 2000 瓶（500g/瓶）提供给职工试用，新研制的粮食白酒暂无同类消费品的销售价格。白酒实行复合计征方式计税，税率为 20%+0.5 元/500 克。假设新研制的这批粮食白酒生产成本为 118 万元，假定粮食白酒的全国平均成本利润为 10%。

A 酒厂应纳消费税额计算如下。

① 销售粮食白酒的应税销售额：

10000×260÷（1+13%）=2300884.96 元

② 新研制白酒的组成计税价格：

（1180000+1180000×10%+2000×0.5）÷（1-20%）=1623750 元

③ 应税销售额合计：2300884.96+1623750=3924634.96 元

④ 应纳消费税额：3924634.96×20%+（10000+2000）×0.5=790926.99 元

5）已纳税额抵扣。

根据税法规定，符合下列情形之一的已纳消费税准予抵扣。

① 对既有自产应税消费品，同时又购进与自产应税消费品同样的应税消费品进行销售的工业企业，对其销售的外购应税消费品应当征收消费税，同时可以扣除外购应税消费品的已纳税款。

② 从商业企业购进应税消费品连续生产应税消费品，符合抵扣条件的，准予扣除外购应税消费品已纳消费税税款。

③ 纳税人之间销售的卷烟不缴纳消费税。批发企业在计算纳税时不得扣除已含的生产环节消费税税款。

提示

第③项的"纳税人之间销售的卷烟不缴纳消费税"是指批发企业之间销售时（如一级批发商销售给二级批发商）不缴纳消费税。批发企业批发给卷烟零售商需要缴纳消费税，不得扣除生产环节的消费税额。

例 8-13

A 烟厂 2019 年 7 月自产甲类卷烟 180 标准箱，含税销售价格 5 万元/标准箱，销售额 900 万元。由于当月订单量陡增，A 烟厂自行生产无法按时交货，于是以批发价每标准箱 4.3 万元（含税）购入相同的甲类卷烟 100 箱。A 烟厂购进后直接以同样含税价格 5 万元/标准箱对外销售（A 烟厂为增值税一般纳税人，适用增值税率 13%，甲类卷烟的消费税率为 56%+150 元/标准箱）。

计算 A 烟厂当月应纳消费税额。

① 应税销售额：（50000×280）÷（1+13%）=12389380.53 元
② 应纳消费税额：12389380.53×56%+150×280=6980053.10 元
③ 计算可抵扣的外购卷烟已纳消费税额：
【（43000×100）÷（1+13%）】×56%+150×100=2245088.50 元
④ 计算实际应纳消费税额：6980053.10−2245088.50=4734964.60 元

3. 附加税费

附加税费，顾名思义，是指附加于"主税"并随之按照一定比例征收的税。附加税费以主税的存在和征收为前提与依据。我国目前征收的附加税费包括城市维护建设税（以下简称"城建税"）与教育费附加，其主税是增值税与消费税。

（1）城建税。

城建税是一种地方税，由中央统一制定基本法规，实施细则由各省、自治区、直辖市人民政府根据基本法，结合各地的实际情况制定。海关对进口产品代征增值税、消费税，不征收城建税。

城建税的纳税义务人是指负有缴纳增值税、消费税"两税"义务的单位和个人，包括国有企业、集体企业、股份制企业、其他企业和行政单位、事业单位、军事单位、社会团体、其他单位以及个体工商户与其他个人。

城建税以纳税人实际缴纳的增值税、消费税的税额之和为计税依据，与增值税、消费税同时缴纳，其税率实行差别比例税率，即按照纳税人所在地区性质不同，实行三档差别比例税率，如表 8-11 所示。

表 8-11 城建税税率表

纳税人所在地	税率
城市市区	7%
县城、镇	5%
非城市市区、县城或镇	1%
注：纳税人所在地为工矿区的，应按照行政区划确定税率	

（2）教育费附加。

教育费附加是一种政府性基金，是指为了发展地方性教育事业，扩大地方教育经费的资金来源，对缴纳增值税、消费税的单位和个人征收的一种附加费。我国大部分地区还开征了"地方教育费附加"，主要用于各地方的教育经费的投入补充。因此，教育费附加实际包含两项：教育费附加与地方教育费附加。

教育费附加的纳税义务人与城建税的纳税义务人同样是负有缴纳增值税、消费税义务的所有单位和个人。同时，凡代征增值税、消费税的单位和个人，亦为代征教育费附加的义务人。农业和乡镇企业由乡镇人民政府征收农村教育事业附加，不再征收教育费附加。教育费附加由地方税务机关征收，海关进口产品征收的增值税、消费税不征收教育费附加。另外，外商投资企业、外国企业和外籍人员适用于现行有效的城市维护建设税和教育费附加政策规定，凡是缴纳增值税、消费税的外商投资企业、外国企业和外籍人员纳税人均应按规定缴纳城市维护建设税和教育费附加。

教育费附加与地方教育费附加的税率分别为 3% 和 2%。

（3）税费计算。

附加税费的计算非常简单，由纳税人实际应缴纳的增值税与消费税的税额决定，其计算公式：

应纳税额 =（增值税 + 消费税）× 适用税率

例 8-14

A 工厂为增值税一般纳税人，适用增值税率为 13%。所在地区在某市市区。主营业务为生产批发实木地板（消费税率为 5%）。2019 年 7 月的不含增值税销售收入为 80 万元，已开具增值税专用发票，票面注明增值税额合计 104000 元。当月采购原材料并取得增值税专用发票 62 万元（不含增值税），票面注明增值税额合计 80600 元。其他业务略。计算当月应纳增值税、消费税及附加税费。

① 应纳增值税额：104000-80600=23400 元。

② 应纳消费税额：800000×5%=40000 元。

③ 增值税与消费税合计：23400+40000=63400 元。

④ 附加税费计算如表 8-12 所示。

表 8-12 附加税费计算表

金额单位：元

附加税费	税（费）额	计算公式
城建税	4438	63400×7%
教育费附加	1902	63400×3%
地方教育费附加	1268	63400×2%
合计	7608	63400×12%

（4）附加税费减免。

目前，我国附加税费的减免优惠政策主要是向小规模纳税人倾斜。相关政策规定，由省、自治区、直辖市人民政府根据本地区实际情况，以及宏观调控需要确定，对增值税小规模纳税人可以在 50% 的税额幅度内减征城市维护建设税、教育费附加、地方教育附加、房产税、城镇土地使用税、印花税（不含证券交易印花税）、耕地占用税和资源税。而对于一般纳税人，实行月收入 10 万元以下免征教育费附加与地方教育费附加。二者的附加税费减免情况对比如表 8-13 所示。

表 8-13 一般纳税人与小规模纳税人附加税减免对比

附加税费	月销售 10 万元以下		月销售 10 万元以上	
	一般纳税人	小规模纳税人（未开具专票、无消费税）	一般纳税人	小规模纳税人
城建税	征收	免征	征收	减按 50% 征收
教育费附加	免征	免征	征收	减按 50% 征收
地方教育费附加	免征	免征	征收	减按 50% 征收

说明：小规模纳税人月收入 10 万元以下免征增值税，在未开具增值税专用发票，也不涉及消费税的前提下，附加税费自然也随之免征

4．印花税

印花税是对经济活动和经济交往中订立、领受具有法律效力的凭证的行为征收的一种税。这些凭证（包括印花税）的征税范围极为广泛，也是企业日常经营活动中涉及最频繁的一个税种。

（1）征税对象与纳税义务人。

1）征税对象：是指《中华人民共和国印花税暂行条例》中列举征税的凭证，条例中未列举的合同、凭证不征收印花税。五大类征税凭证如下。

◆购销、加工承揽、建设工程承包、财产租赁、货物运输、仓储保管、借款、财产保险、技术合同或具有合同性质的凭证。

◆产权转移书据：单位和个人产权的买卖、继承、赠予、交换、分割等所立的书据。

◆营业账簿：单位或个人记载生产经营活动所设立的各种账册。

◆权利、许可证照。

◆财政部规定的其他凭证。

2）纳税义务人：在中国境内书立、领受条例中列举的各类应税凭证的单位和个人。具体包括经济合同的立合同人、产权转移书据的立据人、营业账簿的立账簿人及权利、证照的领受人。

对于同一凭证，如果由两方或者两方以上当事人签订并各执一份的，并且各方均为纳税人，那么应当由各方就所持凭证的各自金额缴纳印花税。

当事人是指对凭证有直接权利义务关系的单位和个人，不包括担保人、鉴定人等。如果应税凭证是由当事人的代理人代为书立的，则由代理人代为承担纳税义务。

（2）税目与税率。

印花税与其他税种相比较，税率低得多，最低税率仅万分之零点五，最高税率为千分之一，因此印花税的税负较轻。根据印花税应税凭证的性质，其税率分为从价比例税率与按件定额税率两种。

1）从价比例税率：是指以合同或凭证上记载的金额为计税依据，按照一定的比例税率计征印花税。我国现行印花税率分为四档：

1‰（千分之一）、0.5‰（万分之五）、0.3‰（万分之三）、0.05‰（万分之零点五）

2）按件定额税率：为简化管理和方便纳税，对于因无金额记载的权利、许可证照和其他营业账簿（自2018年5月1日起已免征此项），规定按5元一件定额征收印花税。

印花税的具体税目及其税率如表8-14所示。

（3）税额计算。

印花税的应纳税税额的计算相对于其他税种比较简单，即根据应税凭证的性质，按照凭证所载金额或应税凭证的件数以比例税率或者定额税率计算。计算公式：

应纳税额＝应税凭证记载金额（或应税凭证件数）× 适用税率

表 8-14　印花税税目税率表

征税对象大类	税目税率
经济合同或具有合同性质的凭证	1）购销合同，按购销金额的 0.3‰ 贴花计征； 2）加工承揽合同，按加工或承揽收入的 0.5‰ 贴花计征； 3）建设工程勘察设计合同，按承包金额的 0.5‰ 贴花计征； 4）建筑安装工程承包合同，按承包金额的 0.3‰ 贴花计征； 5）财产租赁合同，按租赁金额的 1‰ 贴花计征； 6）货物运输合同，按运输费用的 0.5‰ 贴花计征； 7）仓储保管合同，按仓储保管费用的 1‰ 贴花计征； 8）借款合同，按借款金额的 0.05‰ 贴花计征； 9）财产保险合同，按合同所载金额的 1‰ 贴花计征； 10）技术合同，按合同所载金额的 0.3‰ 贴花计征
产权转移书据	按合同所载金额的 0.5‰ 贴花计征
营业账簿	1）资金账簿，按实缴注册资本与资本公积的合计金额的 0.25‰ 贴花计征； 2）其他营业账簿，5 元 / 件（2018 年 5 月 1 日起已免征）
权利许可证照	5 元 / 件（2018 年 5 月 1 日起已免征）
经财政部确定的其他征税凭证	根据相关规定确定税率
优惠政策：自 2019 年 1 月 1 日起，对增值税小规模纳税人减征 50%	

下面列举几种在经济活动中涉及比较广泛并具有代表性的凭证，以及在实务中难以界定性质，税法对此做出特殊规定的凭证来讲解印花税的计算。

1）购销合同。

例 8-15

A 公司与 B 公司于 2019 年 5 月签订一份购销合同，合同上注明不含税价款合计为 40 万元。该合同一式两份，A、B 公司各执一份。A 公司为一般纳税人，B 公司为小规模纳税人。计算印花税。

① A 公司：40×0.3‰×10000=120 元
② B 公司：40×0.3‰×50%×10000=60 元

提示

在实务中，如果企业之间购销商品未签订购销合同，仅以采购订单作为购销与结算的凭据，仍然要缴纳印花税。税法列举的印花税五大类应税凭证中的经济合同类中，同时包括了"具有合同性质的凭证"，因此采购订单属于"具有合同性质的凭证"，应根据订单上的金额计征印花税。

2）加工承揽合同。

加工承揽合同是指承揽方按照定作方提出的要求完成一定的工作，定作方接受承揽方完成的工作成果并给付约定报酬而订立的合同。

签订加工承揽合同时需要注意一点：如果原材料由定作方提供，则加工承揽合同只就加工费用征收印花税，但是对由承揽方提供原材料的加工、定作合同而言，如果合同中分别记载加工费金额与原材料金额的，应当分别按加工承揽合同与购销合同计税，两项金额的合计数作为印花税的计税依据。如果合同中未划分加工费用与原材料金额的，则应按合同金额，依照加工承揽合同计税。

例 8-16

A 公司委托 B 公司加工一批物品，约定加工费为 20 万元，原材料金额为 100 万元，由乙企业提供，双方拟签订加工承揽合同，下面分 3 种情形计算印花税。

① 合同分别记载加工费用与原材料金额。

加工费应纳税额：20×0.5‰ =0.01 万元 =100 元

原材料应纳税额：100×0.03‰ =0.03 万元 =300 元

合计应纳税额：100+300=400 元

② 合同记载金额为加工费与原材料金额的合计数 120 万元。

应纳税额：120×0.05‰ =0.06 万元 =600 元

③ 原材料由甲企业提供。

应纳税额：20×0.5‰ =0.01 万元 =100 元

3）资金账簿。

资金账簿，是指载有固定资产原值和自有流动资金的总分类账簿，或者专门设置的记载固定资产原值和自有流动资金的账簿。印花税以实收资本（不是认缴）与资本公积的合计金额作为计税依据。

例 8-17

A 公司于 2018 年 5 月成立，认缴注册资本 100 万元。2018 年 8 月实缴 100 万元，2018 年 12 月追加投资 50 万元。计算 A 公司应缴纳印花税额。

① 2018 年 5 月公司成立，认缴注册资本不缴纳印花税。

② 2018 年 8 月实收资本 100 万元，缴纳印花税：100×0.25‰ =0.25 万元 =2500 元。

③ 2018 年 12 月追加投资 50 万元，缴纳印花税：50×0.25‰=0.125 万元 =1250 元。

5. 企业所得税

所得税几乎与中国所有企业与个人（包括外籍人员）密切相关，只要有所得，就必然会产生纳税义务。所得税包括"企业所得税"与"个人所得税"，本章主要介绍企业所得税的相关内容。个人所得税将在第9章结合工资核算进行介绍。

（1）纳税义务人。

企业所得税是指对中华人民共和国境内的企业（居民企业及非居民企业）和其他取得收入的组织以其生产经营所得为课税对象征收的一种所得税。其纳税义务人并非自然人，而是指所有实行独立经济核算的中华人民共和国境内的企业或其他组织，包括居民企业与非居民企业。

1）居民企业：依照一国法律、法规在该国境内成立，或者实际管理机构、总机构在该国境内的企业。我国的居民企业是指依照中国法律、法规在中国境内成立，或者实际管理机构在中国境内的企业。

2）非居民企业：依照外国（地区）法律、法规成立且实际管理机构不在中国境内，但在中国境内设立机构、场所的，或者在中国境内未设立机构、场所，但有来源于中国境内所得的企业。

在我国的新企业所得税法中，采用注册地标准和实际管理机构相结合的办法判定"居民"或"非居民"企业。居民企业承担无限纳税义务，应就其来源于中国境内和境外的所得缴纳所得税，非居民企业仅就其来源于我国境内的所得缴纳所得税。

> **提示**
>
> 个人独资企业与合伙企业虽然名称中带有"企业"，但其法律主体是个人，因此不缴纳企业所得税，由企业的投资者按照个人所得税的相关规定缴纳个人所得税。

（2）征税对象。

企业所得税的征税对象是纳税人取得的生产经营所得和其他所得，是从取得的收入中减去可以扣除的成本、费用等项目后的余额。主要包括以下3类，如表8-15所示。

表 8-15　"所得"的类别和具体范围

所得类别	具体范围
生产经营所得	包括从事制造业、商品流通业、交通运输业、采掘业、农业、林业、渔业、水利业、畜牧业、邮电通信业、金融业、保险业、建筑安装业、服务业等，以及国务院、财政、税务部门确认的其他营利事业取得的合法所得；卫生、物资、供销、城市公用和其他行业的企业，以及一些社团组织、事业单位开展多种经营和有偿服务活动，取得的合法经营所得
其他所得	纳税人取得的股息、利息、租金、转让各类资产收益、特许权使用费，以及营业外收益等所得
清算所得	纳税人按照章程规定解散或破产，以及其他原因宣布终止时，其清算终了后的清算所得

（3）应纳税所得额。

应纳税所得额是指按照税法规定确定纳税人在一定期间所获得的所有应税收入减除在该纳税期间依法允许减除的各种支出后的余额，是计算企业所得税税额的依据。应纳税所得额有两种计算方法：直接计算法和间接计算法。计算公式分别如下。

直接计算法：

应纳税所得额 ＝ 收入总额 － 免税收入 － 不征税收入 － 允许扣除项目 － 弥补亏损

间接计算法：

应纳税所得额 ＝ 会计利润总额 ± 纳税调整事项（纳税调增予纳税调减事项）

会计利润总额 ＝ 营业利润 ＋ 补贴收入 ＋ 营业外收入 － 营业外支出

营业利润 ＝ 主营业务收入 － 主营业务成本 － 主营业务税金及附加 ＋ 其他业务收入 － 其他业务支出 － 营业（销售）费用 － 管理费用 － 财务费用 － 资产减值损失 ± 公允价值损益 ± 投资收益

从以上公式可知，计算应纳税所得额的要素包括收入总额、税前扣除、纳税调整事项。下面分别作介绍。

1）收入总额。

收入总额通常由3类收入组成：应税收入、免税收入、不征税收入。各类收入的定义及其涵盖范围如表8-16所示。

表 8-16 收入类别基本概念及范围

收入类别	基本概念	具体范围
应税收入	应当缴纳企业所得税的以货币形式和非货币形式从各种来源取得的收入	1）销售货物收入； 2）提供劳务收入； 3）转让财产收入； 4）股息、红利等权益性投资收益； 5）利息收入； 6）租金收入； 7）特许权使用费收入； 8）接受捐赠收入； 9）其他收入
免税收入	属于企业的应税所得，但按照企业所得税法规定免予征收企业所得税的收入。是国家对该收入直接给予免税的一种税收优惠。同时，免税收入形成的费用支出，在计算应纳税所得额时允许税前扣除	1）国债利息收入； 2）符合条件的居民和企业之间的股息、红利收入； 3）在中国境内设立机构、场所的非居民企业从居民企业取得与该机构、场所有实际联系的股息、红利等权益性投资收益； 4）符合条件的非营利公益组织的收入、地方政府债券利息收入
不征税收入	从性质和根源上不属于企业营利性活动带来的经济利益、不负有纳税义务且不作为应纳税所得额组成部分的收入	1）财政拨款； 2）依法收取并纳入财政管理的行政事业性收费、政府性基金； 3）国务院规定的其他不征税收入

免税收入与不征税收入虽然都不会产生企业所得税应纳税额，但是二者之间存在着本质区别，如表 8-17 所示。

表 8-17 免税收入与不征税收入的区别

项目	免税收入	不征税收入
含义	属于税收优惠，是国家为了实现某些经济和社会目标，在特定时期或对特定项目取得的经济利益给予的税收优惠	不属于税收优惠，是专门从事特定项目的收入
	一定时期内有可能恢复征税	从企业所得税原理上讲，永久不纳入征税范围的收入范畴
费用扣除	该收入形成的费用支出可以税前扣除	该收入形成的费用支出不得税前扣除

2）税前扣除项目。

企业所得税的税前扣除是指在计算应纳税所得额时，准予扣除企业实际发生的与取得收入有关的、合理的支出，包括成本、费用、损失、其他支出，以及各项税费等。注意企业缴纳的增值税与企业所得税税款不得税前扣除。

我国现行所得税法对企业日常经营活动中发生的各项费用支出是否允许扣除、

按照全额或比例限额扣除等做出了具体详细的规定。这里根据税法规定，将这些费用支出划分为 3 类：据实扣除、限额扣除、不得扣除。另外，部分费用支出可享受"加计扣除"的优惠政策。下面分别作介绍。

① 据实扣除。

据实扣除是指根据规定，在计算应纳税所得额时，通常企业实际发生的与取得收入有关的、合理的支出都可以按照实际发生额扣除（但部分项目也有特殊规定）。据实扣除项目主要包括工资薪金支出，保险支出，借款费用，专项基金，开办费，租赁费支出，劳动保护、职工服饰费，外币汇兑损失，资产损失等，基本概念与涵盖范围如表 8-18 所示。

表 8-18　税前据实扣除项目

据实扣除项目	基本概念	具体范围
工资薪金支出	企业每一纳税年度支付给在本企业任职或者受雇的员工的所有现金形式或者非现金形式的劳动报酬	包括基本工资、奖金、津贴、补贴、年终加薪、加班工资，以及与员工任职或者受雇有关的其他支出
保险支出	企业为职工购买的社会保险，以及其他保险支出中由企业承担的部分费用	◆允许扣除的社会保险是指社会保险中的基本保险，即养老保险、医疗保险、失业保险、生育保险、工伤保险和住房公积金等。 ◆其他保险包括人身安全（或意外）保险费、财产保险
借款费用	企业在生产经营活动中发生的合理的、不需要资本化的借款费用	包括企业之间借款、企业向自然人借款的利息支出
专项基金	企业依照法律、行政法规有关规定提取的用于环境保护、生态恢复等方面的专项资金	如残保基金、核电站设施等弃置和恢复环境业务等专项资金
开办费	企业在筹建期发生的费用	包括人员工资、办公费、培训费、差旅费、印刷费、注册登记费及不计入固定资产和无形资产成本的汇兑损益和利息等支出
租赁费支出	企业根据生产经营活动的需要租入固定资产支付的租赁费	包括以经营租赁和融资租赁方式租入固定资产发生的租赁费支出
劳动保护、职工服饰费	确因工作需要为职工配备或提供工作服、手套、安全保护用品、防暑降温用品等所发生的支出	费用界定标准： ◆劳保是配备物品，不能直接发放现金； ◆因工作需要配备，而不是生活使用； ◆能满足需要即可，超过标准部分在福利费中列支

续表

据实扣除项目	基本概念	具体范围
外币汇兑损失	企业在货币交易中发生的人民币以外的货币性资产、负债按照期末即期人民币汇率中间价折算为人民币时产生的汇兑损失	除已经计入有关资产成本以及与向所有者进行利润分配相关的部分外，其他汇兑损失应当按照相关规定计入"财务费用"，准予扣除
资产损失	企业在实际处置、转让各类固定资产过程中发生的合理损失，以及企业虽未实际处置、转让各类固定资产，但符合相关规定的条件计算确认的损失	包括现金短缺、存款损失、坏账损失、贷款损失等

② 限额扣除。

限额扣除是指企业发生的部分费用支出不得全额扣除，但是允许按照特定的计算依据（如利润总额、营业收入、工资总额等）在一定的比例范围内扣除，超过范围部分则不允许税前扣除或结转以后年度扣除，同时必须于本年度调增应纳税所得额。这些项目主要包括公益性捐赠支出，补充医疗保险、补充养老保险，职工福利费，工会经费，职工教育经费，广告宣传费，业务招待费，手续、佣金支出等。各项目的扣除比例与计算依据及超额部分的处理方法都有所不同，详情如表 8-19 所示。

表 8-19 限额扣除项目

项目	比例扣除限额	超额部分的处理
公益性捐赠支出	年度利润总额 ×12%	当年调增应纳税所得额，以后 3 年内结转扣除
补充医疗保险 补充养老保险	全年职工工资总额 ×5%	不得扣除，调增应纳税所得额
职工福利费	全年职工工资总额 ×14%	不得扣除，调增应纳税所得额
工会经费	全年职工工资总额 ×2%	不得扣除，调增应纳税所得额
职工教育经费	全年职工工资总额 ×8%	当年调增应纳税所得额，以后纳税年度结转扣除
广告宣传费	年营业收入 ×15%	当年调增应纳税所得额，以后纳税年度结转扣除
业务招待费	实际发生额 ×60% 与年营业收入 ×5‰ 孰低	不得扣除，调增应纳税所得额
手续、佣金支出	保险企业：（全部保费 − 退保金）×15% 其他企业：协议或合同确认的收入 ×5%	不得扣除，调增应纳税所得额

> **提示**
>
> ① 企业返聘退休人员、退养人员，其支付的劳动报酬可据实税前扣除，但不得纳入工资总额计提职工福利费、工会经费、教育经费。
>
> ② 企业发生的职工福利费应当单独设置账册进行准确核算。没有单独设置账册准确核算的，税务机关应责令企业在规定的期限内进行改正。逾期仍未改正的，税务机关可对企业发生的职工福利费进行合理的核定。

③ 不得扣除。

根据税法规定，不得在计算应纳税所得额时扣除的项目包括：向投资者支付的股息、红利等权益性投资收益款项；增值税税款；企业所得税税款；税收滞纳金；罚金、罚款和被没收财物的损失；非公益性的捐赠支出；赞助支出（企业发生的与生产经营活动无关的各种非广告性质支出）；未经核定的准备金支出（不符合国务院财政、税务主管部门规定的各项资产减值准备、风险准备等准备金支出）；与取得收入无关的其他支出。

以上项目支出若在核算会计利润时已经扣除，应当在计算应纳税所得额时全额调增。

④ 加计扣除。

加计扣除是按照税法规定，在实际发生数额的基础上，再加成一定比例，作为计算应纳税所得额时的扣除数额的一种税收优惠政策，即企业在计算会计利润总额时已经据实扣除的费用支出，准予在计算应纳税所得额时按照一定的比例再扣除一次，其实质是减少了应纳税所得额，从而减少应缴所得税。目前有两类支出项目可以享受加计扣除：一类是为了鼓励企业开展研究开发活动，对于"三新"研究开发费用准予加计扣除；二类是为鼓励企业安置残疾人员，对于残疾人员的工资支出准予加计扣除。

◆ "三新"研发费。

"三新"是指新技术、新产品、新工艺。财务核算功能健全并能准确归集研究开发费用的居民企业，为开发新技术、新产品、新工艺发生的研究开发费用，未形成无形资产计入当期损益的，在按照规定据实扣除的基础上，按照研究开发费用的 50% 加计扣除；形成无形资产的，按无形资产成本的 150% 摊销。

国家为进一步激励中小企业加大研发投入，支持科技创新，规定：科技型中小企业开展研发活动中实际发生的研发费用，未形成无形资产计入当期损益的，在按规定据实扣除的基础上,在 2017 年 1 月 1 日至 2019 年 12 月 31 日期间,再按照实际发生额的 75% 在税前加计扣除;形成无形资产的,在上述期间按照无形资产成本的 175% 在税前摊销。根据相关规定,可享受加计扣除的研发费用范围如表 8-20 所示。

表 8-20 享受"加计扣除"的研发费用

加计扣除研发费项目	范围列举
直接人工费用	包括研发人员的工资薪金、"五险一金"、外聘研发人员的劳务费等
直接投入费用	包括直接材料、燃料、动力费用、仪器、设备的购进及维护费用等
折旧费用	用于研发活动的仪器、设备的折旧费
无形资产摊销	用于研发活动的软件、专利权、非专利技术的摊销费用
新产品设计费、新工艺规程制定费、新药研制的临床试验费、勘探开发技术的现场试验费	
直接相关的其他费用	包括技术图书资料费、资料翻译费、专家咨询费、高新科技研发保险费等
财政部和国家税务总局规定的其他费用	

◆残疾人员工资。

根据税法规定,企业安置残疾人员,在按照支付给残疾职工工资据实扣除的基础上,按照支付给残疾职工工资的 100% 加计扣除。为了防范企业利用残疾人员工资可以加计扣除的优惠政策,虚假安置残疾人员,虚列残疾人员工资,以达到偷税的目的,税法规定,企业享受残疾人员工资加计扣除必须符合以下条件,缺一不可,如图 8-26 所示。

> 1. 依法与安置的每位残疾人签订了 1 年以上(含 1 年)的劳动合同或服务协议,并且安置的每位残疾人在企业实际上岗工作。
> 2. 为安置的每位残疾人按月足额缴纳了企业所在区县人民政府根据国家政策规定的基本养老保险、基本医疗保险、失业保险和工伤保险等社会保险。
> 3. 定期通过银行等金融机构向安置的每位残疾人实际支付了不低于企业所在区县适用的经省级人民政府批准的最低工资标准的工资。
> 4. 具备安置残疾人上岗工作的基本设施。

图 8-26 享受残疾人员工资"加计扣除"的条件

3)纳税调整事项。

按照会计法规核算确定的会计利润与按照税收法规计算确定的应税利润对同一企业的同一个会计时期来说,其计算的结果往往不一致,在计算口径和确认时间方面存在一定的差异，即计税差异。纳税调整事项是指在计算应纳税所得额时将差异调整至与税收法规的应税利润一致的项目。

纳税调整事项包括纳税调增事项和纳税调减事项。纳税调增实质是增加应纳所得税额，纳税调减实质是减少应纳所得税额。前面介绍的免税收入即属于调减事项，而限额扣除项目的超额部分及不得扣除的费用项目则属于调增事项。纳税调整事项的具体含义及主要范围如表 8-21 所示。

表 8-21　企业所得税纳税调整事项

纳税调整事项	概念	主要范围
调增事项（增加应纳所得税额）	核算会计利润总额时已经扣除并计入当期损益，而企业所得税法不允许扣除或允许部分扣除，必须在利润总额的基础上全额增加或部分增加的项目	职工福利费、工会经费、职工教育经费、补充保险费、借款费用、业务招待费、广告费和业务宣传费、公益性捐赠，企业之间各种支出、特别纳税调整、罚款、罚金、滞纳金、非公益、救济性捐赠，赞助支出、准备金、不征税收入用于支出所形成的费用等
调减事项（减少应纳所得税额）	企业所得税法规定允许从会计上核算的收入或所得中扣减的项目	国债利息收入，权益性投资所得，技术转让所得，企业亏损弥补，从事农、林、牧、渔业项目所得，从事国家重点扶持的公共基础设施项目投资经营的所得，从事符合条件的环保、节能节水项目的所得，加计扣除，创投企业，资源综合利用、购置节能减排设备收入

（4）应纳所得税额计算。

我国目前对于企业所得税采取"按年计算，分期预缴，年终汇算清缴"的方式征管。大部分企业预缴税额以一个季度为周期，预缴时先以当年 1 月至本季末的会计利润为计税依据计算应纳税额，减除前面季度已预缴的税额之后的余额，为本季度应纳税额。年度终了后在规定期限内进行汇算清缴，因此，纳税调整一般是在汇算清缴时进行。

1）税率。

我国现行企业所得税基本税率为 25%。国家为进一步实施"小微企业普惠性税收减免政策"，自 2019 年 1 月 1 日至 2021 年 12 月 31 日，实行"对应纳税所得额不超过 100 万元的部分，减按 25% 计入应纳税所得，按 20% 的税率缴纳企业所得税，对年应纳税所得额超过 100 万元但不超过 300 万元的部分，减按 50% 计入应纳税所得额，按 20% 的税率缴纳企业所得税"的优惠政策。

根据上述企业所得税的优惠政策，可将税率换算为以下三档，如表8-22所示。

表8-22 企业所得税税率表

应纳税所得额（A）	实际税率	换算公式	速算扣除数
A≤100万元	5%	25%×20%	-
100万元＜A≤300万元	10%	50%×20%	50,000.00
A＞300万元	25%	-	-

2）税额计算。

下面结合上述免税收入、税前扣除、调整事项的相关规定列举案例，讲解和示范年度企业所得税应纳税额的计算方法和过程。

例8-18

A公司为居民企业，增值税一般纳税人，2019年经营数据如下。

全年销售收入3600万元，销售成本2000万元，其他业务收入400万元，其他业务成本360万元，购买国债利息收入20万元。缴纳税金（不含增值税款）及附加税费25.96万元。发生营业费用680万元（其中广告业务宣传费650万元）。管理费用598万元，其中工资薪金总额400万元（含残疾人工资30万元，职工福利费68万元，职工教育经费36万元，业务招待费38万元）。财务费用180万元，取得直接投资其他居民企业的权益性收益10万元（已在投资方所在地缴纳了所得税），营业外收入45万元，营业外支出50万元（含公益捐赠40万元，税收滞纳金5万元）。2019年1~4季度已预缴税额为1310400万元，计算2019年全年应纳所得税额及汇算清缴应补缴税额。

◆营业收入总额：3600+400=4000万元

◆会计利润总额：4000-2000-360+20-25.96-680-598-180+10+45-50=181.04万元

◆纳税调增金额合计：107.28万元，调增项目及计算明细如表8-23所示。

表8-23 A公司纳税调增金额计算表

金额单位：万元

调增项目	实际发生额	扣除限额		调增金额	
		允许扣除	计算公式	调增额	计算公式
广告业务宣传费	650	600	4000×15%	50	650-600
职工福利费	68	56	400×14%	12	68-56
职工教育经费	36	32	400×8%	4	36-32

续表

调增项目	实际发生额	扣除限额		调增金额	
		允许扣除	计算公式	调增额	计算公式
业务招待费	38	20	4000×5‰=20 与 38×60%=22.8 孰低	18	38-20
公益捐赠	40	21.72	181.04×12%	18.28	40-21.72
税收滞纳金	5	0	—	5	5-0
合计	837	730.72	—	107.28	—

◆纳税调减金额合计：60万元，调减项目明细如表8-24所示。

表8-24 A公司纳税调减金额计算表

金额单位：万元

调减项目	实际发生额	调减金额	相关政策
国债利息收入	20	20	免税收入
直接投资其他居民企业的权益性收益	10	10	免税收入
残疾人工资支出	30	30	允许加计扣除100%
合计	60	60	—

◆应纳税所得额：181.04+107.28-60=228.32万元。

◆应纳所得税额：2283200×10%-50000=178320元。

◆汇算清缴补缴税额：178320-131040=47280万元。

专家经验支招

01 增值税发票"备注"信息

前面讲过，我国目前主要采取"以票控税"的方式。比如增值税，主要是通过增值税发票监督纳税人是否依法纳税，是否存在偷税、漏税等违法行为，以保障国家税收收入。国家对发票的管理和监控越来越严格，因此，对企业来说，发票的开具及管理工作在财会工作中占据了举足轻重的地位。无论是销售、采购、支付还是记账、编制月报表无不是以发票作为必不可缺的原始凭证。在实际工作中，开具、管理发票的工作一般由出纳人员负责。所以，出纳人员必须熟知发票的相关规定，尽可能避免在开具或受理发票过程中出现差错。

下面介绍关于增值税专用发票"备注"栏信息的特殊规定。财务人员开具增值税发票时一定要谨记按规定在备注栏填写相关信息，以及收到增值税发票时注意检查备注栏是否按规定填写了相关信息，避免引起不必要的麻烦甚至有涉税风险。

我国自2016年5月全面实行"营改增"后，扩大了必须开具增值税发票业务的范围。为了规范发票的开具，加强发票管理，国家税务总局陆续规定，9大应税业务在开具增值税发票时，必须在备注栏里填写相关信息，未填写的不得作为税收凭证。应税业务类型及发票备注栏必须填写的具体信息如图8-27所示。

1. 货物运输服务	• 发票备注栏填写起运地、到达地、车种、车号及运输货物信息。
2. 建筑服务	• 发票备注栏注明建筑服务发生地县（市、区）名称及服务项目名称。
3. 销售、出租不动产	• 发票备注栏注明不动产的详细地址。
4. 转让、出租土地使用权	• 参照不动产销售、出租填写。
5. 单/多用途商业预付卡	• 发票备注栏注明"收到预付卡结算款"（只能开具增值税普通发票，不得开具增值税专用发票）。
6. 铁路运输企业受托代征印花税	• 发票备注栏注明铁路运输企业受托代征的印花税款信息。
7. 保险机构代收车船税	• 发票备注栏填写保险单号、税款所属期（详细至月）、代收车船税金额、滞纳金金额、金额合计等。
8. 综合服务企业办理出口货物退（免）税	• 生产企业代办退税的出口货物，应先按出口货物离岸价和增值税适用税率计算销项税额并按规定申报缴纳增值税，同时向综合服务企业开具增值税专用发票时，在备注栏内注明"代办退税专用"。
9. 个人保险代理人汇总代开增值税发票	• 发票备注栏注明"个人保险代理人汇总代开"字样。

图 8-27 增值税发票备注栏信息

另外，部分实行特殊征税方式的业务在开具发票时，开票系统将自动在备注栏里添加信息并且打印，具体包括的情形如表8-25所示。

表8-25 发票备注栏自动备注的信息

备注栏信息内容	说明
"差额征税"	按照现行政策规定适用差额征税办法缴纳增值税,且不得全额开具增值税发票的(财政部、税务总局另有规定的除外),纳税人自行开具或者税务机关代开增值税发票时,通过新系统中差额征税开票功能,备注栏自动打印"差额征税"字样(发票开具不得与其他应税行为混开)
"yd"	◆国税机关为跨县(市、区)提供不动产经营租赁服务、建筑服务的小规模纳税人(不包括其他个人)代开增值税发票时,发票备注栏中自动打印"yd"字样。 ◆纳税人销售其取得的不动产和其他个人出租不动产有关代征税款和代开增值税发票时,发票备注栏中自动打印"yd"字样

02 谨防所得税"预缴"误区

在实务中,很多财务制度不健全的小型企业由于不够重视税务问题,对税收政策的理解存在偏差,因此时常陷入误区,面临涉税风险而不自知。比如,对于企业所得税"预缴"问题,认为预缴时少缴或不缴税款都无关紧要,只需在汇算清缴时调增补足即可。因此,部分企业为了延迟纳税,虚列费用或者在每季度申报企业所得税时虚报利润,只缴纳极少部分税款甚至不缴纳。事实上,这样做的风险极大,因为税务机关早已对预缴税款的数额比例做出了明确的要求。

根据《国家税务总局关于加强企业所得税预缴工作的通知》(国税函〔2009〕34号)中关于企业所得税预缴税额的规定:原则上各地企业所得税年度预缴税款占当年企业所得税入库税款(预缴数+汇算清缴数)应不少于70%;对全年企业所得税预缴税款占企业所得税应缴税款比例明显偏低的,要及时查明原因,调整预缴方法或预缴税额。

在例8-18中A公司2019年度应纳所得税额总额为178320元,那么2019年1~4季度预缴所得税额之和则不得低于124824元(178320×70%)。

企业在正常经营的前提下,只要按照实际会计利润如实申报预缴所得税,那么实际预缴税款之和占全年应纳所得税额70%这个比例是较为合理的。如果企业为了少缴税或延迟纳税而虚假申报或者编造虚假计税依据,构成"偷税"行为,那么税务机关可以按照《中华人民共和国税收征收管理法》及其实施细则的相关规定,对纳税人自税款滞纳之日起,按日加收万分之五的滞纳金,并处不缴或者少缴税款的百分之五十以上五倍以下的罚款；如果构成犯罪的，将依法追究刑事责任。

因此，企业一定要把握好预缴税额与全年度应纳所得税额的比例关系，在按季度或按月度申报预缴企业所得税时，以税款所属期的实际会计利润总额申报预缴。

03 如何做好税收筹划

近几年来，我国为扶持中小型企业发展，逐步实施了多项税收优惠政策。但与此同时，对税收征管也愈加严格。对于企业而言，涉税风险也更大。因此，纳税仍然是一个比较沉重的负担。企业为了节省税收方面的支出，节约经营成本，就必须在诚信纳税的前提下运用税收政策，从各个方面合理筹划涉税业务，合法节税，降低涉税风险，有效控制并减轻税负。

税收筹划涉及企业管理、生产经营的全过程，掌握好税收关键控制点很重要。通常来说，可以从日常经营活动筹划、重大决策筹划、税收政策变动筹划3个方面来筹划税收。

（1）日常经营活动筹划。

日常经营活动筹划是指结合税法对收入、费用等的相关规定，对日常具体涉税业务进行合理筹划。例如，《中华人民共和国企业所得税法》规定，业务招待费根据实际发生额的60%与不超过当年销售（营业）收入的5‰，按照孰低金额扣除。意味着业务招待费必然会调增部分金额。那么企业可在保证费用支出真实、合理的前提下，巧妙利用60%与5‰的扣除限额，找到业务招待费的"临界点"（业务招待费的60%恰好等于销售收入的5‰）作好费用预算，控制实际支出，充分利用扣除限额对支出进行最大限度扣除和最小限度调增，达到节税的目的。业务招待费"临界点"计算方法如下。

① 设业务招待费为"a"，销售（营业）收入为"b"，设方程式 $a \times 60\% = b \times 5‰$

② 计算临界点：$a = b \times 5‰ \div 60\% = b \times 8.33‰$

$$b = a \times 60\% \div 5‰ = 120a$$

由此可知，业务招待费的"临界点"是销售（营业）收入的8.33‰或销售（营业）收入是业务招待费的120倍。

例如，某企业年末制定次年销售（营业）收入目标为2000万元，可预算出业务招待费的临界点金额为 2000×8.33‰=16.66 万元（或 2000÷120）。那么业务招待费的实际支出越低于 16.66 万元，表明税前扣除限额越未被充分利用。反之，如果越高于 16.66 万元，那么调增额也越高，能够抵减企业所得税的金额也越少，应纳所得税额也相对更高。因此，只有业务招待费实际支出越接近 16.66 万元，才越能够最大限度地节约企业所得税。当然，实务中销售（营业）收入的目标与实际必然会存在差异，势必会影响业务招待费临界点的精准度。在实际工作中，应当根据每月实际的销售收入，分析数据，再预估后期销售收入，及时调整业务招待费的临界点，尽可能使其实际支出金额控制在最合理的范围之内。

（2）重大决策筹划。

对重大决策进行筹划时，则必须分别比较所选方案的相关税收政策，力求采用投资成本最优方案。比如，企业所得税法规定，以公司法人为基本纳税单位，不具备法人资格的机构不是独立纳税人。那么企业可将子公司改设为分公司，使其失去独立纳税资格，即可将分公司的利润纳入总公司汇总缴纳企业所得税。如此一来，分公司之间的盈利和亏损可以相互弥补，以避免出现各分公司税负严重不均的现象。

（3）税收政策变动筹划。

根据税收政策变动进行筹划，企业必须密切关注税收政策的变化，准确理解其中含义，同时，结合自身经营状况，合理、合法地充分利用政策优势，为企业降低税负。

例如，增值税率 16% 自 2019 年 4 月 1 日起降低至 13%，那么增值税一般纳税纳人企业就可以运用这一政策，结合增值税纳税义务发生时间及增值税专用发票抵扣时限（360 天以内可以抵扣）的规定，利用"时间差"，在确保运营资金充足的前提下，于 4 月之前适当加大采购量，获取更多税率 16% 的增值税专用发票，留抵后期 13% 的销项税额。

税收筹划的方法还有很多，都需要结合具体业务涉及的相关税收政策进行筹划，同时也要注意规避涉税风险。但是请谨记一点，无论如何筹划，一定要在合理、合法的范围内进行，所有经济活动都必须保证真实存在，切勿为了逃避纳税而虚构业务，触犯法律。

高效工作之道

本章"高效工作之道",主要针对前面所讲内容中涉及实际操作中容易出现错误并影响工作效率的一些细节问题介绍其解决方法,以帮助出纳人员提高工作效率。内容主要包括高效输入信用代码、运用 Excel 制作表格自动计算印花税及最新实施的"超额累进"式的企业所得税税率下的季度预缴税额。

01 高效输入信用代码

本章 8.1.1 小节中讲过,只要成功开设了企业或法人组织,工商部门都会分配其一个独一无二的"统一社会信用代码",就如同每一位公民的身份证号码一样,信用代码就是企业或组织的"数字身份证"。财务人员通过网络填写企业信息年度报告、办理银行结算业务、申报纳税及其他业务,都必须首先输入信用代码登录账户。随着信息技术的发展,信用代码的"出场率"越来越高,但是其长度却达到 18 位,其中不仅包括数字,还包含了英文字母,不便于记忆,而且逐个输入一长串数字和字母也相当费力,更容易出错。在实际工作中,财务人员通常会将信用代码以"记事本"或"Excel"形式预先保存,需要用时进行复制粘贴即可。其实还有一个更"高效"地输入信用代码的妙招,即运用输入法中的"自定义短语"功能将信用代码设置为便于记忆的英文字母短语,使用时直接输入短语即可迅速调出信用代码。目前绝大部分输入法均具备这项功能,下面以运用最广泛的输入法之一——"搜狗拼音"输入法为例介绍具体设置方法。

因示范需要,这里虚拟公司名称为"成都恒图商贸有限公司",信用代码为"910000000000000000"。

步骤① 打开"搜狗拼音"输入法→右击输入法图标→在弹出的快捷菜单中选择【属性设置】选项,如图 8-28 所示。

步骤② 在弹出的【属性设置】对话框的左侧选择【高级】选项→单击右侧【自定义短语设置】按钮,如图 8-29 所示。

图 8-28 快捷菜单

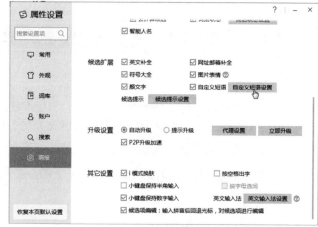

图 8-29 【属性设置】对话框

步骤 3 ❶在【自定义短语设置】对话框中单击【添加新定义】按钮,如图 8-30 所示。❷在弹出的【添加自定义短语】的【缩写】文本框中输入便于记忆的自定义的拼音字母组合,如"htsh"(恒图税号)。❸在对话框下面的文本框中输入完整的信用代码→单击【确定】按钮,如图 8-31 所示。

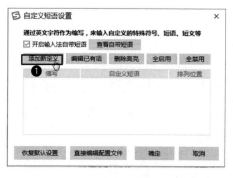

图 8-30 【自定义短语设置】对话框

图 8-31 【添加自定义短语】对话框

步骤 4 测试效果。访问"国家企业信用信息公示系统"→在【查询】文本框中输入"htsh",之前设置的信用代码即列示在词语候选框中→按空格键即可立即填入完整的信用代码,如图 8-32 所示。

另外,利用输入法的"自定义短语"功能还可将公司名称、开票信息或者其他任何需要频繁使用的信息设置成短语。这样既可以简化输入,又能够有效避免手工输入出错,从而进一步提高工作效率。例如,将"成都恒图商贸有限公司"的开票信息设置自定义短语为"htsp",通过 QQ 即时通信软件向对方发送时,输入"htsp",即可一键调出完整的信息内容,效果如图 8-33 所示。

图 8-32 "国家企业信用信息公示系统"查询界面

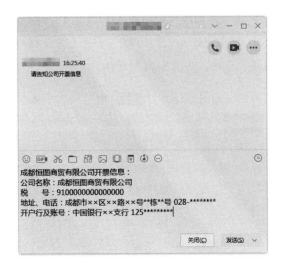

图 8-33 "开票信息"设置为自定义短语的效果

02 制作印花税计算表

印花税的征税对象是相关法规条例中列举的各种合同、凭据,其范围极其广泛,几乎涵盖了日常经济活动和经济交往中的 90% 以上的应税凭证。在税金申报方面,根据税收征管法的规定,印花税应按次申报,即发生一次印花税的应税行为,就应当申报一次。但是在实际经营活动中,因企业会开展多种经济业务,必然会在一个自然月内发生多种、多次印花税的应税行为,如果频繁申报,并不利于企业对资金的规划管理,同时也会降低财务(出纳)人员的工作效率。因此,在实务中通常是将当月内产生的所有应纳印花税汇总核算后一次性申报。那么财务(出纳)人员面对印花税不同的应税合同、凭据及各自不同的税率,应当如何高效核算汇总,保证申报金额准确无误呢?其实运用 Excel 制作一份简单的计算表格就可以轻松地完成这项工作。下面讲解制作方法与具体步骤。

步骤① 打开"素材文件\第 8 章\印花税计算表.xlsx"文件,其中包含一张"印花税税率表"工作表。由于印花税的税率都是以千分比符号"‰"表示,但是 Excel 中的函数公式并不支持千分比运算,所以应首先将税率转换为数值格式。在 D 列右侧添加绘制区域【E2:E14】→在 E3 单元格中设置公式"=SUBSTITUTE(E3,"‰","")/1000"→将公式复制粘贴至【E4:E14】区域中的所有单元格内,如图 8-34 所示。

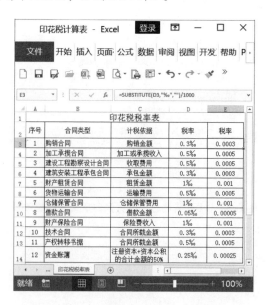

图 8-34 印花税税率转换为"小数"格式

公式含义

"SUBSTITUTE"是文本替换函数。其作用是将 D3 单元格中的千分比符号"‰"替换为空值后,返回数字"0.3",再除以 1000 即可计算得出正确的印花税税率。

步骤2 运用"名称定义法"将印花税的应税合同类型定义为名称,作为后面将要制作的下拉列表中的备选项目。❶选中【B3:B14】区域→单击【公式】选项卡中【定义的名称】组中的【定义名称】按钮,如图 8-35 所示。❷系统弹出【新建名称】对话框,在【名称 (N)】文本框中输入名称"合同类型"→【引用位置 (R)】文本框中已自动设置成第❶步选中的区域→单击【确定】按钮关闭对话框即可,如图 8-36 所示。

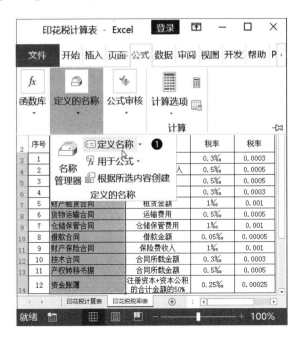

图 8-35　单击【定义名称】按钮

步骤3 ❶新增一张工作表→重命名为"印花税计算表"→绘制空白表格,预留 6 行用于填写当月不同的合同类型,并设置好基本格式和求和公式,如图 8-37 所示。❷选中【A4:A9】区域→打开【数据验证】对话框→在【允许 (A)】列表框中选择【序列】选项→在【来源 (S)】文本框中输入"=合同类型"(【步骤2】设置的"名称")→单击【确定】按钮,关闭对话框即可,如图 8-38 所示。

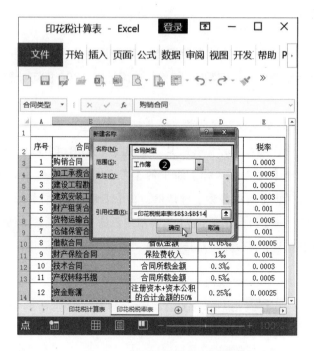

图 8-36 【新建名称】对话框

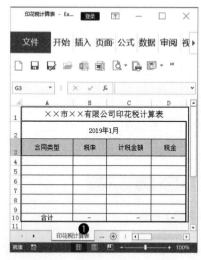

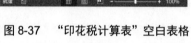

图 8-37 "印花税计算表"空白表格

图 8-38 【数据验证】对话框

步骤④ 设置公式。❶为展示公式效果,可先在 A4 单元格的下拉列表中任意选择两项不同类型、不同税率的应税合同名称,如"加工承揽合同""技术合同",如图 8-39 所示。❷B4 单元格设置公式"=IFERROR(VLOOKUP(A4,印花税税率表!$B$3:$E$14,4,0),"-")→C4单元格任意填入计税金额→D4单元格设置公式"=IFERROR(ROUND(C4*B4,1),0)"→将 B4 和 C4 单元格公式复制粘贴至【B5:B9】【C5:C9】区域中的所有单元格内，印花税计算表即制作完成。效果如图 8-40 所示。

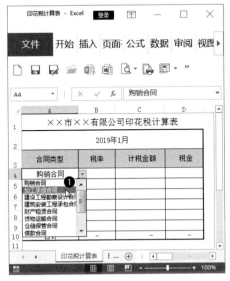

图 8-39　选择合同类型

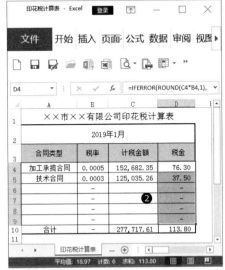

图 8-40　公式效果

公式含义

① 运用"VLOOKUP"函数在"印花税税率表"工作表【B3:E14】区域中的 B 列查找与 A4 单元格内容相同的合同名称，然后将其对应的 E 列中的税率引用至 B4 单元格中。

② 计算税金时运用"ROUND"函数将计算结果的小数位数四舍五入为小数点后 1 位。由于实际申报印花税税金时，税务机关官方申报系统会自动将系统计算得到的印花税税金的小数位数四舍五入至小数点后 1 位，因此由公式计算的结果应当与实际申报数字完全一致。

③ 以上两个公式均嵌套了"纠错"函数"IFERROR"，其作用在于，若运算公式计算而得的结果是错误的，单元格内将显示"#N/A"符号，那么"IFERROR"函数公式即可将其转换为符号"–"，以保持表格整洁、美观。

> **提示**
>
> 每月申报缴纳印花税后打印出纸质表格作为记账凭证的原始凭证附件，之后每月计算印花税时，复制粘贴"印花税计算表"即可。

03 制作所得税预缴税额计算表

企业所得税的征收方式是每季度（或每月）预缴，年度终了在规定期限内汇算清缴。目前我国绝大部分企业是按季度预缴一次，那么每一季度结束后应该于次月规定截止日期之前向所属税务机关申报预缴年初至上一季度末的所得税额，如果逾期未申报，税务机关除责令限期缴纳外，还将从滞纳税款之日起，按日加收滞纳税款万分之五的滞纳金。因此财务（出纳）人员在申报之前应预先准确计算应交所得税额，申报时直接填写申报表并核对数据即可高效完成申报工作。下面介绍运用 Excel 制作一份简洁、小巧的所得税预缴税额计算表，同时设置"倒计时"提醒申报截止日期，避免因工作繁忙而疏漏了申报工作。

步骤 ① 打开"素材文件 \ 第 8 章 \ 企业所得税预缴计算表 .xlsx"文件，其中包含一张"所得税预缴计算表"工作表。初始表格中 A1、A2 单元格已设置自定义单元格格式：在 A1 单元格中输入代表季度的数字（如输入数字"2"）即可显示完整标题→在 A2 单元格中输入申报截止日期（如"7-16"），即可显示自定义内容，如图 8-41 所示。

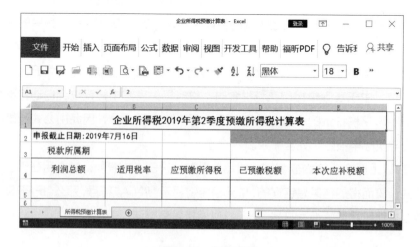

图 8-41 初始表格

步骤② 计算申报截止日期"倒计时"天数并自动计算"税款所属期"。分别在C2、D2 单元格内设置以下公式。

❶C2 单元格设置公式"=if(E3<>"","",TODAY())",返回"今天"的日期（当前计算机系统日期），并自定义单元格格式为"今天是 m 月 d 日"。如当前计算机系统日期为 4 月 30 日，则 C2 单元格内显示"今天是 4 月 30 日"；如果 E3 单元格输入了实际申报缴纳的日期，则 C2 单元格显示空值。

❷D2 单元格设置公式"=IF(C2="","",IFERROR(DATEDIF(C2,A2,"d"),"已逾期"))",运用"DATEDIF"函数计算 A2 单元格中的申报截止日期与"今天"之间的间隔天数，并自定义单元格格式为"距离截止日期还有 # 天"，则 D2 单元格内显示"距离截止日期还有 77 天"。如果"今天"日期大于申报截止日期，公式运算结果错误，单元格内将显示"#N/A"符号，那么"IFERROR"函数即可将其转换为文字"已逾期"；如果 C2 单元格为空值，那么 D2 单元格也显示空值。

> **提示**
>
> D2 单元格也可设置另一公式"=IF(C2="","",IF((C2-A2)>0,C2-A2,"已逾期"))",效果与上述公式相同。

❸B3 单元格设置公式"=IFERROR(EOMONTH(1,MAX(IF(A1={1,2,3,4},{3,6,9,12}))-1),"")",自动计算"税款所属期"，并自定义单元格格式为""2019.1.1-"m.d"。在实务中，第 1~4 季度所得税的税款所属期分别是 1 月 1 日至 1 月 31 日、1 月 1 日至 6 月 30 日、1 月 1 日至 9 月 30 日、1 月 1 日至 12 月 31 日，A2 单元格的数字为"2"，代表第 2 季度，因此 B3 单元格显示"2019.1.1-6.30"。公式效果如图 8-42 所示。

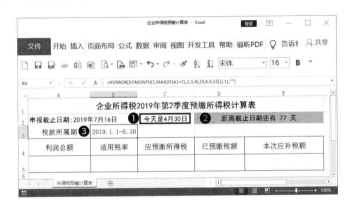

图 8-42 公式效果

公式含义

① B3 单元格公式中,"EOMONTH"函数的作用是计算指定日期之前或之后几个月的最后一天的日期。其语法:EOMONTH(start_date,months)。其中参数"start_date"代表起始日期,参数"months"代表起始日期之前或之后的月份数。

② 整条公式中,EOMONTH函数语法中的参数"start_date"固定为数字"1",代表1月1日;参数"months"嵌套公式"MAX(IF(B2={1,2,3,4},{3,6,9,12}))",根据B2单元格中的数字变化,分别返回"{3,6,9,12}"数组中与之对应的数字后,再减去1。例如,当前A1单元格数字为"2",那么这个公式返回的数字则是"6"。此时按照简化后的公式"EOMONTH(1,6)"来理解其含义,即计算起始日期为1月1日之后6个月的最后一天的日期,即6月的最后一天6月30日。

步骤 3 设置公式自动计算预缴税额。为示范需要,首先在 A5 和 D5 单元格填入任意数据。再在 B5、C5、E5 单元格设置以下公式。

❶B5 单元格根据所得税优惠政策设置公式:

"=IF(A5<=1000000,0.05,IF(AND(A5>1000000,A5<=3000000),0.1,IF(A5>3000000,0.25)))",根据 A5 单元格中的利润总额,自动判断并返回其适用税率。

❷C5 单元格设置公式 "=ROUND(IF(B5=0.1,A5*B5-50000,A5*B5,2)",计算应预缴所得税额。

❸E5 单元格设置公式 "=ROUND(C5-D5,2)",计算应补税额。公式效果如图 8-43 所示。

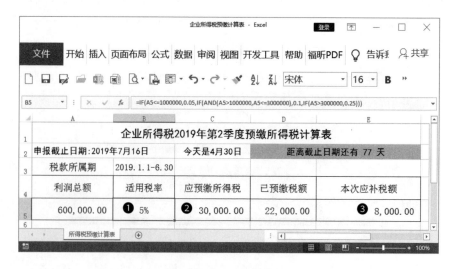

图 8-43 公式效果

步骤 ④ 测试"逾期"情形下的公式效果。在 A1 单元格中输入数字"1"→A2 单元格输入日期"4-18"→A5 单元格输入数字"1010000"→删除 D5 单元格中的数字(因为第 1 季度没有"已预缴税额")。公式效果如图 8-44 所示。

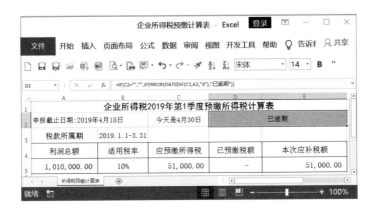

图 8-44　测试"已逾期"公式效果

步骤 ⑤ 测试按期申报情形下的公式效果。在 E3 单元格输入日期"4-12",则 C2 和 E2 单元格即显示空值。效果如图 8-45 所示。

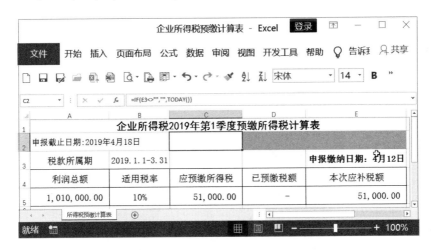

图 8-45　测试按期申报情形下的公式效果

提示

其他税种的申报提醒和税额计算均可参考以上思路与方法来制作相应的表格。

第 9 章

拓展业务技能之二：职工薪酬核算

职工是企业的主体，也是企业发展的践行者。职工薪酬涉及企业每一位职工的切身利益，也是职工通过劳动从企业获取的赖以生存的主要经济来源之一。因此，职工薪酬管理是否规范、核算是否准确等问题对企业能否稳定发展起着至关重要的作用。实务中，一般管理规范、分工精细的大中型企业的职工薪酬核算和管理工作主要由人力资源管理部门负责。不过也有不少的中小型企业将这项工作交予财务部门完成。但是无论由哪个部门进行核算，最终都将由出纳负责发放，因为这是企业资金的一种流出。因此，对于出纳人员而言，它既属于自己的工作职责，又关乎切身利益，那么出纳人员就有必要、更有责任和义务主动学习并掌握职工薪酬核算的基本框架知识，只有这样才能在发放薪酬之前，对职工薪酬核算的准确性进行正确的审核，把好资金流出的最后一道关口。同时，也能保护自身的合法权益。

本章将为读者介绍职工薪酬核算的相关知识，包括职工薪酬的基本内容，并着重讲解职工薪酬内容中与职工个人利益密切相关的社会保险费、住房公积金等，以及与职工薪酬密不可分的个人所得税等重要知识点的基本框架内容与具体核算方法。

9.1 职工薪酬内容

职工薪酬,是指企业为获得职工提供的服务或因解除劳动关系而给予的各种形式的报酬或补偿。职工薪酬的主要内容如图9-1所示。

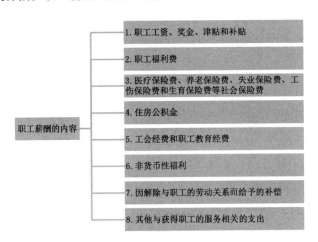

图 9-1 职工薪酬的内容

本节主要介绍职工薪酬的概念、范围、相关政策规定等内容。

9.1.1 职工工资、奖金、津贴和补贴

(1) 工资。

工资主要是指基本工资,即职工付出劳动所得的工资总额的基本组成部分,由企业按照规定的工资标准支付,与津贴、奖金、加班工资相比具有相对稳定性。

(2) 奖金。

奖金是指因职工提供了超额劳动而增加了企业财富或为增加企业财富创造了有利条件,企业为此向职工支付的报酬,是实现按劳分配的一种补充形式。

(3) 津贴。

津贴是指企业补偿职工在特定的岗位或特殊条件下的劳动消耗及生活费额外支出的工资补充形式。常见的津贴包括岗位津贴、高温津贴、医疗卫生津贴、保健津贴等。

(4) 补贴。

补贴是指企业为保证职工工资水平不受物价上涨或其他变动的影响而支付的各种补贴,如通信补贴、租房补贴、水电补贴等。

9.1.2 职工福利费

职工福利费是指企业用于提升职工物质利益，帮助职工及其家属解决某些特殊困难和兴办集体福利事业所支付的费用。

1. **职工福利费的开支范围**

根据相关规定，职工福利费的开支范围如下。

（1）职工医药费。

（2）职工生活困难补助。

是指对生活困难的职工实际支付的定期补助和临时性补助，包括因公或非因工负伤、残废需要的生活补助。

（3）职工及其供养直系亲属的死亡待遇。

（4）集体福利的补贴。

包括职工浴室、理发室、洗衣房、哺乳室、托儿所等集体福利设施支出与收入相抵后的差额补助，以及未设托儿所的托儿费补助和发给职工的修理费等。

（5）其他福利待遇。

主要是指上下班交通补贴、计划生育补助、住院伙食费等方面的福利费开支。

2. **不属于职工福利费的开支**

下列支出不属于职工福利费的开支，注意不要与职工福利费混淆。

（1）退休职工的费用。

（2）支付给被辞退职工的补偿金。

（3）职工劳动保护费。

（4）职工在病假、生育假、探亲假期间领取到的补助。

（5）职工的学习费。

（6）职工的伙食补助费（包括职工在企业的午餐补助和出差期间的伙食补助）。

9.1.3 五险一金

"五险一金"是企业给予职工的几种保障性待遇的合称。"五险"包括养老保险、医疗保险、失业保险、工伤保险和生育保险，同时还包括一项补充保险，即大病医疗互助补充保险；"一金"是指住房公积金。"五险一金"是现代企业职工薪酬体系中不可缺少的重要组成部分。求职者在入职一家企业之前，除基本工资、奖金、津贴、补贴外，职工薪酬体系中是否包含"五险一金"也是其考虑的主要条件之一。本节介绍"五险一金"的基本内容。

1．养老保险

养老保险是指国家根据劳动者的体质和劳动资源情况规定一个年龄界限（退休年龄），允许劳动者达到这个年龄时，作为因年老而丧失劳动能力的公民，国家解除其劳动义务，由国家和社会提供一定的物质帮助和服务，以保障其晚年生活的一种基本社会保险形式。

（1）养老保险的特点。

① 是由国家立法强制实行的，企业、单位和个人必须参保。

② 保险费由国家、企业和个人三方共同承担，并非全部由国家、政府资助。

③ 设置专门机构，实行专业化、社会化的统一管理。

（2）养老保险结构。

我国的养老保险由基本养老保险和企业补充养老保险构成。

基本养老保险是养老保险结构中的基础部分，也是最重要的部分，其作用是维护广大职工的合法权益和社会稳定，为我国公民达到退休年龄后的基本生活需要提供保障。

1）基本养老保险的特征。

基本养老保险具有3个基本特征：① 待遇水平相对较低，仅能保障退休者的基本生活；② 待遇标准全国统一；③ 覆盖面广，各类企业、单位的职工普遍适用。

2）基本养老保险的参保范围及缴费主体根据劳动者的性质不同也有所区别。

① 职工参加基本养老保险的，由用人单位和职工共同负担基本养老保险费。

② 无雇工的个体工商户、未在用人单位参加基本养老保险的非全日制从业人员，以及其他灵活就业人员参加基本养老保险，由个人缴纳基本养老保险费。

③ 公务员和参照公务员法管理的工作人员的养老保险参保办法由国务院规定。

企业办理参保和缴费手续的程序，如图9-2所示。

3）养老保险需要的缴费年限和领取条件。

① 参加基本养老保险的个人，达到法定退休年龄并已满足累计缴费满十五年这一条件，即可按月领取基本养老金。

② 参加基本养老保险的个人，达到法定退休年龄但累计缴费不足十五年的，可以缴费至满十五年后按月领取基本养老金。也可以转入新型农村社会养老保险或者城镇居民社会养老保险，按照国务院规定享受相应的养老保险待遇。

4）企业补充养老保险，即通常所称的"企业年金"，其作用是使劳动者在基本养老保险之外获得补充性养老收入，以改善其退休后的生活。企业补充养老保险并非强制性参保，而是企业根据自身经济能力，自愿为本企业职工建立的养老保险。

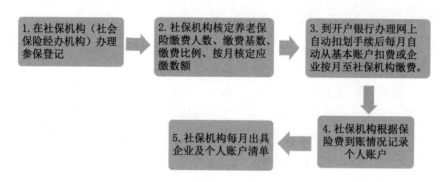

图 9-2　企业办理参保和缴费手续的程序

2．医疗保险

医疗保险包括基本医疗保险和大病医疗互助补充保险。

（1）基本医疗保险。

基本医疗保险是指国家通过立法对被保险人因疾病或伤残而暂时丧失劳动能力并失去收入时，提供一定经济帮助以维持其基本生活的一种社会保险。基本医疗保险也是一种强制性保险，凡在法令规定范围内应投保的公民都必须投保。

1）我国基本医疗保险分类。

我国医疗保险根据劳动者从事的工作性质不同，分为企业单位职工的基本医疗社会保险和国家机关、事业单位工作人员的基本医疗保险两种。

① 企业单位职工的基本医疗社会保险，又称"劳保医疗"，是对企业职工实行的一种社会医疗保险制度，保险费用由企业与职工共同负担。

② 国家机关、事业单位的基本医疗保险，又称"公费医疗"，其保险对象是国家机关、社会团体和事业单位的职工及离退休人员，还包括国家正式批准的高等院校在校学生和复原回乡的二等以上的残废军人。

2）基本医疗保险报销条件。

根据《中华人民共和国社会保险法》的相关规定，符合基本医疗保险药品目录、诊疗项目、医疗服务设施标准，以及急诊、抢救的医疗费用，按照国家规定从基本医疗保险基金中支付。同时，参保人员到医疗保险机构报销自己看病就医发生的医疗费用，必须符合以下条件。

① 参保人员必须到基本医疗保险的定点医疗机构就医购药，或持定点医院的大夫开具的医药处方到社会保险机构确定的定点零售药店外购药品。

② 参保人员在看病就医过程中所发生的医疗费用必须符合基本医疗保险药品目录、诊疗项目、医疗服务设施标准的范围和给付标准，才能由基本医疗保险基金按规定予以支付。

③ 参保人员符合基本医疗保险支付范围的医疗费用中，在社会医疗统筹基金起付标准以上与最高支付限额以下的费用部分，由社会医疗统筹基金统一比例支付。

（2）大病医疗互助补充保险。

大病医疗互助补充保险是基本医疗保险强有力的补充部分。参保人员在参保之后，一旦患上重大疾病，可及时通过大病医疗互助补充保险获得救助，以减轻因高额的医疗费用带来的巨大压力。

1）支付范围。

大病医疗互助补充保险资金为参保人员支付的范围包括住院医疗费用、门诊特殊疾病费用、门诊抢救无效死亡发生的医疗费用，以及家庭病床费用中的下列费用。

① 符合基本医疗保险报销范围的个人自付费用。

② 基本医疗保险统筹基金最高支付限额以上且符合基本医疗保险报销范围的费用。

肝脏移植术、心脏移植术等疾病的住院医疗费用纳入大病医疗互助补充保险资金支付范围，具体报销项目及标准由劳动保障部门另行制定。

2）支付标准。

根据相关规定，参加大病医疗互助补充保险人员如果发生了符合基本医疗保险报销的个人自付医疗费用，根据参保人员的户籍分别按照下列标准支付。

① 城镇职工参保人员：[一次性住院费用总额（除单价在10000元及以上的特殊医用材料的个人首先自付费用）－全自费－基本医疗保险统筹基金支付额]×75%。

② 城乡居民参保人员：[一次性住院费用总额（除单价在10000元及以上的特殊医用材料的个人首先自付费用）－全自费－按城乡居民第三档缴费计算的基本医疗保险统筹基金支付额]×75%。

③ 未参加基本医疗保险参保人员的支付标准：[一次性住院费用总额（除单

价在 10000 元及以上的特殊医用材料的个人首先自付费用）- 全自费 - 按本市城镇职工基本医疗保险计算的统筹基金支付额］×75%。

④ 使用植入人体材料和人体器官等特殊医用材料单价在 10000 元及以上的，个人首先自付部分按 50% 纳入支付。

> **提示**
>
> 一个自然年度内大病医疗互助补充保险资金为个人支付的医疗费累计不超过 40 万元。

3. 失业保险

失业保险是国家通过立法对劳动者因遭受本人所不能控制的失业风险而暂时失去收入时，提供一定的经济帮助以维持其基本生活的一种社会保险。

（1）领取失业保险的对象。

失业保险是国家为失业人员提供的最基本的社会保障，但并非所有的失业人员都可以领取失业保险金。我国可以领取失业保险的对象主要包括以下类型。

① 依法宣告破产企业的职工。

② 濒临破产的企业在法定整顿期间被精减的职工。

③ 按照国家有关规定被撤销、解散的企业的职工。

④ 按照国家有关规定停产整顿的企业被裁减的职工。

⑤ 终止或解除劳动合同的职工。

⑥ 企业辞退、除名或开除的职工。

⑦ 依照国家法律法规或者按照省、自治区、直辖市人民政府规定，享受失业保险的其他职工。

综合以上可以享受失业保险的职工类型来看，可以明确能否享受失业保险，最关键的一点即失业是由法律法规或企业方面的客观原因导致的，是职工本人不能控制的，失业是被动的。如果职工因主观原因而主动从企业离职，则不能享受失业保险。

（2）领取失业保险的条件。

根据《中华人民共和国社会保险法》规定，失业人员必须符合下列条件，才能从失业保险基金中领取失业保险金。

① 失业前用人单位和本人已经缴纳失业保险费满一年的。

② 非因本人意愿中断就业的。

③ 已经进行失业登记，并有求职要求的。

（3）失业保险缴费时长和领取期限。

失业保险根据用人单位和本人累计缴费的年数不同，规定可以领取失业保险金的期限也有差别，具体如表9-1所示。

表9-1 失业保险缴费时长与领取期限

失业人员失业前用人单位和本人累计缴费时长（A）	领取失业保险金的期限	其他相关规定
1年≤A＜5年	最长12个月	① 失业人员在领取失业保险金期间，参加职工基本医疗保险，享受基本医疗保险待遇。其费用从失业保险基金中支付，个人不缴纳基本医疗保险费。② 失业保险金的标准，由省、自治区、直辖市人民政府规定，不得低于城市居民最低生活保障标准
5年≤A＜10年	最长18个月	
A≥10年	最长24个月	

失业人员在领取失业保险金期间重新就业的，应当立即停止领取失业保险金。再次失业的，缴费时间重新计算，领取失业保险金的期限与前次失业应当领取而尚未领取的失业保险金的期限合并计算，最长不超过24个月。下面举例说明失业保险金领取期限的计算方法。

例9-1

A企业职工张先生因企业破产而失业。在此之前，企业和张先生共同缴纳失业保险费累计12年，可领取失业保险金共24个月。假设张先生于2019年6月开始领取，那么截止领取时间为2021年5月。假设张先生于2020年3月重新在B公司就业，则剩余15个月的失业保险金尚未领取。B公司自2020年3月起开始与张先生共同缴纳失业保险费。2022年2月张先生因被辞退而再次失业，那么此次缴纳失业保险费时长为2年（2020年3月至2022年2月），可领取12个月失业保险金，与之前尚未领取的15个月合并计算为27个月，但是最长不能超过24个月。因此，此次失业，张先生可领取24个月的失业保险金。

4．生育保险

生育保险，是指在妇女劳动者因生育子女而暂时失去劳动能力时，社会给予必要的经济和物质帮助的一种社会保险。其保险对象仅包括我国达到法定结婚年龄的已婚妇女劳动者。

我国现行妇女生育保险费用是由企业缴纳全部费用，国家将这部分费用纳入生育保险基金。个人不用支付这项费用。女性职工可享受的生育保险待遇主要是免费医疗，另外还包括假期、工资待遇和生育补助费。具体内容如下。

（1）免费医疗：女职工怀孕和分娩或者流产时的检查费、接生费、手术费、住院费和医药费，已经参加生育保险的，由生育保险基金支付；未参加生育保险的，由用人单位支付。

（2）假期：女职工可享受的产假为98天，其中包括产前假15天。难产的，增加产假15天；生育多胞胎的，每多生育1个婴儿，即增加产假15天；怀孕未满4个月流产的，享受15天产假；怀孕满4个月流产的，享受42天产假。

（3）工资待遇与生育津贴：女职工产假期间的生育津贴，已经参加生育保险的，按照用人单位上年度职工月平均工资的标准由生育保险基金支付；未参加生育保险的，按照女职工产假前工资的标准由用人单位支付。如果企业实际发放的产假期间工资与国家给予的生育津贴不相等，应就高领取。生育津贴的计算公式：当月本单位人均缴费工资÷30（天）×产假天数

> **例9-2**
>
> A公司某女职工因生育可享受98天产假。A公司上一年度缴纳生育保险费的申报工资基数为3500元/月。那么该名女职工可领取的生育津贴为3500÷30×98=11433.33元。

5. 工伤保险

工伤保险是指劳动者在工作中或在规定的特殊情况下，遭受意外伤害或者罹患职业病导致暂时或永久丧失劳动能力以及死亡时，劳动者或其遗属从国家和社会获得物质帮助的一种社会保险制度。工伤保险对象包括各企业、单位的全部职工或雇工。

我国现行工伤保险费用与生育保险相同，由企业缴纳全部费用，国家将这部分费用纳入工伤保险基金。

（1）工伤认定情形。

日常工作中，职工因工作遭受意外伤害或罹患职业病的情形时常发生，那么受伤或患病后能否依法享受工伤保险，关键在于受伤或患病是否符合相关法规所规定的认定为工伤的情形。根据《工伤保险条例》的相关规定，职工有以下情形之一的，应当分别作认定工伤、视同工伤、不得认定或视同工伤处理。

1）应当认定工伤的情形。

职工有下列情形之一的,应当认定为工伤,如图 9-3 所示。

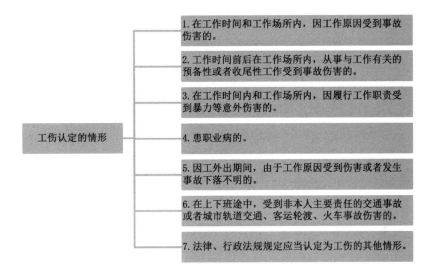

图 9-3　应当认定为工伤的情形

根据上述情形可以明确是否认定为工伤的关键在于两点:① 受伤或患病是否因工作原因引起;② 发生的时间和地点是否在工作时间和工作场所内。

2)视同工伤的情形。

视同工伤包含 3 种情形,根据不同的情形,可享受的工伤保险待遇也有所区别,如表 9-2 所示。

表 9-2　视同工伤的情形及待遇

视同工伤的情形	享受待遇
在工作时间和工作岗位,突发疾病死亡或者在 48 小时之内经抢救无效死亡的	享受工伤保险待遇
在抢险救灾等维护国家利益、公共利益活动中受到伤害的	
职工原在军队服役,因战、因公负伤致残,已取得革命伤残军人证,到用人单位后旧伤复发的	享受除一次性伤残补助金以外的工伤保险待遇

3)不得认定或者视同工伤的情形。

如果职工因工作原因负伤或患病符合上述应当认定为工伤以及视同工作的情形之一,但是同时有下列情形之一的,不得认定或视同工伤。

① 故意犯罪的。

② 醉酒或者吸毒的。

③ 自残或者自杀的。

（2）申请工伤认定时限

工伤认定申请应当由用人单位在规定期限内提出。若用人单位未提出申请，可由工伤职工或其近亲属在规定期限内提出申请。具体期限规定如下。

① 职工发生事故伤害或者按照职业病防治法规定被诊断、鉴定为职业病，所在单位应当自事故伤害发生之日或者被诊断、鉴定为职业病之日起 30 日内，向统筹地区社会保险行政部门提出工伤认定申请（如有特殊情况，经报社会保险行政部门同意，申请时限可以适当延长）。

② 用人单位未按规定提出工伤认定申请的，工伤职工或者其近亲属、工会组织在事故伤害发生之日或者被诊断、鉴定为职业病之日起 1 年内，可以直接向用人单位所在地统筹地区社会保险行政部门提出工伤认定申请。

（3）工伤保险待遇标准。

1）工伤治疗注意事项。

职工如因工作遭受事故伤害或者患职业病需要治疗的，可以享受工伤医疗待遇，但是首先须注意以下事项。

① 职工治疗工伤应当在签订服务协议的医疗机构就医，若情况紧急可先就近就医。

② 职工治疗工伤所需费用符合工伤保险诊疗项目目录、工伤保险药品目录、工伤保险住院服务标准的，从工伤保险基金支付。

③ 工伤职工治疗非工伤引发的疾病，不享受工伤医疗待遇，按照基本医疗保险办法处理。

2）工伤保险待遇。

职工治疗工伤，可以享受以下工伤医疗待遇。

① 获得住院治疗工伤的伙食补助。

② 获得统筹地区以外就医所需的交通、食宿费用。但是必须经医疗机构出具证明，提报经办机构同意。

③ 报销到签订服务协议的医疗机构进行工伤康复的费用。

④ 社会保险行政部门认定为工伤的决定后发生行政复议、行政诉讼的，行政复议和行政诉讼期间不停止支付工伤职工治疗工伤的医疗费用。

⑤ 若工伤职工因日常生活或者就业需要安装辅助器具，经劳动能力鉴定委员会确认后，其费用从工伤保险基金支付。

⑥ 职工因治疗工伤而停工的，可享受停工留薪待遇。并且在此期间，原有工资福利待遇不变，由所在单位按月支付。停工留薪期一般不超过 12 个月。伤情严重或者情况特殊，经设区的市级劳动能力鉴定委员会确认，可以适当延长，但延长期不得超过 12 个月，即停工留薪期最长为 24 个月。同时，如果停工留薪期间需要护理的，由所在单位负责。如果停工留薪期满后仍需治疗的，可继续享受工伤医疗待遇。

 提示

上述费用中，除规定由所在单位负责的，其他费用均从工伤保险基金中支付。

（4）伤残待遇标准。

工伤职工评定伤残等级后，则停发原有待遇，并按照有关规定享受伤残待遇。伤残待遇根据伤残等级不同，其待遇标准也有所差别，具体标准如表 9-3 所示。

表 9-3 伤残待遇标准

伤残级别	享受工伤保险待遇	一次性伤残补助金标准	按月支付伤残津贴标准	补充
一级伤残	保留劳动关系，退出岗位，同时享受一次性伤残补助金与按月支付的伤残津贴	27 个月本人工资	本人工资的 90%	① 用人单位和职工个人以伤残津贴为基数，缴纳基本医疗保险费。② 工伤职工达到退休年龄并办理退休手续后，停发伤残津贴，按照国家有关规定享受基本养老保险待遇。基本养老保险待遇低于伤残津贴的，由工伤保险基金补足差额
二级伤残		25 个月本人工资	本人工资的 85%	
三级伤残		23 个月本人工资	本人工资的 80%	
四级伤残		21 个月本人工资	本人工资的 75%	

续表

伤残级别	享受工伤保险待遇	一次性伤残补助金标准	按月支付伤残津贴标准	补充
五级伤残	保留劳动关系,由用人单位另行安排适当工作。如果难以安排工作,由用人单位按月发给伤残津贴	18个月本人工资	本人工资的70%	① 用人单位按照规定缴纳各项社会保险费。② 经工伤职工本人提出,该职工可以与用人单位解除或者终止劳动关系,由工伤保险基金支付一次性工伤医疗补助金,由用人单位支付一次性伤残就业补助金
六级伤残		16个月本人工资	本人工资的60%	
七级伤残	保留劳动关系,享受一次性伤残补助金	13个月本人工资	—	劳动、聘用合同期满终止,或者职工本人提出解除劳动、聘用合同的,由工伤保险基金支付一次性工伤医疗补助金,由用人单位支付一次性伤残就业补助金
八级伤残		11个月本人工资	—	
九级伤残		9个月本人工资	—	
十级伤残		7个月本人工资	—	

注:一次性工伤医疗补助金和一次性伤残就业补助金的具体标准由省、自治区、直辖市人民政府规定。

6. 住房公积金

住房公积金是指国家机关和事业单位、国有企业、城镇集体企业、外商投资企业、城镇私营企业及其他城镇企业和事业单位、民办非企业单位、社会团体及在职职工,对等缴存的长期住房储蓄。

住房公积金与"五险"同样具有强制性,《住房公积金管理条例》规定,单位不办理住房公积金缴存登记或者不为本单位职工办理住房公积金账户设立的,住房公积金管理中心有权力责令限期办理,逾期不办理的,可以按《住房公积金管理条例》中的有关条款进行处罚,并可申请人民法院强制执行。

(1)住房公积金的缴存。

住房公积金是由职工本人与所在单位共同按月缴存。其中,职工缴存的部分是职工本人上一年度月平均工资乘以职工住房公积金缴存比例。单位为职工缴存的部分是职工本人上一年度月平均工资乘以单位住房公积金缴存比例。具体缴存比例由住房公积金管理委员会拟订,经本级人民政府审核后,报省、自治区、直辖市人民政府批准。实务中,大部分地区住房公积金的职工和单位的缴存比例是相同的。同时，职工个人缴存的住房公积金和职工所在单位为职工缴存的住房公积金，均属于职工个人所有。职工个人缴存的住房公积金，由所在单位每月从其工资中代扣代缴。

（2）住房公积金的用途。

住房公积金，顾名思义，其主要作用就是用于与住房相关的支出。同时，住房公积金也可以用于治疗重大疾病。具体用途如图9-4所示。

1. 购买住房	• 贷款购房，可用于首付和按月偿还本息，贷款风险由住房公积金管理中心承担 • 全款购房，可一次性提取住房公积金
2. 租住房屋	• 可支付配租或政府招租补贴的经济租赁房屋 • 也可支付市场租赁房屋
3. 建造、翻建、大修住房	• 在农村集体所有土地上建造、翻建、大修自有住房，并且使用住房贷款的，职工及其配偶可申请提取修建房屋被批准当月及之前的公积金，但提取金额合计不得超过修建房屋的费用
4. 父母为子女购房	• 无论本人是否贷款购房，是否使用商业银行或自己的住房公积金贷款，均可提取其父母的住房公积金用于购房或偿还贷款本息
5. 治疗重大疾病	• 缴存住房公积金的职工本人、配偶及未成年子女如患重大疾病或因重大手术住院治疗的，职工本人及其配偶可申请提取。申请时限为自出院之日起1年以内。提取金额不得超过住院费用的个人承担部分

图9-4　住房公积金的用途

除图9-4中所列用途可以提取住房公积金外，如果职工出现以下情形之一的，也可以提取住房公积金。

① 职工离休、退休。

② 职工完全丧失劳动能力，并与单位终止劳动关系。

③ 职工出境定居。

以上情形提取职工住房公积金的同时应注销职工的住房公积金账户。

另外，职工死亡或者被宣告死亡的，职工的继承人、受遗赠人可以提取职工住房公积金账户内的存储余额；无继承人也无受遗赠人的，职工住房公积金账户内的存储余额纳入住房公积金的增值收益。

9.1.4 其他薪酬内容

前面讲过，职工薪酬内容还包括工会经费和职工教育经费、非货币性福利、企业因解除与职工劳动关系给予的补偿。这些薪酬内容也是每家企业给予职工的必要薪酬支出，下面简要介绍上述薪酬内容。

1. 工会经费

工会经费是指工会组织开展各项活动所需要的费用。根据《中华人民共和国工会法》的相关规定，企业、事业单位、机关有25个会员以上的，应当建立基层工会委员会；不足25人的，可以单独建立基层工会委员会，也可以由两个以上单位的会员联合建立基层工会委员会，也可以选举组织员一人，组织会员开展活动。女职工人数较多的，可以建立工会女职工委员会，在同级工会的领导下开展工作；女职工人数较少的，可以在工会委员会中设女职工委员。

（1）工会经费的来源。

工会经费主要来源于以下收入。

① 工会会员缴纳的会费。

② 建立工会组织的企业、事业单位、机关按每月全部职工工资总额的2%向工会拨缴的经费。

③ 工会所属的企业、事业单位上缴的收入。

④ 人民政府的补助。

⑤ 其他收入。

> **提示**
>
> 工会经费是各地区总工会向当地企业、事业单位收缴的。这里注意要与社会保险费、住房公积金的缴纳方式进行区别：工会经费仅由单位缴纳，职工个人无须缴纳。因此，单位核算职工工资时，不得从职工个人工资总额中扣除全额或部分工会经费。

（2）未建立工会的企业是否缴纳工会经费。

在实务中，大部分企业（主要是指私营企业）实际上并未设立工会组织，如果职工人数达到25人，仍须缴纳工会经费。但是，为扶持小微企业，大部分地区对于职工人数不足25人且尚未建立工会的企业暂未收缴工会经费。

2. 职工教育经费

职工教育经费是指企业按工资总额的一定比例提取的用于职工教育事业的一项费用,是企业为职工学习先进技术和提高文化水平而支付的教育培训等费用。

职工教育经费具体包括以下费用支出。

① 职工上岗和转岗培训支出。

② 各类岗位适应性培训支出。

③ 岗位培训、职业技术等级培训、高技能人才培训支出。

④ 专业技术人员继续教育支出。

⑤ 特种作业人员培训支出。

⑥ 企业组织职工外送培训的经费支出。

⑦ 职工参加的职业技能鉴定、职业资格认证等经费支出。

⑧ 购置教学设备与设施的支出。

⑨ 职工岗位自学成才奖励费用。

⑩ 职工教育培训管理费用。

⑪ 有关职工教育的其他开支。

3. 非货币性福利

非货币性福利是指企业以非货币的形式支付给职工的薪酬。

非货币性福利主要包括以下内容。

① 企业将自产或外购产品发放给职工作为福利,如发放的节日礼品等。

② 将企业拥有的资产无偿提供给职工使用,如将企业的房产免费提供给职工住宿。

③ 企业为职工无偿提供医疗保健服务、免费旅游等。

4. 辞退福利

辞退福利是指企业在职工劳动合同到期之前解除与职工的劳动关系,或者为鼓励职工自愿接受裁减而给予职工的补偿,即在《企业会计准则第9号——职工薪酬》中规定的职工薪酬范围中所称的"因解除与职工的劳动关系给予的补偿"。

根据相关劳动法规,为保障职工权益,企业与其职工提前解除劳动关系时应当给予一定的经济补偿,属于企业的法定义务。

在实务中,企业通常会根据自身经营状况及职工的实际情况,采取不同的方式给予辞退福利,主要包括以下几种。

① 解除劳动关系时一次性支付补偿。
② 提高退休后养老金或其他离职后福利的标准。
③ 将职工工资支付到辞退后未来某一时间。

9.2 职工薪酬核算

本节主要介绍前面所述职工薪酬内容中的工资薪金、"五险一金"的具体核算方法，以及与工资薪金密切相关的个人所得税的基本内容与计算方法。

9.2.1 应付工资核算

应付工资是指职工的工资薪金总额，是企业对单位员工个人的一种负债，是企业使用职工的知识、技能、时间、精力而应当支付给职工的一种补偿或报酬。

1. 应付工资结构

在实务中，企业核算的应付工资的构成项目各有不同，归纳起来，大致由基本工资、岗位津贴、绩效奖金、加班费、其他补贴等项目构成。下面介绍上述项目的基本概念。

（1）基本工资。

基本工资是指劳动者所获得的工资总额中最基本的组成部分，较之工资总额中的其他组成部分具有相对稳定性。在实务中，基本工资的确定一般没有硬性标准，主观随意性比较大，主要是由企业根据职工所在岗位、能力、价值等综合因素核定的薪资，是职工工作安全感的保障和工作稳定性的基础。

（2）岗位津贴。

岗位津贴，也可以称为"职务津贴"，是指对劳动者所在岗位及担任的职务给予的额外的补偿，是为贯彻按劳分配原则而建立的一种津贴。由于劳动者的劳动条件和岗位的不同，劳动者在相同时间内所付出的体力和脑力往往是不同的，支出的费用也有差别，因此，不同岗位、不同职务的津贴是不同的。

（3）绩效奖金。

绩效奖金是指职工个人的工作绩效与其个人收入直接挂钩的那部分奖金，即绩效奖金的多少与职工个人工作绩效的高低呈正比。这样既不会增加企业的固定成本，又可以鼓励职工不断改进工作方法、提高工作能力、提升工作绩效，从而为企业创造更多的效益。

（4）加班费。

加班费是指职工按照企业生产和工作需要，在规定的工作时间之外继续生产劳动或者工作，因延长了工作时间并增加了额外的工作量而获得的合理的劳动报酬。按照劳动法规的相关规定，企业支付加班费的具体标准如下。

① 在标准工作日内安排劳动者延长工作时间的，应当支付不低于工资 150% 的报酬。

② 休息日安排劳动者工作又不能安排补休的，应当支付不低于工资 200% 的报酬。

③ 法定休假日安排劳动者工作的，应当支付不低于工资 300% 的报酬。

（5）其他补贴。

在实务中，给予职工的其他补贴一般包括交通补贴、餐补、通信补贴等。

2. 应付工资核算

应付工资一般以月为单位进行核算，方法其实很简单，就是将应付工资里包括的各项目数据汇总成为应付工资总额。但是各项目数据从何而来呢？通常企业会为每个工资项目的计算制定一个标准或比例，并以此为依据计算应付工资。

在实务中，企业确定基本工资、职务津贴及其他补贴一般是按照职工的工作岗位、职务等标准制定不同级别的基本工资标准；绩效工资则以职工为企业创造的效益（如销售人员通常用销售额来计算）乘以一个比例计算；加班通常按照月基本工资计算得出一日甚至一个小时的单位工资，再乘以加班时长计算。

在企业账务处理中，按企业各部门的应付工资总额借记"生产成本""制造费用""营业费用""管理费用"等科目，贷记"应付职工薪酬"科目。下面举例介绍应付工资核算。

例 9-3

A 公司销售部门的应付工资结构及标准如下。

◆ 基本工资、职务津贴及通信补贴按照职位级别制定以下标准，如表 9-4 所示。

表9-4　A公司销售部应付工资标准

职务级别	基本工资	职务津贴	通信补贴
销售总监	12000	3000	800
部门经理	8000	2000	500
部门主管	6000	500	300
普通职工	4800	200	100

◆ 绩效奖金：按每月销售额的0.8%计算。

◆ 加班费：A公司每月工作日为22天，每天标准工作时长为8小时。

加班费按以下公式计算：

每天加班费 = 基本工资 ÷ 22 × 加班天数

每小时加班费 = 基本工资 ÷ 22 ÷ 8

假设A公司销售部经理张先生当月完成的销售额为50万元，加班1天零2个小时，其应付工资计算如表9-5所示。

表9-5　张先生应付工资计算表

金额单位：元

基本工资	职务津贴	绩效奖金	通信补贴	加班费	合计
8000	2000	4000 （500000×0.8%）	500	454.55 [8000÷22×（1+2÷8）]	14954.55

9.2.2　五险一金核算

"五险"是社会保险费的简称，包括基本养老保险、基本医疗保险、失业保险、生育保险、工伤保险。缴存社会保险由国家立法强制实行，企业、单位和个人必须参保。

前面讲过，"五险"中的基本养老保险、基本医疗保险、失业保险是由单位和个人按照同一缴费基数和各自的缴费比例共同缴存，而生育保险和工伤保险则仅由单位按照缴费比例缴存。住房公积金的缴存基数则是以职工本人上一年度月平均工资计算，按照规定的比例计算缴存金额。本小节分别介绍"五险"与住房公积金的具体缴费标准与计算方法。

1. "五险"核算

五险的核算主要有两项标准。一是缴费基数，其中基本养老保险的缴费基数核算依据是各省统计局公布的上一年度城镇非私营单位在岗职工的平均工资（以下简称"省平工资"），其他四个险种则以上一年度城镇全部单位就业人员平均工资为依据计算基数（以下简称"市平工资"）。由于各省、市之间，以及每一年度的平均工资均有不同，那么缴费基数也必然存在差异。二是缴费比例，各省、市单位的缴费比例、单位与个人的缴费比例均有不同。下面以四川省成都市城镇职工2018年的缴费基数和缴费比例为例讲解"五险"的核算方法。

（1）缴费基数标准。

根据四川省统计局公布，2017年度省平工资为71631元，市平工资为65098元。缴费基数按照参保人员是否参加企业、单位工作及户籍性质不同，确定不同的缴费基数。

1）用人单位（包括有雇工的个体商户）及其职工（包括个体商户的雇工）的缴费基数及计算方法如表9-6所示。

表9-6 成都市2018年度用人单位及职工社会保险缴费基数

险种	月工资收入	缴费基数	计算方法
基本养老保险	月工资收入＜上一年省平工资的40%（下限）	2388	$71631 \div 12 \times 40\%$
	月工资收入在上一年度省平工资40%~300%之间	实际工资收入	—
	月工资收入＞上一年度省平工资300%（上限）	17908	$71631 \div 12 \times 300\%$
基本医疗保险（包括大病医疗互助补充保险）、失业保险、生育保险、工伤保险	月工资收入＜上一年市平工资的60%（下限）	3255	$65098 \div 12 \times 60\%$
	月工资收入在上一年度市平工资60%~300%之间	实际工资收入	—
	月工资收入＞上一年度市平工资300%（上限）	16275	$65098 \div 12 \times 300\%$

2）城镇个体参保人员由于没有用人单位，因此，不参加失业保险和工伤保险。

① 养老保险缴费基数标准：分别按照2017年度省平工资的40%、60%、80%和100%执行，即缴费基数分别为2388元、3582元、4775元、5969元四档，由个体参保人员根据实际情况自行选择缴费基数。

② 基本医疗保险（包括大病医疗互助补充保险）缴费基数标准，按上一年度市平工资的80%执行；住院统筹、生育保险缴费基数标准，按上一年度市平工资执行。

3）符合本年度参保条件的被征地农民缴费基数标准，以区（市）县圈层划分，分别按照 2017 年度省平工资的 100% 和 80% 执行。

（2）缴费比例标准。

关于缴费比例，"五险"中的工伤保险是按照《国民经济行业分类》（GB/T 4754—2011）中对行业的划分，根据不同行业的工伤风险程度，由低到高，依次将行业工伤风险类别划分为一类至八类，一类至八类行业的基准费率分别按该行业用人单位职工工资总额的 0.2%、0.4%、0.7%、0.9%、1.1%、1.3%、1.6%、1.9% 执行。而其他 4 个险种则规定了具体的比例。

1）成都市 2018 年度用人单位及其职工社会保险的缴费比例标准如表 9-7 所示。

表 9-7　成都市 2018 年度用人单位及其职工社会保险缴费比例标准

险种	缴费基数（元）		缴费比例	
	下限	上限	单位	个人
基本养老保险	2338	17908	19%	8%
基本医疗保险	3255	17908	6.5%	2%
失业保险	3255	17908	0.6%	0.4%
生育保险	3255	17908	0.8%	—
工伤保险	3255	17908	（基准费率＋浮动费率）×70%	—
大病医疗互助补充保险	3255	17908	1%	—

通过表 9-6 和表 9-7 可以明确一点，如果实际工资收入额在缴费基数上限和下限之间，应当按照实际工资收入作为缴费基数。在实务中，部分企业为了节省成本，统一以最低缴费基数为职工缴存社保。实际上，这样可能会面临被处罚滞纳金和罚款的风险。根据《中华人民共和国社会保险法》第十一章第八十六条规定，用人单位未按时足额缴纳社会保险费的，由社会保险费征收机构责令限期缴纳或者补足，并自欠缴之日起，按日加收万分之五的滞纳金；逾期仍不缴纳的，由有关行政部门处欠缴数额一倍以上三倍以下的罚款。

2）城镇个体参保人员的基本养老保险、基本医疗保险及生育保险的缴费比例如表 9-8 所示。

表 9-8　成都市 2018 年度城镇个体参保人员缴费比例

险种	缴费档次	月缴费基数（元）	缴费比例	缴费金额（元）
基本养老保险	最低档 40%	2388	20%	477.60
基本养老保险	一档　60%	3582	20%	716.40
基本养老保险	二档　80%	4775	20%	955.00
基本养老保险	三档 100%	5969	20%	1193.80
基本医疗保险	统账结合（含大病互助医疗）	4340	8.5%+1%	412.30
基本医疗保险	住院统筹（含重特大疾病）	5425	4%+2.67 元	219.67
生育保险	—	5425	0.80%	43.40

例 9-4

沿用【例 9-3】的数据，张先生工资收入总额为 15318.18 元，时间为 2018 年 7 月，所在行业的失业保险费率为 0.2%，计算当月单位及个人应缴存的社会保险费。具体数据如表 9-9 所示。

表 9-9　张先生 2018 年 7 月社会保险费计算表

金额单位：（元）

工资总额	基本养老保险	基本医疗保险	失业保险	生育保险	工伤保险	合计
单位缴存	2910.45（15318.18×19%）	995.68（15318.18×6.5%）	91.91（15318.18×0.6%）	122.55（15318.18×0.8%）	30.64（15318.18×0.2%）	4151.23
个人缴存	1225.45（15318.18×8%）	306.36（15318.18×2%）	61.27（15318.18×0.4%）	—	—	1593.08
合计	4135.90	1302.04	153.18	122.55	30.64	5744.31

2．住房公积金计算

住房公积金的缴费基数和缴费比例相对简单。其中，缴费基数是以该职工上一年度月平均工资作为计算依据，但同样规定了缴费基数的上限和下限。一般分区域执行两个标准，缴费基数下限分别为 1400 元和 1250 元；缴费基数上限为 2491 元和 18242 元。缴费比例为 5%~12%，企业及职工的缴费比例对等。城镇个体工商户、自由职业人员住房公积金的月缴存基数原则上按照缴存人上一年度月平均纳税收入计算。

例 9-5

A 企业确定的住房公积金缴费比例为 6%。张先生 2017 年度月平均工资为 8680 元，计算 2018 年每月单位及个人应缴存的住房公积金。
- ◆ 单位缴存：8680×6%=520.8 元
- ◆ 个人缴存：8680×6%=520.8 元
- ◆ 合计缴存：520.8×2=1041.6 元

9.2.3 个人所得税核算

个人所得税是指国家对本国公民、居住在本国境内的个人所得和境外个人来源于本国的所得征收的一种所得税。我国个人所得税的纳税人是负有纳税义务的个人，包括中国公民、个体工商户及在中国有所得的外籍人员（包括无国籍人员）和香港、澳门、台湾地区同胞。

个人所得税与每一位公民的切身利益密切相关，只要有所得就必须依法向税务机关申报缴纳个人所得税。而其征收的范围涵盖了多种所得，包括工资、薪金所得，劳务报酬所得，稿酬所得等。在我国，公民的经济收入主要是来源于工资薪金。下面结合本章主题，介绍个人所得税的主要框架内容，并讲解工资薪金个人所得税的具体核算方法。

1．征税项目与范围

个人所得税征税对象是居民纳税义务人与非居民纳税义务人的各种所得，个人所得的形式包括现金、实物、有价证券和其他形式的经济利益。2019 年 1 月 1 日起正式实施的新个人所得税法中列举了 9 个征税项目，包括工资、薪金所得，劳务报酬所得，稿酬所得，特许权使用费所得，经营所得，利息、股息、红利所得，财产租赁所得，财产转让所得，偶然所得。具体内容及征税范围如下。

（1）工资、薪金所得。

个人因任职或者受雇取得的所得，包括工资、薪金、奖金、年终加薪、劳动分红、津贴、补贴、与任职或者受雇有关的其他所得。

（2）劳务报酬所得。

个人从事劳务取得的所得，包括个人从事设计、装潢、安装、制图、化验、测试、医疗、法律、会计、咨询、讲学、新闻、广播、翻译、审稿、书画、雕刻、影视、录音、录像、演出、表演、广告、展览、技术服务、介绍服务、经纪服务、代办服务及其他劳务所得。

（3）稿酬所得。

个人因其作品以图书、报刊形式出版、发表的所得。

（4）特许权使用费所得。

个人提供专利权、商标权、著作权、非专利技术及其他特许权的使用权的所得；提供著作权的使用权所得，不包括稿酬所得。

以上第1至4项所得，按纳税年度合并计算个人所得税，实行相同的7级超额累进税率标准，合称为"综合所得"。

（5）经营所得。

个人从事生产、经营活动所得，对经营所得按5级超额累进税率征收个人所得税，而不征收企业所得税。

（6）利息、股息、红利所得。

个人拥有债权、股权而取得的利息、股息、红利所得，以支付利息、股息、红利时的收入为一次，计征个人所得税。

（7）财产租赁所得。

个人出租不动产、土地使用权、机器设备、车船及其他财产的所得，一般以个人每次取得的收入，定额或定率减除规定费用的余额为应纳税所得额。财产租赁所得以1个月内的收入为一次。

（8）财产转让所得。

个人转让有价证券、股权、建筑物、土地使用权、机器设备、车船，以及其他财产的所得。

（9）偶然所得。

个人得奖、中奖、中彩及其他偶然所得，包括现金与实物。

2. 工资薪金所得的个税核算

工资薪金所得是综合所得中最重要的一种，包括纳税人因任职或受雇取得的工资、薪金、奖金、年终加薪、劳动分红、津贴、补贴，以及与任职或者受雇有关的其他所得。它涵盖了因任职或受雇取得的所有收入，其形式包括现金、实物或其他形式的经济利益。如果所得为实物的，应当按照取得凭证上注明的价格计算应纳税所得额；无凭证的实物或者凭证上注明的价格明显偏低的，参照市场价格核定应纳税所得额。个人取得单位发放的实物所得应并入工资、薪金所得计征个人所得税。

（1）税前扣除项目。

税前扣除是指计算个人所得税时准予从收入中扣除的项目。包括四项：费用60000元/年（即免征额）、专项扣除、专项附加扣除和依法确定其他扣除后的余额。其中专项扣除包括基本养老保险、基本医疗保险、失业保险等社会保险费和住房公积金等；专项附加扣除包括子女教育、继续教育、大病医疗、住房贷款利息或者住房租金、赡养老人等六项支出；其他扣除包括个人缴付的国家规定的企业年金、职业年金，个人购买符合国家规定的商业健康保险，税收递延型商业养老保险支出，以及国务院规定可以扣除的其他项目，如图9-5所示。

一、费用	二、专项扣除（三险一金）	三、专项附加扣除	四、其他扣除
•60000元/年（5000元/月）	•基本养老保险 •基本医疗保险 •失业保险 •住房公积金	•子女教育支出 •继续教育支出 •大病医疗支出 •住房贷款利息支出 •住房租金支出 •赡养老人支出	•个人缴付的国家规定的企业年金、职业年金 •个人购买符合国家规定的商业健康保险 •税收递延型商业养老保险 •国务院规定的可以扣除的其他项目

图9-5　个人所得税税前扣除项目

专项扣除、专项附加扣除和依法确定的其他扣除以居民个人一个纳税年度的应纳税所得额为限额。一个纳税年度扣除不完的，不结转以后年度扣除。

其中，"专项附加扣除"是2019年实施的新个人所得税法中新增的扣除项目，充分体现了个人生活和支出的差异性和个性化需求。每一项专项附加扣除的具体范围、扣除标准及扣除办法各有不同，如表9-10所示。

表9-10　个人所得税专项附加扣除标准

专项附加扣除项目	扣除范围	扣除标准	实施细则
子女教育支出	①学前教育：年满3岁至小学入学前教育。3岁以前的教育支出不得扣除。②学历教育：包括义务教育（小学和初中）、高中阶段教育（普通高中、中等职业教育）、高等教育（大学专科、大学本科、硕士研究生、博士研究生教育）	每名子女1000元/月	受教育子女的父母应分别按扣除标准的50%扣除。经双方约定，也可以选择由其中一方按扣除标准的100%扣除。扣除方式在一个纳税年度内不得变更

续表

专项附加扣除项目	扣除范围	扣除标准	实施细则
继续教育支出	纳税人接受学历继续教育的支出	在学历教育期间按照400元/月定额扣除	①个人接受同一学历教育事项，并符合扣除条件的，该项教育支出可以由其父母按照子女教育支出扣除，也可以由本人按照继续教育支出扣除。两种方式只能选择其一。②纳税人工作后再接受研究生及以上的学历教育，只能由纳税人本人申报学历继续教育支出扣除。③同一学历（学位）继续教育的扣除期限不能超过48个月
	纳税的技能人员职业资格继续教育、专业技术人员职业资格继续教育支出	在取得相关证书的年度，按照3600元/年定额扣除	职业资格继续教育是按年度计算，不得按月扣除
大病医疗支出	参加基本医疗保险的纳税人	个人负担超过15000元的医疗费用支出部分，在80000元限额内据实扣除	不按月扣除，纳税人办理汇算清缴时扣除
住房贷款利息支出	纳税人本人或配偶使用商业银行或住房公积金个人住房贷款为本人或其配偶所购买的中国境内的首套住房的贷款利息	按照1000元/月扣除的标准定额扣除	①最长扣除时限不超过240个月。②非首套住房贷款的利息支出，不允许扣除
住房租金支出	纳税人本人及配偶在纳税人任职受雇所在城市（主要工作城市），无任职受雇单位的，在其经常居住城市没有住房，而在主要工作城市租赁住房发生的租金支出	①位于直辖市、省会城市、计划单列市及国务院确定的其他城市，扣除标准为1500/月。②其他城市，户籍人口超过100万的，扣除标准为1100元/月。③其他城市，户籍人口不超过100万的，扣除标准为800元/月。	①夫妻双方主要工作城市相同，只能由一方扣除住房租金支出。②夫妻双方主要工作城市不相同的，并且各自在其主要工作城市均无住房的，可以分别扣除住房租金支出。③住房租金支出由签订租赁住房合同的承租人扣除，因此纳税人应当留存住房租赁合同。④纳税人及其配偶在一个纳税年度内不能同时分别享受住房贷款利息和住房租金专项附加扣除

续表

专项附加扣除项目	扣除范围	扣除标准	实施细则
赡养老人支出	纳税人赡养年满60岁的父母及子女均已去世的年满60岁的祖父母、外祖父母的支出	①纳税人为独生子女的，按照2000元/月的标准定额扣除。②纳税人为非独生子女的，与其兄弟姐妹分摊每月2000元的扣除额度，可以平均分摊或协议分摊	由纳税人与其兄弟姐妹分摊每月2000元的扣除额度，每人分摊的额度不能超过1000元/月

（2）7级超额累进税率。

我国对于综合所得的个人所得税的征管方式采取按纳税年度合并计算，即每月预缴、年终汇算清缴的征收方式。工资薪金所得由纳税人所在单位代扣代缴。

综合所得的个人所得税税率为7级超额累进税率。以全年收入额扣除准予扣除的项目后，所得额超过60000元的以每月收入额扣除准予扣除的项目后，每月所得额超过5000元的部分作为应纳税所得额，以此计算并缴纳个人所得税，并按照超出免征额的金额由小到大划分为7级，税率也随之逐级递增。具体税率、全年及每月的应纳税所得额级距如表9-11所示。

表9-11 综合所得个人所得税税率表

级数	全年应纳税所得额	税率	速算扣除数
1	0＜A≤36000元	3%	0元
2	36000＜A≤144000元	10%	2520元
3	144000＜A≤300000元	20%	16920元
4	300000＜A≤420000元	25%	31920元
5	420000＜A≤660000元	30%	52920元
6	660000＜A≤960000元	35%	85920元
7	A＞960000元	45%	181920元

这里需要注意不要混淆"免征额"与"起征点"的概念，二者的税金计算方法截然不同。

1）免征额：不超过免税金额的部分免税，超出的部分才纳税。例如，2019

年1月张先生工资薪金（已扣除三险一金及其他扣除项目后）的余额为8000元（应纳税所得额），则应纳个人所得税额为（8000-5000）×3%-0=90元。

2）起征点：只要达到起征金额即全额纳税，如"小规模纳税人"增值税的起征点是月销售额10万元，如果月含税销售额为11万元，则应纳增值税额为110000÷（1+3%）×3%=3203.88元。

（3）税金计算。

个人所得税每月应预扣预缴的税金、累计预扣预缴应纳税所得额计算公式分别如下。

① 本期应预扣预缴税额=（累计预扣预缴应纳税所得额 × 税率 − 速算扣除数）− 已预扣预缴税额。

② 累计预扣预缴应纳税所得额=累计应税收入 − 累计基本减除费用 − 累计专项扣除 − 累计专项附加扣除 − 累计其他扣除。

下面举例讲解具体计算方法。

例9-6

A公司职工张先生2019年1~3月的工资构成明细（未计算个人所得税）如表9-12所示（其中"三险一金"的个人缴存额暂用2018年度的缴费基数与缴费比例计算）。

表9-12 张先生2019年1~3月工资明细（未计算个人所得税）

金额单位：元

2019年	基本工资	职务津贴	绩效提成	通信补贴	过节费	应付工资	代扣个人社保	代扣个人住房公积金	考勤扣款	其他扣罚	实发工资
1月	8000	2000	1800	500	300	12600	1,310.40	520.80	150	60	11,079.60
2月	8000	2000	2100	500	600	13200	1,372.80	520.80	-	-	11,827.20
3月	8000	2000	1680	500	-	12180	1,079.52	520.80	-	-	11,100.48
合计	24000	6000	5580	1500	900	37980	3762.72	1562.4	150	60	34,007.28

◆ 张先生的小孩接受学历教育，按照税法规定可扣除子女教育专项附加扣除1000元/月，张先生选择与其配偶平均分摊，因此每月可扣除500元。除此之外无其他专项附加扣除项目。

◆ 2019年2月，张先生取得2018年度年终奖50000元。

◆ 2019 年 3 月企业奖励张先生免费旅游。旅游费用为 3500 元，已取得合法票据。

下面计算 1~3 月张先生的应纳个人所得税额。

① 2019 年 1 月。

◆ 分析工资表明细项目。

考勤扣款与其他扣罚不得税前扣除，应计入工资薪金所得计算个人所得税。

代扣代缴的"三险一金"准予全额扣除、专项附加扣除按照税法规定据实扣除。

◆ 计算应纳税所得额：11079.6+150+60−5000×1−500×1=5789.6 元

◆ 确定预扣税率及速算扣除数：5789.6＜36000 元，税率为 3%，速算扣除数为 0 元。

◆ 1 月应预扣预缴个人所得税额：5789.6×3%−0=173.69 元。

② 2019 年 2 月。

◆ 年终奖 50000 元应并入综合所得，计算应预扣预缴个人所得税额。

◆ 1~2 月累计应税工资薪金所得：11079.6+150+60+11827.2+50000=73116.8 元。

◆ 1~2 月累计应预扣预缴应纳税所得额：73116.8−5000×2−500×2=62116.8 元。

◆ 确定预扣税率与速算扣除数：36000＜62116.8≤144000 元，预扣税率 10%，速算扣除数为 2520 元。

◆ 2 月应预扣预缴个人所得税额：（62116.8×10%−2520）−173.69=3517.99 元。

③ 2019 年 3 月。

◆ 免费旅游费用 3500 元一并计入工资薪金所得。

◆ 1~3 月累计应税工资薪金所得：73116.8+11100.48+3500=87717.28 元。

◆ 1~3 月累计应预扣预缴应纳税所得额：87717.28−5000×3−500×3=71217.28 元。

◆ 确定预扣税率与速算扣除数：36000＜71217.28≤144000 元，预扣税率 10%，速算扣除数为 2520 元。

◆ 3 月应预扣预缴个人所得税额：

（71217.28×10%−2520）−173.69−3517.99=910.05 元。

◆ 1~3 月累计预扣预缴个人所得税额：173.69+3517.99+910.05=4601.73 元。

9.2.4 实发工资核算

实发工资就是职工应当实际得到或者用人单位应当实际支付给职工的工资报酬。当准确核算应付工资和代扣代缴个人部分的三险一金、个人所得税,以及根据企业内部制定的规章制度的扣款后,实发工资的数据自然也就可以得出。实发工资的计算公式:

实发工资 = 应付工资 - 代扣代缴三险一金 - 代扣代缴个人所得税 - 其他扣款

例 9-7

沿用【例 9-6】的数据,张先生 1~3 月实发工资如下:
- 2019 年 1 月:12600-1310.4-520.8-173.69-150-60=10385.11 元
- 2019 年 2 月(年终奖一并计入):
13200+50000-1372.8-520.8-3517.99=57788.41 元
- 2019 年 3 月:12180-1079.52-520.8-910.05=9669.63 元

专家经验支招

01 新办企业如何办理社会保险登记

用人单位为职工缴存社会保险费是由国家立法强制实行的社会保险制度。为规范管理社会保险的征收和缴存,《中华人民共和国社会保险法》第五十七条规定:用人单位应当自成立之日起三十日内凭营业执照、登记证书或者单位印章,向当地社会保险经办机构申请办理社会保险登记。那具体如何办理呢?下面介绍社会保险登记流程,以便新办企业能够节省时间和精力,尽量一次办理成功。

步骤 1 准备好所有需要的材料:营业执照副本原件及复印件两份、银行开户许可证(取消银行开户许可证后携带其他银行开户的相关证明或打印开户银行名称和账号并加盖公章)、企业公章、法定代表人或负责人身份证原件及复印件、法定代表人印章、经办人身份证原件及复印件等。

步骤 2 领取营业执照。30 天内,携带所需材料到企业所在地区的社会保险机构办理相关手续,填写社会保险登记表。表格中涉及的单位、法人、专管员基本信息如实填写即可。"经济成分类型""所属行业""所属区域""隶属关系"栏次内容根据领取的附表目录填写;"保险项目"栏次选择全部项目。社会保险登记表样表如表9-13所示(各地区略有差异)。

表9-13 ××市用人单位办理社会保险登记申报表

填报单位(签章):		单位编码:		制表单位:××市社会保险事业管理局	
单位名称			统一社会信用代码		
住所			成立日期		
缴款方式	●银行托收 ○经办机构自收		缴费开户银行		
户名			缴费银行账号		
经济成分类型	(根据附表填列)		所属行业	(根据附表填列)	
所在区域	××区		隶属关系	(根据附表填列)	
主管部门或总机构			邮政编码		
单位类型	●企业 ○机关 ○事业 ○社团 ○有雇工的城镇个体工商户 ○民办非企业 ○部队 ○其他				
保险项目	●养老 ●医疗 ●生育 ●大病医疗互助补充 ●失业 ●工伤				
法人		法人证件类型		法人证件号码	
法人手机号码		法人办公电话		单位邮箱	
专管员		专管员手机号码		专管员办公电话	
通信地址					
单位经办人:	联系电话:	填表日期: 年 月 日			

步骤3 办理代扣代缴协议。上述提交的材料通过审核后即可同时办理代扣代缴协议。协议主要内容是单位与个人缴存部分全部从公司基本存款账户扣划,单位代个人缴存部分从职工个人工资中代扣。

步骤4 开通网上业务办理。可申请一个数字证书(加密锁),开通网上业务办理,以后可使用数字证书登录社保机构的官方网站直接办理相关业务。

提示

用人单位办理社会保险登记的,社会保险机构将核定其应当缴纳的社会保险费。

02 个人所得税捐赠扣除

个人所得税的扣除项目除9.2.3小节中介绍的费用、专项扣除、专项附加扣除外,还可能包括多项其他扣除,如个人缴付的国家规定的企业年金、职业年金,个人购买符合国家规定的商业健康保险、税收递延型商业健康保险、捐赠扣除等。下面主要介绍个人捐赠的扣除规定和计算方法。

个人捐赠是指个人将其所得通过中国境内的社会团体、国家机关向教育、扶贫、济困等公益慈善机构进行的捐赠。捐赠额未超过纳税义务人申报的应纳税所得额 30% 的部分，可以从其应纳税所得额中扣除，超过部分不得扣除。

> **提示**
>
> 这里需要注意一个计算细节：计算应纳税所得额时不应将捐赠额预先从收入中扣除，而应首先以工资收入金额计算应纳税所得额后，再按规定比例从应纳税所得额中扣除捐赠额。

例 9-8

沿用【例 9-6】数据，假设张先生于 2019 年 1 月捐款 1000 元，由企业统一从工资中代扣后代为交付红十字会。下面计算张先生 2019 年 1 月应预扣预缴个人所得税及税后实际工资收入。

① 1 月应纳税所得额：11079.6+150+60−5000×1−500×1=5789.6 元。

② 捐赠额可扣除限额：5789.6×30%=1736.88 元，1000 < 1736.88，因此可扣除 1000 元。

③ 1 月应预扣预缴个人所得税：（5789.6−1000）×3%−0=143.69 元。

④ 1 月税后实际工资收入：11079.6−1000−143.69=9935.91 元。

03 个人所得税免税范围

我国税收对每一个税种都给予了一定范围的减免税优惠政策。同样，个人所得税税法规定部分所得也可享受免税，主要包括：部分奖金，部分津贴，福利费，抚恤金，救济金，保险赔款，军人转业费、复员费、退役金，以及其他规定免税的所得。而国家对每一类免税所得也划定了具体范围。免税所得项目及具体免税范围如表 9-14 所示。

表 9-14 个人所得税免税项目与范围

免税项目	具体免税范围
奖金	省级人民政府、国务院部委和中国人民解放军军以上单位，以及外国组织、国际组织颁发的科学、教育、技术、文化、卫生、体育、环境保护等方面的奖金

续表

免税项目	具体免税范围
津贴	按照国家统一规定发给的政府特殊津贴、院士津贴,以及国务院规定免缴纳个人所得税的其他补贴
福利费	企业、事业单位、国家机关、社会团体提留的福利费或者工会经费中支付给困难个人的生活补助费
抚恤金	国家按照相关规定对特殊人员抚慰(包括精神抚慰和物质抚慰等)和经济补偿
救济金	各级人民政府部门支付给个人的生活困难补助费
保险赔款	因意外灾害造成人身伤亡和财产损失而由保险部门给予投保者的一种补偿性赔偿金。主要包括事故赔偿金、车损赔付、医疗保险金等。另外,分红类保险的分红也不征收个人所得税
军人转业费、复员费、退役金	包括国家给予退出现役转业的军官、文职干部、士官的补助费用,用于军队干部、志愿兵退出现役或恢复原职业所开支的经费,以及给予自主就业的退役士兵的一次性待遇
其他所得	干部、职工的安家费、退职费、基本养老金或者退休费、离休费、离休生活补助费
	依照《中华人民共和国外交特权与豁免条例》和《中华人民共和国领事特权与豁免条例》规定应予免税的各国驻华使馆、领事馆的外交代表、领事官员和其他人员的所得
	中国政府参加的国际公约、签订的协议中规定免税的所得
	国务院规定的其他免税所得

在表 9-14 所列免税所得项目中,福利费是企业职工最常涉及的。因此,在核算职工薪酬、计算个人所得税时务必要注意区分"免税"和"征税"的福利费范围。下列福利费属于"征税"范围,应并入工资薪金所得计征个人所得税。

◆从超出国家规定的比例或基数中计提的福利费、工会经费中支付给个人的各种补贴、补助。

◆从福利费和工会经费中支付给本单位职工的人人有份的补贴、补助。

◆单位为个人购买汽车、住房、电脑等不属于临时性生活困难补助性质的支出。

在上述规定中所说的"从超出国家规定的比例或基数中计提的福利费、工会费"即福利费超过工资总额的14%、工会经费超过2%的部分。这里注意区分各种补贴、补助"未超出"与"超出"国家规定的比例或基数范围时在不同情况下支付给个人时是否征税的问题,如表 9-15 所示。

表 9-15 补贴、补助免税与征税的区别

补贴、补助支付对象		计提比例与基数 福利费：工资总额的 14% 工会经费：工资总额的 2%	
		未超出	超出
支付给个人	生活困难	免税	征税
	非生活困难	征税	
人人有份	—	征税	

高效工作之道

在日常工作中，核算职工薪酬的工作无论是由人力资源部门还是财务部门负责，都需要核算多个薪酬项目数据，如工龄工资、绩效提成、职务津贴等。同时，还必须预先准确计算职工个人应缴纳的社会保险费与个人所得税额，才能保证职工实际领取的工资准确无误。其中，社会保险费与个人所得税的核算虽然没有难度，但是由于其种类、扣除项目的多样化和费率、税率的动态变化，决定了计算这两项数据的工作相当烦琐。仅仅依靠手工计算既会影响工作效率，又容易出错导致数据混乱。同时，如果工资结构里的某项数据有改动，就必须全部重新计算，这样就会加重工作负担。其实，这些核算工作完全可以借助 Excel 函数来完成，本章"高效工作之道"将以众多工资表项目中的三个典型项目——工龄工资、社会保险费、个人所得税为例，讲解和分享运用 Excel 函数设置公式高效、准确计算所有数据的思路、方法和操作步骤。

打开"素材文件\第 9 章\工资核算表 .xlsx"，其中包含 5 张工作表，包括"工龄工资计算表""社保计算表""专项附加扣除明细表""个人所得税累计预扣预缴计算表"及"2019 年 1 月工资表"。同时，每张工作表中已预先设置核算所需的基础信息。

01 计算工龄工资

由于"工龄工资计算表"中已列出职工的身份证号码,因此可据此先计算职工的年龄,再根据职工入职时间计算工龄和工龄工资。

步骤① 首先根据身份证号码计算职工年龄。切换至"工龄工资计算表",在 E3 单元格中设置公式"=YEAR(TODAY())-MID(D3,7,4)"→向下填充公式至【E3:E14】区域中的所有单元格中即可。效果如图 9-6 所示。

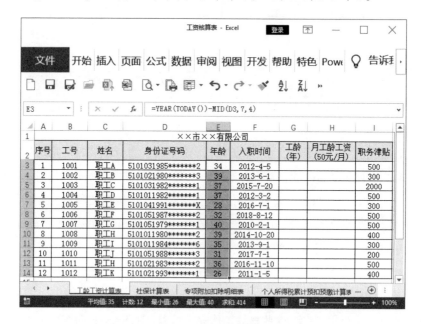

图 9-6 计算职工年龄

公式含义

"YEAR(TODAY())"返回"今天"所在的年度,得到数字"2019";"MID(D3,7,4)"是运用字符截取函数"MID"从 D3 单元格中身份证号码的第 7 位截取 4 个数字,得到数字"1985";最后将两个数字相减,即可得出职工年龄。

步骤② 计算工龄和工龄工资。这里设定工龄工资标准为 50 元/月/年,即一年工龄的工资为 50 元,每月领取。例如,职工 A 工龄为 7 年,那么他在 2019 年度每月都可领取工龄工资 350(7×50)元。

◆ G3 单元格设置公式"=DATEDIF(F3,TODAY(),"Y")",计算职工工龄。这

一公式含义已在第 8 章的“高效工作之道”作过讲解，此处不再赘述。

◆ H3 单元格设置数学公式“=G3*50”即可。向下填充【G3:H3】区域中的公式至【G4:H14】区域中的所有单元格中。效果如图 9-7 所示。

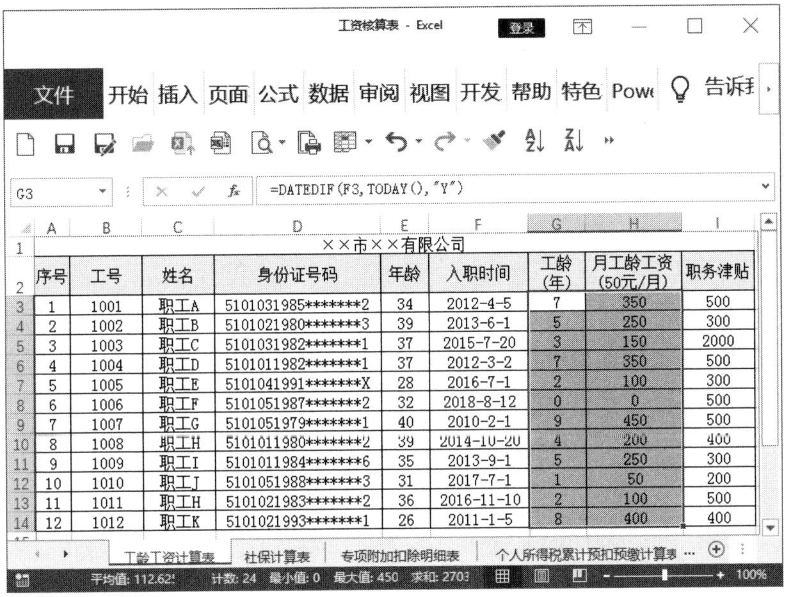

	A	B	C	D	E	F	G	H	I
1	××市××有限公司								
2	序号	工号	姓名	身份证号码	年龄	入职时间	工龄（年）	月工龄工资（50元/月）	职务津贴
3	1	1001	职工A	5101031985*******2	34	2012-4-5	7	350	500
4	2	1002	职工B	5101021980*******3	39	2013-6-1	5	250	300
5	3	1003	职工C	5101031982*******1	37	2015-7-20	3	150	2000
6	4	1004	职工D	5101011982*******1	37	2012-3-2	7	350	500
7	5	1005	职工E	5101041991*******X	28	2016-7-1	2	100	300
8	6	1006	职工F	5101051987*******2	32	2018-8-12	0	0	500
9	7	1007	职工G	5101051979*******1	40	2010-2-1	9	450	500
10	8	1008	职工H	5101011980*******2	39	2014-10-20	4	200	400
11	9	1009	职工I	5101011984*******6	35	2013-9-1	5	250	300
12	10	1010	职工J	5101051988*******3	31	2017-7-1	1	50	200
13	11	1011	职工H	5101021983*******2	36	2016-11-10	2	100	500
14	12	1012	职工K	5101021993*******1	26	2011-1-5	8	400	400

图 9-7　计算工龄和工龄工资

02　计算社会保险费

在社会保险费（以下简称“社保”）中，职工个人需要缴存的险种包括基本养老保险、基本医疗保险、失业保险，费率各不相同。而缴费基数是每月实际工资收入，包括基本工资、工龄工资、职务津贴等。实际上，社保的缴费基数即是应付工资总额，不允许扣除个人所得税和其他扣款。具体方法和步骤如下。

步骤 1　计算社保费的缴费依据是应付工资总额，因此应当首先计算 2019 年 1 月的应付工资。切换至“2019 年 1 月工资表”，表中已预先设置基本工资、绩效提成、交通补贴及其他补贴数据。下面将每一职工的工龄工资与职务津贴自动列示在表中。

◆ E3 单元格设置公式“=VLOOKUP($A3, 工龄工资计算表 !$B:H,7,0)”，根据 A3 单元格中的职工工号“1001”查找“工龄工资计算表”【B:H】区域中第 7

列与之匹配的数值,即"350"。

◆ G3 单元格设置公式 "=VLOOKUP($A3,工龄工资计算表!$B:I,8,0)",公式含义与 E3 单元格相同。将【E3:G3】区域中的公式向下填充至【E14:G14】区域中的所有单元格中,效果如图 9-8 所示。

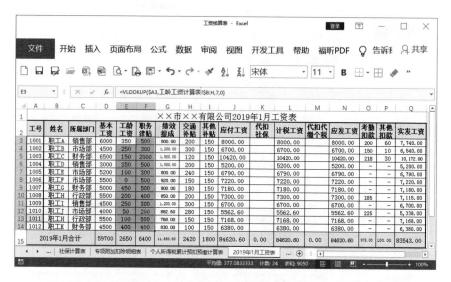

图 9-8 查找引用工龄工资与职务津贴

步骤 ② 切换至"社保计算表"工作表(已预先设置险种及费率)。❶ 在 C6 单元格中设置公式 "=VLOOKUP(A6,'2019 年 1 月工资表 '!A$3:J$14,10,0)",根据 A6 单元格中的职工工号查找引用"2019 年 1 月工资表"中与之匹配的"应付工资"数据→向下填充公式至【C7:C17】区域中的所有单元格中。❷ 在 D6 单元格设置公式 "=$C7*D$5",计算职工 A 应缴存的基本养老保险费→向右填充公式至【E6:F6】区域→选中【D6:F6】区域,填充公式至【D7:F17】区域→设置简单的求和公式即可。这里可举一反三,同时计算出单位缴存金额与合计缴存金额,不仅能够让所有社保数据一目了然,更能方便工作人员在一张工作表中核对数据。效果如图 9-9 所示。

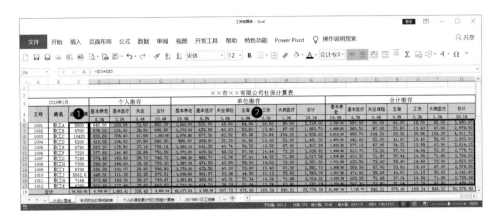

图 9-9 计算社会保险费

步骤③ 同样运用 VLOOKUP 函数将个人缴存的社保费合计数链接至"2019 年 1 月工资表"中对应的栏次即可。切换至"2019 年 1 月工资表"→在 K3 单元格中设置公式"=VLOOKUP(A3,社保计算表!A6:G17,7,0)",向下填充至 K14 单元格。效果如图 9-10 所示。

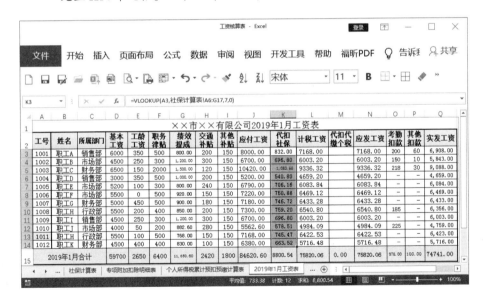

图 9-10 查找引用社保费

03 计算个人所得税

个人所得税的计算本身并不难,但因其专项附加扣除与 7 级超额累进税率,以及累计预扣预缴的征收方式都相当复杂,所以要制作 Excel 表格自动计算每月应预缴的税额,就需要综合核算多项数据,包括计税工资累计额、费用累计额、专项附加扣除累计额、当前累计应预缴的税额、当前已预缴的税额等,并且理清这些数据之间的钩稽关系,才能准确计算出每月应当缴纳的个人所得税额。下面讲解制表方法,同时分享核算思路。

步骤① 切换至"个人所得税累计预扣预缴计算表"工作表(以下简称"个税计算表")。❶C4 单元格设置公式"=VLOOKUP($A4,'2019 年 1 月工资表'!$A:$L,12)"并向下填充公式至【A5:A15】区域,查找并引用 2019 年 1 月工资表中与职工工号匹配的"计税工资"数据("计税工资"的数据为应付工资总额 – 代扣个人社保费之后的余额)。❷D4 单元格计算"累计计税工资",由于这里计算 2019 年 1 月的数据,因此"累计计税工资"即等于"当月计税工资",可暂设置简单公式"=C4"(计算 2 月及后期的个人所得税时修改公式即可)。效果如图 9-11 所示。

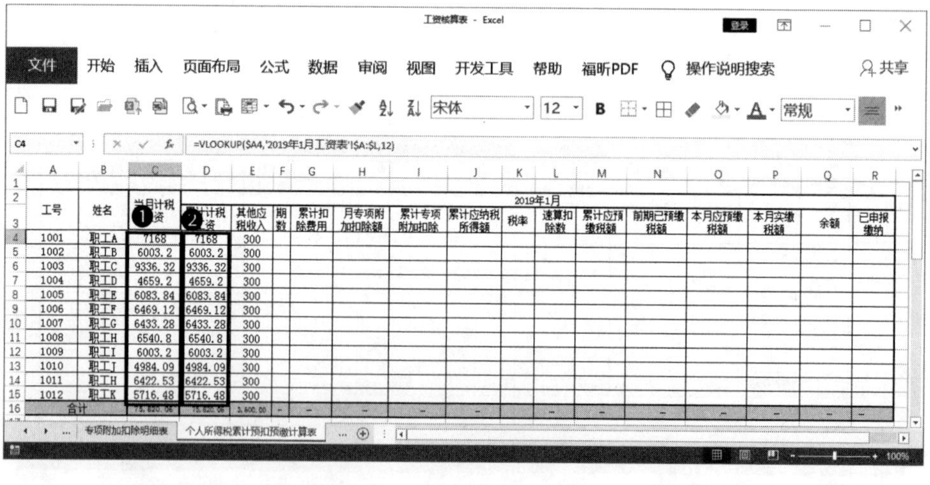

图 9-11 查找引用计税工资

步骤② 计算累计扣除费用和累计专项附加扣除。❶F4 单元格设置公式"=MONTH(E2)",即自动返回 D2 单元格中输入的日期所在月份,结果为"1"→F5 单元格设置公式"=F4",并向下填充公式至【F6:F15】区域→ G4 单元格设置公式“=F4*5000”，向下填充公式。❷H4 单元格设置公式“=VLOOKUP(A4, 专项附加扣除明细表 !A3:H14,8,0)”，引用“专项附加扣除明细表”中每一个职工的每月扣除金额→ I4 单元格设置公式“=F4*H4”即可，如图 9-12 所示。

公式效果：如果在 D2 单元格输入“2019-2”，【F4:F15】区域中单元格均返回数字“2”，同时【G4:G15】区域中单元格的计算结果均为“10000”（2×5000），【I4:I15】区域的数值是 2 乘以职工各自的每月专项附加扣除的金额，以此类推。

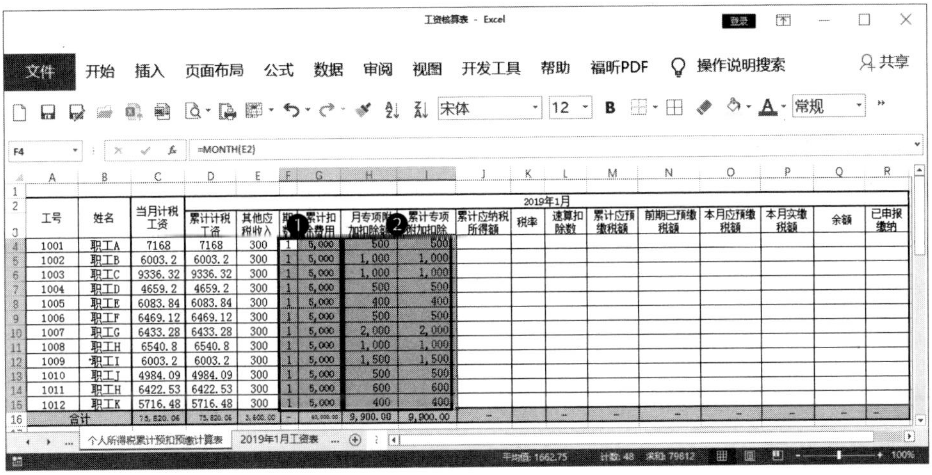

工号	姓名	当月计税工资	累计计税工资	其他应税收入	期数	累计扣除费用	月专项附加扣除额	累计专项附加扣除	累计应纳税所得额	税率	速算扣除数	累计应预缴税额	前期已预缴税额	本月应预缴税额	本月实缴税额	余额	已申报缴纳
1001	职工A	7168	7168	300	1	5,000	500	500									
1002	职工B	6003.2	6003.2	300	1	5,000	1,000	1,000									
1003	职工C	9336.32	9336.32	300	1	5,000	1,000	1,000									
1004	职工D	4659.2	4659.2	300	1	5,000	500	500									
1005	职工E	6083.84	6083.84	300	1	5,000	400	400									
1006	职工F	6469.12	6469.12	300	1	5,000	500	500									
1007	职工G	6433.28	6433.28	300	1	5,000	2,000	2,000									
1008	职工H	6540.8	6540.8	300	1	5,000	1,000	1,000									
1009	职工I	6003.2	6003.2	300	1	5,000	1,500	1,500									
1010	职工J	4984.09	4984.09	300	1	5,000	500	500									
1011	职工H	6422.53	6422.53	300	1	5,000	600	600									
1012	职工K	5716.48	5716.48	300	1	5,000	400	400									
合计		75,820.06	75,820.06	3,600.00	-	60,000.00	9,900.00	9,900.00	-		-	-	-	-	-	-	-

图 9-12　计算累计扣除费用

步骤③ 计算累计应纳税所得额、累计应预缴税额。

◆ J4 单元格设置公式“=IF(D4+E4−G4−I4<=0,0,D4+E4−G4−I4)”，其中“D4+E4−G4−I4”即根据数学公式“累计应纳税所得额 = 累计计税工资 + 其他应税收入 − 累计扣除费 − 累计专项附加扣除”设置的。

公式含义

如果累计应纳税所得额小于或等于 0，则不产生应纳税额，会返回数字“0”，否则返回计算结果。

◆ K4 单元格设置公式“=IF(J4=0,0,IF(AND(J4>0,J4<=36000),0.03,IF(AND(J4>36000,J4<=144000),0.1,IF(AND(J4>144000,J4<=300000),0.2,IF(AND(J4>300000,J4<=420000),0.25,IF(AND(J4>420000,J4<=660000),0.3,IF(AND(J4>660000,J4<=960000),

0.35,IF(J4>960000,0.45))))))))"，根据 J4 单元格中的累计应纳税所得额返回对应的税率。

公式含义

K4 单元格中的公式共嵌套了 8 层 IF 函数公式，看似烦冗，其实很好理解，只需明确第 1、2 层公式的含义即可以此类推、举一反三理解整条公式。

第 1 层：如果 J4 单元格数值为 0，则返回数字"0"。

第 2 层：如果 J4 单元格数值大于 0 并且小于等于 36000，则返回数字"0.03"。

◆ L4 单元格设置公式"=MAX(IF(K4={0,0.03,0.1,0.2,0.25,0.3,0.35,0.45},{0,0,2520,16920, 31920,52920,85920,181920},0),0)"，根据 K4 单元格中列示的各级税率返回与之匹配的速算扣除数。

◆ M4 单元格设置公式"=ROUND(J4*K4,2)"，计算累计应预缴税额。

将【J4:M4】区域中的公式向下填充至【J5:M15】区域中的所有单元格内即可。公式效果如图 9-13 所示。

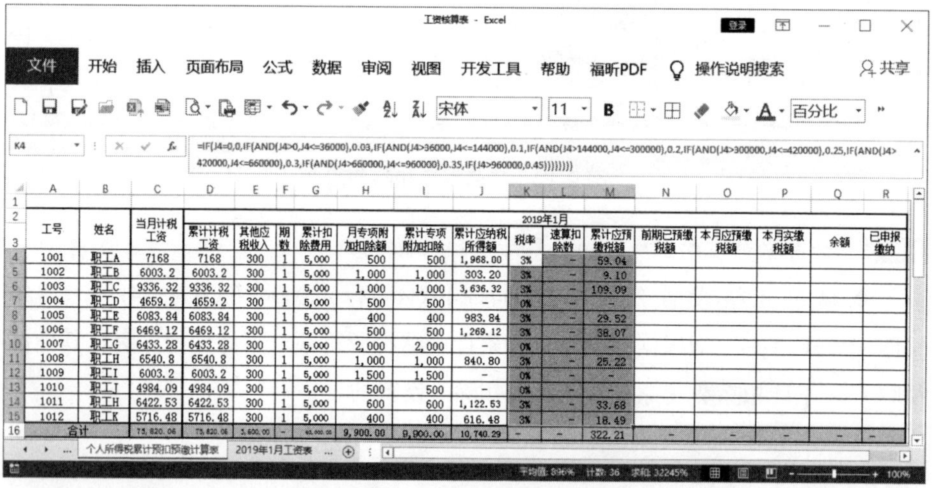

工号	姓名	当月计税工资	累计计税工资	其他应税收入	期数	累计扣除费用	月专项附加扣除额	累计专项附加扣除	累计应纳税所得额	税率	速算扣除数	累计应预缴税额	前期已预缴税额	本月应预缴税额	本月实缴税额	余额	已申报缴纳
			2019年1月														
1001	职工A	7168	7168	300	1	5,000	500	500	1,968.00	3%	-	59.04					
1002	职工B	6003.2	6003.2	300	1	5,000	1,000	1,000	303.20	3%	-	9.10					
1003	职工C	9336.32	9336.32	300	1	5,000	1,000	1,000	3,636.32	3%	-	109.09					
1004	职工D	4659.2	4659.2	300	1	5,000	500	500	-	0%	-	-					
1005	职工E	6083.84	6083.84	300	1	5,000	400	400	983.84	3%	-	29.52					
1006	职工F	6469.12	6469.12	300	1	5,000	500	500	1,269.12	3%	-	38.07					
1007	职工G	6433.28	6433.28	300	1	5,000	2,000	2,000	-	0%	-	-					
1008	职工H	6540.8	6540.8	300	1	5,000	1,000	1,000	840.80	3%	-	25.22					
1009	职工I	6003.2	6003.2	300	1	5,000	1,500	1,500	-	0%	-	-					
1010	职工J	4984.09	4984.09	300	1	5,000	500	500	-	0%	-	-					
1011	职工H	6422.53	6422.53	300	1	5,000	600	600	1,122.53	3%	-	33.68					
1012	职工K	5716.48	5716.48	300	1	5,000	400	400	616.48	3%	-	18.49					
合计		73,820.06	73,820.06	3,600.00	-	60,000.00	9,900.00	9,900.00	10,740.29	-	-	322.21	-	-	-	-	-

图 9-13　计算累计应预缴税额

步骤④ 计算"本月应预缴税额"和"余额"。

◆当前计算 2019 年 1 月的数据，因此在【N4:N15】区域单元格中（"前期已预缴税额"）全部填入"0"（计算 2 月数据时设置公式）→ O4 单元格设置公式"=ROUND(M4-N4,2)"，计算本月应预缴税额。

◆ P4 单元格设置公式"=IF(R4=1,O4,0)"。

公式含义

如果 R4 单元格的值为"1",则直接返回 O4 单元格的值,即本月实缴税额 = 本月应预缴税额,否则返回"0"。

这一公式的设计思路:由于实缴税额只能在完成个人所得税的申报缴纳之后手工填入,那么当实缴税额与预先计算得出的"本月应预缴税额"一致时,直接在 R4 单元格中填"1"即可简化手工录入,快速填入实缴税额。否则,需要直接在 P4 单元格填入实际金额。

◆ 将【R4:R15】区域自定义单元格格式为"[=1]√",填入数字"1"时,单元格内显示"√"。

◆ Q4 单元格设置公式"=ROUND(O4-P4,2)",计算余额。公式效果如图 9-14 所示。

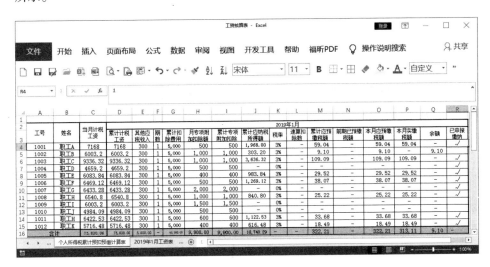

图 9-14　计算本月预缴税额和余额

步骤 5 计算应发工资和实发工资。切换至"2019 年 1 月工资表",在 M4 单元格中设置公式"=VLOOKUP(A3,个人所得税累计预扣预缴计算表!A4:O4,15,0)",将个税计算表中的"本月实缴税额"金额引用至 M4 单元格中→向下填充公式至【M5:M15】区域即可。

应发工资和实发工资的函数公式已按照数学公式预先设置。数学公式分别为

应发工资 = 计税工资 − 代扣代缴个税，实发工资 = 应发工资 − 考勤扣款 − 其他扣款。公式效果如图 9-15 所示。

步骤 6 计算 2 月工资时，只需执行简单几步操作便可快速准确核算出来。新建一张工作表，命名为“2019 年 2 月工资表”工作表，将“2019 年 1 月工资表”整体复制粘贴至此。为展示效果，可修改工资项目中的变量数据。在实务中，一般绩效提成、其他补贴、考勤扣款、其他扣款等项目数据是变量数据。而基本工资、工龄工资、职务津贴等通常在一段期间内相对固定，因此这里不做修改。

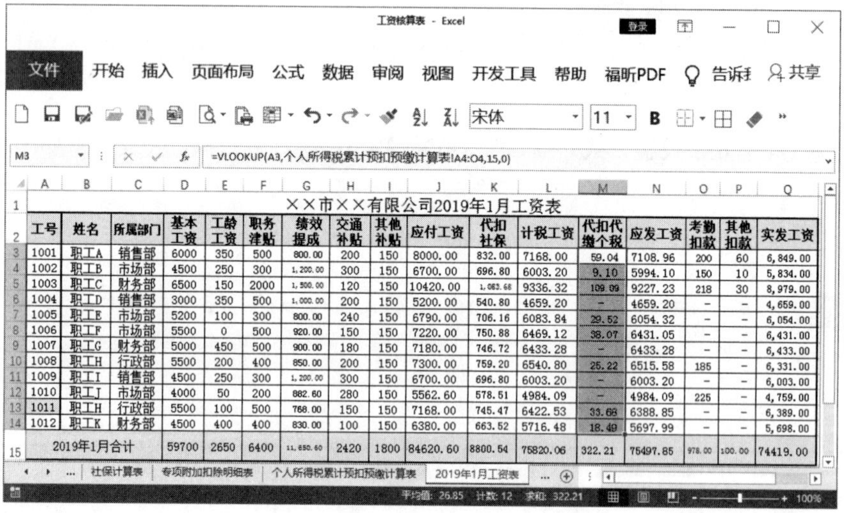

××市××有限公司2019年1月工资表

工号	姓名	所属部门	基本工资	工龄工资	职务津贴	绩效提成	交通补贴	其他补贴	应付工资	代扣社保	计税工资	代扣代缴个税	应发工资	考勤扣款	其他扣款	实发工资
1001	职工A	销售部	6000	350	500	800.00	200	150	8000.00	832.00	7168.00	59.04	7108.96	200	60	6,849.00
1002	职工B	市场部	4500	250	300	1,200.00	300	150	6700.00	696.80	6003.20	9.10	5994.10	150	10	5,834.00
1003	职工C	财务部	6500	150	2000	1,500.00	120	150	10420.00	1,083.68	9336.32	109.09	9227.23	218	30	8,979.00
1004	职工D	销售部	3000	350	500	1,000.00	200	150	5200.00	540.80	4659.20	-	4659.20	-	-	4,659.00
1005	职工E	市场部	5200	100	300	800.00	240	150	6790.00	706.16	6083.84	29.52	6054.32	-	-	6,054.00
1006	职工F	市场部	5500	0	500	920.00	150	150	7220.00	750.88	6469.12	38.07	6431.05	-	-	6,431.00
1007	职工G	财务部	5000	450	500	900.00	180	150	7180.00	746.72	6433.28	-	6433.28	-	-	6,433.00
1008	职工H	行政部	5500	200	400	850.00	200	150	7300.00	759.20	6540.80	25.22	6515.58	185	-	6,331.00
1009	职工I	销售部	4500	250	300	1,200.00	300	150	6700.00	696.80	6003.20	-	6003.20	-	-	6,003.00
1010	职工J	市场部	4000	50	200	882.60	280	150	5562.60	578.51	4984.09	-	4984.09	225	-	4,759.00
1011	职工H	行政部	5500	100	500	768.00	150	150	7168.00	745.47	6422.53	33.68	6388.85	-	-	6,389.00
1012	职工K	财务部	4500	400	400	830.00	100	150	6380.00	663.52	5716.48	18.49	5697.99	-	-	5,698.00
2019年1月合计			59700	2650	6400	11,650.60	2420	1800	84620.60	8800.54	75820.06	322.21	75497.85	978.00	100.00	74419.00

图 9-15 计算应发工资和实发工资

步骤 7 修改代扣社保。此时 K 列（代扣社保）与 M 列（代扣代缴个税）仍然链接的是 2019 年 1 月的数据，需要稍作修改。首先修改代扣社保公式。

切换至“社保计算表”工作表→选中第 2~18 行区域，复制粘贴至下方第 20 至 36 行区域，此时【C24:C35】区域中单元格链接的仍然是“2019 年 1 月工资表”中的“应付工资”数据，运用“查找与替换”功能批量修改公式。选中【C24:C35】区域→按【Ctrl+F】组合键，打开【查找与替换】对话框→切换至【替换 (P)】选项卡→在【查找内容 (N):】文本框内输入“1 月”→在【替换为 (E):】文本框内输入“2 月”→单击【全部替换 (A)】按钮即可批量替换所选区域中所有单元格公式中链接工作表名称的文字，此时【C24:C35】区域中所有单元格链接的是“2019 年 2 月工资表”中的“应付工资”数据，社保金额也随之变化。操作过程如图 9-16

所示,效果如图 9-17 所示。

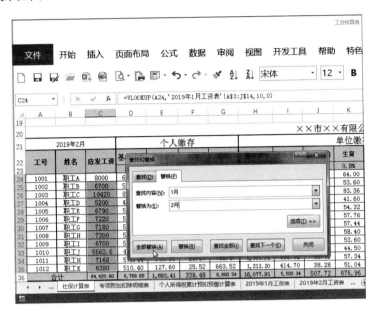

图 9-16 批量修改公式中的文字

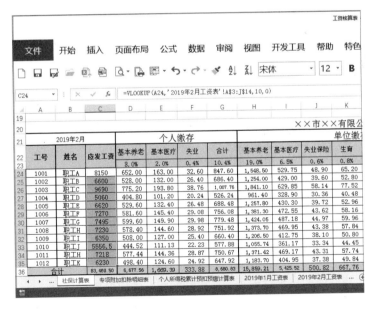

图 9-17 批量修改公式中文字的效果

步骤 8 修改个人所得税计算公式。切换至个税计算表,按以下操作步骤进行修改。

❶选中第2~16行区域,复制粘贴至第18~32行区域→在D18单元格中输入"2019-2",累计扣除费用与累计专项附加扣除金额均自动计算出1~2月的累计金额→同样运用"查找与替换功能"将【C20:C31】区域的所有单元格公式中的"1月"替换为"2月"。

❷D20单元格设置公式"=VLOOKUP(A20,A4:D15,4,0)+C20"→向下填充公式至【D21:D31】区域。

公式含义

"VLOOKUP(A20,A4:D15,4,0)"查找引用2019年1月的计税工资,C20单元格中是本月工资,两数相加即求出1月和2月的累计计税工资。

❸N20单元格设置公式"=VLOOKUP(A20,A4:P15,16,0)",查找引用1月已实缴税额→向下填充公式至【N21:N31】区域。效果如图9-18所示。

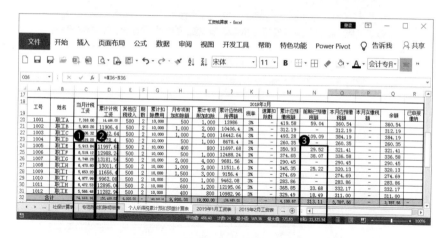

图9-18 修改个人所得税计算公式

提示

修改2月个税计算表公式后,在计算后期个人所得税额时,依次复制粘贴上一个月个税计算表,并替换公式中代表月份的文字即可,无须再修改公式"累计计税工资"与"前期已预缴税额"项目的公式,即可准确计算每月税额。例如,计算3月个人所得税税额,需复制粘贴2月计算表替换公式文字;计算4月个人所得税税额,则复制粘贴3月计算表并替换公式文字。以此类推。

步骤 9 最后切换至“2019 年 2 月工资表”修改“代扣社保”和“代扣代缴个税”的公式。❶ 将【K3:K14】区域中单元格公式“=VLOOKUP(A3, 社保计算表 !A6:G17,7,0)”中“A6:G17”修改为“A24:G35”，即可将代扣社保数据链接至“社保计算表”中 2 月的社保合计数。❷ 以同样方法将【M3:M14】单元格区域公式中区域范围修改为 2 月个税计算表中“本月应预缴税额”项目数据所在区域范围即可。效果如图 9-19 所示。

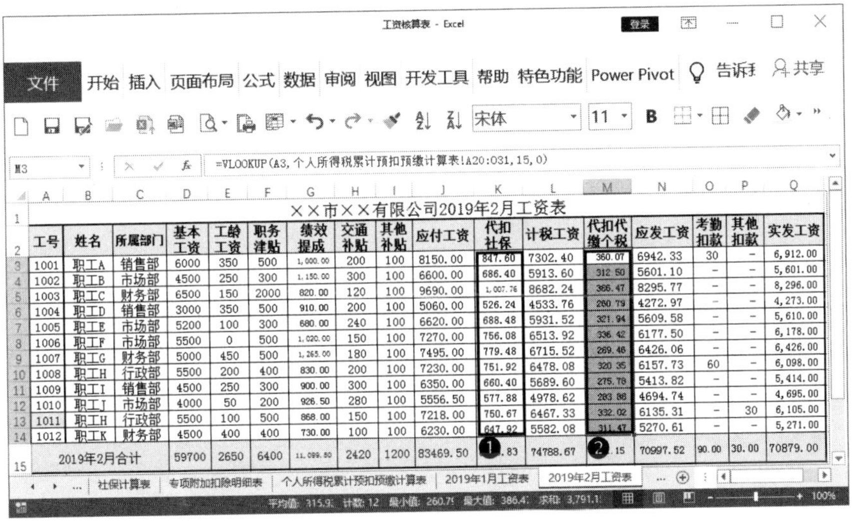

××市××有限公司2019年2月工资表

工号	姓名	所属部门	基本工资	工龄工资	职务津贴	绩效提成	交通补贴	其他补贴	应付工资	代扣社保	计税工资	代扣代缴个税	应发工资	考勤扣款	其他扣款	实发工资
1001	职工A	销售部	6000	350	500	1,000.00	200	100	8150.00	847.60	7302.40	360.07	6942.33	30	-	6,912.00
1002	职工B	市场部	4500	250	300	1,150.00	300	100	6600.00	686.40	5913.60	312.50	5601.10	-	-	5,601.00
1003	职工C	财务部	6500	150	2000	820.00	120	100	9690.00	1,007.76	8682.24	386.47	8295.77	-	-	8,296.00
1004	职工D	销售部	3000	350	500	910.00	200	100	5060.00	526.24	4533.76	260.79	4272.97	-	-	4,273.00
1005	职工E	市场部	5200	100	300	680.00	240	100	6620.00	688.48	5931.52	321.94	5609.58	-	-	5,610.00
1006	职工F	市场部	5500	0	500	1,020.00	150	100	7270.00	756.08	6513.92	336.42	6177.50	-	-	6,178.00
1007	职工G	财务部	5000	450	500	1,265.00	180	100	7495.00	779.48	6715.52	289.46	6426.06	-	-	6,426.00
1008	职工H	行政部	5500	200	400	830.00	200	100	7230.00	751.92	6478.08	320.35	6157.73	60	-	6,098.00
1009	职工I	销售部	4500	250	300	900.00	300	100	6350.00	660.40	5689.60	275.78	5413.82	-	-	5,414.00
1010	职工J	市场部	4000	50	200	926.50	280	100	5556.50	577.88	4978.62	283.88	4694.74	-	-	4,695.00
1011	职工H	行政部	5500	100	500	868.00	150	100	7218.00	750.67	6467.33	332.02	6135.31	-	30	6,105.00
1012	职工K	财务部	4500	400	400	730.00	100	100	6230.00	647.92	5582.08	311.47	5270.61	-	-	5,271.00
2019年2月合计			59700	2650	6400	11,099.50	2420	1200	83469.50	❶ .83	74788.67	❷ .15	70997.52	90.00	30.00	70879.00

图 9-19 修改代扣社保、代扣代缴个税公式

在后续核算工资时，只需修改变量数据，再重复【步骤 7】至【步骤 9】一次，即可快速核算代扣社保及代扣代缴的个人所得税额，这种方法能够大幅提升工作效率。

另外，在实务中核算代扣代缴税额时容易出错且由于代扣与申报的时间不同步，导致实际申报时容易出现漏报、错报的情况，这些都会导致代扣代缴税额与实缴税额出现差错，这些差错是在所难免的。在处理差额时，应根据企业内部管理模式与差额大小灵活处理。

第3篇 综合实战

通过前两篇内容的学习，相信读者已经掌握了出纳岗位工作相关的基本内容与技能知识。下面以某个公司成立初期到开业运营这段时间的工作内容为例，讲述出纳岗位人员在公司中的工作内容并进行部分实操训练。

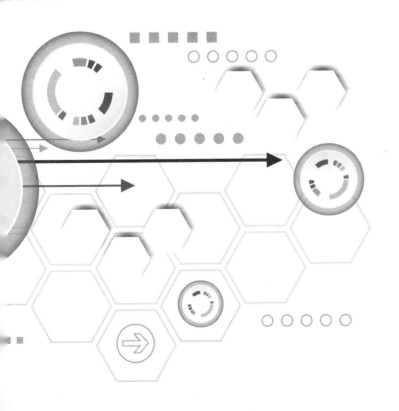

第 10 章

综合实战：出纳技能实操训练

本章将以极具代表性的时期——2018 年 12 月（既是第四季度末，又是年末）发生的经济业务为例，逐笔进行单项业务的每日、每月及季末、年末、年初账务处理的讲解和示范。

提示

2018年5月1日—2019年3月31日期间,实行的实际增值税率为16%、10%、6%、0四档。2019年4月1日起将原适用税率16%的调整为13%,原适用税率10%的调整为9%。本章列举的经济业务,涉及增值税计算的,均以经济业务实际发生时间的实时税率计算税金。

10.1 筹备期间的资金支出

出于讲解所需,这里虚拟企业部分信息,包括基本信息、财税信息及其他相关信息,如表10-1所示。

表10-1 企业信息表

	公司名称	成都××商贸有限公司
	公司地址	四川省成都市青羊区××街××号
	注册资本	人民币100万元
基本信息	出资情况	由以下两位自然人股东出资: 夏××出资人民币60万元 孙××出资人民币40万元
	企业类型	有限责任制
	成立日期	2018年11月20日
	经营范围	批发兼零售服装、服饰、家庭用品、生活日用品、办公用品
	主要商品	A商品、B商品
财税信息	开户银行及账号	中国银行股份有限公司成都××支行**** **** ****
	财务部门架构	财务主管:王五 会计:李四 出纳:张三
	存货计价方法	移动加权平均法
	纳税人类型	增值税一般纳税人 适用增值税率16%
其他信息	发薪日期	每月15日发放上月工资
	其他	略

公司人员到岗后,出纳张三的第一项工作是到商店购买现金日记账和银行存款日记账两个账本(如是软件记账则不必买日记账本,需要新建账套,设置会计科目),并携带银行预留印章去银行购买现金支票和转账支票,还需将支票号码登记在支票使用登记簿中。

10.1.1 收到投资款

2018年11月25日，收到两位股东注册资金银行进账单。以下是两位股东的注册资金进账单，如图10-1与图10-2所示。

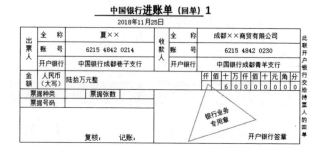

图 10-1　股东夏×× 汇入投资款的进账单

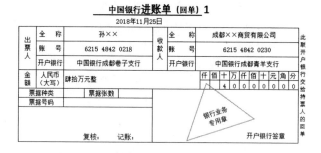

图 10-2　股东孙×× 汇入投资款的进账单

出纳张三确认银行账户实际收到两笔投资款，并取得进账单后，填制记账凭证（如图10-3所示），同时登记银行存款日记账。

摘 要	会 计 科 目	√	借 方	贷 方
收到投资款	银行存款\中国银行成都××支行（100201）		1000000.00	
收到投资款-夏××	实收资本\夏××（400101）			600000.00
收到投资款-孙××	实收资本\孙××（400102）			400000.00
合	计		1,000,000.00	1,000,000.00

记字 第0001号　　2018 年 11 月 25 日　　附件2张　第1/2页

会计主管　　出纳 张三　　记账 张三　　　　稽核

图 10-3　收到投资款的记账凭证

10.1.2 到银行提取现金

2018年11月27日出纳张三到银行提取备用金10000元,用于日常费用开支。提现流程如下。

步骤① 11月26日填写自制的支票领用单,并经相关领导审核签字批准。支票领用单填写如图10-4所示。

支票领用单

申请日期:2018年11月26日

序号	支票号码	支票类型	金额(元)	填制日期	用途
1	XXXX	现金支票	10000	2018-11-26	提取备用金

领用人:张三　　　　审批人:王五

图10-4 填写支票领用单

步骤② 出纳张三填写现金支票(支票填写方法及注意事项参见第7章)。

步骤③ 张三到开户银行提出备用金后,根据现金支票存根联和银行回单填制记账凭证,如图10-5所示,并登记现金日记账和银行存款日记账。

记 账 凭 证

记字 第0002号　　　　2018 年 11 月 27 日　　　　附件2张　第1/1页

摘要	会计科目	√	借方	贷方
提取备用金	库存现金(1001)		10000.00	
提取备用金	银行存款\中国银行成都××支行(100201)			10000.00
合	计	√	10,000.00	10,000.00

会计主管　　　　出纳 张三　　　　记账 张三　　　　稽核

图10-5 提取备用金记账凭证

10.1.3 报销公司开办费

公司成立前产生的开办费包括刻章费、职工培训费及其他费用。下面是报销刻章费与培训费的流程。

2018年12月3日,行政部刘×报销前期垫付的刻章费510元,取得小规模纳税人开具的增值税普通发票，增值税率为3%；培训费500元，取得一般纳税人开具的增值税专用发票，增值税率为6%。按照公司制定的报销流程履行程序，如图10-6所示。

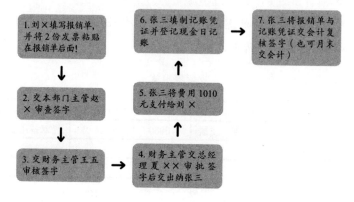

图10-6 公司报销流程

报销单填写、签字（可加盖"现金付讫"戳记），如图10-7所示。

图10-7 开办费报销

出纳张三填制记账凭证，如图10-8所示。

图10-8 报销开办费及培训费的记账凭证

10.2 运营期间的资金支出和收入

本节将列举公司成立初期产生的采购开支、公司运营期间的日常费用开支及公司主营业务（销售商品）涉及的现金支出和收入业务，讲解出纳人员进行账务处理的方法和程序。

10.2.1 采购开支业务

新公司成立后会产生大量的费用支出，如购置办公家具、办公设备、办公用品等，同时，还必须尽快向供应商采购货品，以备足货源，保证销售业务正常开展。

1．购买办公家具

行政部刘 × 负责采购办公家具，填写家具采购申请单，如图 10-9 所示。领导审批后，2018 年 12 月 7 日刘 × 去家具厂签订采购合同，购买办公家具共计 33400 元（含税），取得增值税专用发票，增值税率为 16%，增值税额为 4606.90 元（33400÷1.16×0.16）。合同约定，合同签订之日预付定金 3000 元（刘 × 垫付），家具厂开具现金收据，如图 10-10 所示。2018 年 12 月 10 日将家具送至公司后即付清余款。

刘 × 回公司后填写费用报销单，并办理付款审批手续。出纳张三将刘 × 垫付的定金 3000 元支付给刘 ×，将余款 30400 元通过银行账户转账给家具厂，并将采购申请单、增值税专用发票、银行付款回单作为附件粘贴在费用报销单后作为报销凭证，同时在费用报销单上加盖"现金付讫"和"银行付讫"戳记，如图 10-11 所示。

采购申请单

申请日期：2018 年 12 月 6 日

申请部门	行政部	申请人	刘 ×
申请事由	刚成立公司需要一批办公家具，经过市场价格对比和计算，价款预估 30000 至 35000 元之间。		
部门负责人	赵 ×		
财务负责人	王五		
主管领导	孙 × ×		

图 10-9　采购申请单

收 据

收款日期：2018年12月7日　　　　　　　　　　NO: 000158

交款单位/个人	成都××商贸有限公司 刘×	交款方式	现金
大写金额	人民币叁仟元整	小写金额	￥3000.00
收款摘要	收到××公司预付办公家具定金		

收款单位（盖章）：　　　收款人：　　　开票人：

图 10-10　预付定金收据

成都××商贸有限公司　费用报销单

报销日期：2018 年 12 月 10 日　　　部门 行政部　　附件张数：共4张

事由	单价	数量	金额	备注
办公家具定金			￥3000.00（现金付讫）	采购办公家具一套，定金3000元由本人以现金垫付，余款30400请转账支付
办公家具一套（清单附后）余款			￥30400.00（银行）	
				部门审查　赵×
				财务主管审核　王五
金额合计（小写）	￥33400.00			总经理审批　夏××
核实金额（大写）	人民币叁万叁仟肆佰元整			

会计 李四　　　出纳 张三　　　报销人 刘×

图 10-11　采购办公家具的费用报销单

出纳张三支付办公家具款项后，填制记账凭证如图 10-12 所示，并登记现金日记账与银行存款日记账。

记 账 凭 证

记字 第0004号　　　2018 年 12 月 10 日　　　附件4张　第1/1页

摘要	会计科目	√	借方	贷方
购买办公家具	固定资产\办公家具(160101)		28793.10	
进项税额	应交税费\应交增值税\进项税额(22210101)		4606.90	
报销办公家具定金	库存现金(1001)			3000.00
支付办公家具余款	银行存款\中国银行成都××支行(100201)			30400.00
支付办公家具余款手续费	财务费用\手续费(660301)		10.00	
支付办公家具余款手续费	银行存款\中国银行成都××支行(100201)			10.00
合　　计		√	33,410.00	33,410.00

会计主管　　　出纳 张三　　　记账 张三　　　稽核

图 10-12　购买办公家具的记账凭证

2. 购买办公设备及用品

行政部刘 × 填写办公设备采购申请单并经过领导批准后，于 2018 年 12 月 11 日采购以下办公设备及办公用品，付款方式是公司直接转账。采购清单如表 10-2 所示。

表 10-2　办公设备及办公用品采购清单

金额单位：元

名称	单价（不含税）	数量	金额	增值税税额	价税合计	发票类型	税率
电脑	1500	10 台	15000	2400	17400	增值税专用发票	16%
打印机	780	6 台	4680	748.8	5428.8	增值税专用发票	16%
验钞机	550	2 台	1100	176	1276	增值税专用发票	16%
其他办公用品	–	1 批	3000	90	3090	增值税普通发票	3%
合计	–	–	23780	3414.8	27194.8	–	–

刘 × 回公司后填写费用报销单，然后办理付款审批手续，报领导审批并将采购申请单、发票作为附件粘贴在费用报销单后作为报销凭证，履行报销手续。

出纳张三按照已审批的报销单金额，通过银行账户直接转账给销货单位，并打印银行付款回单，填制记账凭证，登记银行存款日记账，同时将采购申请单、报销单及银行付款回单作为附件粘贴于记账凭证后面。记账凭证如图 10-13 和图 10-14 所示。

记　账　凭　证

记字 第0005号　　　　2018 年 12 月 11 日　　　　附件5张　第1/2页

摘　要	会计科目	√	借　方	贷　方
购买电脑	固定资产\电脑(160102)		15000.00	
购买打印机	固定资产\打印机(160103)		4680.00	
购买验钞机	固定资产\验钞机(160104)		1100.00	
进项税额	应交税费\应交增值税\进项税额(22210101)		3414.80	
购买办公用品	管理费用\办公费(660205)		3000.00	
合　　计		√	27,194.80	——

会计主管　　　　出纳 张三　　　　记账 张三　　　　稽核

图 10-13　购买办公设备及用品的记账凭证 -1

记账凭证

记字 第0005号 2018 年 12 月 11 日 附件5张 第2/2页

摘要	会计科目	√	借方	贷方
支付费用	银行存款\中国银行成都××支行(100201)			27194.80
手续费	财务费用\手续费(660301)		10.00	
手续费	银行存款\中国银行成都××支行(100201)			10.00
合计		√	27,204.80	27,204.80

会计主管　　　　出纳 张三　　　记账 张三　　　　　　稽核

图 10-14　购买办公设备及用品的记账凭证-2

3. 采购产品

2018 年 12 月 15 日因经营的业务需要与深圳 W 公司签订购销合同，购进产品以备销售，并取得增值税专用发票。合同约定公司应在产品验收入库后三日内向 W 公司支付 50% 货款，余款于销售后一次性付清。产品采购清单如表 10-3 所示。

表 10-3　产品采购清单

金额单位：元

名称	单价（不含税）	数量	金额	增值税税额	价税合计	税率
A 产品	100	3000 件	300000	48000	348000	16%
B 产品	80	2580 件	206400	33024	239424	16%
合计	—	—	506400	81024	587424	—

产品入库至支付 50% 货款的流程如下。

步骤① 产品于 12 月 18 日送至公司仓库，仓库人员清点无误后收入仓库并出具产品入库单，如表 10-4 所示。

表 10-4　成都××商贸有限公司产品入库单

供货单位：深圳 W 公司　　　入库单编号：2018-12-18-0001　　　金额单位：元

品名	规格型号	条码	单位	数量	单价	金额	税额	价税合计
A 产品	W-A	69*********01	件	3000	100	300000	48000	348000
B 产品	W-B	69*********02	件	2580	80	206400	33024	239424
合计				5580	—	506400	81024	587424

采购员：陈×　　　　　　　　　　　　　　　　库管员：李×

步骤 2 仓库人员于 12 月 19 日将产品入库单和 W 公司出具的送货单一同交至采购员陈 × 处核对并填写付款申请单,付款申请单如图 10-15 所示。

付款申请单

申请日期:2018 年 12 月 19 日

申请部门	采购部	申请人	陈×
申请说明	12月15日采购产品一批,价款总计587424元。12月18日已验收入库,现申请按照合同约定在12月21日前付款293712元(587424×50%)		
采购部主管	赵×		
财务负责人	王五		
总经理	夏××		

图 10-15 付款申请单

步骤 3 采购员陈 × 将付款申请单、产品入库单、W 公司出具的送货单、增值税专用发票交部门主管审核签字→财务主管审核签字→总经理审批签字→会计李四填制记账凭证(如图 10-16 所示),并将产品入库单、W 公司出具的送货单、增值税专用发票粘贴在后面作为记账凭证附件→将付款申请单交给出纳张三付款记账。

记 账 凭 证

记字 第0006号　　　　2018 年 12 月 19 日　　　　附件4张　　第1/1页

摘　要	会计科目	√	借　方	贷　方
采购产品-W公司	库存商品\A产品(140501)		300000.00	
采购产品-W公司	库存商品\B产品(140502)		206400.00	
进项税额	应交税费\应交增值税\进项税额(22210101)		81024.00	
应付账款-W公司	应付账款\W公司(220202)			587424.00
合	计	√	587,424.00	587,424.00

会计主管　　　　出纳 张三　　　记账 张三　　　　稽核

图 10-16 会计填制的记账凭证

> **提示**
>
> 采购产品业务涉及往来账户,如果供货商是长期合作单位,那么为了完整反映往来数据的动态明细,建议在进行账务处理时,先将整笔货款全部记入"应付账款"科目,付款时再借记"应付账款"科目,贷记"银行存款"科目。

步骤④ 出纳张三通过银行账户将货款293712元转账给W公司后,填制以下记账凭证(如图10-17所示),并将付款申请单、银行付款回单粘贴在后面作为记账凭证附件,同时登记银行存款日记账。

记 账 凭 证

记字 第0007号 2018年12月19日 附件4张 第1/1页

摘要	会计科目	√	借方	贷方
支付W公司货款	应付账款\W公司(220202)		293712.00	
支付W公司货款	银行存款\中国银行成都××支行(100201)			293712.00
手续费	财务费用\手续费(660301)		10.00	
手续费	银行存款\中国银行成都××支行(100201)			10.00
合计		√	293,722.00	293,722.00

会计主管   出纳 张三   记账 张三   稽核

图10-17 出纳填制的记账凭证

10.2.2 日常费用开支业务

公司成立后,经过前期的准备,就进入了正式运营期。本小节将列举运营期内经常发生且具有代表性的日常费用开支业务,以讲解处理流程及账务处理方法。

1. 购买税控盘及缴纳技术维护费

公司开展销售业务需要开具增值税专用发票,根据税务机关规定,必须到指定的技术服务公司购买开票设备,并按年度缴纳技术维护费。

财务部李四于2018年12月20日至航天金税公司购买税控盘一个,含税价款280元,取得增值税专用发票,增值税税率16%。同时缴纳第一年度(2018年12

月 20 日—2019 年 12 月 19 日）技术维护费 330 元（含税），并取得增值税普通发票，增值税税率 6%。

财务部李四履行报销手续后，出纳张三支付费用给李四，并填制记账凭证，同时登记现金日记账。记账凭证如图 10-18 所示。

记 账 凭 证

记字 第0008号　　　　2018 年 12 月 20 日　　　　附件2张　第1/1页

摘　要	会计科目	√	借　方	贷　方
购买税控盘	管理费用\办公费(660205)		280.00	
缴纳技术维护费	管理费用\办公费(660205)		330.00	
报销费用	库存现金(1001)			610.00
合　计		√	610.00	610.00

会计主管　　　　出纳 张三　　　　记账 张三　　　　　　稽核

图 10-18　购买税控盘及缴纳技术维护费的记账凭证

2. 报销差旅费用

公司因开展业务需要，指派业务部郑×前往某市洽谈业务。涉及现金支出的业务流程及账务处理如下。

步骤① 2018 年 12 月 21 日郑×填写借款申请单申请借款 3000 元并已通过财务主管审批后交出纳张三。借款申请单如图 10-19 所示。

成都××商贸有限公司
借款申请单

单据编号：2018-12-01

借款人　郑×　　所属部门　销售部　　借款时间　2018年12月21日

借款理由　到××市出差洽谈业务

业务类型　出差　　借款账户　库存现金　　借款金额　¥3,000.00

金额大写　人民币叁仟元整

图 10-19　借款申请单

步骤 2 出纳张三收到借款申请单后将3000元支付给郑×，然后编制如图10-20所示的记账凭证，并将借款申请单作为附件粘贴于记账凭证后面，同时登记现金日记账。

记 账 凭 证

记字 第0009号　　2018 年 12 月 21 日　　附件1张　第1/1页

摘　要	会计科目	√	借　方	贷　方
郑×出差借款	其他应收款\员工借款(122102)		3000.00	
郑×出差借款	库存现金(1001)			3000.00
合	计	√	3,000.00	3,000.00

会计主管　　　　　出纳 张三　　　记账 张三　　　　　稽核

图 10-20　借款的记账凭证

步骤 3 郑×出差期间共产生差旅费用2015元。2018年12月24日郑×返回公司，按规定履行报销手续，同时退还余款985元，以冲抵借款。郑×此次的报销单如图10-21所示。

成都××商贸有限公司　费用报销单

报销日期：2018 年 12 月 24 日　　部门 销售部　　附件张数：共12张

事由	单价	数量	金额	备注	
差旅费-往返车费	600	2次	¥1200.00		
差旅费-住宿费	150	3天	¥450.00	部门审查	王×
差旅费-餐饮费		9次	¥365.00		
				财务主管审核	王五
金额合计（小写）	¥2015.00			总经理审批	夏××
核实金额（大写）	人民币贰仟零壹拾伍元整				

会计 李四　　　　出纳 张三　　　　　　报销人 郑×

图 10-21　差旅费报销单

步骤 4 出纳张三收到郑×的退款985元和已通过审批的费用报销单后，冲平郑×借款，并将借款单原件退还给郑×，但保留借款单复印件，并在复印件上注明"郑×于2018年12月24日已还清本单借款3000元，此件仅作为记账凭证附件，不再作为借款凭据"的说明，同时加盖财务专用章。张三根据此笔业务填制记账凭证（如图10-22所示），并登记现金日记账。

```
记 账 凭 证                           附件12张
记字 第0010号        2018 年 12 月 24 日         第1/1页
```

摘要	会计科目	√	借方	贷方
郑×报销差旅费	销售费用\差旅费(660106)		2015.00	
郑×退还余款	库存现金(1001)		985.00	
冲销郑×借款	其他应收款\员工借款(122102)			3000.00
	合 计	√	3,000.00	3,000.00

会计主管   出纳 张三   记账 张三   稽核

图 10-22 差旅费的记账凭证

3. 报销房租费用

根据行政部之前签核的 2018~2019 年办公室租赁合同的约定，租赁期暂定为 1 年（自 2018 年 11 月 1 日起至 2019 年 10 月 31 日止），期满后再商谈续签事宜。租金为 20000 元 / 月（不含增值税），每季度末支付下一季度租金 60000 元（不含增值税）。

首季度房租（2018 年 11 月 1 日至 2019 年 1 月 31 日）66000 元（含增值税）已由股东孙××于 11 月 1 日前垫付并取得物业公司开具的增值税专用发票，增值税税率为 10%，增值税税额 6000 元。12 月 26 日孙××申请报销房租费用，流程如下。

步骤① 孙××填写费用报销单，将租赁合同复印件、增值税专用发票粘贴于报销单后面作为报销凭证，同时持租赁合同原件交各审批环节审核签字。

步骤② 孙××将已通过审批的报销单交给出纳张三。

步骤③ 因库存现金余额不足，张三通过银行账户将 66000 元直接转账给孙××，取得银行付款回单后，编制以下记账凭证并登记银行存款日记账。记账凭证如图 10-23 所示。

提示

预先支付的短期房租费用一般应借记"预付账款"科目，贷记"银行存款"科目。核算每月费用时，则应遵循权责发生制原则，由会计人员按月摊销当月发生的实际费用，借记"管理费用""销售费用"或其他损益类科目，贷记"预付账款"科目。在本例中，财务 11 月末摊销办公室租金，因此可于 12 月摊销两个月房租 40000（不含增值税）元。

记 账 凭 证

附件3张
记字 第0011号　　　　2018 年 12 月 26 日　　　　第1/1页

摘要	会计科目	√	借方	贷方
支付办公室2018.11-2019.1租金	预付账款\办公室租金(112301)		60000.00	
支付办公室2018.11-2019.1租金	应交税费\应交增值税\进项税额(22210101)		6000.00	
支付办公室2018.11-2019.1租金	银行存款\中国银行成都××支行(100201)			66000.00
手续费	财务费用\手续费(660301)		10.00	
手续费	银行存款\中国银行成都××支行(100201)			10.00
合计		√	66,010.00	66,010.00

会计主管　　　　出纳 张三　　　　记账 张三　　　　稽核

图 10-23　支付办公室租金的记账凭证

4．支付职工薪酬

本公司的职工薪酬包括职工工资薪金、社会保险费和住房公积金的公司承担部分（其他薪酬略）。在实务中，社会保险费与住房公积金一般是每月上旬从公司基本账户全额扣划（公司和职工承担金额合计）或由公司现金缴存。之后核算当月工资时将个人承担部分金额从应付工资中代扣，通过"其他应收款"或者"其他应付款"核算。因公司刚成立，2018 年 12 月下旬才办妥社会保险和住房公积金登记，暂未办理银行扣划手续，因此从银行提取现金缴存 12 月费用。具体流程与账务处理如下。

步骤① 2018 年 12 月 26 日从银行账户提取备用金 12000 元，用于缴存社保费用 9356.00 元（公司部分合计 6865.60 元，个人部分合计 2490.40 元），住房公积金 1680 元（公司和个人部分合计各 840 元）。出纳张三根据提取备用金的银行回单和两个部门开具的行政事业单位专用收据各一份编制以下记账凭证，同时登记现金日记账与银行存款日记账。记账凭证如图 10-24 所示。

步骤② 会计于 2018 年 12 月 28 日根据行政部提交的工资表计提当月工资合计 45000 元，次月发放，编制记账凭证如下（计提工资不涉及现金支出，因此这里仅列示会计分录，单位：元）。

借：销售费用—应付工资 35000

　　管理费用—应付工资 10000

　贷：应付职工薪酬—应付工资 45000

第10章 综合实战：出纳技能实操训练

记账凭证

记字 第0012号　　2018 年 12 月 26 日　　附件3张　第1/2页

摘要	会计科目	√	借方	贷方
提取备用金	库存现金(1001)		12000.00	
提取备用金	银行存款\中国银行成都××支行(100201)			12000.00
缴存社保费-公司部分	应付职工薪酬\社保(221102)		6865.60	
缴存社保费-个人部分	其他应收款\社保-个人(122101)		2490.40	
缴存社保费-公司+个人	库存现金(1001)			9356.00
合　　计		√	21356.00	21356.00

会计主管　　出纳 张三　　记账 张三　　稽核

记账凭证

记字 第0012号　　2018 年 12 月 26 日　　附件3张　第2/2页

摘要	会计科目	√	借方	贷方
缴存公积金-公司部分	应付职工薪酬\住房公积金(221103)		840.00	
缴存公积金-个人部分	其他应收款\住房公积金-个人(122103)		840.00	
缴存公积金-公司+个人	库存现金(1001)			1680.00
合　　计		√	23036.00	23036.00

会计主管　　出纳 张三　　记账 张三　　稽核

图 10-24　缴存社会保险与住房公积金的记账凭证

步骤 3　2019 年 1 月发放工资时，代扣社会保险费和住房公积金个人部分，并按实际发放月计提个人所得税合计 325.66 元（2019 年 1 月发放 2018 年 12 月工资，应计提 2019 年 1 月个人所得税，2019 年 2 月申报缴纳），下面预先列示发放工资时应当编制的会计分录（单位：元）。

借：应付职工薪酬—应付工资 45000
　贷：其他应收款—社保—个人 2490.40
　　　其他应收款—住房公积金—个人 840
　　　应交税费—个人所得税 325.66
　　　银行存款 / 库存现金— 41343.94

5．其他日常费用

除以上费用外，2018 年 12 月 26 日至 12 月 31 日公司还支出了其他日常费用，因其处理流程与前述费用的报销、支付、记账流程基本相同，这里不再一一赘述。下面集中列示其他日常费用的相关内容，并将这些费用开支业务的会计分录汇集编制至一份记账凭证中，以便统计与核算。

（1）其他日常费用明细如表 10-5 所示。

表 10-5 2018 年 12 月其他日常费用支出明细

金额单位：元

费用项目	不含税金额	税额	价税合计	增值税发票类型	税率	支付方式
汽车保养费	844.83	135.17	980.00	专用发票	16%	现金报销
汽车油费	1,293.10	206.90	1,500.00	普通发票	16%	现金报销
自来水费	454.55	45.45	500.00	专用发票	10%	银行转账
电费	517.24	82.76	600.00	专用发票	16%	银行转账
2018 年 11~12 月网络费	291.26	8.74	300.00	普通发票	3%	银行转账
2019 年 1~12 月网络费	1,747.57	52.43	1,800.00	普通发票	3%	银行转账
合计	5,148.55	531.45	5,680.00	—	—	—

（2）表 10-5 所列费用中，2019 年 1~12 月网络费应遵循权责发生制原则，先计入"预付账款"科目，之后每月均摊 150 元（1800÷12）计入每期损益，同时冲减"预付账款"科目中的金额。其他费用均计入 12 月的当期损益，如图 10-25、图 10-26 和图 10-27 所示。

记 账 凭 证

记字 第0013号   2018 年 12 月 28 日   附件5张 第1/3页

摘要	会计科目	√	借方	贷方
汽车保养费	管理费用\汽车费用(660212)		844.83	
汽车保养费进项税额	应交税费\应交增值税\进项税额(22210101)		135.17	
汽车油费	管理费用\汽车费用(660212)		1500.00	
现金报销汽车费用	库存现金(1001)			2480.00
自来水费	管理费用\水电费(660208)		454.55	
合	计	√	2,934.55	2,480.00

会计主管   出纳 张三   记账 张三   稽核

图 10-25 其他日常费用的记账凭证-1

记 账 凭 证

记字 第0013号   2018 年 12 月 28 日   附件5张 第2/3页

摘要	会计科目	√	借方	贷方
自来水费进项税额	应交税费\应交增值税\进项税额(22210101)		45.45	
电费	管理费用\水电费(660208)		517.24	
电费进项税额	应交税费\应交增值税\进项税额(22210101)		82.76	
银行转账支付水电费	银行存款\中国银行成都××支行(100201)			1100.00
手续费	财务费用\手续费(660301)		5.00	
合	计	√	3,585.00	3,580.00

会计主管   出纳 张三   记账 张三   稽核

图 10-26 其他日常费用的记账凭证-2

第10章 综合实战：出纳技能实操训练

记 账 凭 证

记字 第0013号　　　2018 年 12 月 28 日　　　附件5张　第3/3页

摘　要	会计科目	√	借　方	贷　方
手续费	银行存款\中国银行成都××支行(100201)			5.00
2018年11~12月网络费	管理费用\通讯费(660206)		300.00	
2019年1~12月网络费	预付账款\网络费用(112302)		1800.00	
银行转账支付网络费	银行存款\中国银行成都××支行(100201)			2100.00
手续费	财务费用\手续费(660301)		5.00	
手续费	银行存款\中国银行成都××支行(100201)			5.00
合　计		√	5,690.00	5,690.00

会计主管　　　出纳 张三　　　记账 张三　　　稽核

图 10-27　其他日常费用的记账凭证 -3

10.2.3　资金收入业务

资金收入主要来自于公司的主营业务即销售业务。公司自开业至 2018 年 12 月底累计销售给成都 ×× 超市有限公司商品一批，销售清单如表 10-6 所示。

表 10-6　产品销售清单

金额单位：元

名称	销售单价（不含税）	销售数量	不含税金额	增值税税额	价税合计	税率
A 产品	120	1800 件	216000	34560	250560	16%
B 产品	95	1365 件	129675	20748	150423	16%
合计	-	-	345675	55308	400983	-

根据双方签订的购销合同约定，首次对账时间为 2018 年 12 月 26 日。首次结算货款按照销售金额的 90% 计算并开具增值税专用发票，购货方见票即付票面金额的 60%，余款 30 日后结清。事实上，产品从出库到收款经历了一段较为漫长的过程，其中每一环节的账务处理方法都略有不同，具体流程及账务处理如下。

步骤 ① 产品出库。产品出库时一般由会计根据仓库每次提交的销售出库单，按照出库产品的成交金额编制记账凭证。表 10-6 所列销售金额为累计金额，因此这里同样按照累计金额制作一份出库单，按照累计成本编制一笔会计分录。

◆销售出库单如表10-7所示。

表10-7 成都××商贸有限公司销售出库单

客户名称：成都××超市有限公司　　　　　　　　　　　金额单位：元

品名	规格型号	条码	单位	数量	单价	金额	税额	价税合计
A商品	W-A	69*********01	件	1800	120	216000	34560	250560
B商品	W-B	69*********02	件	1365	95	129675	20748	150423
合计				3165	—	345675	55308	400983

业务员：钱××　　　　　　　　　　　　　　　　库管员：李××

◆编制发出商品的会计分录（单位：元）

　　借：发出商品 2892000.00（100×1800+80×1365）

　　　贷：库存商品 289200.00

步骤② 2018年12月26日与超市对账后，双方确认开票金额为360884.70（400983×90%）元，开具的增值税专用发票记账联如图10-28所示。

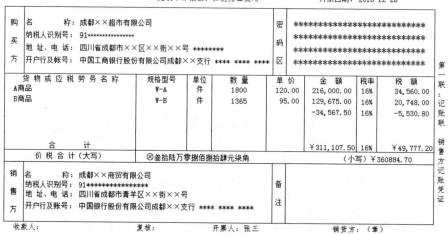

图10-28 增值税专用发票记账联

步骤③ 会计李四编制记账凭证，确认收入并结转成本，并将增值税专用发票、销售出库单粘贴在后面作为记账凭证的附件。会计分录如下（单位：元）。

　　借：应收账款 360884.70

贷：主营业务收入 311107.50

应缴税费—应缴增值税（销项税额）49777.20

借：主营业务成本 289200.00

贷：发出商品 289200.00

步骤 ④ 成都××超市有限公司当日收到增值税专用发票，即付款 216530.82 元（360884.70×60%）。公司银行账户收到款项后，出纳张三编制记账凭证如图 10-29 所示，并打印银行收款回单作为记账凭证的附件，同时登记银行存款日记账。

记 账 凭 证

记字 第0018号　　　　　2018 年 12 月 28 日　　　　　附件1张　第1/1页

摘　要	会计科目	√	借　方	贷　方
收到应收款-××超市	银行存款\中国银行成都××支行 (100201)		216530.82	
收到应收款-××超市	应收账款\成都××超市有限公司 (112202)			216530.82
合　计		√	216530.82	216530.82

会计主管　　　　出纳 张三　　　　记账 张三　　　　稽核

图 10-29　收到应收账款的记账凭证

10.3　期末账务处理

每期（月）末，财务部门必须对当期账务进行一系列处理，主要流程为对账→结账→出具财务报表。出纳人员的主要职责是进行资金盘点、核对银行存款日记账和现金日记账务等，同时也可协助会计人员核对往来账务、计算税金、结转损益、出具财务报表等。本节讲解上述期末账务处理流程中各环节工作的具体操作方法和程序。

10.3.1 对账

出纳人员对账主要是指将银行存款与银行存款日记账核对、库存现金盘点金额与现金日记账账面金额核对。由于11月公司尚未正式营运,且仅有两笔银行账户交易,因此可一起核对11月和12月账务。

1. 银行存款核对

银行存款核对是指根据开户银行出具的交易明细对账单上的银行存款余额与银行存款日记账中的银行存款余额进行核对。

步骤① 月末(12月31日)确认当日不再发生银行存款交易后即可打印银行交易明细对账单。起始日期选择"2018年11月1日"至"2018年12月31日"。银行存款交易明细单如图10-30所示。

中国银行股份有限公司存款交易明细对账单

账号	**** **** ****	账户名称	成都××商贸有限公司	开户行	中国银行成都××支行		起始日期20181101第1页/共1页
币种	人民币	账户类型	单位人民币活期基本账户存款	承前页余额	0.00		截止日期20181231
序号	记账日	起息日	交易类型	凭证号码/业务编号用途/摘要	借方发生额	贷方发生额	余额	备注
1	181120	181120	大额支付	********/***********/投资款		600,000.00	600,000.00	夏××
2	181120	181120	大额支付	********/***********/投资款		400,000.00	1,000,000.00	孙××
3	181127	181127	自助取款	********/***********/成都市××区××路	10,000.00		990,000.00	
3	181210	181210	小额普通	********/***********/货款	30,400.00		959,600.00	成都××家具厂
4	181210	181210	收费	对公跨行转账汇款手续费	10.00		959,590.00	
5	181211	181211	小额普通	********/***********/货款	27,194.80		932,395.20	成都××办公用品有限公司
6	181211	181211	收费	对公跨行转账汇款手续费	10.00		932,385.20	
7	181219	181219	大额支付	********/***********/货款	293,712.00		638,673.20	深圳市贸易有限公司
8	181219	181219	收费	对公跨行转账汇款手续费	10.00		638,663.20	
9	181226	181226	大额支付	********/***********/货款	66,000.00		572,663.20	成都××物业管理有限公司
10	181226	181226	收费	对公跨行转账汇款手续费	10.00		572,653.20	
11	181226	181226	自助取款	********/***********/成都市××区××路	12,000.00		560,653.20	
12	181228	181228	小额普通	********/***********/货款	1,100.00		559,553.20	成都××物业管理有限公司
13	181228	181228	收费	对公跨行转账汇款手续费	5.00		559,548.20	
14	181128	181128	小额普通	********/***********/货款	2,100.00		557,448.20	
15	181128	181128	收费	对公跨行转账汇款手续费	5.00		557,443.20	中国××通信有限公司成都分公司
16	181128	181128	大额支付	********/***********/货款		216,530.82	773,974.02	成都××超市有限公司
借方合计		442,556.80		贷方合计	1,216,530.82	本页余额	773,974.02	本对账期末余额 773,974.02

图10-30 银行存款交易明细对账单

步骤② 查询出纳人员登记的银行存款日记账。先核对期末余额是否相符,再逐笔核对交易明细。核对时注意银行存款日记账与银行存款交易明细对账单上金额借贷方向恰好相反。经核对,日记账与交易明细对账单中的银行存款余额相符,如图10-31所示。

第10章 综合实战：出纳技能实操训练

图 10-31　银行存款日记账

2．库存现金核对

在日常工作中，平时由出纳人员每日、每周、每月核对库存现金实际金额是否与账面相符，每月末进行一次现金盘点，再次与现金日记账账面余额核对。

步骤 1　财务主管、会计、出纳共同参与库存现金盘点。出纳人员张三初盘、会计人员李四复盘、财务主管王五监盘。盘点完成后三人分别签字确认。现金盘点表如表10-8所示。

表 10-8　成都××商贸有限公司库存现金盘点表

盘点日期：2018 年 12 月 29 日　　　　　　　　　　　　　　　币种：人民币

序号	面额	数量		金额	盘点人签字	复盘人签字	监盘人签字
		纸币	硬币				
1	100 元	13		¥1,300.00	张三	李四	王五
2	50 元	4		¥200.00	张三	李四	王五
3	20 元	10		¥200.00	张三	李四	王五
4	10 元	9		¥90.00	张三	李四	王五
5	5 元	11		¥55.00	张三	李四	王五
6	1 元	4		¥4.00	张三	李四	王五
7	0.5 元	—		¥.00	张三	李四	王五
合计		51	—	¥1,849.00	—	—	—

步骤② 查询出纳人员登记的库存现金日记账。同样先核对期末余额是否相符，再逐笔核对交易明细账。经核对，二者的库存现金余额相符，库存现金日记账如图 10-32 所示。

库存现金日记账

页码 1

2018年 月	日	凭证号数	对方科目	摘要	借方	核对	贷方	核对	余额	核对
—	—	—	—	上日余额						
12	2	0002	银行存款	提取备用金	1000000	√			1000000	√
12	3	0003	管理费用—办公费	报销刊物费用			5100	√	899000	√
12	3	0003	管理费用—职工教育费	培训费			5000	√	899000	√
12	10	0004	固定资产—办公家具	报销刘×餐付的定金			30000	√	599000	√
12	20	0008	管理费用—办公费	购买税控盘，支付服务费			6100	√	538000	√
12	21	0009	其他应收款—员工借款	郭×出差借款			30000	√	238000	√
12	24	0010	其他应收款、管理费用	收到郭×退款985元	9850	√			336500	√
12	26	0012	银行存款	提取备用金	1200000	√			1536500	√
12	26	0012	应付职工薪酬—社保	缴存社保费用			935600	√	600900	√
12	26	0012	应付职工薪酬—住房公积金	缴存公积金			168000	√	432900	√
12	28	0013	管理费用—汽车费用	支付洗车保养费和油费			24800	√	184900	√
12	29	—	—	本月合计	2298500		2113600	√	184900	√
12	29	—	—	本年累计	2298500		2113600	√	184900	√

图 10-32　库存现金日记账

3. 往来账款核对

往来账款核对是指对应收账款、其他应收款、应付账款、其他应付款科目中对应的客户或个人的余额逐一发函核对。

经财务部自行核对，确认上述会计科目余额如下。

◆应收账款—成都××超市有限公司：144353.88 元

◆应付账款—深圳 W 贸易有限公司：293712.00 元

◆其他应收款、其他应付款：均为 0 元

下面列举应收账款对账函格式，如图 10-33 所示。其他往来账对账函均可参考制作。

提示

以下对账函中列示的应收账款 124443.00 元是不含增值税的金额。

成都××商贸有限公司

对 账 函

成都××超市有限公司：

　　截至 2018 年 12 月 29 日尚欠我公司账款 124443.00 元，请贵公司核对确认。

　　如记录相符，请在记录相符栏加盖"财务专用章"；如记录不符，请在记录不符的差异说明栏写明差额及原因，并加盖"财务专用章。"请于 2019 年 1 月 15 日之前将该对账函扫描发送至 123***@163.com 邮箱或邮寄至我公司，该对账函不代表催收账款，仅此对账。

成都××商贸有限公司财务部
2018 年 12 月 30 日

记录相符：

| 盖章： | 签名： | 日期： |

记录不符：

差异说明：

| 盖章： | 签名： | 日期： |

图 10-33　对账函格式

10.3.2　结账

对账完成后即可进行当月结账工作。结账的基本流程如下。

（1）核查费用是否已全部结转或计提，主要包括销售成本的结转、工资、福利费、固定资产折旧、税金计提，以及其他费用的摊销。

（2）将当期损益类科目中的金额全部结转至"本年利润"科目，检查损益类所有科目中的余额是否全部为 0。

（3）结账，即扎账，结账后所有数据不得再修改。

经财务部核查，除各类税金外，当月其他所有费用均已计提或摊销。同时，个人所得税已计提。而固定资产均是2018年12月取得,其折旧应当从2019年1月起计提。

1. 税金计提

根据对2018年11~12月发生的经济业务的分析,涉及应缴税的税种包括增值税、增值税附加税费、企业所得税(2018年第4季度预缴)、资金账簿印花税、购销合同印花税。下面对尚未计提的税金进行核算并计提。

(1)计提增值税。

步骤① 统计销项税额和进项税额。应纳增值税的计算公式:当期应纳增值税=当期销项税额-当期进项税额。下面将当期的销项税额与进项税额明细汇总如表10-9所示。

表10-9 2018年12月增值税销项税额与进项税额明细表

金额单位:元

销项/进项税额来源	销项税额	进项税额	应纳税额
销售产品收入	49,777.20	—	
职工培训费	—	28.30	
购买办公家具	—	4606.90	
购买电脑、打印机、验钞机	—	3,324.80	
采购产品	—	81,024.00	−45,470.18
房租	—	6,000.00	
汽车保养费	—	135.17	
自来水费	—	45.45	
电费	—	82.76	
合计	49,777.20	95,247.38	−45,470.18

通过表10-9可知,2018年12月的进项税额大于销项税额,按照公式计算得出的应纳增值税税额为−45470.18元。注意这并不代表即将退税45470.18元,而是表明12月不缴纳增值税,进项税额45470.18留抵后期的销项税额。

步骤② 账务处理。月末应将增值税销项税额、进项税额科目中的余额全部转出。若出现贷方余额表明应缴纳增值税,需要将余额转入"应交税费—未交增值税"科目;若出现借方余额,表明有留抵税额,则将余额转入"应交税费—应交增值税(待抵扣进项税额)"科目。会计分录如下(单位:元)。

借:应交税费—应交增值税(销项税额)49777.20

应交税费—应交增值税（待抵扣进项税额）45470.18

贷：应交税费—应交增值税（进项税额）95247.38

> **提示**
>
> 因2018年12月应纳增值税额为0元，因此增值税附加税费同为0元，无须计提。

（2）计提资金账簿印花税与购销合同印花税。

◆资金账簿印花税。

按实收资本与资本公积的合计金额的0.25‰计征。公司实收资本为1000000元，资本公积0元，因此，应纳资金账簿印花税为1000000×0.25‰=250元。

◆购销合同印花税。

按照规定，购销合同的购销双方都应当缴纳印花税。公司签订的购销合同中记载的金额均不含增值税，因此应纳购销合同印花税为（49573.1+506400+311107.5）×0.3‰=260.12≈260.10元。会计分录如下（单位：元）。

借：税金及附加 510.10

  贷：应交税费—印花税 510.10

（3）计提企业所得税。

这里按照间接计算法计算企业所得税的应纳税所得额和应纳税额，计算公式如下。

◆应纳所得税额＝应纳税所得额 × 税率

◆应纳税所得额＝会计利润总额 ± 纳税调整事项（纳税调增予纳税调减事项）

◆会计利润总额＝营业利润＋补贴收入＋营业外收入－营业外支出

◆营业利润＝主营业务收入－主营业务成本－税金及附加＋其他业务收入－其他业务支出－营业（销售）费用－管理费用－财务费用－资产减值损失 ± 公允价值损益 ± 投资收益

步骤 1 统计期间费用，即统计营业（销售）费用、管理费用、财务费用金额。期间费用统计如表10-10所示。

表 10-10 2018 年 12 月期间费用统计表

金额单位：元

费用项目	销售费用	管理费用	财务费用	合计
办公费	-	4,210.00	-	4,210.00
职工教育经费	-	471.70	-	471.70
差旅费	2,015.00	-	-	2015.00
办公室租金	28,000.00	12,000.00	-	40,000.00
应付工资	35,000.00	10,000.00	-	45,000.00
汽车费用	-	2,344.83	-	2,344.83
网络费	-	300.00	-	300.00
水电费	-	971.79	-	971.79
手续费	-	-	50.00	50.00
合计	65,015.00	30,298.32	50.00	95,363.32

步骤② 计算利润总额。综合以上公式，列表计算利润总额，如表 10-11 所示。

表 10-11 利润总额计算表

金额单位：元

项目	编号与计算公式	金额
主营业务收入	1	31,1107.50
主营业务成本	2	28,9200.00
其他业务收入	3	-
其他业务支出	4	-
税金及附加	5	510.10
销售费用	6	65,015.00
管理费用	7	30,298.32
财务费用	8	50.00
营业利润	9=1-2+3-4-5-6-7-8	-73,965.92
补贴收入	10	-
营业外收入	11	-
营业外支出	12	-
利润总额	13=9+10+11-12	-73,965.92

通过计算，得出利润总额为 -73965.92 元，因此 2018 年第 4 季度不缴纳企业所得税。

（4）应交税费合计：印花税 510.10 元。

2. 损益结转

损益结转,即每期期末将损益类科目的余额全部结转到"本年利润"中,结转后,损益科目余额为零。每年末还应将"本年利润"科目余额结转至"利润分配—未分配利润"科目。这一过程在会计上称为"损益结转"。会计分录如下(单位:元)。

(1)结转收入和成本。

借:主营业务收入 311107.50
　　贷:主营业务成本 289200.00
　　　　本年利润 21907.50

(2)结转税金及附加。

借:本年利润 510.10
　　贷:税金及附加 510.10

(3)结转期间费用。

借:本年利润 95363.32
　　贷:销售费用—差旅费 2015.00
　　　　　　　—办公室租金 28000.00
　　　　　　　—应付工资 35000.00
　　　　管理费用—办公费 4210.00
　　　　　　　—职工教育经费 471.70
　　　　　　　—办公室租金 12000.00
　　　　　　　—应付工资 10000.00
　　　　　　　—汽车费用 2344.83
　　　　　　　—网络费 300.00
　　　　　　　—水电费 971.79
　　　　财务费用—手续费 50.00

2018年12月"本年利润"科目的借方余额代表亏损,贷方余额代表盈利。计算其科目余额:21907.50(贷方)-510.10(借方)-95363.32(借方)=-73965.92元(借方)。

(4)由于12月为年末,所以应将"本年利润"科目余额结转至"利润分配—未分配利润"科目。结转后,"本年利润"科目余额为0。会计分录如下(单位:元)。

借：利润分配——未分配利润 73965.92

　　贷：本年利润 73965.92

10.3.3 报表出具

　　财务报表是反映企业或预算单位在一定期间资金、利润状况的会计报表。我国财务报表的种类、格式、编报要求，均由统一的会计制度作出规定，要求企业定期编报。财务报表包括资产负债表、利润表、现金流量表、所有者权益变动表及附注。其中，前三项报表是财务报表中最重要的报表。在实际工作中，每月末结账后都应当编制前三项报表，而所有者权益变动表一般在企业的所有者权益项目发生变动时才要求编制。

　　虽然如今绝大部分企业均已使用财务软件记账，财务报表可根据当月录入的记账凭证数据自动汇总计算生成，但是作为一名专业的财务人员（包括会计和出纳），对于每一项数据的来龙去脉都应当"知其然更知其所以然"。因此，本小节以本章案例数据为依据，简要介绍三大报表的编制方法及报表之间数据的钩稽关系。

1．资产负债表

　　资产负债表的编制原理是"资产＝负债＋所有者权益"会计恒等式，即资产总额（左栏）必须与负债及所有者权益总计（右栏）相等。资产负债表既能静态反映出企业在年初和期末这两个时点的财务状况，又能动态呈现出年初至期末这一时期的企业财务状况变动情况。

　　根据本章案例数据编制的资产负债表如图 10-34 所示。

资产负债表

单位名称：成都××商贸有限公司　　2018年1月1日至2018年12月31日　　单位：元

资　产	年初余额	期末余额	负债及所有者权益（或股东权益）	年初余额	期末余额
流动资产：			**流动负债：**		
货币资金		775,823.02	短期借款		
交易性金融资产			交易性金融负债		
应收票据			应付票据		
应收账款		144,353.88	应付账款		293,712.00
预付款项		21,800.00	预收款项		
应收利息			应付职工薪酬		37,294.40
应收股利			应交税费		-44,960.08
其他应收款		3,330.40	应付利息		
存货		217,200.00	其他应交款		
一年内到期的非流动资产			其他应付款		
待摊费用			一年内到期的非流动负债		
流动资产合计		1,162,507.30	其他流动负债		
非流动资产：			流动负债合计		286,046.32
可供出售金融资产			**非流动负债：**		
持有至到期投资			长期借款		
长期应收款			应付债券		
长期股权投资			长期应付款		
投资性房地产			专项应付款		
固定资产		49,573.10	预计负债		
累计折旧			递延所得税负债		
固定资产净值		49,573.10	其他非流动负债		
固定资产清理			非流动负债合计		
生产性生物资产			负债合计		
油气资产			**所有者权益（或股东权益）：**		
无形资产			实收资本（或股本）		1,000,000.00
开发支出			资本公积		
商誉			减：库存股		
长期待摊费用			盈余公积		
递延所得税资产			未分配利润		-73,965.92
其他非流动资产			所有者权益（或股东权益）合计		926,034.08
非流动资产合计		49,573.10			
资产总计		1,212,080.40	负债和所有者权益（或股东权益）总计		1,212,080.40

图10-34　资产负债表

> **提示**
>
> 在本例中，企业成立于 11 月 20 日，资产负债表于 12 月 31 日编制。因此，报表中"年初余额"数据全部为 0。而期末余额（即截至 2018 年 12 月 31 日）也是 2018 年的年末余额。当 2019 年每月编制资产负债表时，2018 年的"年末余额"即是 2019 年的"年初余额"，而且所有年初余额数据始终保持静态不变。在企业持续经营状态下，报表中每期的"期末余额"都将发生动态变化，由此可反映出从 2019 年年初至本期期末的经营状况和财务成果。例如，假设 2019 年 1 月的资产负债表中"应收账款"的期末余额为 200000 元，那么可分析得知在 2019 年 1 月期间应收账款增加了 73646.12 元（200000-126353.88），进一步可推断出主营业务收入必定至少增加了 63488.03 元（73646.12÷1.16），存货可能减少、未分配利润可能增加（具体减少和增加金额需要结合"应付账款"期末余额及利润表数据核算），以此类推。

下面讲解报表中各项数据的来源和计算方法。

（1）资产类：各项目余额均在借方。

◆货币资金：库存现金和银行存款余额合计数1849+773974.02=775823.02元。

◆应收账款：应收成都××超市有限公司账款余额144353.88元。

◆预付账款：办公室租金20000+网络费1800=21800元。

◆其他应收款：社保与住房公积金个人缴存部分合计数2490.40+840=3330.40元。

◆存货：库存商品余额购进产品成本506400-已销售产品成本289200=217200元。

◆固定资产：办公家具28793.10+电脑15000+打印机4680+验钞机1100=49573.10元。

◆资产总额：

793823.02+126353.88+21800+3330.40+217200+49573.10=1212080.40元。

（2）负债类：以下项目中，"应交税费"余额在借方，其他项目余额在贷方。

◆应付账款：应付深圳W公司账款余额293712元（贷方）。

◆应付职工薪酬：

应付工资45000（贷方）-社保与住房公积金单位缴存部分6865.6-840（借方）=37294.4（贷方）。

◆应交税费：

印花税510.10（贷方）-应交增值税（待抵扣进项税额）45470.18（借方）=-44960.08元（借方）。

◆负债合计：293712+37294.40-44960.08=286046.32元。

（3）所有者权益：以下项目中，"实收资本"余额在贷方，"未分配利润"余额在借方。

◆实收资本：即股东投入资金，夏××投入600000+孙××投入400000=1000000元。

◆未分配利润："本年利润"与"利润分配—未分配利润"科目余额的合计数。12月末已将"本年利润"余额全部结转至"利润分配—未分配利润"科目中。

未分配利润=0+（-73965.92）=-73965.92元。

◆所有者权益合计：1000000-73965.92=926034.08元。

（4）验证"资产=负债+所有者权益"恒等式是否成立。

◆资产总额：1212080.40元。

◆ 负债+所有者权益：286046.32+926034.08=1212080.40 元。

等式成立，表明资产负债表编制正确。

2. 利润表

利润表也称损益表，是最能直观反映企业在一定会计期间经营成果的动态报表。利润表中"营业利润""利润总额""净利润"等数据直接按照公式计算即可得出，这里不再赘述。根据本章案例编制的利润表如图10-35所示。

利润表

单位名称：成都××商贸有限公司　　　　2018年12月　　　　单位：元

项目	本期金额	本年累计
一、营业收入	311,107.50	311,107.50
减：营业成本	289,200.00	289,200.00
营业税金及附加	510.10	510.10
销售费用	65,015.00	65,015.00
管理费用	30,298.32	30,298.32
财务费用	50.00	50.00
资产减值损失	－	－
加：公允价值变动收益（损失以"-"填列）	－	－
投资收益（损失以"-"填列）	－	－
其中：对联营企业和合营企业的投资收益	－	－
二、营业利润（亏损以"－"号填列）	-73,965.92	-73,965.92
加：营业外收入	－	－
减：营业外支出	－	－
其中：非流动资产处置损失	－	－
三、利润总额（亏损总额以"－"号填列）	-73,965.92	-73,965.92
减：所得税费用	－	－
四、净利润（净亏损以"－"号填列）	-73,965.92	-73,965.92
五、每股收益：		
（一）基本每股收益	－	－
（二）稀释每股收益	－	－

图 10-35　利润表

提示

由于公司于年末成立并运营，因此，利润表中"本期金额"等于"本年累计"金额。

资产负债表、利润表数据之间的钩稽关系主要体现在"未分配利润"这一项。

（1）资产负债表"未分配利润"期末余额－"未分配利润"期初余额＝利润表"净利润"本年累计：-73965.92-0=-73965.92 元。

（2）利润表"净利润"科目＋"未分配利润"年初余额－本期分配利润－计提公

积金公益金 = 资产负债表"未分配利润"期末余额: −73965.92+0−0−0=−73965.92 元。

3. 现金流量表

现金流量表,顾名思义,是反映在一定期间(如月度、季度或年度)企业经营活动、投资活动和筹资活动对其现金及现金等价物所产生影响的财务报表。

现金流量表是以现金的流入与流出为基础编制,其中的"现金"指库存现金、可以随时用于支付的存款及现金等价物。具体包括库存现金、银行存款、其他货币资金(银行汇票、银行本票、在途货币资金等)、现金等价物(流动性强的短期投资等)。

事实上,现金流量表主要体现银行存款和现金收支业务,出纳人员把银行存款日记账和库存现金日记账中所记载的现金收支业务进行分类汇总后即可快速编制一份现金流量表。根据本章案例数据编制的现金流量表如图 10-36 所示。

现金流量表

编制单位:成都××商贸有限公司　　　　编制日期:2018 年 12 月　　单位:元

项目	行次	本月金额	本年累计金额
一、经营活动产生的现金流量:			
销售产成品、商品、提供劳务收到的现金	1	216,530.82	216,530.82
收到其他与经营活动有关的现金	2	22,985.00	22,985.00
购买原材料、商品、接受劳务支付的现金	3	293,712.00	293,712.00
支付的职工薪酬	4	11,036.00	11,036.00
支付的税费	5	−	−
支付其他与经营活动有关的现金	6	158,944.80	158,944.80
经营活动产生的现金流量净额　1+2−3−4−5−6	7	−224,176.98	−224,176.98
二、投资活动产生的现金流量:			
收回短期投资、长期债券投资和长期股权投资收到的现金	8		
取得投资收益收到的现金	9		
处置固定资产、无形资产和其他非流动资产收回的现金净额	10		
短期投资、长期债券投资和长期股权投资支付的现金	11		
购建固定资产、无形资产和其他非流动资产支付的现金	12		
投资活动产生的现金流量净额　8+9+10−11−12	13	−	−
三、筹资活动产生的现金流量:			
取得借款收到的现金	14		
吸收投资者投资收到的现金	15	1,000,000.00	1,000,000.00
偿还借款本金支付的现金	16		
偿还借款利息支付的现金	17		
分配利润支付的现金	18		
筹资活动产生的现金流量净额　14+15−16−17−18	19	1,000,000.00	1,000,000.00
四、现金净增加额　7+13+19	20	775,823.02	775,823.02
加:期初现金余额	21	−	−
五、期末现金余额　20+21	22	775,823.02	775,823.02

图 10-36　现金流量表

现金流量表与资产负债表数据之间的钩稽关系主要体现在"货币资金"这一项。

（1）现金流量表"期末现金余额"=资产负债表"货币资金"的期末余额。

（2）现金流量表"现金净增加额"=资产负债表"货币资金"期末余额－期初余额，即775823.02-0=775823.02元。

10.4 期初账务处理

当上一年度12月末结账完成后，所有会计科目余额即自动转入下一年度，成为当年的期初余额。期初需要根据企业的实际经营状况和财务数据做出不同处理。根据本章案例中公司的经营状况，2019年年初主要应该针对待分摊费用、计提固定资产折旧、申报缴纳的税金这三项账务做出处理。

10.4.1 分摊费用

公司于2018年12月预付2019年1~12月的网络费1800元，应分摊至2019年每月；另外，2018年12月还支付了2018年11月到2019年1月房租费60000元，其中40000元已计入2018年12月损益，余20000元应计入2019年1月损益。应编制会计分录如下。

借：管理费用—办公室租金 20000元
　　贷：预付账款—办公室租金 20000元
借：管理费用—通信费 150元（1800÷12）
　　贷：预付账款—网络费 150元

分摊以上费用后，"预付账款—办公室租金"科目借贷双方余额均为0，月末预付下一季度房租时再次计入该科目，后面以此类推，按月摊销即可。而"预付账款—网络费"科目借方余额为1650元，此后每月作一笔相同分录，至2019年12月，该科目借贷双方余额均为0。同样，如再次预付下一年度费用，以此类推编制会计分录即可。

10.4.2 计提固定资产折旧

根据企业会计准则的规定，当月购入的固定资产，应当从次月起开始计提折旧。同时对不同类别的固定资产计算折旧的最低年限做了如下规定。

◆ 房屋、建筑物：20 年。

◆ 飞机、火车、轮船、机器、机械和其他生产设备：10 年。

◆ 与生产经营活动有关的器具、工具、家具等：5 年。

◆ 飞机、火车、轮船以外的运输工具：4 年。

◆ 电子设备：3 年。

在本章案例中，公司于 2018 年 12 月购入一批固定资产，应当从 2019 年 1 月起每月计提折旧。固定资产明细及折旧年限、折旧方法、每月折旧额的计算如表 10-12 所示。

表 10-12 固定资产折旧计算表

金额单位：元

固定资产名称	入账价值 ①	折旧年限 ②	折旧期数 ③ = ② × 12	折旧方法 —	每期折旧额 ④ = ① ÷ ③
办公家具	28793.10	5	60	直线法	479.89
电脑	15000.00	3	36	直线法	416.67
打印机	4680.00	3	36	直线法	130.00
验钞机	1100.00	3	36	直线法	30.56
合计	49573.10	—	—	—	1057.12

2019 年 1 月及此后每月应编制一笔会计分录，计提折旧，直至折旧期满、固定资产净值余额为 0 为止。

会计分录如下（单位：元）。

借：管理费用—累计折旧 1057.12

　贷：累计折旧—办公家具 479.89

　　　—电脑 416.67

　　　—打印机 130.00

　　　—验钞机 30.56

10.4.3 纳税账务处理

根据《中华人民共和国税收征收管理法》的相关规定，每月经营产生的税金，次月应当在限期内进行纳税申报。在实务中，纳税申报期限一般是每月 1 日至 15 日（节假日顺延）。实际缴纳税金后，出纳人员应当及时作账务处理。

本章案例中，公司于 2018 年 12 月产生并计提的应纳税金为印花税 510.10 元。假设公司于 2019 年 1 月 3 日申报后即通过银行账户缴纳税金，出纳人员应编制以下记账凭证（如图 10-37 所示）并打印银行付款回单及电子缴税凭证作为记账凭证附件，同时登记银行存款日记账。

记 账 凭 证

记字 第0001号　　　2019 年 1 月 3 日　　　附件2张　第1/1页

摘　要	会计科目	√	借　方	贷　方
缴纳印花税	应交税费\印花税（222113）		510.10	
缴纳印花税	银行存款\中国银行成都××支行（100201）			510.10
手续费	财务费用\手续费（660301）		5.00	
手续费	银行存款\中国银行成都××支行（100201）			5.00
合　　　　计		√	515.10	515.10

会计主管　　　　出纳　张三　　　记账　张三　　　　　　　稽核

图 10-37　缴纳印花税的记账凭证

专家经验支招

01 税控盘及技术维护费全额抵减增值税的账务处理

根据国家税务总局规定，在 2011 年 12 月 1 日以后，增值税纳税人初次购买税控系统专用设备（即税控盘）的费用和进行技术维护的费用，可凭相关发票享受全额抵减（价税合计金额）增值税应纳税额的优惠政策。若当期不足抵减，可结转下期继续抵减。

本章案例中，公司于2018年12月初次购买税控盘，并缴纳技术维护费共计610元。这里假设2018年12月应纳增值税税额为1200元并已计提，那么"应交税费—未交增值税"科目的贷方余额应为1200元，下面介绍抵减后的账务处理。

抵减增值税应纳税额一般是在实际申报缴纳税金时进行，因此2019年1月缴税后，出纳人员应编制以下会计分录（单位：元）。

借：应交税费—未交增值税 1200

    贷：管理费用—办公费 610

        银行存款—中国银行成都××支行 590

02 年末未计提税金的账务处理

前面讲过，当期产生的税金应于当期期末计提，次月申报纳税。然而在实务中，财务人员往往容易忽略计提按季度申报预缴的企业所得税。在此情况下，可在次月编制缴纳税金的会计分录前补做计提一笔分录即可。例如，某企业2018年第3季度应预缴企业所得税税额5000元，2018年9月末（即第3季度末）未计提，那么2018年10月应首先补做计提分录，再编制缴纳税金的会计分录（单位：元）。

借：所得税费用—企业所得税 5000

    贷：应缴税费—企业所得税 5000

借：应缴税费—企业所得税 5000

    贷：银行存款 5000

需要注意的是，2018年10月补提第3季度企业所得税后，月末将"所得税费用—企业所得税"科目余额5000元，结转至"本年利润"科目，并不会对2018年的利润总额造成影响。但是12月既是季末，也是年末，如果未计提税金，而次月已经跨年，若将预缴税额借记"所得税费用"，就会同时影响2018年与2019年"本年利润"数据的准确性，那么又该如何补做计提分录呢？正确的做法是通过"以前年度损益调整"科目将补提税款过渡结转至"利润分配—未分配利润"科目（也可以省略"以前年度损益调整"科目，将补提税款直接转至"利润分配—未分配利润"科目）。例如，某企业2018年12月应计提而未计提第4季度的企业所得税预缴税款5000元，那么在2019年1月缴纳税款时，应编制以下会计分录（单位：元）。

借：上一年度损益调整 5000
　　贷：应缴所得税—应缴企业所得税 5000
借：利润分配—未分配利润 5000
　　贷：上一年度损益调整 5000
借：应缴所得税—应缴企业所得税 5000
　　贷：银行存款 5000

主要参考文献：

[1] 出纳训练营. 手把手教你做优秀出纳：从入门到精通 [M]. 3 版. 北京：机械工业出版社，2018.

[2] 贾倩楠. 出纳业务实用全书 [M]. 北京：电子工业出版社，2016.

[3] 陈文玉. 出纳实操从新手到高手：超值升级版 [M]. 北京：中国铁道出版社，2013.

[4] 路玉麟，郑利霞，钟英. 会计、出纳、做账、纳税岗位实战宝典 [M]. 北京：清华大学出版社，2014.

[5] 李晓林，王绪瑾. 社会保障学 [M]. 北京：中国财政经济出版社，2003.